기계, 권력, 사회

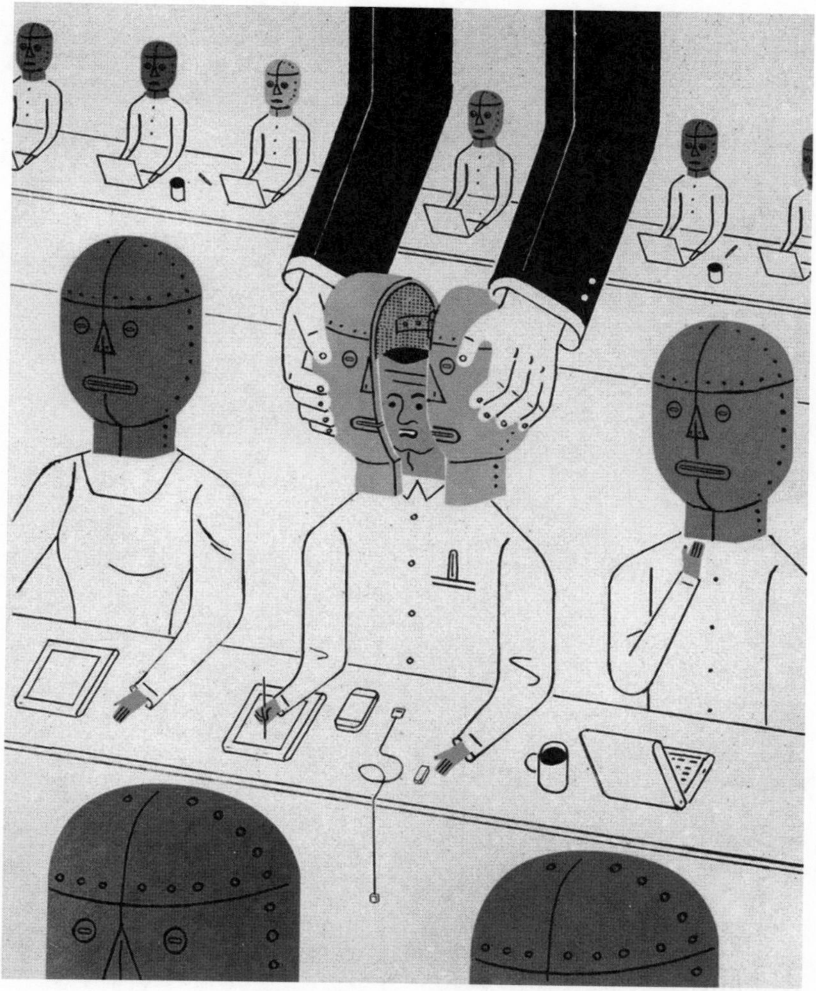

인터넷은
어떻게 권력이
되었는가

기계, 권력, 사회

박승일 지음

사월의책

기계, 권력, 사회

1판 1쇄 발행 2021년 8월 10일
1판 3쇄 발행 2022년 11월 10일

지은이 박승일
펴낸이 안희곤
펴낸곳 사월의책

편집 박동수
디자인 김현진

등록번호 2009년 8월 20일 제2012-000118호
주소 경기도 고양시 일산서구 중앙로 1388 동관 B113호
전화 031)912-9491 | 팩스 031)913-9491
이메일 aprilbooks@aprilbooks.net
홈페이지 www.aprilbooks.net
블로그 blog.naver.com/aprilbooks

ISBN 978-89-97186-82-2 93330

* 책값은 뒤표지에 있습니다.
* 이 도서는 한국출판문화산업진흥원의 '2021년 우수출판콘텐츠 제작 지원' 사업 선정작입니다.

차 례

머리말 9

1장 자유라는 이름의 권력

1. "사회를 해방시키고 싶다면?" 37
해방의 인터넷, 통제의 인터넷 / 문제를 문제화하기 /
문제는 '무엇'이 아니라 '어떻게'

2. 예비적인 논의 54
책에서 사용하는 몇몇 개념에 대해 / 책의 구성

2장 새로운 권력이 온다

1. 기계, 권력, 사회 73
도청장치에서 컴퓨터로 / 권력의 다이어그램과 사회적 아상블라주

2. 규율사회에서 관리사회로 81
후쿠야마와 들뢰즈의 세계 /
규율에서 유연화로 그리고 포드주의에서 포스트포드주의로

3. 신자유주의라는 조건을 사유하기 97
자본주의의 위기와 재구조화 / 신자유주의와 관리사회의 관계맺음 /
신자유주의와 정보통신기술의 관계맺음 / 구성적 힘으로서의 신자유주의

4. 권력의 두 벡터, 정신 관리와 환경 관리 115
네트워크화되고 디지털화된 세계의 탄생 / 정신의 기계화 /
노동의 사회화 / 정보통신기술과 관리사회의 공진 /
정신관리권력과 환경관리권력이라는 문제설정

5. 왜 통치성이 아니고 관리권력인가 133
통치성에서 관리권력으로 / 푸코의 작업을 계승하고자 한다면

3장 환경관리권력에 대하여

1. Y2K는 무엇을 의미하는가 149
파국은 어디에나 있다 / 증상으로서의 Y2K

2. 세계는 더 이상 이전과 같지 않다 161
세계의 평평화를 이끌어 낸 열 가지 동력 /
삼중의 융합, 그리고 새로운 질문

3. '매개 안에 있음'과 환경의 관리 171
무선인터넷의 일상화와 스마트폰의 대중화 /
'매개 안에 있음'이란 무엇인가 / 탈주체화의 불/가능성?

4. 매개 환경의 최적화와 통치의 자동화 188
클라우드 컴퓨팅, 견고한 모든 것은 구름 속에 녹아 사라지고 /
빅데이터, 나는 내가 존재하지 않는 곳에서 생각된다 /
사물인터넷, 사물들로 연결된 세계의 완성

5. 코드가 법이다? 코드가 권력이다! 222
환경의 이중성, 물리적 환경과 코드적 환경 /
코드 안에 담긴 신자유주의 원리

6. "환경적 유형의 개입이 행해지는 사회" 238
환경관리권력에 대하여 / 관리사회, 환경을 관리하라 /
노동의 사회화와 이윤의 지대되기

7. 사회적 복종과 기계적 예속 263

4장 정신관리권력에 대하여

1. 구글은 무엇의 이름인가 271
구글의 검색 알고리즘 / 개별화된 검색 메커니즘, 생각을 인도하라

2. 생각의 인도와 무의식의 관리 284
알고리즘과 생각의 인도 / 데이터의 집적과 집합적 무의식의 관리 /
'데이터베이스=일반의지=집합적 무의식'을 통한 통치의 가능성

3. 정신관리권력이라는 문제설정 309
생명관리권력에서 정신관리권력으로 / 정신관리권력이란 무엇인가

4. 신자유주의와 정신관리권력 326
웹 2.0과 가치 생산의 외부화 / '웹 2.0'이라는 새로운 포섭 전략 /
일반지성의 코뮤니즘에서 자본의 코뮤니즘으로

5. 인터넷과 정신관리권력 그리고 관리사회 350
자기 자신의 기업가 / '아무나'의 정신적 능력 /
가치화 메커니즘과 포섭의 전략 / "지배는 관리로 변신한다."

5장 우리는 이중 관리사회에 살고 있다

1. 이중 관리권력이란 무엇인가 379
환경과 정신의 이중나선 / 과거와 현재와 미래의 '다시'

주 395
참고문헌 413
찾아보기 434

머리말

1

2018년 11월 24일, 서울 서대문구 충정로에 위치한 KT 아현 지사의 지하 통신구에서 갑자기 불길이 솟아오르기 시작했다. 원인을 알 수 없는 화재였다. 불길은 삽시간에 번져 나갔고 결국 지하에 매립된 통신 시스템과 케이블의 상당 부분을 다 태운 뒤에야 진압될 수 있었다. 문제는 그다음이었다. 전화 통신선과 광케이블 그리고 각종 통신 장비가 밀집된 곳이었기에, 이곳에서의 화재는 곧장 인근 지역의 통신 대란으로 이어질 수밖에 없었다. 당시의 화재로 인해 서울 강북 지역과 고양시 일부에서 KT 통신망 기반의 유선전화, 이동전화, 인터넷, IPTV가 일시에 중단된 것은 물론이고, 해당 통신망을 사용하는 은행, 신용카드, 전산 시스템, ATM, 교통 체계, 결제 플랫폼, 의료 시스템에도 큰 혼란이 야기되는 등 화재 이외의 부수적인 피해가 속출했다. 특히 문제였던 것은 KT 통신망에 가입한 사용자의 경우 도대체 무엇이 문제인지도 알지 못한 채 이 혼란의 한가운데에 덩그러니, 무력하게 놓여 있을 수밖에 없었다는 것이다. 소방재난본부청에서 안전 안내 문자를 보냈다고는 하나 KT 통신을 사용하는 사람들은 이 문자마저도 받을 수가 없었다. 게다가 요금 절약을 위해 KT가 제공하는 유선전화, 이동전화, 인터넷, IPTV 등을 패키지로 묶어서 사용하는 사람들의 경우, 그야말로 한순간에 모든 세계로부터 단절되는 상황 속에 놓일 수밖에 없었다. 전화도 인터넷도 할 수 없고, 버스도 탈 수 없고, 결제도 안 되는 세계. 작은 화재 말고는 변한 게 없지만 동시에 모든 것이 변하고만 세계. 적어도 당시로서는 석기시대로의 후퇴라는 세간의 지적이 결코 과장만은 아니었다.

그런즉 여기서 확인해야 할 것은 단지 우회 백업망 구축, 소방시설 의무화, 사용자 피해 보상, 통신망 보호 정책 등과 같은 현실적인 대책 마련의 필요성만이 아니다. 화재 이후 불거진 혼란은, 화재라는 표면적인 현상보다는 도리어 그러한 혼란을 가능케 한 근본적인 조건 그 자체를 따져 묻도록 우리를 이끌고 있기 때문이다. 어쩌면 이 사건은 인터넷 통신망이야말로 현재 우리의 생활세계를 지탱하는 필수불가결한 조건이라는 사실을, 즉 지금의 '당연한' 일상을 영위하기 위해서라도 우리는 원하든 원치 않든 이 인터넷 연결 안에 머물러 있어야 한다는 사실을 마치 증상처럼 드러내 보여 주고 있는 게 아닐까? 바꿔 말한다면 인터넷 연결 바깥의 영역이란 더 이상 존재할 수 없거나, 혹 있더라도 문명의 세계는 아닐 것이라는 사실을 말해 주고 있는 게 아닐까? 그

평범한 사실을, 일상이 돌연 정지되는 예외상태를 통해 가장 급진적인 방식으로 드러내고 있는 게 아닐까? 손가락이 가리켜야 할 곳은 화재 사고가 아니라 그 너머에서 그것을 떠받치고 있는 일상적이고도 현실적인 조건, 이 책의 표현대로라면 특정한 '매개 환경'인 셈이다.

물론 이러한 매개 환경은 예기치 못한 사고를 통해 잠시 그 존재를 드러냈다가 이내 여러 조치에 의해 봉합되고 마는 일시적인 현상이 아니다. 사태는 더욱 근본적인데, 우리를 특정한 매개 환경 안에 있게 만드는 것, 그 환경 안에서 살고 생각하고 경험하고 소통하게 만드는 것, 심지어 그 바깥을 무려 석기시대로 규정할 만큼 내부의 질서를 자명하고 대체 불가능한 것으로 받아들이게 만드는 것, 이 모두는 바로 그 매개 환경의 구성 자체를 통해 작동하는 특정한 권력의 메커니즘과 결코 분리될 수 없기 때문이다. 즉 매개 환경의 구성 원리는 그것을 그와 같은 방향으로 이끌어 내는 권력의 선분과도 맞닿아 있다.

아마도 어떤 독자는 이쯤에서 푸코의 저 유명한 파놉티콘 분석을 떠올릴 수도 있겠다. 또 어떤 독자는 버스 천장보다 낮은 높이의 육교를 설치해서 흑인의 출입을 막고자 했던 미국 어느 도시의 도시 설계 사례를 떠올릴지도 모른다. 두 사례 모두 특정한 형태의 환경 구성(또는 배치)이 권력의 작동 및 주체 형성과도 긴밀히 연결되어 있음을 보여 준다는 점에서, 이러한 연상은 물론 타당하다. 일단은 환경과 권력의 관계맺음에 대한 문제제기가 여러 이론적, 실제적 맥락 속에서 다양하게 다루어져 왔음을 확인하는 것만으로도 논의를 시작하기에는 충분해 보인다. 독자와 책 사이의 공통기반을 바탕으로 논의의 지점을 확대해 나갈 수 있기 때문이다. 다만 이 책은 기존의 문제의식을 이어받으면서도 그것을 단순 적용하는 데 그치지 않고, 오히려 그로부터 한 발자국 더 나아가야 함을 제안하고자 한다. 그 작은 걸음을 둘러싼 싸움이야말로 이 책이 기획한 최대의 승부다.

가령 이런 현상에 주목해 보자. 2020년 8월 15일, 서울 광화문 광장에는 코로나19 확산에 대한 정부의 방역 조치를 비판하면서 대통령의 퇴진을 요구하는 대규모 집회가 벌어졌다. 방역 당국과 의료진, 시민들이 그동안 큰 고통을 감내하며 지켜 온 방역 상황을 한순간에 무너트릴 수 있다는 점에서 시위 주최측과 참가자들, 특히 특정 종교 단체가 큰 비판을 받았다. 실제로 광화문 집회 이후 코로나19 2차 대유행이 시작되면서 집단감염의 우려는 최악의 상황으로 현실화되기도 했다. 하지만 주목해야 할 것은 이를 둘러싸고 전개된 갈등과 긴장, 분열의 모습만이 아니다. 이 국면 가운데 새로 나타난 어떤 변곡의 지점을 주의 깊게 살펴볼 필요가 있다. 정부는 집회 참가자가 누구인지 특정할 수 없는 상황 속에서(또는 참가자가 자신의 정체를 숨기는 상황 속에서) 해당 지역의 휴대전화 기지국 접속 기록을 분석하는 식의 우회 전략을 선택했다. 전화 통화를 하거나 메시지를 주고받는 것만으로도, 인터넷에 접속해 정보를 얻거나 타인과 소통을 하는 것만으로도, 심지어 단지 휴대전화를 켜놓는 것만으로도(우리는 언제나 로그인되어 있다), 개개인이 언제 어디에 있었으며 그 집합으로서의 인구가 얼마나 되는지 등을 빠르게 파악 및 집계할 수 있기 때문이다. 위법자를 색출하기 위해 검문검색, 도청, 탐문 등을 일삼아 왔던 과거의 정부 모습과는 확연히 달라진 모습이었다. 데이터가 말하게 한다는 것은 바로 이런 것이었다. 모든 사람들이 인터넷이라는 매개 환경과 연결되어 있으며 그 안에서 지속적으로 데이터를 산출하고 있다는 현실적인 상황을 전제로 한 조치였다. 요컨대 이때의 권력이란 개인(=인구)이 놓여 있는, 네트워크화되고 데이터화된 환경 그 자체를 개입의 대상으로 삼고 있었던 것이다.

특정한 매개 환경 안에 있다는 것은 정확히 그러한 환경을 기반으로 한 통치 실천과 분리될 수 없다. 앞의 화재 사고가 보여 준 것이 우리가 살아가고 있는 이 세계의 기반구조적인 매개 환경(이 세계의 무엇이 어떻게 변해 가고 있는가) 및 그러한 환경의 불가피성이라면(우리는 이 세계를 거부할 수 있는가), 뒤의 코로나19 사례가 보여 주는 것은 바로 그 환경을 바탕으로 새로운 통치의 실천을 이어 나가고 있는 이 세계의 방향성이다(이 세계는 우리를 어디로 데려가는가). 즉 환경과 권력은 여전히, 그러나 이전과는 전혀 다른 형태로 서로에 대해 결부되어 있다. 이제 권력은 우리를 둘러싼 일상적인 환경에 대한 설계와 개입, 관리를 통해 그 환경에 속한 개인(=인구)의 사고와 행동을 기계적·자동적·즉물적으로, 그러면서도 (자유와 함께) 특정한 방향과 형태로 이끌어 내고 있다. 환경에 대한 자동화된 통치가 개인에 대한 규범적 권력을 대체하고 있는 양상이다. 때리거나 명령하지 않고 금지하지도 않는 새로운 권력의 메커니즘, 그것은 우리를 둘러싼 매개 환경을 자동화하고 최적화함으로써 결과적으로 주체라는 불확실한 요소를 점점 더 예측·계산·통제·결정 가능한 것으로 바꾸어 내고 있으며, 바로 그렇기에 더없이 효과적이고 효율적인 통치 전략이라 할 수 있다.

물론 환경과 권력의 이 새로운 조합은 코로나19라는 위기 속에서 출현한 예외적인 것도 아니고, 이 상황을 타개하기 위해 개입한 국가의 일회적 조치 정도로 국한되는 것도 아니다. 오히려 오늘의 현실은 이것이 예외가 아니라 상례임을 너무나 분명하게 드러내고 있다. 무선 인터넷과 스마트폰 환경이 클라우드와 빅데이터, 사물인터넷 환경으로 확대되면서, 그리고 여기에 다시 인공지능 환경이 연결되고 결합되면서, 시나브로 우리는 모든 것이 디지털화되고 모든 것이 네트워크로 연결되어 있으며 또 모든 것이 데이터로 표현되는, 말 그대로 매개된 세계를 살아가고 있다(그만큼 우리의 모든 데이터가 모조리 흡수되고 있다). 이제 매개란 더 이상 우리를 연결해 주는 수단이 아니라 우리를 둘러싼 환경 그 자체라 해도 과언이 아니다. 더욱이 이러한 변화는 국가와 기업 어느 한쪽에 의해서가 아니라 이를 포함한 다수의 행위자들에 의해 다양한 형태와 다양한 정도로 현실화되고 있으며, 그만큼 일상의 전 영역으로 빈틈없이 스며들고 있다. 일상 환경에 대한 촘촘한 설계와 관리를 통해 작동하는 다양한 형태의 플랫폼 기업을 떠올려 볼 수도 있겠다. 환경과 권력의 조합은 이렇듯 매개 환경의 최적화와 통치의 자동화라는 새로운 모델을 통해 우리의 일상 속에 녹아들고 있다.

문제는 이러한 매개 환경이 더는 선택 가능하지 않다는 데 있다. 물고기가 물을 선택할 수 없듯이, 우리는 현재의 일상을 지탱하고 있는 이 매개 환경을 거부할 수도, 그 바깥을 선택할 수도 없다. KT 화재 사건이 보여 주는 것은 어쩌면 우리가 부지불식간에 이 '안에 있음'의 상태에 놓여 있을 수밖에 없다는 것이자, 동시에 그 '매개 바깥'의 상태로 나갈 수 없다는 게 아닐까? 인터넷 연결이 끊어진 바깥이란 사실상 현대 문명의 모든 혜택으로부터 단절된 상태와 다를 바가 없으니 말이다. 문제의식은 여기서 더욱 확장되는데, 바로 이러한 환경 조건, 즉 우리가 상시적이고 자동적으로, 심지어 잠재적으로(휴대폰을 사용하지 않을 때에도 휴대폰은 온갖 종류의 데이터를 송수신한다) 연결되어 있을 수밖에 없다면, 마찬가지로 그 환경을 통한 통치의 전략과 실천, 테크닉도 그러한 변화에 맞게 수정될 수밖에 없기 때문이다. 환경과 권력의 오래된 문제설정을 떠올려 본다면, 좌변(환경)이 변화해 나가는 것과 함께 그 함수값으로서의 우변(권력) 또한 그와 맞물려 변화되어 갈 것임은 자못 당연해 보인다.

2

다시 현재의 일상 풍경으로 시선을 돌려 보면, 우리는 일상 그 자체인 다양한 매개 환경이 우리에게 미치는 기반구조적인 힘뿐만 아니라, 그 환경 안에서 우리의 생각과 행동을 특정한 방향으로 이끌어 내는 행위유도적인 힘도 동시에 관찰할 수 있다. 전자가 우리를 항상-이미 매개안에 머물러 있게 함으로써 그 환경에 속한 인구 전체를 통치의 대상으로 포섭하는 권력이라면(환경관리권력), 후자는 개별화된 검색 메커니즘과 알고리즘을 통해 사용자 개개인이 무엇을 보고 생각하고 느낄지에 영향을 미치는 또 다른 형태의 권력이다(정신관리권력). 이 둘은 각각 외부와 내부, 형식과 내용 등으로 의미론적으로는 구분될 수 있지만 많은 경우 상보적으로 한데 겹쳐서 작동하기 때문에 현상적으로는 분리될 수 없다. 그것은 차라리 현재의 권력을 특징짓는 이중의 메커니즘이라고도 할 수 있을 것이다.

이와 관련해 넷플릭스의 다큐멘터리 〈거대한 해킹(The Great Hack)〉은 유의미한 참고점이 된다. 이 다큐멘터리는 2016년 미국 대선 당시 정치 컨설팅 기업인 케임브리지 애널리티카(Cambridge Analyitica)가 페이스북 사용자 5,000만 명의 개인 정보와 데이터를 적극 활용해 트럼프의 승리에 영향을 미쳤던 사건을 다루고 있다. 케임브리지 애널리티카는 페이스북을 통해 추출한 데이터를 바탕으로 중도층 유권자들에게 개인별로 타겟팅된 정치 메시지를 지속적으로 노출시켰는데, 그 대부분이 트럼프에게는 유리하고 힐러리에게는 불리한 내용을 담고 있었다. 특히 힐러리가 스캔들에 휩싸이자 관련 내용을 수십여 개의 직관적인 이미지로 변형해서 중도층 유권자에게 집중적으로 배포했고, 그 결과 여론의 방향도 트럼프에게 유리한 쪽으로 급변했다. 이 다큐멘터리는 우리가 일상적으로 만들어 내는 수많은 데이터가 도리어 우리의 생각과 행동을 예측하고 통제하며 더 나아가 특정한 방향으로 이끌어 낼 수 있음을, 한낱 가능성이 아닌 실제 일어난 사건을 통해 경고한다. 다시 말해 이제는 데이터가 우리를 만들어 낸다는 것이다.

짐작할 수 있듯이 이 다큐멘터리는 앞서 논의한 환경(관리)권력과 이어서 논의할 정신(관리)권력이 어떻게 상호 긴밀하게 연결되어 있으며, 또 어떻게 하나의 현상으로서 우리 눈앞에 현실화되고 있는지를 분명하게 보여 준다. 언제 어디서든 연결 가능한 일상적인 매개 환경의 형성과 바로 그 미디어 환경을 통한 데이터의 자동적인 수집·분석·처리 시스템의 구축, 그리고 다시 이 데이터 분석을 바탕으로 한 새로운 통치의 전략과 실천이 마치 톱니바퀴처럼 정확히 맞물려 돌아가고 있는 상황이다. 우리가 생산하는 수많은 데이터들이 역으로 우리가 누구인지를 (계급, 인종, 종교, 젠더, 정치 성향 등을) 판단하고 예측하는 데 활용될 뿐만 아니라, 더 나아가 우리의 생각과 행동을 특정한 방향으로 이끌어 내는 기제로도 전유되고 있는 것이다. 사용자의 과거 정체성이 현재의 개별적인 데이터 패턴을 만들고 그것이 다시 고유한 알고리즘의 인도 작용을 따라 미래에 마주할 결과값으로 이어지는 식이다. 이 도식대로라면, 사용자 개개인의 데이터를 수집·분석할 수 있고 이를 바탕으로 적절한 알고리즘 모델을 개발·적용할 수 있으면, 자연스레 그 개개인이 미래에 접하게 될 정보의 성격과 방향도 규정할 수 있게 된다. "데이터를 가진 자가 통제력도 갖는다(They Took Your Data. Then They Took Control)"라는 카피의 의미가 바로 이와 같다.

물론 이상의 내용을 아무런 비판 없이 그대로 받아들일 수는 없다. 비판에 대해서도 비판이 필요하다. 특히 문제적인 것은 이러한 시사고발 다큐멘터리가 데이터와 알고리즘을 바탕으로 한 현재의 통치 전략 배후에 어떤 불순한 세력을 상정하고 있다는 것이다. 특정 후보를 당선시키기 위해 유권자에게 편향된 정보를 지속적으로 노출시키는 정치 세력이 있는가 하면, 안면인식 카메라를 통해 국민의 일거수일투족을 추적하고 감시하는 빅브라더 정부가 있다. 백인 남성의 얼굴을 기본값으로 설정한 기업도 있고 그러한 편향된 알고리즘을 통해 우리의 세계 인식을 지배 질서의 문법에 맞게 재생산하는 기업도 있다. 결국 데이터와 알고리즘을 악용하는 정부와 기업이 문제라는 식이다. 그런데 과연 그런가? 악용이 문제라고 한다면, 데이터를 올바르게 사용하고 알고리즘으로부터 편견을 제거하면 되는 것일까? 다큐멘터리의 내용에 전적으로 동의할 수 없는 이유가 바로 여기에 있는데, 그것은 이 다큐멘터리가 현기증 날 정도로 빠르게 변화해 가는 현재의 미디어 환경과 그 안에서 이루어지는 새로운 통치의 테크놀로지를 화두로 삼으면서도 정작 그 중심에는 감시와 억압, 독재, 음모 등과 같은 지극히 오래된(또는 너무나 정형화된) 권력의 형상을 위치시키고 있기 때문이다. 또한 이를 통해 억압과 해방, 거짓과 진리, 감시와 자유라는 극적인 서사를 버전업된 형태로 여전히 되풀이하고 있기 때문이다. 포장지만 갈아 씌운 재고 상품의 느낌이 드는 이유이다.

하지만 주의하자. 그런 음모와 감시가 없다고 말하는 것도, 그렇게 편향된 현실을 부정하는 것도 아니다. 이런 문제들은 앞으로도 계속해서 질문하고 대결하고 바로잡아 나가야 할 것들이다. 그러나 단언컨대, 권력의 경우 이것이 전부는 아니다. 데이터와 알고리즘을 통해 우리의 사고와 행동을 이끌어 내는 저 새로운 권력의 존재를 인정하면서도 그것이 여전히 음모나 감시를 통해 작동한다고 보는 시각에 대해서는 의문을 가질 수밖에 없는 이유이다. 그렇다면 도대체 어떤 새로운 권력이 출현했다는 것인가?

3

이와 관련해, 구글의 모토 변화와 그 안에 담겨진 뉘앙스 차이는 권력의 분기에 대한 어떤 직관적인 상을 제시해 준다. 잘 알려져 있듯이 구글은 창립 초기에 자사의 모토로 "사악해지지 말자"라는 문구를 내걸었는데, 이는 그 엉뚱함에도 불구하고 충분히 의도된 정체화의 작업이라고 할 수 있다. 세계의 모든 정보에 접근해 이를 수집하고 분석해야만 하는 상황 속에서, 그들은 그 과정이 야기할 수 있는 거대 권력화의 문제를 경계하고자 했던 것이며, 때문에 마치 자기반영적인 고백처럼 사악해지지 말자라는 모토를 내세웠던 것이다. 그러나 문제는 지식과 권력이 서로 결부되어 있음을 인지하고 이로부터 자신의 성찰성을 다짐하는 데 있지 않다. 오히려 문제는 권력이 사악하지 않은 방식으로도 얼마든지 작동할 수 있으며, 따라서 사악해지지 말자고 선택한 전략과 실천이 역설적이게도 가장 합리적인 형태로 작동하는 또 다른 권력에 대한 알리바이가 될 수 있다는 데 있다.

이를 웅변하듯 현재 구글은 홈페이지 전면에 자사의 목표를 "전 세계의 정보를 체계화하여 모두가 편리하게 이용할 수 있도록 하는 것"이라고 밝히고 있다(Google 검색의 원리, n.d.). 정보 악용과 감시, 정권과의 결탁, 비윤리적인 행동 등의 권력화 작용을 경계하는 한편, 그 반대편에 있는, 그러니까 권력과는 무관하다고 여겨지는 정보의 체계화와 사용자 편의 향상으로 나아가겠다는 각오로 읽히는 지점이다. 권력이라는 문제설정을 중심으로 '하지 말자'와 '하자'의 전략이 선명하게 교차되고 있는 셈이다. 그렇다면 구글은 권력의 문제로부터 자유로워진 것인가? 세계의 모든 정보를 체계화하는 저 작업은 진정 권력과는 무관한 것일까? 아니면 또 다른 권력의 출현을, 그 문을 열어젖힌 것일까?

구글의 모토로부터 추론할 수 있는 것은 그들이 권력을 사악하고 부정적인 것(예컨대 감시와 억압, 음모 등을 행하는)으로 자리매김하고 있다는 사실이며, 따라서 그들의 다짐 역시 이처럼 한정된 권력 형태에 대해서만 적용된다는 사실이다. 그들은 권력을 부정적인 것으로 붙박아 둠으로써, 그리고 그것에 대해서만 선전포고를 함으로써, 결국 그것과는 다른 방식으로 작동하는 권력의 가능성을 외면하는 동시에 용인하고 있는 셈이다. 다시 말해서, 이는 세계의 모든 정보(말 그대로 모든! 정보)를 수집해서 색인화하고 이를 사용자 개개인에 맞게 개별화시키는 과정 그 자체가 바로 권력이 작동하는 정교한 메커니즘이라는 사실을 외면하는 것이며, 동시에 이처럼 자유롭고 긍정적이며 생산적인 형태의 권력이 이전의 감시와 억압의 권력을 대체하면서 새로운 헤게모니로 자리잡아 나가는 현실을 구글 자신의 행보를 통해 용인하고 있는 것이기도 하다.

그런데 이것이 구글만의 사정일까? 구글을 통해서 말하고자 했을 뿐, 사실상 이는 현재의 상황을 규정하는 공통된 특징이기도 하다. 페이스북과 유튜브, 네이버와 카카오 등의 기업들도 기술적 합리성을 추구한다는 점에서는 크게 다르지 않기 때문이다. 문제의식은 간단하다. 데이터와 알고리즘을 통해 작동하는 권력, 그러면서도 감시와 음모가 아닌 자유와 해방을 통해 작동하는 권력이 우리를 둘러싼 일상적인 매개 환경의 형성과 함께 전면적으로/상례적으로 현재화되고 있다는 것이다. 특히 이 권력은 개인, 곧 인구(인터넷에 연결된 개인은 곧 인구이기도 하다)의 '정신'에 대해 작동한다는 점에서 특징적인데, 데이터와 알고리즘을 통해 개개인의 생각을 인도하고 그 개인(=인구)의 태도와 감정을 촉발 또는 변용하며, 그럼으로써 인구의 집합적 무의식이라는 차원에까지 영향을 미치고 있다는 점에서 그러하다. 즉 이 권력은 우리의 생각과 감정, 무의식 등의 정신적인 능력과 활동을, 더없는 자유와 함께, 그리고 기술적 합리성을 통해, 특정한 방향과 형태로 이끌어 내는 권력이라 할 수 있다. 그렇다면 이 권력을, 이 힘의 작용을, 우리는 무엇이라 부르고 또 어떻게 정의할 수 있을까? 아니, 그보다 먼저, 이것을 과연 권력이라 할 수 있을까? 일단은 질문이다.

4

이 책은 하나의 질문과 함께 시작된다. 왜 '다시' 권력인가. 오래되고 익숙한 질문이다. 이미 푸코가 자신의 학문 인생 전체에 걸쳐서 몇 번이나 되묻고 치열하게 대결해 왔던 질문이다. 이미 답해진 질문이다. 그런데 왜 또 같은 질문인가. 충분치 않다고 느껴지기 때문이다. 푸코도 그러했을 것이다. 푸코 그 자신이 주권권력에서 규율권력으로, 또 생명권력과 통치성으로 문제의식을 재차 수정하고 첨예화했던 것도 바로 이 충분치 않다는 느낌 때문이었으리라. 우리를 둘러싼 상황이 무엇인가 변하고 있다는 저 막연한 느낌, 그리고 그 변화가 우리를 이전과는 전혀 다른 방향으로 데려가고 있다는 어떤 불안함, 그러나 이를 담아낼 언어가 아직은 부재하거나 있어도 충분치 않다는 상황 판단, 푸코는 이 문제의식 앞에서, 과거의 영광을 뒤로 한 채 정직하게 다시 물을 수밖에 없었던 것이다. 왜 '다시' 권력이어야 하는가.

질문은 질문이 행해지는 당대의 고유한 시대성을 전제한다. 각 시대는 자기만의 관점에서 문제를 만들고 파악하고 해결한다는 점에서, 시대와 시대 사이에는 불/가능한 질문을 분할하는 절단면(/)이 있다고도 할 수 있다. 한 시대를 풍미하던 질문이 다른 시대에서는 시대착오가 되는 이유가, 그리고 그 반대 역시 가능한 이유가 바로 이 때문이다. 시대와 질문은 서로에게 결착되어 있는 것이다. (물론 시대와 불화하는 질문의 가능성을 부정하는 것은 아니다. 그러나 불화하는 질문은 이미 다음 '시대적'이지 않은가.) 그렇기에 이 '다시'라는 말은 새로운 시대의 도래와 함께 우리의 질문 또한 당면한 시대 정세 속에서 새롭게 제기되어야 함을 뜻한다. 질문 내부에 자체의 갱신 가능성을 확고하게 표지함으로써 불확정적인 미래를 향해 스스로를 열어 두도록 강제하고 있다고도 할 수 있겠다. 이는 완결된(즉 완전히 답해진) 질문 따위는 존재하지 않으며 오히려 질문은 그 완결 불가능성으로 인해 도리어 생명력을 갖게 된다는, 어쩌면 지극히 평범한 사실을 드러내고 있는지도 모른다. 즉 다시 묻는다는 것은, 어제의 진실이 오늘의 오류일 수 있음을 시인하는 것이며, 더 나아가 오늘의 상황에는 오늘의 질문이 필요함을, 질문 그 자체를 통해 주장하는 것이기도 하다. 그렇다면, 우리는 왜 다시 권력을 물어야 하는 것일까? 그것을 다시 물어야 할 시대가 도래했다는 것일까?

앞서 논했듯이 우리를 둘러싼 시대적 변화는 이중의 측면에서 동시적이고도 중첩적으로 전개되고 있다. 그 한편에 무선인터넷에서 스마트폰을 거쳐, 클라우드와 빅데이터, 사물인터넷 등으로 이어지는 일상 환경의 매개화와 그러한 환경 구성을 통해 작동하는 통치의 자동화 흐름이 있다면, 다른 한편에는 개개인에게 개별화된 검색 결과를 제시하고 이러한 재귀적 작용을 통해 사용자 인구의 정신적인 능력과 활동을 통치의 자원으로 흡수해 나가는 정신 관리의 흐름이 있다. 하지만 이러한 변화의 흐름은 과거와 달리 생사여탈권을 휘두르면서 우리를 죽이겠다고 위협하지 않으며, 명령과 훈육, 감시와 처벌 등을 통해 우리의 신체를 옭아매려고 하지도 않는다. 또한 살아 있는 생명을 정치의 한가운데에 위치시키면서 그 생명에 대한 적극적인 관리와 조절을 시도하지도 않는다. 죽음도 규율도 생명도 아닌, 지금까지와는 전혀 다른 영역으로서의 환경과 정신이 바야흐로 새로운 통치의 대상으로 우리 눈앞에 전면화되고 있는 것이다. 이러한 상황 이해는 기존의 권력론으로는 현재의 변화를 적절히 설명할 수 없다는 진단과 함께, 그렇다면 이 변화를 어떻게 새로운 개념 안에 담아낼 수 있을지에 대한 질문과 사유의 운동을 촉발시킨다.

물론 이러한 변화가 기존의 권력 관계를 무화시키면서 단절적으로 등장하는 것은 아니다. 당장 현재의 코로나19 상황만 보더라도 우리는 추적과 감시, 명령으로서의 규율적 방역 실천뿐만 아니라 국민의 건강과 안전을 보호하고 질병을 관리하는 생명권력의 정치 실천을 동시에 목격할 수 있다. 또는 그것이 분리될 수 없는 하나의 실천으로, 즉 규율+생명의 형태로 우리의 일상 전체를 촘촘하게 가로지르고 있음을 쉽게 관찰하고 경험할 수 있다. 하지만 상황은 이보다 훨씬 더 복잡하다. 코로나19로 시작된 비대면 상황은 사람들 사이의 직접적인 접촉을 엄격하게 제한하는 한편, 이와는 반대로 온라인 공간 안에서의 만남과 노동은 무한정 열어 놓고 있다. 실시간 온라인 화상 프로그램을 통해 만나고 대화하고 공부하고 회의하고 일하는 풍경이 말 그대로 새로운 표준(new normal)으로 자리 잡아 가고 있다. 배달 플랫폼과 OTT 동영상 플랫폼의 엄청난 성공도 이와 동일한 맥락 아래에 있음은 물론이다. 그리고 짐작할 수 있듯이, 이러한 변화는 그것을 가능케 하고 또 그것에 의해 추동되는, 상시적·잠재적·자동적인 매개 환경의 형성 및 데이터와 알고리즘에 의한 맞춤 타겟팅 전략과도 긴밀하게 연결되어 있다. 즉 환경 관리와 정신 관리라는 새로운 힘의 작용이, 규율+생명이라는 기존의 조합과 함께, 서로를 배제하지 않으면서 각기 다른 모양과 성격, 정도로 현실화되고 있는 상황이다.

그러나 현상적 겹침과 이론적 단절은 구분되어야 한다. 과거의 어떤 현상을 설명하기 위해 고안된 이론을(즉 과거의 질문을), 그러한 이해 방식을 파열시키면서 등장한 새로운 현상에 어떠한 번역의 과정도 없이 그대로 대입할 수는 없다. 그럴 경우 우리는 새로운 현상이 갖는 근본적인 특이성도, 겹쳐진 현상들 간의 치열한 헤게모니 투쟁도, 현상을 담아내기 위한 이론의 내적 논리와 그 정합성도 제대로 파악할 수 없게 된다. 다시 현재의 상황을 예로 들자면, 우리는 코로나19를 둘러싸고 진행되고 있는 저 규율+생명 조합의 다양한 전략과 실천을 비교적 손쉽게 파악하고 그것을 언어로 담아낼 수도, 또 경우에 따라서는 비판할 수도 있다. 하지만 환경+정신의 새로운 조합은 어떠한가. 그 각각 또는 전체가 권력으로 작동해 가는 구체적이고 현재적인 방식과 기법, 특이성 등을 이해하는 것은 물론이고 그러한 흐름을 특정한 어휘나 개념, 이론으로 적절하게 포착하는 것도 어렵게 다가온다. 더욱 근본적으로는 그것을 하나의 문제계로 인식하는 자체가(즉 그것이 왜 문제적인가) 쉽지 않은 상황이다. 이러한 변화를 과연 규율 또는 생명 권력(또는 통치성)의 언어로, 그 오래된 언어로 전부 풀어낼 수 있을까? 그럴 수는 없다. 왜 다시 권력인가라는 질문을 현재성과 함께 새롭게 갱신해야 하는 이유가 바로 여기에 있다.

5

그러나 질문을 둘러싼 현재의 담론 지형은 한쪽으로 치우쳐져 있다. 아니, 그보다 먼저 질문 자체가 많지 않다는 문제점을 제기해야 할지도 모른다. 기술 발전에 대한 환상과 기대는 과잉 담론화되고 있는 반면(예컨대 4차 산업혁명), 그에 대한 비판과 성찰은 지나치게 과소 담론화되어 있는 상황이다. 문제는 이렇게 과소화된 비판 지형 속에서, 그나마 제기되고 있는 질문과 비판조차, 그 상당수가 시사고발 프로그램 '그것이 알고 싶다'처럼 이슈가 된 문제 사례를 폭로하고 나열하는 데 머물고 있다는 것이다. 개인 정보 유출과 데이터 악용, 사용자 감시, 여론 조작, 가짜뉴스 등과 같은 특수한 권력의 작용에만 관심을 쏟고 있는 상황이다. 그러면 그럴수록 이러한 현상들은 개별적이고 예외적인 것으로 치부되고, 또 그만큼 이슈화된 형태로(또는 악마화된 형태로), 표면적으로만 다루어지게 된다. 문제는 이뿐만이 아니다. 현상 묘사를 넘어서려는 이론적/해석적 접근마저도 기존의 문제의식과 언어에 사로잡힌 나머지 새로운 현상을 과거의 이론틀에 그대로 적용해 버리는 식의 접근에 그치고 있다. 오래된 파놉티콘 모델을 곧장 현재의 데이터 사회에 대입해서 디지털 감시사회의 도래를 말하는 식이다. 그러다 보니 이론은 어제 모습 그대로인 반면, 현상만 오늘의 것으로 바뀌는 상황이 계속 반복되고 있다. 오래된 질문으로 새로운 시대를 맞이하고 있는 것이다. 그러나 문제의 사례를 백화점식으로 나열한다고 해서, 그리고 익숙한 이론으로 새로운 현상을 간단히 포획한다고 해서, 그 사례와 현상에 대한 근본적인 이해에 가닿을 수 있는 것은 아니다. 새로운 현상에는 그 새로움만큼이나 새로운 질문이 필요하다. 과소 담론의 상황 속에서도 여전한 질문이 반갑고 또 그것을 이론으로 밀고 가려는 노력이 고무적이지만, 그 방향성에 대해서만큼은 쉽게 긍정할 수 없는 이유가 이 때문이다. 질문은 오히려 질문 그 자체에 대해 던져져야 하는 게 아닐까?

그렇다면 구체적인 현상들에 주목하면서도 단지 거기에만 머무르지 않고 어떻게 이로부터 그 현상들을 가로지르는 공통의 요소를 발견하고 추출할 수 있을까? 또 어떻게 이에 대한 원리적 사유를 발동시킬 수 있으며, 더 나아가 이를 어떻게 자체의 문제의식에 충실한 언어로 재발명할 수 있을까? 즉 어떻게 우리는 왜 '다시' 권력인가라고, 새롭게 질문할 수 있을까? 이에 대한 한 가지 답을 우리는 푸코 자신의 실천에서 찾아볼 수 있다.

> 나라면 니체를 해석하기보다는 이용하겠습니다. 니체와 같은 사람의 사상을 연구하는 가장 큰 효과는 그의 사상을 변형하고 소리 내게 하고 저항하도록 하여 그의 생각을 우리에게 맞게 이용하는 것이라고 봅니다. 그러니까 내가 니체의 생각에 동조하느냐 않느냐는 결코 중요한 것이 아니겠지요(Gordon, ed., 1980/1995, p. 81).

"나라면 니체를 해석하기보다는 이용하겠다"는 말은 그가 이러한 질문과 마주해 실제로 니체를 이용했던 것에 대한 일종의 자기고백이라 할 수 있다. 그는 변화하는 현실에 개입하기 위해 니체의 생각을 자기에게 맞게 이용했던 것이며, 그렇게 "그의 사상을 변형하고 소리 내게 하고 저항하도록" 함으로써, 즉 푸코 자신의 니체를 창안함으로써, 새로운 시대에 맞는 새로운 질문을 던질 수 있었던 것이다. 과거의 이론을 현재의 질문으로 바꾸어 낸 전환의 계기가 바로 여기에 있다. 심지어 그는 "내가 니체의 생각에 동조하느냐 않느냐는 결코 중요한 것이 아니"라고까지 말한다. 푸코의 이 말은 그 말의 진심을 따르는 한 푸코 자신에 대해서도 예외 없이 적용되어야 한다. 그는 우리에게 자신을 해석하기보다는 이용하되, 푸코 자신의 생각과 일치하는지 여부와 상관없이 철저하게 그러하라고, 자신 또한 니체를 그렇게 이용했다고 고백하고 있는 셈이다. 요컨대 푸코는 과거의 언어를 내부로부터 전유하는 방식을 통해 니체의 사상에 현재성을 부여하는 한편, 그와 꼭 같은 방식으로 자신의 사상 또한 현재적으로 다시 읽힐 가능성을 열어 두고자 했다. 그리고 그럼으로써 사유와 질문에 '다시'라는 (무궁한) 운동성을 도입하고자 했다. 그는 그 자신의 실천을 통해 우리로 하여금 사유의 저 계속되는 운동 속에 휘말려들게 하는 한편, 그 수행적 결과로서 자신의 사유 또한 끊임없이 되물어지기를(현재화되기를) 바랐던 것이다.

> 자신들이 무엇을 위해 봉사하고 있는지 바로 그들 스스로가 알아내야 한다. 그들의 선배들이 어렵게 규율의 궁극 목적을 알아냈듯이 말이다. 뱀의 똬리는 두더지의 소굴보다 훨씬 더 복잡하다(Deleuze, 1990/1993, p. 205).

들뢰즈 또한 우리에게 그 사유의 운동에 동참할 것을 제안한다. 그는 우리의 선배들이(이는 물론 푸코를 의미한다) 규율이라는 당대의 권력 관계를 이해하기 위해 분투했듯이, 우리 또한 우리가 (자유롭게) 봉사하고 있는 현재의 권력 관계를 스스로 알아내기 위해 애써야 한다고 말한다. '스스로'라는 말이 중요한데, 푸코 이후 더욱 복잡해진 권력의 지형을 알아내기 위해서는 그의 사상을 오늘날에 그대로 적용할 게 아니라, 반대로 "그의 사상을 변형하고 소리 내게 하고 저항하도록" 함으로써,

즉 우리 자신의 푸코를 발명함으로써 새로운 사유의 운동을 '스스로' 만들어 가야 한다는 말일 터이다. 하지만 들뢰즈는 이 운동이 결코 쉽다고 말하지 않는다. 아니, 그는 푸코가 마주했던 두더지의 소굴보다 오늘날 우리가 마주한, 수많은 뱀들이 뒤섞여 있는 똬리가 훨씬 더 복잡하다고 말한다. 마치 미로처럼 얽히고설킨 뱀의 똬리 앞에서, 그는 우리에게 우리 스스로 사유와 질문의 운동을 가동시킬 수 있겠냐고, 그럴 용기와 끈기가 있냐고 묻는다. 즉 새로운 질문의 필요성을 제기하면서도 그 질문이 초래할 두려움과 혼란 또는 망설임과 포기를 단호히 경고한다. 들뢰즈는 우리가 지금 마주하고 있는 현실이 더는 두더지의 소굴이 아니라는 사실을 지적하면서, 그러니까 푸코의 질문이 더 이상 유효하지 않게 된 현실을 문제 삼으면서, 그렇게 새로이 도래한 뱀의 똬리 앞에서는 푸코가 니체를 이용했듯 우리 또한 푸코를 이용해서 스스로의 질문을 만들어 내야 한다고, 용기 있게 '다시'라는 사유의 운동을 시작해야 한다고 말하고 있는 것이다.

이 책은 푸코와 들뢰즈를 이른바 방법으로 이용함으로써, 현재의 권력 지형에, 그 복잡한 뱀의 똬리에 한 발자국 접근하려는 시도이다. 물론 그 끝에서 무엇을 만나게 될지는 아직 알지 못한다. 모르기 때문에 계속 시도하고 좌절하고 다시 일어나 덤비고 따져 물을 것이다. 웃지도 말고 울지도 말고 다만 이해하라는 스피노자의 말을 굳게 믿을 뿐이다. 그것이면 충분하다고 생각한다. 고로 질문은 여전하다. 이 시대에, 포스트 인터넷 시대에, 왜 '다시' 권력인가. 우리는 스스로 질문을 던질 수 있는가. 용기가 필요하다.

6

이 책은 나의 박사 논문을 토대로 새로운 논의와 사례를 덧붙여 한 권의 책으로 재구성한 것이다. 박사 논문을 2017년 7월에 썼으니 세상에 다시 내놓기까지 무려 4년의 시간이 걸린 셈이다. 그 사이에 알파고와 이세돌이 벌인 세기의 격돌이 있었고 온갖 종류의 플랫폼이 우리 일상을 가득 메우는 변화가 있었다. 가상화폐 열풍과 함께 블록체인이라는 말이 상식으로 자리 잡기도 했고 자율주행 자동차가 꿈이 아닌 현실로 구체화되어 가는 중이기도 하며, 심지어 민간 우주비행 계획이 우리 꿈의 범위를 지구 바깥으로까지 확장해 나가는 중이기도 하다. 인공지능과 딥러닝 같은 말은 이미 흔하디흔한 말이 되어 버렸다. 코로나 19로 인해 온라인 세계가 끝도 없이 확장되고 있는 것도 중요한 변화로 꼽을 수 있겠다. 이 모든 게 불과 4년 사이에 나타난 변화이다. 그렇다면 여전히(그리고 아직도) 인터넷과 권력의 관계를 묻고 있는 이 책은, 너무 늦게 온 것일까? 설마 이 책은 나오기도 전에 이미 그 시효가 끝나 버린 것일까? 두려움이 없다면 거짓이다.

하지만 앞서 언급했듯이 현상과 이론은 구분되어야 한다. 현상은 빠르게 나타났다가 사라지고 또 다른 현상으로 대체되어 가지만, 그에 대한 질문과 사유는 결국 어둑어둑한 해질녘이 되어서야 비로소 날아오를 수 있다. 특히나 현상을 표면대로 묘사할 게 아니라 그 존재 자체의 형성과 원리를 고민하는 한에서, 사유의 운동은 그것이 무르익을 만큼의 물리적 시간을 필수적으로 요구할 수밖에 없다. 그런 점에서 저 4년의 시간은, 어쩌면 나의 의도와는 무관하게, 사유 속에 시간을 부여한 것인지도 모른다. 4년 전에는 단발적인 사례에 불과했던 여러 현상들이 점점 더 보편적인 흐름이 되어 감에 따라, 이 책의 질문은 아마도 그때보다는 오히려 지금에야 더 구체적인 적실성을 얻게 되었는지도 모른다. 거꾸로, 시간이 사유를 길러 낸 셈이다. 현상을 따로 업데이트하지는 않았다. 그런 거라면 이미 내년이면 그 현상 또한 낡은 것이 될 테니까 말이다. 현재의 디지털 기술이 어떤 새로운 기법과 전술을 통해 이 세계를 바꾸어 가고 있는지를 속보 경쟁하듯이 따라가려고 하는 대신, 그리고 그에 대한 낙관 혹은 비관의 전망을 더하는 대신, 이 책은 그것을 바로 그런 식으로 가능케 하는 힘의 원리와 방향을 따져 묻고자 했다. 현상을 포기하지 않으면서도 그 현상을 현상으로만 남겨 두지 않고자 했다. 새로운 현상을 나열하지도 그 현상을 과거의 이론으로 포박하지도 않으려 했다. 대신 시간을 경유하면서, 기계와 권력 그리고 사회의 새로운 앙상블을, 그 복잡한 뱀의 똬리를, 새로운 질문을 통해 스스로 마주하고자 했다. 4년의 시간은 그러한 시도가 한낱 공상이 아님을 스스로에게 납득시켜 가는 과정이었다.

그러나 이것은 전적으로 나의 생각과 기대에 불과하다. 그렇기에 여전히 두렵다. 사유의 치열함이 결과의 정합성을 보증해 주지는 않기 때문이다. 내가 제대로 읽은 것일까. 자신이 도구상자가 되길 바란다는 푸코의 말을 오독의 핑계로 삼고 있는 것은 아닐까. 들뢰즈의 통제사회 개념과 푸코의 통치성 개념을 현재적으로 다시 읽어 내겠다는 이 책의 시도는, 어쩌면 필연적으로 그런 오독 또는 (아즈마 히로키의 표현을 빌리자면) 오배(誤配)의 가능성을 내포하고 있는 것은 아닐까. 하지만 오독(또는 오배)이 없다는 것은 결국 스스로 질문하지 않았다는 말이지 않은

가. 저자의 주장을 그대로 따른 것일 테니 말이다. 환경관리권력과 정신관리권력, 그리고 이중 관리사회라는 이 책의 개념과 주장은, 그러므로 무수한 비판의 가능성 위에 놓여 있다. 물론 판단은 이르다. 책을 다 읽은 다음에야 독자들은 이 책이 어떤 오독/오배의 모험을 감행하고자 했는지를 알 수 있을 것이다. 그런데 그걸 안다는 것은 결국 독자들 또한 이 책의 주장을 그대로 따르기보다는, 자기만의 관점에서 스스로의 질문을 통해 읽어 냈다는 말이 될 것이다. 사유는 그렇게 (재)발명된다고 믿는 편이다. 나는 이어달리기라는 표현을 좋아한다. 이 책이 사유의 운동을 처음부터 끝까지 독주할 필요는 없다고 생각한다. 나는 내 차례에서 나의 운동을 했을 뿐이다. 이 책을 읽은 독자들이 나의 바통을 이어 받아 그들만의 사유 운동을 즐겁게 펼쳐 나가길 바란다.

7

이 책이 나오기까지 많은 이들의 도움이 있었다. 나는 지금까지 '감사의 글'이란 그저 의례적으로 쓰는 것인 줄로만 알았다. 그래서 책을 읽을 때에도 그 부분은 그냥 넘기곤 했다. 하지만 저자의 입장이 되고 보니 감사의 글도 달리 보이는 게 사실이다. 어쩌면 그것은 영화 엔딩 크레딧에 길게 나열되는 이름'들'처럼, 책 또한 결코 저자 한 명이서 쓸 수는 없다는 당연한 사실을 기억하고 기념하는 수행적 행위가 아닐까. 이 책 또한 저자 이름은 내 이름으로 나올지언정, 그 안에는 수많은 이름들이 보이지 않는 조력의 형태로 함께하고 있는 셈이다. 그 이름들을 기억/기념하고 싶다.

특히 지도 교수인 원용진 선생님께 진심 어린 감사의 마음을 전한다. 공대를 졸업한 후 군대에 갔다가 바로 대학원에 진학한 천둥벌거숭이 나에게, 그는 공부란 무엇이며 어떻게 해야 하는지를 말 그대로 하나부터 열까지 다 알려 주셨다. 그에게 배운 모든 게 현재 나의 토대가 되었다고 해도 과언이 아닐 것이다. 깊은 존경과 감사의 마음을 전하며, 건강이 안 좋은 선생님의 쾌유를 빈다. 김균 선생님과 황인성 선생님께도 깊이 감사드린다. 서강대 학생들은 흔히들 '원균황'이라고 부르는데, 나는 이 삼총사 선생님께 배울 수 있었던 게 큰 행운이라고 생각한다. 두 분의 가르침과 격려 덕분에 무사히 박사 과정을 마칠 수 있었다. 마찬가지로 두 분의 건강과 행복을 바란다. 박사 논문을 심사해 주셨던 박진우, 이광석 선생님께도 이 자리를 빌려서 다시 한 번 감사의 인사를 드리고 싶다. 두 분의 조언 덕분에 더 좋은 논문을 쓸 수 있었다. 이상길 선생님께도 감사의 인사를 드리고 싶다. 처음 계약했던 출판사와의 작업이 무산되자, 그는 마치 자신의 일처럼 적극적으로 새 출판사를 알아봐 주었다. 비록 여러 사정으로 인해 연결이 되지는 못했지만 그 배려와 호의는 여전히 따뜻한 기억으로 남아 있다. 서동진 선생님께도 감사의 인사를 드린다. 그의 예리한 비판과 호된 꾸지람이 없었더라면, 관념 덩어리였던 나는 아마 여전히 구름 위를 헤매고 있었을 것이다. 돌이켜 보건대, 나는 그때 한 걸음 더 나아갔다. 아울러 이 책의 일부를 논문으로 만드는 과정 가운데 심사와 논평을 맡아 주신 『언론정보학보』, 『언론과 사회』, 『커뮤니케이션 이론』지의 여러 선생님들께도 감사드린다.

동료 학우들에 대한 감사도 빼놓을 수 없다. 몇 년간 함께 진행했던 서강대 문화연구 스터디 일원들에게 감사의 말을 전하고 싶다. 그들과 함께 고군분투했던 공부의 과정은 어렵고 긴 집필의 시간을 버틸 수 있는 동력이 되었다. 특히 송영준과 박서연은 이 책의 설익은 초고를 기꺼이 인내하며 읽어 주었다. 이 자리를 빌려서 다시 한 번 감사의 마음을 전한다. 둘의 성취를 바란다. 또 오랜 친구인 곽성우는 책을 쓰는 내내 중요한 조언자가 되어 주었다. 그의 비평과 제언이 없었더라면 나는 훨씬 더 먼 길을 돌아서 가야 했을 것이다. 진심으로 고맙다. 그의 행복을 바란다. 서울지역 문화연구자 네트워크 선생님들에게도 감사드린다. 이들과의 네트워크와 협력은 내가 개인 연구자의 울타리를 넘어서는 계기가 되었다. 앞으로도 잘 부탁드린다. 특히 지금 내가 소속되어 있는 서강대학교 미디어융합연구소의 동료 선생님들에게 깊은 감사의 마음을 전하고 싶다. 우리는 외로울 수밖에 없는 지난한 공부의 과정을 서로에 대한 신뢰와 우정을 통해 견뎌 낼 수 있었다. 모두의 건강과 건승을 바란다.

무엇보다도 출판이 무산된 이 원고에 새 생명을 불어넣어 준 사월의책 출판사의 안희곤, 박동수 선생님께 심심한 감사의 마음을 전하고 싶다. 두 분의 인내와 배려, 포용(이 말은 빈 말이 아니다)이 없었다면 이 책은 아마 세상에 나오지 못했을 것이다. 특히 박동수 선생님은 한없이 움츠러들어 있던 내게 용기와 자신감을 북돋아 주었다. 잘 썼다는 한 마디가 나에게는 선물과도 같았다. 두 분의 건강과 행복을 바라며, 사월의책이 앞으로도 더 반짝반짝 빛나길 진심으로 바란다.

가족에 대한 고마움과 미안함의 마음은 결코 몇 마디 말로 갈음할 수 없을 것이다. 평생을 노동자로 힘들게 살아오신 나의 아버지와 어머니께 무한한 감사의 마음을 전한다. 두 분의 노동과 헌신 덕분에, 그 '땀내와 사랑내' 덕분에 내가 공부할 수 있었다. 그 부채를 조금씩 갚아 나갈 것이다. 장인어른과 장모님께도 진심으로 감사드린다. 두 분은 내가 나온 텔레비전 비평 방송을 매번 챙겨 보실 정도로 열정적으로 나를 응원해 주셨다. 그 응원 덕분에 나는 가벼운 호주머니에도 불구하고 어깨를 펼 수 있었다. 건강이 안 좋으신 아버님의 쾌유를 바란다. 대학교 1학년 때 만나 지금까지 인생의 절반 이상을 함께하고 있는 내 동반자이자 친구이며, 스승이자 연인인 희영에게도 마음속 깊이 고맙다는 말을 하고 싶다. 이제는 내가 그녀의 박사 논문 집필 과정을 묵묵히 응원해 줄 차례이다. 나는 이 책을 그녀에게 바친다는 상투적인 말 대신, 그녀가 자신의 생각과 질문을 담은 자기 책을 쓰기 바란다는 말을 하고 싶다. 함께 써내려가는 인생은 언제나 흥미진진하다.

2021년 7월
여름의 초입, 장마와 함께
박승일

1장

자유라는 이름의 권력

1. "사회를 해방시키고 싶다면?"

"만약 사회를 해방시키고 싶다면, 인터넷만 있으면 된다."
이집트 혁명의 기수, 와엘 고님, 2010년

"사회를 해방시키고 싶다면, 우리는 먼저 인터넷을 해방시켜야 한다."
와엘 고님, 2015년

2010년 6월, 와엘 고님(Wael Ghonim)은 "우리 모두가 칼리드 사이드"라는 이름의 페이스북 페이지를 만들었다. 경찰의 고문으로 숨진 이집트 청년 칼리드 사이드(Khaled Said)를 추모하는 한편, 이집트 사람 누구라도 언제든 그와 같은 상황에 처할 수 있음을 호소함으로써 대중의 연대의식을 촉발하기 위해서였다(주간경향, 2011. 2. 22). 반응은 폭발적이었다. 사흘 만에 페이스북 친구가 10만 명을 넘어섰으며 그 수는 가파르게 증가했다. 사람들은 페이스북 페이지를 통해 서로의 생각과 의견을 나누고 각종 소식과 정보를 퍼트리면서 집단 행동의 필요와 의지를 고취시켜 나갔다. 더욱이 2011년 1월 반정부 시위로 인해 튀니지의 독재자 벤 알리(Ben Ali)가 해외로 망명하는 사건이 발생하면서 혁명의 분위기는 한층 더 뜨겁게 타오르기 시작했다. 튀니지가 했다면 이집트도 할 수 있다는 희망과 용기의 정서가 시민들을 한껏 북돋웠다. 때를 같이

하여 고님은 페이스북에 "부패와 부정, 독재에 맞선 혁명"이라는 제목의 글을 올렸다. 10만 명이 카이로 거리로 나오면 혁명을 이룰 수 있다는 내용이었다. 페이스북은 이 혁명의 불씨를 이집트 전역으로 삽시간에 흩뿌렸다. 많은 사람들이 응답했고 그보다 더 많은 사람들이 감정적인 지지를 표했다. 그리고 1월 25일, 실로 셀 수 없이 많은 시민들이 카이로와 이집트의 여러 도시로 물밀듯이 쏟아져 나왔다. 해방과 변혁에 대한 욕망은 폭력과 압제에 대한 두려움보다 가히 컸다. 마침내 혁명이었다. 무바라크(Mubarak)가 집권한 지 30년 만의 일이었다. "만약 사회를 해방시키고 싶다면, 인터넷만 있으면 된다"는 고님의 말은 바로 이러한 맥락 속에서 발화된 것이었다. 진실이란 결국 맥락 의존적일 수밖에 없다는 점에서, 이 말은 적어도 당시로서는 분명한 진실이었다.

그러나 5년 뒤, 와엘 고님은 TED 강연에 나와 2010년 당시의 성마른 판단과 기대를 반성하면서 앞의 말을 다음과 같이 뒤집어 버린다. "사회를 해방시키고 싶다면, 우리는 먼저 인터넷을 해방시켜야 한다." 문제의 해결책으로 제시했던 인터넷을 불과 5년 만에 문제의 원인으로 완전히 뒤바꾸어 버린 것이다(Ghonim, 2015). 이 두 발언의 차이는, 그런즉 실로 작지 않다. 도대체 무슨 일이 있었던 것일까?

이와 관련해 우선적으로 생각해 볼 수 있는 답변이 바로 봉기(insurrection)의 정치와 구성/헌정(constitution)의 정치 사이의 내적 긴장일 것이다(Balibar, 1997/2007). 봉기의 정치가 모든 착취와 억압을 철폐하고 인민을 해방시키는 데 종국적인 목적이 있다고 한다면, 그것은 결국 구성/헌정의 정치를 다음 단계의 문제로 미루어 둘 수밖에 없다. 당면한 해방의 과제가 다른 무엇보다 우선시되기 때문이다. 그런가 하면, 구성/

헌정의 정치가 봉기의 성과를 제도권 정치 안에 안착시키고 이를 지속적이고 안정적으로 재생산하는 데 초점을 맞추고 있다면, 이 또한 봉기의 힘을 정치적 재구성의 기획 속으로 봉합 또는 체제내화할 수밖에 없다. 언제까지고 봉기만 계속할 수는 없기 때문이며, 이를 바탕으로 새로운 정치체를 구성해야 하기 때문이다. 요컨대 봉기가 강조될 때는 구성/헌정이 연기되고, 반대로 구성/헌정이 요구될 때에는 봉기가 순치되고 만다. 무바라크의 퇴진 이후 전개된 이집트의 정국은 정확히 이러한 내적 긴장 속에서, 한편으로는 봉기의 힘을 소진시켜 나가고 있었으며 다른 한편으로는 그 힘을 구성/헌정의 정치로 이어 나가지 못하고 있었다. 정치적·종교적·경제적 이해가 엇갈린 탓에, 그리고 그 전까지 정치적 구성의 힘을 철저히 박탈당했던 탓에, 봉기로 인해 형성된 공백의 자리를 시민들에 의한 구성의 정치로 쉽사리 채워 나갈 수 없었던 것이다.

그런데 이와 같은 설명은 당시의 이집트 상황을 적절히 반영하고 있으면서도, 정작 이 상황이 왜 **인터넷**을 둘러싸고 문제화되었는지를 해명하지 못한다는 점에서, 일반적이고 전형적인 논의가 될 공산이 크다. 여기에는 2011년의 이집트 혁명이 인터넷을 통해 가능해졌다는 사실과, 역설적이게도 이후 5년간의 실패 또한 인터넷으로 인해 가능해졌다는 사실이 누락되어 있다. 즉 봉기와 구성의 정치가 각각 인터넷과 관계 맺으면서 성공 또는 실패로 분기되어 간 과정에 대한 구체적인 논의가 빠져 있는 것이다.

고님의 말에 주목하는 이유가 바로 여기에 있다. 그것은 그의 시차적(時差的 또는 視差的)[1] 발화가 한편으로는 봉기와 구성의 긴장을 인터넷과의 관계 속에서 사고하게 만들 뿐만 아니라, 다른 한편으로는 그 자신의 입장 철회를 통해 인터넷과 권력 그리고 사회의 관계를 발본적으로 사유하도록 이끌기 때문이다. 게다가 그 시차적 간격을 통해 인터넷을 둘러싼 지금까지의 논의, 그러니까 저항과 자유의 매체에서 통치와 지배의 매체로의 헤게모니적 전환이라는 인터넷 사론(史論)을 가장 극적이고 또 가장 집약된 형태로 반복해서 제시해 주기 때문이다.

해방의 인터넷, 통제의 인터넷

글 첫머리의 제사(epigraph)를 다시 보면, 첫 번째 문장("만약 사회를 해방시키고 싶다면, 인터넷만 있으면 된다.")은 사회가 특정한 권력 체제 아래에 있음을 전제한다. 독재사회나 감시사회 등을 떠올려 볼 수 있겠다. 이 사회에 맞서기 위한 무기는 단연 중앙집중적·독점적·위계적 명령 체계에 대비되는 분산적·공유적·수평적 협력 체계로서의 인터넷이며(MacKenzie, 1984), 따라서 대중이 이 인터넷을 무기로 갖게 될 때 비로소 사회에 대한 저항과 해방의 계기가 현재화될 수 있다. 2011년의 이집트는 정확히 이러한 구도 위에 놓여 있었다. 군부 독재의 권력이 있었고 이에 대한 해방의 열망이 있었으며, 이를 이끌어 낼 인터넷이 있었다. 다양한 요인이 동시에 작용했겠지만, 결국 봉기는 인터넷을 통해 연결된 수많은 사람들의 집단 행동으로부터 촉발되었다. 권력과 봉기 그리고 인터넷이 이렇게 하나의 계열을 이룬다. 물론 이는 이집트에 국한된 상황이 아니며 그 당시에만 해당되는 상황도 아니다. 봉기와 인터넷이 성공적으로 연결된 사례는 숱하게 찾아볼 수 있으며, 지금도 세계 곳곳에서 진행 중에 있다.

그런 반면에 두 번째 문장("사회를 해방시키고 싶다면, 우리는 먼저 인터넷을 해방시켜야 한다.")은 권력이 사회뿐만 아니라 인터넷에도 있음을 주장한다는 점에서 차별적이다. 사회를 해방시키기 위해서라도 그보다 먼저 인터넷부터 해방시켜야 한다는 말에는, 인터넷 그 자체가 이미 권력의 작용과 불가분하게 얽혀 있다는 인식이 전제되어 있다. 해방의 이름이었던 인터넷이 어느새 통제의 이름으로 바뀌어 버린 것이다. 고님은 이렇게 말한다.

> 하지만 불행히도, 혁명 이후 일어난 사건들은 명치에 꽂힌 치명타 같았습니다. 행복의 순간은 점점 빛을 잃었고, 우리는 합의를 이루지 못했습니다. 정치적 투쟁이 우리 내부를 양극화로 몰아갔습니다. 소셜 미디어는 그런 상태를 증폭시킬 뿐이었습니다. 그것은 잘못된 정보와 루머, 울림방(에코 효과를 내는 방), 증오의 말들이 쉽게 확산되도록 할 뿐이었습니다. (중략) 양극화 현상이라는 것은 주로 우리 인간의 행동이 몰아가는 것은 사실이지만, 소셜 미디어가 그런 행동을 구체화하고 충격을 확대한다는 것입니다. (중략) 오늘날 소셜 미디어의 체험이란 진정한 참여보다는 퍼뜨리기, 토론보다는 글 올리기, 깊은 대화보다는 얕은 촌평에 유리한 방식으로 설계돼 있다는 겁니다. 마치 이곳에서는 서로서로가 함께 이야기하는 게 아니라, 서로를 향해 (일방으로) 말하기로 합의한 것 같습니다(Ghonim, 2015: 전병근, 2016, 재인용).

봉기 이후의 5년은 봉기의 힘과 의미를 이어받으면서 그것을 제도권

정치의 틀 안에 안착시키고 체제내화하는 구성/헌정의 시간이었다. 고님의 주장에 따르면, 바로 이 시간 동안 인터넷은 역설적이게도 합의의 정치를 방해하고 정치적 양극화를 초래했으며 얕은 촌평으로 깊은 대화를 대신하도록 부추겼다. 바꿔 말하면, 인터넷은 누구든 자신의 주장을 자유롭게 떠들 수 있게 하고 서로의 차이에 따라 쉽게 뭉칠 수 있게(파벌을 형성할 수 있게) 했으며, 또 그만큼 즉각적으로 반응할 수 있게 만들었다. 5년 전에 비하면 놀라울 만큼의 자유이다. 그러나 자유의 확대가 곧 권력의 축소인 것은 아니다. 앞으로 살펴보겠지만, 오히려 이는 자유 그 자체를 토대로 삼아 작동하는 새로운 권력 관계의 출현을 뜻하며, 이를 중심으로 한 특정한 사회적 짜임으로의 재편을 뜻한다. 심지어 이때의 권력과 사회는 명목적으로나마 자유라는 원리를 바탕으로 삼고 있는 까닭에, 이에 대한 비판과 저항마저도 무색하게 만들어 버리곤 한다. 이전 시대의 억압과 독재에 비할 바가 아니기 때문이다. 자유와 통치의 동시 병존, 인터넷이 권력의 작용과 불가분하다는 말의 진정한 의미가 바로 이것이다.

물론 이 5년이라는 짧은 시간 동안 인터넷 그 자체에 어떤 질적인 변화가 있었던 것은 아니다. 2010년과 2015년의 인터넷 지형은 사실상 크게 다르지 않다. 혁명을 이끌었던 인터넷의 특징이 이후 5년 동안 사라졌을 리 없고, 정치적 양극화를 초래한 인터넷의 특징이 2010년 당시에 없었을 리 만무하다. 즉 고님의 주장과는 달리, 인터넷은 몇몇 기술적 발전 외에는 5년 전이나 후에나 큰 차이가 없다. 그렇다면 다시 묻자. 왜 저런 **시차**가 발생한 것일까. 앞에서의 답변을 일부 수정해 본다면, 봉기와 구성의 구체적인 맥락이 인터넷의 실제적인 용법과 맺는 관계 형식 때문이라고 할 수 있을 것이다. 이후 자세히 논의하겠지만, 인터넷은 다른 무엇보다 자유의 원리를 기반으로 작동한다는 점에서 특징적이다(물론 이것이 통제 불가능성을 말하는 것은 아니다). 인터넷은 자유를 제한하고 소통을 억압하기보다는 반대로 자유를 생산하고 확장하며 소통을 보장하는 형태로 발전되어 왔다. 당장 분산 처리 방식이나 P2P(peer to peer), E2E(end to end) 원칙 등을 떠올려 볼 수 있겠다(O'Reilly & Oram, 2001; Röttgers, 2004). 즉 인터넷은 그 구조상 애초부터 중앙집중적이고 독점적이며 위계적인 것과는 거리가 멀다. 이런 특징으로 인해 인터넷은 자체의 속성과 반대되는 사회적 짜임에 대해 대개의 경우 모순적인 위치에 놓일 수밖에 없었다. 중국이 체제 유지를 이유로 자국 국민에 대해 인터넷 통제 정책을 펼치고 있는 것은 이를 정확히 방증한다(한겨레, 2019. 5. 15). 사정이 이러하니, 2011년의 이집트 독재 국면에서 인터넷이 해방과 변혁을 촉발해 내었던 것은 오히려 당연해 보이기까지 한다. 인터넷이 사회를 해방시킨다는 진술은 이처럼 억압된 사회를 전제할 때에나 성립 가능한 셈이다.

그러나 문제는 봉기 이후이다. 형식적으로나마 자유가 보장되기 시작했을 때, 그리하여 누구든지 자신의 생각을 자유롭게 말할 수 있게 되었을 때, 인터넷은 자유의 원리를 바탕으로 이러한 사회적 변화를 촉진하고 또 그에 의해 역으로 촉진되면서 수많은 목소리들이 범람할 수 있는 구조적 환경을 만들어 갔다. 즉 인터넷이 사회의 변화를 이끌어 내고 다시 그 사회의 변화가 인터넷을 견고하게 착근시켜 가는 상호 간의 되먹임 작용이 일어났다. 이를 구성의 과정으로 보아도 무방하다. 이전까지만 해도 억압적인 사회에 대한 대항 및 봉기의 전략으로 기능했던 인터넷이 이제는 자유로운 사회를 구성하고 강화하며 재생산하는 가장 중요한 기제로 자리매김되기에 이르렀다. 인터넷과 자유 이데올로기는 서로에게 더없는 아군이었다. 하지만 앞서 언급한 것처럼, 이러한 변화는 권력의 약화나 철회가 아니라 다만 자유 그 자체를 원리로 삼아 작동하는 형태로의 성격 변화일 뿐이다. 인터넷을 통한 자유의 확대는 바로 그 자유에 따라 움직이는 통치 실천의 확대와 정확히 동시적인 과정이었다. 자유를 생산하고 확대하고 강화해서 누구나 다 자유 안에 머무르게 하는 것, 더 나아가 그 안에서 사고하고 행동하며 이를 내면화하도록 인도하는 것, 이는 인터넷의 구조적 원리이자 또한 동시에 이를 통해 작동하는 특수한 권력의 메커니즘이기도 하다. 봉기 이후, 인터넷은 해방의 제스처와 함께 이제까지와는 전혀 다른 방식의 권력 관계를 마치 자체의 네트워크 형식처럼 사회 구석구석에 이르기까지 재구축해 나갔던 것이며, 더 나아가 효과적이고 생산적인 권력의 경제학을 불가역적인 형태로 기입해 나갔던 것이다.

글머리의 두 번째 제사는 바로 이런 상황 속에서 발화된 것이었다. 인터넷의 속성이 크게 달라지지 않았음을 감안한다면, 이 5년을 둘러싼 시차적 발화는 봉기의 정치에서 구성의 정치로, 즉 억압에서 자유로 그 사회적 짜임이 변해 간 것을 정확히 반영하고 있는 것이나 마찬가지이다. 뒤집어 말한다면, 이러한 사회적 짜임의 변화로 인해 봉기에 대해서는 그토록 효과적이었던 인터넷이 구성의 과정에서는 오히려 불화와 혼란의 조건으로 작용하게 되었다고도 할 수 있다. 봉기와 구성의 내적 긴장이 이집트라는 맥락 속에서 인터넷의 실제적 용법을 통해 구체적으로 현실화되어 나타난 것이다. 이미 자유가 헤게모니를 이룬 사회에서 (형식적으로 자유로운) 인터넷은 더는 적극적인 대안의 전략이 될 수 없었으며, 오히려 자유를 통치의 토대로 삼는 권력 관계와 친연성을 이루면서 그만큼 교묘한 사회적 짜임을 이루어 갔다. 그러므로 문제는 인터넷의 해방이 아니다. 인터넷이 자유 그 자체를 원리로 삼고 있다면, 그리고 자유를 통해 작동하는 권력과 분리 불가능하다면, 그것은 '이미' 해방된 상태이기 때문이다. 자유를 원리로 삼는 인터넷에 또다시 해방을 요구할 수는 없는 노릇이다. 고님의 말이 중요성을 갖는다면, 그것은 그의 주장처럼 어느새 인터넷이 정치적 양극화를 초래하거나 얕은 촌평과 가십거리에 몰두하게 만들고 있기 때문이 아니며, 또한 진정한 사회적 변혁을 위해서는 이렇게 편향 혹은 왜곡된 인터넷부터 해방시켜야 한다는 것을 깨우쳐 주기 때문도 아니다. 오히려 핵심은 그가 자신의 입장 철회를 통해, 의도치 않게도 인터넷과 권력 그리고 사회의 관계에 대한 은밀한 문제설정을 새롭게 열어젖혔다는 데 있다.

문제를 문제화하기

고님이 제시한 (혹은 그로부터 읽어 낼 수 있는) 문제설정은 인터넷이 그 자체로 항상-이미 일상적인 권력의 작용이라는 것이며, 이렇게 구축된 권력 관계에 의해 사회의 성격 또한 재규정된다는 점에서 결국 이것이 사회적 짜임과도 연결되어 있다는 것이다. 즉 그는 '인터넷'과 '권력' 그리고 '사회'라는 문제를 화두로 제시한 것이나 다름없다. 인터넷을 해방시켜야 한다는 말에는 인터넷이 또 다른 권력으로 작용하고 있다는 인식이 전제되어 있다. 그리고 이를 통해 사회를 해방시킬 수 있다는 말에는, 권력으로서의 인터넷을 변화시키는 것이 결국 사회를 변화시키는 첩경이라는 인식이 마찬가지로 전제되어 있다. 인터넷과 권력 그리고 사회의 문제설정이 이렇게 정식화된다. 인터넷이 곧 권력이기에, 그는 인터넷을 해방시키는 것이야말로 사회를 해방시키기 위한 지름길이라고 본 것이다. 그러나 그의 문제설정은 여전히 권력을 억압과 해방의 구도로 이해한다는 점에서 일정 부분 기각될 수밖에 없다.[2] 앞서 논의한 것처럼, 권력은 더 이상 억압적이거나 부정적이지 않으며 금지를 명령하지 않는다. 자유롭고 긍정적이며 생산적인 권력, 권력으로서의 인터넷이 갖는 특이성이 바로 여기에 있다. 인터넷이 권력이라는 주장은 받아들이면서도, 그것을 해방시켜야 한다는 주장에는 동의할 수 없는 이유이다. 요컨대 그의 문제제기는 인터넷 그 자체를 권력의 작용으로 이해하도록 이끌면서도, 여기서 더 나아가 그의 문제제기에 다시금 문제를 제기하도록 촉발하고 있는 셈이다. 그렇다면 이제 쟁점은 인터넷을 특수한 형태의 권력 관계로 자리매김하는 것이자 더 나아가 이를 자유의 원리에 따라 움직이는 것으로 재설정하는 것이어야 한다. 오직 그럴 때만이 인터넷과 권력 그리고 사회의 관계를 현재적이면서도 현실적인 관점에서 포착해 낼 수 있다.

하나 더 언급하고 넘어갈 것은, 이 5년 사이의 시차적 발화가 사실상 1990년대 이후 인터넷이 서구에 도입되고 발전되어 현재에 이르게 된 30여 년의 역사를 그대로 응축해서 반복하고 있다는 것이다. 마치 개체발생이 계통발생을 유사하게 반복하듯, 이집트의 상황을 둘러싼 인터넷과 권력의 문제설정은 인터넷 전체의 역사를 집약적이고 징후적인 형태로 재현하고 있다고 해도 과언이 아니다. 주지하듯이, 인터넷은 처음 상용화된 1990년대 당시부터 억압적이고 폭력적인 국가 권력에 대해 자유와 저항의 이미지로 맥락화되어 왔다. 자유 소프트웨어 운동(Free Software Movement)과 오픈 소스 운동(Open Source Movement)의 흐름이 리눅스(Linux)라는 운영체제의 개발로 가시화되기도 했으며(1991년), '사이버 독립 선언'이라는 해방의 메시지가 선포되기도 했다(1996년). 그 이전부터 이러한 흐름에 영향을 미친 히피 문화와 해커 문화 그리고 당시의 자유주의 이데올로기는, 인터넷이라는 기술적 가능성으로 이어지면서 그야말로 역사상 가장 자유로운 공간을 만들어 갔다(Torvalds et al., 2001/2002).

그러나 익히 알려져 있듯이, 이후의 역사는 이와는 정반대의 상황으로 점철되어 갔다. 공유와 협력의 인터넷은 클라이언트-서버 중심의 웹으로 점차 바뀌어 갔고, 결국 전 세계 사용자의 자유로운 연결과 소통을 자동으로 수취하는 거대한 플랫폼이 되어 갔다(원용진·박서연, 2021; Kleiner & Wyrick, 2007; Kleiner, 2010/2014).[3] 사람들은 인터넷을 사용하지 않을 때조차도 인터넷에 상시적으로 연결되어 있을 수밖에 없게 되었으며, 그 결과 자신도 모르는 사이에 인터넷(더 정확히는 웹)의 구조적 알고리즘에 따라 사고하고 판단하고 행동할 수밖에 없게 되었다. 독일의 작가 미하엘 엔데(Michael Ende)가 말한 "자유의 감옥"은 마치 인터넷(웹) 시대에 이르러서야 그 최대치를 실현하게 된 것처럼 보인다(Ende, 1992/2016). 권력과 사회의 성격이 억압과 규율에서 자유와 생산으로 바뀌어 감에 따라 자유를 원리로 삼는 인터넷 또한 이에 조응하여 자유-통치의 선순환 구조를 이루어 갔으며, 그 역으로도 마찬가지의 상호 작용이 진행되어 왔다.

그렇다고 할 때, 고님의 저 말은 (그의 의도와는 상관없이) 인터넷의 구조 변환을 단 두 문장 안에 압축적으로 담아내고 있다고 할 수 있을 것이다. 거칠게 말해서, 서구(특히 미국)의 경우 이러한 변화가 30여 년에 걸쳐 천천히 진행되어 왔다면, 한국은 이보다 10년 늦게 시작되어 대략 20여 년에 걸쳐 진행되어 왔고, 최근의 이집트는 단 5년 만에 같은 상황에 다다르게 된 셈이다. 이집트의 상황을 개별적인 것이면서도 또한 동시에 보편적인 것으로 읽어 낼 수 있는 이유가 바로 여기 있는데, 억압적 권력에 대한 반대항으로 등장한 인터넷이 자유 그 자체를 원리로 삼는 특수한 형태의 권력 관계로 변환되어 온 과정이 바로 이 5년의 시차 안에 그대로 집약되어 있기 때문이다. 이 압축적 상황이야말로 진정 서구의 30년과 한국의 20년을 추론할 수 있게 해주는 단서라 할 것이다. 다시 말해서 이집트의 5년은 서구의 30년과 한국의 20년을 가장 현재적이면서도 또 가장 급진적인 형태로 반복하고 있는 것이나 다름없다. 즉 사회 해방을 위해서는 인터넷만 있으면 된다고 여겨졌던 현실에서 거꾸로 인터넷이 그 자체로 특수한 형태의 권력이라고 인식되는 현실로의 변환은, 대략 30년에서 5년 사이의 편차를 두면서 전 지구적인 형태로 반복되어 왔다고 할 수 있다. 바로 그렇기에, 저 5년의 시차를 읽어 내는 것은 결국 이러한 변화가 그려 온 궤적을 현재적인 관점에서 포착해 내는 것이자 또 이를 토대로 이후의 전개 과정을 예측해 나가기 위한 것이기도 하다. 이 책이 이집트의 상황과 고님의 저 발언을 문제 삼는 이유가 바로 이 때문이다.

문제는 '무엇'이 아니라 '어떻게'

그러나 인터넷이 그 자체로 권력의 작용이라는 주장만으로는 부족하다. 문제는 '무엇'이 아니라 '어떻게'이기 때문이다. 다시 이집트의 예를 살펴보면 이와 관련해 두 가지 중요한 특징을 발견할 수 있다. 첫 번째는 30여 년 동안 계속된 독재 상황 속에서도 이집트 사람들이 페이스북을 자유롭게 이용할 수 있었다는 사실이다. 여기서 눈여겨볼 점은 (독재와 페이스북이라는 일견 모순적인 조합이 아니라) 언제 어디서든 인터넷에 접속할 수 있는 기반구조적(infrastructure) 매개 환경이 당시 이집트에도 이미 구축되어 있었다는 것이며, 이러한 조건 위에서 비로소 페이스북을 통한 사회 변혁이 가능해졌다는 것이다. 많은 경우 혁명을 가능케 한 페이스북에만 초점을 맞춘 나머지 그 많은 사람들이 인터넷에 일상적으로 접속할 수 있는 기술적 매개 **환경**이 그보다 먼저 완비되어 있었다는 사실에 대해서는 크게 주의를 기울이지 않는다. 하지만 그러한 매개적 환경이 (혁명에 앞서) 이미 형성되어 있었다는 사실에 논의를 집중해야 하지 않을까. 후술하겠지만, 일상적인 매개 공간의 상시적·잠재적·자동적 구성이야말로 환경적 유형의 개입을 통해 작동하는 권력과 분리될 수 없다는 게 이 책의 주장이다.

두 번째는, 의견을 나누고 여론을 조직하는 등의 과정이 많은 부분 페이스북 알고리즘에 의존하는 형태로 진행되었다는 것이다. 누군가가 쓴 게시물이 추천과 댓글을 받아 더 많은 이들에게 퍼져 나가는 과정은 사실 어떤 정보가 해당 사용자에게 더 중요하고 덜 중요한지를 평가하고 결정해서 보여 주는 알고리즘 원칙에 따라 이루어질 수밖에 없다. 모든 정보를 다 보여 줄 수는 없기 때문이다. 봉기 이전에는 다소 간 통일된 열망과 의지가 표현되었을 것이라고 짐작해 본다면, 당연히 페이스북은 이를 전달하고 확산시키는 가장 효과적인 통로가 될 수 있다. 그러나 봉기 이후 수많은 목소리들이 난립하는 상황에서는, 고님의 말대로 "잘못된 정보와 루머, 울림방, 증오의 말들이 쉽게 확산되"기 쉬운 게 사실이다(Ghonim, 2015). 페이스북이 애초부터 사용자 각자에게 개별화된 정보를 주도록 설계되었기 때문이다. 이러한 과정은 사용자들의 생각과 정체성, 즉 **정신**적인 능력과 활동을 특정한 방식으로 인도하고 촉발해 낸다는 점에서 결국 권력의 작용과 다르지 않다는 게 이 책의 주장이다.

요컨대 이집트의 사례는 인터넷 권력이 매개적 환경의 구성과 정신적 활동의 인도라는 두 가지 원리를 기축으로 작동하고 있음을 현상적인 수준에서 예증해 보여 준다. 이 책은 바로 이 두 측면을 철저하게 문제 삼으면서 인터넷의 이러한 권력 작용을 환경의 관리와 정신의 관리라는 두 측면으로 나누어 이해하고자 한다. 이것이 바로 '어떻게'에 대한 간략한 답변이며, 또한 이 책이 앞으로 규명하고자 하는 바이다. 이를 각각 그 원리에 따라 '환경관리권력'과 '정신관리권력'이라고 명명할 수 있을 것이다. 전자가 일상적 환경을 인터넷의 상시적·잠재적·자동적 매개 안에 있도록 구성하고 관리하는 권력의 벡터(vector)를 뜻한다면, 후자는 이 가운데 아무나의 정신에 대해 작용하면서 그 정신을 특정한 방향과 형태로 인도해 내는 권력의 벡터를 뜻한다. 물론 이 두 경우 모두에서 자유와 통치의 변증법이 핵심 구도로 작동하고 있음을 다시 한 번 명시할 필요가 있다.

덧붙여 이 책은 이처럼 서로 다른 두 양태의 벡터가 상호 조응하면서 만들어 내는 사회적 짜임(configuration)[4]을 '관리사회'(The Society of Control)라는 개념으로 포착하고자 한다. 관리사회는 이 모든 힘들의 작용에 앞서 객관적으로 존재하는 선험적 실재가 아니라 단지 그 작용의 결과와 효과로서만 존재할 뿐이다. 특정한 사회적 짜임이 먼저 존재하고 그 사회가 목적과 필요에 따라 다양한 권력 기제들을 동원하는 것이 아니라, 반대로 그러한 기제들의 다종다양한 용법과 실천을 가로지르는 공통된 특징에 관리사회라는 이름을 붙인 것으로 이해할 수 있겠다. 이렇게 해서 인터넷이라는 기계(또는 장치)와 그것을 중심으로 서로 교차되고 겹쳐져 있는 이중의 권력 메커니즘, 그리고 이 모든 계열의 결합이자 그 결과인 관리사회가 비로소 하나의 문제설정을 이루게 된다.

물론 이러한 결합이 전 지구적으로 공통된 현상인 것은 아니다. 중국을 비롯한 많은 국가들이 여전히 인터넷 공간에 대해 강력한 통제 정책을 실시하고 있으며, 심지어 세계 인구의 절반은 인터넷에 접속조차 하지 못하고 있는 상황이기도 하다. 뒤쳐진 산업화를 정보화로 만회하고자 했던 동아시아 국가들의 국가 개입적인 발전 양상과, 자본주의의 구조적 위기를 정보통신기술혁명으로 극복하고자 했던 서구 국가들의 시장 의존적인 발전 양상을 동일한 과정으로 일원화·단순화해서 평가할 수는 없다(강원택 외, 2006). 인터넷과 관리권력 그리고 관리사회라는 계열이 도대체 어떤 구체적 현실성을 갖고 있느냐에 대한 비판이 제기될 수밖에 없는 지점이다. 그러나 그렇다고 해서 세계 각 지역의 특수성을 개별적으로 논할 수만은 없다. 지역적 특수성을 인정하면서도 단지 그것을 그 표면대로 묘사할 것이 아니라 그러한 존재 자체의 형성을 끊임없이 맥락화하고 이를 세계적 보편과의 관계 속에서 이해할 필요가 있는 것이다. 네트워크 사회의 도래(Castell, 1996/2003)나 제국주의에서 제국으로의 이행(Hardt & Negri, 2000/2001)을 주장하는 논의들 또한 단지 그 경향적·헤게모니적 우위의 양상을 포착해서 표현한 것일 뿐, 현재의 사회가 전적으로 네트워크화되었다거나 제국으로 전환되었다고 말하는 것은 아니다. 세계 곳곳에는 그러한 경향성을 입증하는 사례만큼이나 반증하는 사례가 넘쳐난다. 그렇다면 이들의 주장은 폐기되어야만 하는 것일까. 물론 그렇지는 않다. 이들 주장의 힘은 거기에 있지 않기 때문이다. 중요한 것은 서로 우위를 차지하기 위해 경합하고 투쟁하고 타협하며, 심지어 후퇴하거나 반동하기도 하는 극히 다양한 사회적 실천과 상황 속에서 그것들을 가로지르는 일련의 경향성 혹은 벡터적 선분을 찾아내는 것이며, 이를 바탕으로 현재의 현실적 짜임을 읽어 내고 또 더 나아가 이후의 변화를 예측하는 데까지 한 발씩 내딛어 가는 것일 터이다. 마누엘 카스텔(Manuel Castell)과 안토니오 네그리(Antonio Negri)의 주장이 여전히 유효한 것은 (그 내용의 정합성 때문임은 물론이고) 이들의 논의 전개가 바로 이 과정을 모범적으로 선취해서 보여 주고 있기 때문이기도 하다.

이 책은 이러한 문제의식 아래, 인터넷을 중심으로 전개되고 있는 다양한 현상과 변화에서 출발하면서도 종국에는 이를 포괄적으로 설명할 수 있는 보편적 개념과 이론을 추출해 내는 식으로 논의를 이끌어 가고자 한다. 당겨 말하자면, 그렇게 해서 (논의의 말미에) 제안하게 된 개념이 바로 앞서 언급한 환경관리권력과 정신관리권력이며 그 전체적인 짜임으로서의 관리사회이다. 지금부터의 논의는 결국 이 개념들이 도출되기까지의 과정을 한 발 한 발 천천히 짚어 나가는 것에 다름 아니다.

2. 예비적인 논의

책의 전개 방식과 관련해 언급하자면, 이 책에서는 가능한 한 개별 현상들에서 출발해 이로부터 보편 개념을 이끌어 내는 식으로 논의를 전개해 나가고자 했다. 물론 이는 미셸 푸코(Michel Foucault)가 제안하고 또 스스로 실천하기도 한 서술 방식을 책의 주된 방법론으로 삼는 것이기도 하다. 푸코는 1975~76년 강의인 『"사회를 보호해야 한다"』에서 계보학이 무엇인지 정의를 내린 뒤, 이를 바탕으로 자신이 권력을 서술하는 방식에 대해 다음과 같이 말한다.

> 스스로의 역사와 스스로의 도정과 스스로의 기술 및 전술을 가지고 있는 미세 메커니즘에서부터 출발하여, 스스로의 견고성과 고유의 기술을 갖게 된 이 권력의 메커니즘이 어떻게 전면적 지배의 형태와 가장 일반적인 메커니즘에 의해 투입되고 식민화되며, 사용·굴절·변

형되고, 자리가 이동·확장되었는가 등등을 살펴보아야 한다(Foucault, 1997/1998, 49쪽).

이로부터 권력에 대한 계보학적 분석의 일단을 짐작해 볼 수 있다. 요컨대 그것은 권력의 작용을 위에서 아래로가 아니라 반대로 아래에서부터 거슬러 올라가면서 검토해 나가야 한다는 것이다. 푸코는 이에 대해 "권력에 대한 연구의 방향을 주권의 사법적 구조물이나 국가의 장치, 또는 국가에 수반되는 이데올로기 쪽으로 잡지 말고, 지배(이것도 주권이 아니라)나 물질적인 장치, 예속의 형태 혹은 이 예속의 국부적 체계의 사용과 결합, 그리고 마지막으로 앎의 장치 등의 측면에서 분석해야 한다"(53쪽)고 덧붙인다. 푸코가 규율권력(disciplinary power)을 논증하는 방식이 정확히 이러한데, 푸코에게 규율권력이란 학교, 감옥, 공장, 병영 등과 같은 다양한 장치를 가로지르면서 작동하는 일종의 사회적 관계이자 합리성의 체계이기 때문이다. 파놉티콘(panopticon)이라는 구체적인 장치로부터 위로 거슬러 올라가면서 규율권력의 현실적인 작동 메커니즘을 분석하고자 했던 푸코의 작업을 바로 떠올려 볼 수 있겠다(Foucault, 1975/2003).

개별 장치들은 어떤 정해진 의도나 최종적인 목적 없이 단지 자체의 설계와 기능에 따라 작동할 뿐이지만, 이러한 장치들의 우연적인 접속과 결합을 통해 형성되는 전체적인 네트워크와 이 모두를 면면히 관통하면서 작동하는 기술적 합리성의 체계는, 특유한 형태의 권력 관계 및 이와 결부된 통치의 실천과 전략을 가능케 한다. 그리고 더 나아가 이 모두이자 전체이며 그 효과로서의 사회적 짜임을 가능케 한다. 그렇다고 한다면, 인터넷(과) 권력에 대한 연구는 여러 인터넷 장치'들'의 구체적인 작동 메커니즘에서부터 출발해서 그것이 어떻게 자체의 고유한 영역을 구축해 나가는지, 그러면서 또한 어떻게 전면적인 지배로까지 확장되어 나가는지를 살펴보아야 할 것이다. 즉 인터넷이라는 물질적/비물질적 장치들과 이를 둘러싼 담론적/비담론적 실천들에서 시작해, 이로써 가능해진 주체화/예속화의 방식과 이를 지탱하는 지식-권력(savoir-pouvoir)의 네트워크를 거쳐, 권력과 사회의 특유한 형성·조응·변천 과정을 추적해 나가는 방식으로 진행할 필요가 있다. 이 책은 이러한 서술 방식에 가능한 한 충실하고자 하였다.

요컨대 이 책은 이미 완성된 개념을 미리 전제하고 그에 맞게 다양한 현상을 재단하거나 끼워 맞추는 대신, 반대로 현상에서부터 출발해 그것을 가로지르는 결과로서의 개념에 이르고자 했으며, 혹여 마땅한 개념이 없으면 기존의 개념을 변용하거나 그러한 현상을 잘 반영할 수 있도록 새롭게 창안하고자 했다. 개념이란 이미 완성된 그대로 우리를 기다리는 게 아니라 다시 고안되고 덧붙여지고 새롭게 전유되는 식으로 부단히 재창조되어야 하는 것이기 때문이다. 철학이 "개념들을 형성하고, 창안하고, 만드는 기술"(Deleuze & Guattari, 1991/1999, 9쪽)이라는 말은 여기서도 참인데, 이는 철학을 포함한 학문 일반이 결국은 여러 '나'의 시각에서 다시 묻고 답하는 것 외에 그 아무것도 아닌 까닭이다.

책에서 사용하는 몇몇 개념에 대해

그러나 논의를 원활하게 이어 나가기 위해서라도 이 책에서 일정 부분 전제하거나 재정의해서 사용하는 몇몇 개념에 대해 간략하게나마 짚고 넘어갈 필요가 있다. 모든 논의를 영점에서부터 시작할 수는 없기 때문이다. 정교한 논의를 쌓아 나가기 위해서라도 탄탄한 지지대가 필요하다. 대표적인 것이 바로 이 책의 핵심 개념이기도 한 인터넷, 관리권력, 관리사회, 신자유주의, 기계/장치인데, 우선 이들 개념을 어떤 형태로 재의미화 및 변형, 한정해서 사용하고 있는지 그 대강의 얼개를 살펴본 후에 이를 바탕으로 본격적인 논의를 시작하기로 하자.

일단 이 책에서는 '인터넷'을 통상적인 의미보다는 훨씬 더 넓은 범주의 것으로 재설정해서 사용할 것이다. 이 책은 1980년대의 정보통신기술혁명부터 시작해 현재의 사물인터넷에 이르는 대략 30여 년의 시간을 논의의 범위로 삼는다.[5] 그런 가운데 인터넷, 와이파이, 스마트폰, 클라우드, 빅데이터, 사물인터넷을 직접적인 논의의 대상으로 삼을 뿐만 아니라 구글과 페이스북의 검색 알고리즘과 웹 2.0 이후 전면화된 데이터 자본주의(Data Capitalism)까지도 포괄적으로 논의하기 때문에, 그리고 이를 권력이라는 일관된 관점에서 포착하고자 하기 때문에, 이러한 기계(또는 장치) 모두를 가로지를 수 있는 개념 또는 그러한 흐름을 하나로 표현할 수 있는 압축적인 명명은 어느 정도 불가피한 측면이 있다. 이들 각각이 저마다의 기술적 특징과 역사적 발전 과정을 갖고 있다고 하더라도, 결국 이 모두는 별개의 것들로 존재하는 게 아니라 일정한 경향성과 상호 관련성 속에 위치해 있기 때문이며, 따라서 그 전체적인 흐름을 포착하는 한에서만 이로부터 권력의 벡터를 추출해 낼 수 있기 때문이다.

이런 이유에서 이 책은 이들 개별 장치에 대해 기반구조적 토대를 제공하는 인터넷을 일종의 대표 표상으로 설정하고자 한다. 서로 다른 장치들임에도 불구하고 그 모두가 어쨌든 인터넷이라는 토대를 공유한다는 점에서만큼은 공통적이기 때문이다. 이를 루트비히 비트겐슈타인(Ludwig Wittgenstein)의 가족 유사성(family resemblance)이라는 개념을 통해 이해할 수도 있겠다. 그는 "몸집, 용모, 눈 색깔, 걸음걸이, 기질 등등 한 가족의 구성원들 사이에 존재하는 다양한 유사성들은 그렇게 겹치고 교차"(Wittgenstein, 1953/2006, 67쪽)되면서 일정한 공통분모, 곧 가족적인 유사성을 형성한다고 말하는데, 이에 따를 경우 개념 또한 어떤 단일한 속성으로 엄격하게 정의하기보다는 그것들 사이에 겹쳐지고 교차되는 유사성들을 중심으로 묶어서 이해할 수 있게 되며, 그럼으로써 개념 하나하나에 얽매이기보다는 그것을 가로지르는 전체적인 경향성과 그 공통 지점을 파악할 수 있게 된다.

그렇다면 이 책에서 다루는 다종다양한 정보 장치'들' 또한 가족 유사적인 의미를 담아 거칠게나마 '인터넷'이라는 개념으로 묶어서 명명하는 게 가능하지 않을까.[6] 물론 이러한 이해는 학술적인 합의에 따른 것이 아니다. 그러나 지금으로서는 지난 30여 년 동안 진행된 정보화의 흐름을 '인터넷'이라는 가족 유사적인 범주로 묶어 낼 때만이 개별 기술들을 초과하고 횡단하면서 작동하는 권력의 전체적인 메커니즘을 단일한 문제설정 안에 담아낼 수 있게 된다. 와이파이와 권력, 빅데이터와 권력, 구글과 권력 등과 같이 개별 항을 연결하는 것만으로는 이 모두를 가로지르는 권력의 내적인 원리와 그 경향성을 파악할 수 없기 때문이다. 인터넷이라는 표현을 고수한 이유가 바로 이 때문인데, 이 책에서 인터넷은 단지 아르파넷(ARPANET)에서 비롯되어 현재에 이르고 있는 컴퓨터 네트워크 통신망만을 뜻하는 게 아니라, 가족 유사성으로서의 인터넷, 즉 인터넷이라는 기술적 속성을 공유하고 있는(그 토대 위에서 형성·발전된) 장치'들' 일반을 통칭하는 개념임을 염두에 둘 필요가 있다.

그런 한편, '관리권력'(Control Power)은 관리사회와 쌍을 이루는 개념으로 자세한 내용은 본문에서 충분히 심도 있게 논의할 계획이다. 다만 여기에서는 논의에 앞서 '관리'라는 표현의 선택과 관련해 그 근거와 의도를 명시하는 선에서 갈무리하고자 한다.

'관리권력'이라는 표현은 한국어 역자의 선택을 따른 것으로, 아직 이에 대한 정확한 합의가 이루어진 것은 아니다. 역자인 심세광은 푸코의 1978~79년 강의 제목을 『생명관리정치의 탄생』으로 번역했는데,[7] 이 가운데 생명관리정치(biopolitics)와 생명관리권력(biopower)은 역자에 따라 생정치/권력, 생명정치/권력, 삶정치/권력 등으로 다양하게 번역되곤 한다(조정환, 2011; 진태원, 2006; 한병철, 2014/2015). 그러나 'biopower'는 주권권력(sovereign power)이나 규율권력과는 달리 생명 그 자체가 권력이라는 뜻도 아니고 삶이라는 넓은 외연을 전부 다 포괄하지도 않는다는 점에서, 생명권력이나 삶권력으로 표기할 경우 자칫 오해될 여지가 많은 게 사실이다. 'biopower'는 역사상 처음으로 인간의 살아 있는 생명이 정치의 한가운데에 놓이게 된 상황을 담아내기 위한 것이기에, 특히 삶정치/삶권력으로 표기할 경우 생명 자체의 특수성을 누락시키는 문제가 발생하고 만다. 생명정치/생명권력의 경우에는 생명에 집중한다는 점에서, 그리고 원어에 대한 직역이라는 점에서 별다른 문제가 없다고 여겨지나, 그 안에 (신)자유주의의 고유한 통치 원리를 담아내지는 못하고 있는 까닭에, 자칫 생명을 존중하는 인권의 정치/권력이나 반대로 생명을 앗아가는 독재의 정치/권력으로 오해될 소지가 있다.

그런 반면 생명관리권력은 '관리'라는 표현이 임의로 추가되었다는 단점에도 불구하고, 국가와 자본에 의한 생명의 관리, 조절, 통제 작용이라는 의미를 온전히 담아내고 있다는 점에서 오히려 푸코가 의도했던 바를 잘 표현하고 있는 것처럼 보인다. 이런 이유로, 이 책은 한국어 번역본의 표기를 좇아 Environment Power는 환경관리권력으로, Psycho Power는 정신관리권력으로 표기하고자 하며,[8] 이를 종합해서 (이중) 관리권력으로 명명하고자 한다. 환경의 관리와 정신의 관리야말로 인터넷을 통해 작동하는 신자유주의 통치 권력의 핵심이라고 보기 때문이며, 특히 그 가운데 '관리'를 명시함으로써 그러한 권력의 작용을 분명하게 가시화할 수 있다고 생각하기 때문이다.

물론 앞서 언급한 오해는 개념에 대한 이해와 수용이 심화될수록 점차 불식되어 가는 게 사실이다. 이제는 생명정치/생명권력으로 표기해도 오해의 우려 따위는 없다. 다만 환경관리권력과 정신관리권력의 경우 아직 이 단계에 이르지 못했기 때문에 여전히 환경과 정신이 권력과 맺는 관계에 대해 다소간의 혼란이 발생할 수 있으며, 따라서 처음에는 그 작동 메커니즘을 정확히 표기하는 형태로 사용하다가 후에 '관리'를 생략하는 방법도(혹은 자연스럽게 그렇게 되어가는 것도) 고려해 봄직하다. 개념의 의미와 용법이 명확해지고 대중적인 이해와 합의를 얻게 되면, 생명권력과 마찬가지로 환경권력, 정신권력으로 표기하는 것도 가능해 보인다.

다음으로, 이 책에서는 질 들뢰즈(Gilles Deleuze)가 제안한 '통제사회'

개념을 '관리사회'로 수정해서 사용한다. 한국어 번역은 'The Society of Control'을 통제사회로 표기하지만 이때의 'control'에는 사실 '통제'뿐만 아니라 '관리'와 '제어'의 뜻도 함께 담겨 있다. 사회학자 제임스 베니거(James Beniger)는 제어(control)를 "한 행위자가 어떤 목적을 지향하면서 다른 행위자에게 그에 부합하게 행동하도록 영향을 가하는 것"(Beniger, 1989/2009, 36쪽)이라고 정의하는데, 이 정의는 통제와 관리라는 다른 두 단어에 대해서도 마찬가지로 적용될 수 있다. 이 세 단어 모두 사람의 행동이나 사물의 배치에 작용을 가해 특정한 방향으로 이끌어 낸다는 의미를 갖고 있기 때문이다. 통제, 관리, 제어 모두 의미상으로는 행위를 인도하고 유도하는 것과 관련이 있는 셈이다. 그러나 베니거의 '제어 혁명'(Control Revolution)이라는 개념이 산업 기계와 정보 처리 및 자동화 기술에 한정적으로 적용되고 있는 데서도 드러나듯이, 제어라는 단어는 기계, 전산, 자동화 설비에 대한 작용을 의미하는 경우가 더 일반적인 게 사실이다. 그런가 하면 통제는 어감이 제어와 관리보다는 강한 정도의 개입을 가리킬 때가 많기 때문에, 위의 개념을 통제사회로 번역할 경우 의도치 않게 『1984』식의 억압된 사회를 연상시킬 수 있다는 문제점이 있다.[9]

반면, 관리는 재무관리, 생산관리, 인적자원관리 등과 같이 자본주의의 관리(management)[10] 메커니즘과 연결되어 상대적으로 여러 영역에 두루 쓰이고 있을 뿐만 아니라, 자기 관리와 스펙 관리처럼 앞의 두 단어에 비해 자유롭고 유연한 의미를 지닌다는 점에서, 신자유주의 하에서의 사회적 변화를 담아내기에 더 적합하다고 여겨진다. 한국에서는 들뢰즈의 이 개념을 대개 '통제사회'로 번역하는 편이지만, 이 개념이 규율권력/규율사회와의 대비를 강조하기 위해 제안된 것인 만큼, 통제라는 강한 어감의 표현보다는 '자유'와 '통제'의 모순적인 의미를 동시에 포함하고 있는 '관리'라는 표현이 더 어울린다고 생각된다. 이런 이유에서 이 책은 'The Society of Control'을 통제사회가 아닌 '관리사회'로 표기하고 이를 앞서 제시한 관리권력과 조응시킴으로써 관리권력/관리사회라는 조합을 제시할 것이다. 참고로 프랑스어 'contrôle'에는 통제와 관리라는 뜻이 모두 담겨 있으며, 일본에서는 이 개념을 관리사회로 번역하고 있기도 하다(사토 요시유키, 2009/2014).

또한 이 책은 '신자유주의'를 자본계급의 정치적 프로젝트, 초국가적 자본의 세계화, 금융적 축적체제 등과 같은 정치·경제적인 정책과 제도, 기획의 영역에 한정하기보다는(장석준, 2011; Duménil & Lévy, 2000/2006; Harvey, 2005/2007),[11] (그에 더해) 정치·경제는 물론이고 사회의 모든 영역에 걸쳐 이전과는 다른 새로운 합리성의 원칙을 제안하고 그에 맞는 실천 규범과 행동 윤리, 사회적 관계, 가치 체계를 기입할 뿐만 아니라, 그것이 내재화된 주체적 형상과 생활양식을 적극 주조·유포·권장하는, 일종의 복합적인 통치 양식으로 읽어 내고자 한다. 이러한 접근은 푸코가 제안한 대로 신자유주의를 '정치적 합리성'(political rationality) 또는 '통치성'(governmentality)의 측면에서 바라보는 것이며(Foucault, 2004a/2011; 2004b/2012), 그럼으로써 정치경제적인 변화로 한정되지 않는 권력의 성격 변화와 이에 따른 통치 전략의 변화를 논의의 중심에 위치시키기 위한 것이다(서동진, 2009a; Burchell et al., 1991/2014; Dean, 2009).[12] 물론 이를 위해서라도 신자유주의는 논의에 앞서 일의적(一義的)으로 전제되기보다는 철저히 역사적인 선분을 따라 그 위에서 설명되고 분석되고 논증되어야만 한다. 이 책은 신자유주의를 다른 무엇보다 통치 방식의 전략적 변화라는 측면에서 고찰하고자 하지만, 그것을 그 결과로부터가 아니라 자본주의 축적체제의 역사적 이행 과정으로부터, 그리고 이와 결부된 여러 장치의 기술적 변화 과정과 이를 통한 규제양식의 재구축 과정으로부터 되짚어 올라오면서 검토해 나갈 것이다.[13] 즉 신자유주의적 체제 변화와 통치 권력의 변화를 기술이라는 매개항과의 관계 속에서 함께 읽어 내면서, 이 모든 것의 우연적이면서도 내적인 상호 연관성을 다각도로 짚어 나갈 계획이다.

하나 더 덧붙이자면, 이 책에서는 '기계'(machine)와 '장치'(dispositif)라는 개념을 거의 같은 의미로 문맥에 맞게 상호 호환해서 사용할 것이다. 기계와 장치는 각각 들뢰즈/가타리와 푸코의 개념인데, 들뢰즈가 보기에 푸코에게 "장치는 우선 보게 하는 기계와 말하게 하는 기계"(Deleuze, 2002/2007, 472쪽)로 구분된다는 점에서, (푸코의) 장치 개념은 (들뢰즈/가타리의) 기계 개념과 서로 중첩되어 있다고 할 수 있다. 들뢰즈는 또한 "바로 당신이, 기계를 하나의 구성요소로 갖고 있는 집단적 장치를 분석해야"(Deleuze, 1990/1993, 195쪽) 한다고도 말하는데, 여기서도 마찬가지로 기계와 장치의 관련성을 짐작해 볼 수 있다. 먼저 기계라는 개념부터 살펴보면, 들뢰즈와 가타리는 모든 개별적인 사물과 존재가 곧 기계라고 말한다. 실로 이들에게 기계는 그 말이 흔히 환기하는 자동차나 엔진, 터빈 등의 기술공학적 기계에 국한되지 않는다. 덧붙여 그들은 "도처에서 그것은 기계들인데, 이 말은 결코 은유가 아니"라고도 말한다(Deleuze & Guattari, 1972/2014, 23쪽). 즉 기계는 메카닉(mechanic)도 아니고 메타포(metaphor)도 아니다. 그들에게는 그야말로 모든 것이 기계이며, 기계 아닌 것은 없는 셈이다.

물론 모든 것이 기계라는 식의 다소 허술한 정의가 전부인 것은 아니다. 들뢰즈와 가타리는 "모든 기계는 자신이 연결되는 기계와 관련해서는 흐름의 절단이지만, 자신에 연결되는 기계와 관련해서는 흐름 자체 또는 흐름의 생산"(Deleuze & Guattari, 1972/2014, 75쪽)이라고 말한다. 바꿔 말하면, 다른 어떤 요소와 연결되어 기존의 흐름을 절단하고 또 그럼으로써 새로운 흐름을 생산해 내는 모든 것을, 곧 기계라 할 수 있다. 이 경우 자본주의도 기계이고 국가도 기계이며, 심지어 입이나 손도 이미 그 자체로 기계이다. 예컨대 입은 무엇과 연결되느냐에 따라 먹는 입이나 말하는 입이 될 수 있다는 점에서, 즉 이전의 흐름을 절단하고 전혀 다른 흐름을 만들어 낼 수 있다는 점에서 진정 입-기계인 것이다(김항, 2009). 입뿐만이 아니라 다른 모든 기계가 다 마찬가지인데, 절단과 연결에 따라 얼마든지 새로운 흐름, 용법, 욕망을 만들어 낼 수 있기 때문이다. 이렇듯 기계를 생성 존재론의 입장에서 파악하는 것, 그러니까 존재를 선험적이고 구조적인 차원이 아니라 구성적이고 생성적인 차원에 위치시키는 것이야말로 들뢰즈/가타리 사유의 핵심이라 할 수 있다(Deleuze & Guattari, 1972/2014).[14]

이런 관점에서 본다면 당연히 인터넷 또한 인터넷-기계일 수밖에 없다. 특히 인터넷이 그 역사 속에서 어떻게 상이한 접속을 통해 자유와 통치라는 전혀 다른 흐름을, 한편으로는 절단해 왔고 또 한편으로는 생성해 왔는지를 염두에 둔다면, 그리고 그럼으로써 또 어떤 욕망의 배치(agencement)를 열고 닫았는지를 염두에 둔다면, 이 책이 왜 인터넷을 기계로 보고자 했는지를 쉽게 짐작할 수 있을 것이다. 다만 여기에서는 기계라는 개념 그 자체의 역사와 원리를 자세히 논구하기보다는, 이 개념을 통해 사물과 존재를 (구조와 결여가 아닌) 연결과 생성이라는 관점에서, 그리고 배치와 관계의 차원에서 파악할 수 있다는 것만 확인하고 넘어가기로 하자.

그런가 하면, 앞서 들뢰즈가 언급했듯이 푸코는 장치라는 개념을 통해 비담론적 실천(보게 하는 기계)과 담론적 실천(말하는 기계)을 한 지점에서 아우르고자 했다. 장치 개념에 대해서는 이후로도 지속적으로 논의하겠지만, 일단 이 개념 또한 기계와 마찬가지로 그 외연이 매우 넓으며,[15] 푸코의 개념답게 권력과 지식, 그리고 주체라는 특유의 문제설정 속에서 제안된 것임을 먼저 확인할 필요가 있다. 실제로 푸코는 장치를 다음과 같이 정의한다. 첫째, 장치는 담론과 비담론 사이에서 이루어지는 관계의 체계(네트워크)이다. 둘째, 장치는 권력의 게임에 기입되어 있다. 셋째, 장치는 지식을 지탱하고/지탱되는 힘 관계의 전략들이다(Foucault, 1980; Agamben, 2006/2010). 이 정의를 따르면, 인터넷 또한 그것이 담론과 비담론의 네트워크이자 권력의 게임에 기입되어 있으며 그와 관련된 지식을 지탱하는 힘 관계의 전략이라는 점에서, 분명 인터넷-장치라 할 수 있을 것이다.

요컨대 인터넷은 '인터넷-기계'이면서 동시에 '인터넷-장치'이기도 하다. 그것이 '기계'인 이상, 인터넷은 처음 만들어진 그대로 존재하는 고정불변의 공간이 아니라, 부단한 접속을 통해 이전의 흐름을 절단하고 또 새로운 흐름을 생성하는 가변성의 공간으로 재정의될 수 있다. 이러한 접근은 자유의 이름이었던 인터넷이 또한 어떻게 가장 정교한 통치의 이름으로 변모될 수 있는지를 개념적 수준에서 이해하게 해준다. 그리고 그것이 '장치'인 이상, 인터넷은 담론적 실천과 비담론적 실천을 매개하면서 권력의 게임을 작동시키고 또 이를 통해 지식의 체계를 지탱하는 전략적 공간으로 재정의될 수 있다. 마찬가지로 이러한 이해는 인터넷을 무엇보다 권력이라는 문제설정 속에서 읽어 낼 수 있게 해준다. 다시 말해 기계와 장치 개념은 인터넷을 배치와 권력이라는 맥락에서 중첩적으로 파악하게 해준다. 개념의 뿌리와 강조점, 용법이 조금씩 다르기 때문에 기계와 장치가 꼭 같다고는 할 수 없지만, 그럼에도 차이점보다 공통점에 주목할 경우, 그리고 개념의 생산성과 효과를 고려할 경우, 기계와 장치를 한 지점에서 연결 및 중첩시키는 시도가 가능해진다. 개념에 대한 해석의 옳고 그름만큼이나 그 개념을 구체적인 현실 속에 배치하고 활용하는 것 역시 중요하기 때문이다.

이 책에서 제안한 '인터넷 기계'와 '인터넷 장치'는 논의를 전개해 나가기 위한 출발점이지 목적지가 아니다. 그렇기에 이후로 기계와 장치 개념의 의미와 역사, 해석 등을 깊게 다루지는 않을 것이다. 그보다는 기계와 장치라는 개념 위에서, 그 논의를 일정 부분 전제한 채, 그렇다면 인터넷 기계, 곧 인터넷 장치는 어떻게 신자유주의라는 조건을 바탕으로(즉 그것과의 접속을 통해) 이전과는 다른 흐름을 창출하고 또 통치라는 효과를 산출해 내는지, 그 복잡다단한 과정을 밝히는 데 논의의 초점을 맞출 것이다. 기계와 장치 개념을 둘러싼 해석의 정당성을 두고 다툼을 벌이기보다는(물론 이는 꼭 필요하고 중요한 작업이다), 그 개념을 현재적 맥락에 맞게 생산적으로 활용 및 전유하는 것, 그럼으로써 현재를 이해하고 또 비판적으로 개입하는 것이야말로 이 책이 목적하는 바이기 때문이다. 독자들은 이 책이 기계와 장치를 사실상 거의 같은 의미로(또는 중첩시켜서) 사용하고 있으며, 이후로도 인터넷이라는 구체적인 표현 안에는 그러한 개념들의 지층이 암묵적으로 깔려 있음을 염두에 두고 읽어 나가길 바란다.

덧붙여 서술에 주의하고자 했던 두 가지 요소를 미리 밝혀 두고자 한다. 첫째, 이 책은 통치성이라는 개념의 기원과 원리를 자세히 논구하는 데 목적을 두고 있지 않다. 오히려 이 책에서는 통치성이 애초의 용법 그대로 인터넷 시대에까지 적용되기에는 나름의 한계를 갖고 있다고 진단했으며, 때문에 그 빈자리를 관리권력이라는 개념적 변용을 통해 보완 또는 갱신해 나가는 데 초점을 맞추고자 했다. 따라서 이 책은 푸코의 논의를 좇으면서도 통치성이 구체적으로 무엇이고 어떤 역사적 뿌리를 갖고 있으며 또 어떤 식으로 해석 및 수용되어 왔는지 등과 같은 이론적인 쟁점에 대해서는 가능한 한 논의를 최소화하고자 한다. 대신 환경관리권력과 정신관리권력이라는 개념을 정립하고 이를 논의의 중심에 위치시키는 데 총력을 기울일 것이다. 다만 필요한 경우 책의 각 부분마다 해당되는 내용을 간략하게, 그러나 핵심 위주로 정리하고 여기에 살을 덧붙여 나가는 식으로 논의를 전개하고자 한다. 통치성이 아닌 관리권력에 방점을 찍고자 하는 까닭이다.

둘째, 이 책은 인터넷을 위시한 정보통신기술의 발전 과정을 꼼꼼하게 따라가기보다는 인터넷 기술 전반을 둘러싸고 다양한 형태로 구현되고 있는 권력의 고유한 메커니즘과 프로세스, 그 현실적이고 구체적인 방식과 기능, 효과 등을 분석하는 데 논의를 집중할 것이다. 이 책의 관심사는 기술 그 자체가 아니라 기술이 권력과 맺는 관계의 양상이며 이로써 가능해진 특정한 형태의 사회적 짜임이기 때문이다. 가령 빅데이터와 사물인터넷에 대해 논의할 때에도 이 책은 각각의 기술적 측면에 몰두하기보다는 그것이 열어젖힌 새로운 권력 관계, 즉 환경적 유형의 개입을 통해 작동하는 권력으로의 경향적 변화에 초점을 맞출 계획이다. 물론 인터넷과 정신관리권력의 관계에 대해서도 사정은 마찬가지이다. 기술이 중요하지 않아서가 아니라 그것과 강하게 결부되어 있는 특유한 합리성의 체계(system of rationality) 또는 권력의 에토스(ethos)야말로 문제의 핵심이라고 여기는 까닭이다.

책의 구성

마지막으로 책의 구성은 다음과 같다. 이 책은 서론과 결론을 포함한 전체 5개의 장으로 구성된다. 각각의 장은 가능한 한 완결된 구조를 갖도록 구상되었으며 전체적으로는 2장이 나머지 3장과 4장의 내용을 큰 틀에서 미리 앞질러 스케치하는 식으로 기획되었다. 반복과 변주, 심화를 위한 구성이다. 2장에서 이 책의 전반적인 논의 구조와 주요 문제설정을 먼저 제시한 뒤 이를 다시 3장과 4장에서 이어받으면서 본격적인 논의로 확대 및 심화시켜 나가는 형태이다. 필요에 따라 3장이나 4장을 먼저 읽어도 무방하나, 가능하다면 앞에서부터 순서대로 읽어 나가길 권장한다.

각 장의 세부 내용은 다음과 같다. 먼저 2장에서는 1970년대 이후 자본주의의 위기로부터 비롯된 축적체제의 변환 과정을 살펴보고 이를 사회적 규제양식의 변화와 맞물려 이해하고자 한다. 포드주의에서 포스트포드주의로의 이행은 그러한 체제 전반에 스며들어 있는 규제양식, 합리성의 체계, 권력 관계의 성격 변화와 결코 무관하지 않다. 이 책은 이를 규율(권력)에서 관리(권력)로의 경향적 이행으로 규정하고 이로부터 관리사회라는 문제설정을 이끌어 낼 것이다. 아울러 이 가운데 이러한 변화들과 상호 준거를 이루면서 전개되어 온 정보통신기술의 발전 양상을 살펴보고, 어떻게 이것이 한편으로는 자본주의의 재구조화라는 경제적 맥락과 긴밀히 연결되고 또 다른 한편으로는 권력의 성격 및 사회적 짜임과도 밀접한 관계를 맺게 되었는지, 그리고 그 역의 과정은 또한 어떻게 동시적으로 진행되어 갔는지 그 전체적인 상을 그려 보고자 한다. 즉 2장의 쟁점은 신자유주의로의 이행이라는 규정적 조건을 바탕으로 (인터넷이라는) 기계와 (이중) 관리권력 그리고 관리사회가 이루는 특유의 문제설정을 확인하고 규명하는 것이다.

이 문제설정을 이어받아, 3장에서는 인터넷 권력 중에서도 특히 환경 관리의 형태로 작동하는 권력의 메커니즘을 논의의 중심에 놓고자 한다. 이를 위해 이 책은 1980년대부터 진행된 정보화 흐름의 양상을 대략적으로 살펴보고 그 연장선상에서 현재의 매개적 환경 구성이 갖는 의미를 읽어 낼 것이다. 컴퓨터와 인터넷, 와이파이와 스마트폰, 클라우드와 빅데이터 그리고 사물인터넷까지, 정보화의 흐름은 일상의 전 영역을 상시적이고 잠재적인 매개 환경으로 재편하고 있다. 일상을 둘러싼 현대적 매개 환경은 개별 주체의 내면에 작동하던 권력의 주체화/예속화 과정과는 달리, 단지 개인을 둘러싼 환경에의 개입과 관리를 통해 그 환경 안에 위치한 인구 일반의 사고와 행동을 특정한 방향으로 이끌어 낸다는 점에서 더없이 효과적인 권력 작용이라 할 수 있다. 3장에서는 이를 환경관리권력으로 명명하고 이것이 어떻게 신자유주의 통치 전략과 연결되어 있는지를 점검해 보고자 한다.

그런 다음 4장에서는 환경 관리로 환원될 수 없는 또 다른 경향적 변화의 흐름에 주목하고 이를 마찬가지로 (관리)권력의 벡터적 작용으로 이해하고자 한다. 이를 위해 구글의 개별화 검색 메커니즘과 페이스북의 뉴스피드 알고리즘을 살펴보고, 이와 같은 인터넷 서비스들이 어떻게 이용자의 생각과 정체성 형성에 영향을 미치는지 그리고 어떻게 의식적인 측면뿐만 아니라 인구의 집합적인 무의식에 대해서도 영향을 미칠 수 있는지에 대해 논의할 것이다. 아울러 이 과정을 활성화하기 위해 이용자들의 참여·공유·생산·협력·열정 등을 이끌어 내는 웹 2.0(과 그 이후)의 포섭 전략에 대해서도 논의를 이어 나갈 것이다. 요컨대 4장에서는 아무나의 정신적 능력을 특정한 방향으로 관리 및 인도하는 정신 관리의 작동 메커니즘을 짚어 보고 이로부터 정신관리권력이라는 개념의 필요성과 정당성을 논한 뒤, 다시 이를 신자유주의의 가치화 및 포섭의 전략과 연관지어 이해하고자 한다.

마지막 장인 5장에서는 논의를 마무리하면서 환경관리권력과 정신관리권력을 이중의 관리권력으로 종합하고 이를 관리사회라는 사회적 짜임의 주요한 특징으로 자리매김할 것이다. 이상의 문제의식과 계획을 바탕으로, 이 책은 다양한 인터넷 장치들이 어떻게 그 상이한 특징과 용법에도 불구하고 결과적으로 환경관리와 정신관리라는 통치 효과를 산출하면서 현재의 사회적 짜임, 곧 관리사회의 일단을 형성하게 되었는지를 탐색해 보고자 한다. 푸코가 제시한 통치성 개념과 들뢰즈가 제시한 통제사회(=관리사회) 개념을 현재적 맥락에서 '다시' 쓰는 것이야말로 이 책의 목적이라고 할 수 있다.

2장

새로운 권력이 온다

1. 기계, 권력, 사회

우리는 물론 각각의 사회 유형이
어떻게 특정한 종류의 기계에 상응하는지 알 수 있습니다.
주권사회에는 단순한 기술적 기계가, 규율사회에는 열역학 기계가,
관리사회에는 사이버네틱스 기계와 컴퓨터가 상응합니다.
하지만 그 기계들은 아무것도 설명해 주지 않기에,
바로 당신이 기계를 하나의 구성요소로 갖고 있는
집단적 장치를 분석해야만 합니다.
(Deleuze, 1990/1993, 195쪽, 번역은 인용자 수정)

도청장치에서 컴퓨터로

영화 〈타인의 삶〉(The Lives of Others, 2006)은 동독의 비밀경찰 슈타지(Stasi: Staatssicherheit)가 한 시민을 취조하는 장면에서 시작된다. 이웃 주민의 동독 탈출을 도왔다는 게 그 이유였다. 계속된 취조는 그 시민을 신경쇠약의 상태로까지 몰아넣는다. 며칠 동안 잠을 못 자게 해서 심신의 피로도를 극대화시키고 그 와중에 계속 똑같은 질문을 던져서 자기방어의 의지를 무력화시킨다. 그는 처음부터 불신의 대상일 수밖에 없었다. 오직 슈타지가 원하는 대답을 내놓는 한에서만 신뢰의 대상이 될 수 있었고 그제서야 비로소 쉴 수 있게(감옥에 갈 수 있게) 된다. 권력은 단연 명령하고 감시하고 처벌하는 것으로 나타난다.

특히 인상적인 것은 영화 내내 반복해서 등장하는 녹음기와 헤드폰

의 모습이다. 실로 이 장치야말로 영화가 말하고자 하는 바의 진정한 환유일 텐데, 슈타지의 목표가 "모든 것을 알아야 한다"임을 감안한다면, 멈추지 않고 계속해서 돌아가는 녹음기와 타인의 말을 엿듣는 헤드폰이란 결국 국가 권력을 대리표상하는 것에 다름 아닐 것이기 때문이다. 모든 것을 알기 위해서라도 끊임없이 엿보고 엿듣고 기록해야 한다. 이것이 바로 권력이 작동하는 방식이다. 이 가운데 녹음기와 헤드폰은 음향기기로서의 일상적 용법으로부터 탈코드화되어 국가 권력의 상시적 침입을 가능케 하는 감시장치로 재코드화된다. 국가 권력은 다른 무엇보다도 이들 **장치**의 촘촘한 배치와 정교한 작동 속에 스며들어 있는 것으로 다가온다. 그것은 개인의 내밀한 일상에 침입해서 모든 말과 행동을 추적하고 기록하며 감시한다. 그리고 특정한 형태로 삶을 분절하고 구속한다. 권력은 이처럼 여러 장치들의 작용을 통해, 그 장치들 안에서, 그 장치들을 가로지르면서 구체적으로 표현되고 또 물질화된다. 그러므로 이 영화 속에 등장하는 기록 장치들은 그것이 순전히 기계적인 메커니즘으로 구현될 때조차도 이미 권력의 작동과 불가분하다.

영화 말미에, 감시 실패의 책임을 지고 좌천된 주인공(감시자)은 라디오에서 흘러나오는 베를린 장벽의 붕괴 소식을 듣는다. 그리고 자신이 감시했던 작가(피감시자)가 쓴 책의 첫 장에서 이 책을 자신에게 헌사한다는 문구를 보게 된다. 작가는 누군가가 자신을 감시하고 있다는 사실도, 그 사람이 자기를 구해 줬다는 사실도 이미 알고 있었던 것이다. 자기의 삶은 타인의 삶과 항상-이미 교차되어 있었다. 아마도 억압적인 체제에 대비되는 인간적인 삶의 지속이 이 영화의 주제일 터이다.

하지만 정작 눈여겨봐야 할 것은 영화가 보여 주는 것처럼 감시자가 피감시자인 타인의 삶에 대해 느끼는 공감과 연민, 휴머니즘이 아니다. 오히려 중요한 것은 시선의 비대칭(영화에서는 청각의 비대칭)으로 작동하는 파놉티콘적 권력이 중앙탑 안에 있는 감시자의 동요로 말미암아 내부로부터 무너져 버렸다는 사실이며, 때문에 시선의 위계적 공간 배치 하에서는 감시자가 누구든 상관없이 권력의 효과가 보장될 수밖에 없다는 파놉티콘의 근본 전제가 한쪽에서부터 침식되고 있다는 사실이다(Foucault, 1975/2003). 이는 결코 간단한 문제가 아니다. 왜냐하면 감시자 역시 파놉티콘을 이루는 부속물에 지나지 않기에 누구라도 이 감시 장치를 작동시킬 수 있으며, 권력은 시선의 위계적 배치와 같은 내적인 메커니즘 속에서 다만 그 구조를 통해 자동적이고 비개성적으로 작동한다는 기존의 논의가, 감시(자)의 실패로 말미암아 이론적이고도 현실적인 반박에 직면하게 되기 때문이다. 만일 그런 것이라면, 권력의 자동 메커니즘이 위태로워지고 만다.

그렇다면 역설적이게도 이 영화는 본래의 의도와 무관하게 권력의 변화 방향을 미리 앞질러서 무심코 보여 주고 있는 것이 아닐까. 저런 낡은 방식으로는 더 이상 효과적이지도 효율적이지도 않을 것이라는 일종의 자기고백, 그리고 그 반대급부로 떠오를 수밖에 없는 더욱 효과/효율적인 감시의 필요성. 그것은 아마도, 감시의 추상적 수준이 높아져 감시자를 특정할 수 없게 되는, 그러면서도 감시만큼은 오히려 더 치밀하고 정교하게 이루어지는, 심지어 감시라는 말 자체가 더 이상 부정적이지 않게 되거나 급기야 자유라는 이름과 함께 등장하게 되는, 이를테면 초파놉티콘(혹은 탈파놉티콘)의 가능성과 필요성을 선취하고 있는 게 아닐까(Lyon, 1994; 2001/2014). 요컨대 이 영화는 모든 것을 지켜보는 전체주의적 권력에 대한 고발과 함께 그러한 체제 내에서도 결코 억누를 수 없는 인간적 삶과 사랑 그리고 저항을 주제로 삼고 있음에도 불구하고, 다른 한편으로는 권력이 앞으로 나아가야 할 방향을 행위수행적(performative)으로 제시하면서 그 필요성을 무의식적으로 건드리고 있는 셈이다.

영화는 어두운 색의 도청장치에 선명히 대비되는 하얀색 컴퓨터를 스치듯 보여 주면서 끝이 난다. 도청장치에서 컴퓨터로의 이행은, 그러나 단순한 사물의 대비에 그치지만은 않는다. 1989년 베를린 장벽이 무너지고 2년 뒤인 1991년에 소련 역시 붕괴되면서 현실 사회주의의 역사는 그 막을 내리게 된다. 냉전의 종식과 함께 울려 퍼진 자유주의의 승리가(歌), 이 노래는 공교롭게도 정보 혁명을 찬양하는 정보 혁명가들의 노래와 함께 울려 퍼졌다(Fukuyama, 1989/1997; Toffler, 1980/1989). 도청장치와 감시사회(전체주의)의 아날로지(analogy)는 그렇게 컴퓨터와 정보화 사회(자유주의)라는 새로운 아날로지로 편제를 바꿔 나갔다.

바로 여기에 날카로운 **분기점**이 놓여 있다. 권력이 나아가야 할 방향은 정해졌다. 도청장치는 컴퓨터로 대체되어야 한다. 영화의 끝부분에서 컴퓨터는 마치 한 시대의 종말을 선언하는 것처럼, 그리고 새로운 시대를 열어젖힐 것처럼, 이전의 은밀하고 음산한 배경을 물리치고 햇볕이 내리쬐는 책상 위에 당당하고도 세련된 모습으로 서 있다. 도청장치의 시대는 가고 이제 컴퓨터의 시대가 왔다. 슈타지의 시대는 가고 이제 자유의 시대가 왔다. 하지만 영화는 새로운 시대의 등장을 알리면서 끝이 나기에 권력의 변화와 그 필요성만을 짐작케 할 뿐, 그 이후의 권력, 즉 컴퓨터를 통해 작동하는 권력의 구체적인 메커니즘, 프로세스, 테크닉 등에 대해서는 더 이상 묻지 않는다. 더 정확히는, 물을 수 없었다. 컴퓨터로 인해 세계가 근본적으로 재편된 후에야, 나아가 인터넷을 통해 모든 것이 연결된 다음에야 비로소 무엇이 어떻게 달라졌는지 물을 수 있기 때문이다. 그렇기에 질문은 영화가 멈춘 바로 그 지점에서부터 시작해야만 한다.

권력의 다이어그램과 사회적 아상블라주

질문은 이런 것이다. 냉전의 종식과 함께 자유와 해방이 도래했다고 여겨지던 그 순간, 역사는 어떻게 또 다른 착취와 통치에 직면하게 됐는가. 도청장치에서 컴퓨터('기계')로의 기술적 발전은 바로 그만큼의 자유와 진보를 담보하는 것인가, 아니면 더 치밀하고 교묘한 방식의 통제를 가능케 한 것인가. '권력'의 현실적인 메커니즘이 기계의 작동 방식에 맞게 상호적으로 변화되어 왔다면, 예컨대 컴퓨터 기계의 발전이라는 맥락 속에서 권력의 구체적이고 실제적인 방식, 그 특수성, 그 기법과 전술은 어떠한 형태로 나타나는가. 또한 이 모두를 아우르는 것으로서의 '사회'는 개인에 대한 엄격한 훈육과 촘촘한 감시를 대신하여 어떤 방식의 더 효과적이고 효율적인 사회적 통치 체제를 개발하고 운용해 왔는가. 요컨대 컴퓨터와 인터넷 그리고 스마트폰으로 이어지는 현재의 정보 '기계'는 과연 "어떤 (권력의) 다이어그램에 의해 선택되고 (사회적) 아상블라주에 의해 채택"되어 갈 것인가(Deleuze, 1986/1996, 72쪽, 괄호는 인용자 주). 이러한 물음들은 결국 '기계'와 '권력' 그리고 '사회'라는 삼원항을 둘러싸고 선회하면서 갱신될 수밖에 없다.

물론 기계와 권력, 사회라는 이 문제계(problematic)는 그 자체가 특정한 역사적 맥락 속에서 형성된 것인 만큼, 그것을 가능케 한 구체적인 조건과 함께, 그 위에서 검토될 필요가 있다. 그 조건이란 이들 문제계에 선행해서 그 자체를 발생 및 변형시켜 온, 즉 기계와 권력 그리고 사회의 관계맺음을 이전과는 다른 새로운 형태로 재구축하고 착근(embedded)시켜 온 '조건으로서의 규정성'이라 할 것이며,[16] 현재의 역사적 맥락에서라면 단연 **신자유주의**야말로 그 핵심 조건이라 할 수 있을 것이다. 이는 이미 마르크스주의 정치 이론가인 프레드릭 제임슨(Fredric Jameson)이 논의한 바, 모더니즘의 형식 배면에 19~20세기의 제국주의적 자본주의가 자리해 있고 포스트모더니즘의 배면에 후기 자본주의라 일컬어지는 탈산업적 자본주의가 위치해 있는 것과 같은 맥락이다(Harvey, 1991/2009; Jameson, 1992). 그가 말한 알튀세르(Louis Althusser)적 의미에서의 '징후적 독해'(symptomatic reading)란 결국 다양한 현상 속에서 그것을 가능케 한 조건으로서의 배면을 읽어 내는 것일 테고 말이다. 물론 이때에도 그 배면에 위치해 있다고 여겨지는 역사적 자본주의와 자본주의 생산양식은 그저 전제된 것이 아니라 철저히 논증된 것임을 염두에 둘 필요가 있다.

그런 이상, 기계와 권력 그리고 사회의 관계를 현재적 관점에서 문제화하는 작업은, 그 현재의 바탕을 이루고 있는 신자유주의를 배경으로 했을 때에만 유효한 것이 될 수 있다. 물론 이때의 신자유주의란 앞서 언급했듯이 역사적 자본주의의 한 국면이자 경제적인 축적체제의 변화이며 시장 원칙을 강조하는 이론적 교리이기도 하다. 또한 무엇보다도 이 모두를 가로지르는 정치적 합리성의 체계이자 통치 기술의 새로운 원리이며, 일상적 실천을 틀 짓는 규범적 양식이기도 하다. 이러한 정의는 서로 모순되기보다는 다양한 수준에서 상호 보완적인 관계를 이루고 있다. 그렇다고 할 때 이 책에서는 신자유주의라는 조건으로서의 규정성을 논의의 바탕으로 삼으면서 그 위에 기계, 권력, 사회라는 세 문제계를 현재적 형태로 밀어붙여 각각 인터넷, 관리권력, 관리사회라는 새로운 문제계로 되가져올 것이다. 그럴 때에야 비로소 도청장치에서 컴퓨터로의 이행이, 그리고 그 흐름의 연장이자 극대화인 인터넷으로의 이행이, 신자유주의적 맥락에 맞게 재편된 사회의 등장·전개·심화 과정과 맞물려 진행되어 왔으며 또 그러한 사회를 유지 및 강화하기 위한 통치 권력의 한 실천이 되어 왔는지를 이해할 수 있게 된다. 바꿔 말해서 "(계급권력만이 아니라) 모든 권력은 (국가장치만이 아니라) 특정한 장치로 물질화되는 한에서만 존재할 수 있다"(Poulantzas, 1978/1994, 57쪽)는 말이 의미하는 바를, 이들 장치의 변화사(史)를 통해 문장의 역순으로 파악할 수 있게 된다. 권력이 장치로 표현되는 만큼이나 장치의 변화 역시 권력의 변화를 담지하기 때문이다.

이런 관점에서 보면, 파놉티콘(이 또한 기계이자 장치이다)을 규율사회의 건축학적 은유이자 그 가운데서 작동하는 권력 메커니즘의 전형으로 파악했던 푸코의 논의를(Foucault, 1975/2003), 인터넷과 관리권력 그리고 관리사회의 계열체로 바꾸어 내어 신자유주의라는 맥락 속에서 '다시' 읽어 내는 것에 이 책의 일차적인 목표가 있다고도 할 수 있다. 하지만 이 '다시'라는 표현은 결코 반복을 뜻하지 않는데, 푸코의 작업을 단지 소재를 달리하여 적용해 보는 게 이 책의 목표는 아니기 때문이다. 오히려 1984년 푸코의 죽음 이후에야 조금씩 그 모습을 드러내기 시작한 인터넷과 관리사회의 전망들을, 한편으로는 푸코의 생각을 좇아가면서 읽어 나가고 다른 한편으로는 그의 공백 지점을 새로운 논의를 통해 채워 나감으로써, 마침내 현재적 맥락에서 '다시' 쓰는 것이야말로 이 책의 목표라 할 것이다.

2. 규율사회에서 관리사회로

후쿠야마와 들뢰즈의 세계

영화 〈타인의 삶〉의 배경인 1989년은 한 체계의 닫힘과 다른 체계의 열림이 동시에 발생한 역사적 분기점이기도 하다.[17] 정치철학자 프랜시스 후쿠야마(Francis Fukuyama)는 같은 해에 발표한 「역사의 종언」이라는 논문에서 서구의 자유민주주의가 공산주의와의 싸움에서 최종적으로 승리했으며 이로써 인류는 역사의 종착지에 도달하게 되었다고 선언한다(Fukuyama, 1989/1997). 이는 이중의 의미를 갖는데, 한편으로는 헤겔(G. W. F. Hegel)의 주장대로 역사의 자기 전개 과정이 자유민주주의에 이르러 그 최종 단계에 도달했다는 의미에서 '역사의 종말'이고, 다른 한편으로는 그동안 이념적 진리를 둘러싸고 진행된 가열한 투쟁이 자유민주주의의 승리로 말미암아 비로소 종결되었다는 점에서 '이데올로기의 종말'이다. 즉 서구의 자유민주주의가 최종적인 정치체제로서 그 우위를 입증했기에, 이후로는 이데올로기를 둘러싼 정당성 싸움 대신 역사적 진화의 방향을 그대로 따라가는 내적인 운동이 있을 뿐이라는 것이다. 결승점이 정해진 이상, 속력의 차이가 있을지언정 하나의 목적지를 향해서 달려가는 것만큼은 동일하다는 주장이다. 물론 후쿠야마는 이제껏 계속되던 분쟁과 갈등이 자유민주주의의 승리로 인해 덩달아 종식될 거라고 말하지는 않는다. 오히려 그는 이러한 문제들이 이전과 달리 이제는 자유민주주의라는 역사적 선분 위에서 발생할 것이라고 말할 뿐이다. 자유민주주의라는 큰 틀 안에서 발생하는 문제들은 그것이 덜 문제적이어서가 아니라 단지 체제 내적인 문제라는 점에서 더 이상 중대한 의미를 가질 수 없다. 자유민주주의의 원리에 따라 조금씩 수정해 나가면 그만이기 때문이다. 역사의 종언이라는 거대한 흐름 속에서 인류에게 남겨진 선택지는 단 하나, 자유민주주의밖에 없었다.

비슷한 시기에 들뢰즈는 후쿠야마의 낙관적인 전망과는 전혀 다른 세계상을 그려 낸다. 그는 1990년에 잡지 『전미래』에서 진행한 네그리와의 대담을 통해, 이제 막 도래하기 시작한 관리사회의 모습을 간략하게 제시한다(Deleuze, 1990/1993). 짧은 분량임에도 불구하고 문제의식은 뚜렷한데, 여기서 핵심은 푸코가 논한 규율사회가 18세기를 거쳐 20세기 초에 이르러 절정을 이루다가 20세기 말부터 점차 통제사회(=관리사회)로 대체되어 가고 있다는 것이다. 들뢰즈는 이러한 변화상에 대해 낙관도 비관도 하지 않는다. 후쿠야마의 유토피아적 전망에 대해 비판으로 제기될 법한 디스토피아적 전망은 여기에 존재하지 않는다. 오히려 그는 규율과 통제 중 "어느 체제가 가장 지독한지, 혹은 가장 참을 만한 것인지 따져볼 것도 없다. 왜냐하면 제각각 해방과 굴종을 대립시키고 있으니까"라고 말하면서 "두려워하거나 희망을 가질 필요는 없다"고까지 덧붙인다(Deleuze, 1990/1993, 199쪽). 물론 들뢰즈 역시 냉전 체제라는 역사적 격변기를 살아낸 동시대적인 인물이기에, 아마도 그 또한 당시의 불안과 열광을 시대적, 사회적, 문화적 분위기로 체험했을 거라고 짐작해 볼 수 있다. 하지만 그는 공산주의의 붕괴로부터 자유민주주의의 승리를 읽어 내지도, 더 나아가 역사의 종언이라는 거대한 예언을 내놓지도 않는다. 대신 그는 이전과는 전혀 다른 권력의 출현과 그 현실적이고 구체적인 작동 양태를 읽어 낼 뿐이다. 그에게 1989년의 변화는 단지 현실 정치 체제의 외형적 변화를 의미할 뿐 존재론적 층위에서의 변화를 뜻하지 않는다. 관리사회로의 이행이 새로운 저항의 형태를 불러일으키지 않겠냐는 네그리의 질문에 들뢰즈는 "글쎄요, 그럴 수도 있겠지요. 하지만 그것이 소수가 다시 말을 하게 되는 것과 상관있는 일은 아닐 것"(Deleuze, 1990/1993, 195쪽)이라고 완곡하게 답변한다. 소수자가 다수의 표준을 벗어나 새로운 배치를 창조할 수 있는 사회가 되지 않는 한, 그에게 변화는 근본적인 것이 아니었다(Deleuze & Guattari, 1975/2004).

요컨대 후쿠야마가 억압-해방 도식에 기대어 냉전의 종식 이후를 언제고 도래할 자유민주주의 역사로 일원화했다면, 그래서 자유민주주의가 스스로의 토대를 침식하는 상황마저도 낙관적인 전망으로 일관했다면, 반대로 들뢰즈는 자유민주주의의 승리가 구가되던 시기의 한복판에서 이전과는 전혀 다른 형태의 통제 메커니즘이 사회를 내부로부터 전유하여 변형시켜 가기 시작했음을 누구보다 더 정확하게 간파해 낸 것이다. 그는 이러한 변화가 마치 "새로운 자유를 가져다 주는 듯하지만, 실상 가장 가혹한 감금 상태에 버금가는 통제"(Deleuze, 1990/1993, 199쪽)의 일환이라고 말한다. 즉 들뢰즈는 그렇게 도래한 자유민주주의가 이전의 엄격한 규제양식을 폐기하기보다는 오히려 자유라는 자체의 특이성에 따라 새로운 형태로 재구성해 나가고 있음을 이미 예견하고 있었다. 그러므로 이 둘의 차이는 실로 작지 않다. 후쿠야마와 달리 들뢰즈는, 지배적인 규제양식이 사회의 성격에 따라 새롭게 재구축되고 있는 당대의 현실 앞에서, 이러한 변화가 어떤 경향성을 띠고 있으며 결과적으로 어떤 상을 그려 나가게 될지에 대해서, 간략하게나마 (그러나 강력한) 질문을 제기하고 있는 것이다. 들뢰즈는 이렇게 말한다.

> 더 이상 규율적이지만은 않은 '관리'사회로 우리가 접어들고 있다는 것은 확실한 사실입니다. 푸코는 흔히 규율사회와 그 사회의 주요 수단인 감금에 대한 사유자로 알려져 있습니다. 하지만 사실 그는 우리가 규율사회에서 한창 벗어나고 있다는 것을 처음으로 지적한 사람들 중의 하나입니다. 우리는 **관리사회**로 접어들고 있습니다. 그것은 감금을 통해서가 아니라, 끊임없는 관리와 즉각적인 소통을 통해서 작동하는 사회입니다(Deleuze, 1990/1993, 194쪽, 번역은 인용자 수정, 강조는 인용자).

자유민주주의의 제도화와 이에 따른 자유의 점진적 확대는 이러한 변화에 걸맞은 새로운 성격의 규제양식을 제안하고 또 요청한다. 규율이 아닌 **자유**가 문제의 중심에 놓이게 될 때, 이제 초점은 어떻게 자유를 통해 통제를 달성할 수 있는지, 즉 '자유롭게 통제하기'라는 비동시적인 테제를 어떻게 동시화하고 또 이를 어떻게 가장 효과적으로 구현할 수 있는지와 같은 실제적인 문제를 향하게 된다. 규율사회가 감시·처벌·규칙·명령·교정·훈련·질서·위계 등의 규범화(normalization) 전략을 통해 훈육된 신체를 만들어 내는 데 초점을 맞추었다면, 자유의 전지구적 확산과 함께 이러한 전략 역시 그 기법과 전술을 대폭 수정해야만 하는 것이다. 그런데 그 기법과 전술이란 대개의 경우 일상적이고 구체적인 기계들(또는 장치들)의 작용을 통해 물질적으로 구현되고 가시적으로 표현된다는 점에서, 결국 사회의 성격 변화는 기계적인 메커니즘의 변화와 결코 무관할 수 없게 된다. 물론 이는 "기계가 결정적인 것이라서가 아니라, 기계를 통하여 그것을 만들고 사용할 능력이 있는 사회적 형태들이 표출되기 때문"(Deleuze, 1990/1993, 202쪽)이다. 글머리에서 제사로 인용한, "주권사회에는 단순한 기술적 기계가, 규율사회에는 열역학 기계가, 관리사회에는 사이버네틱스 기계와 컴퓨터가 상응"(Deleuze, 1990/1993, 195쪽)한다는 말의 의미가 바로 이러하다.

하지만 규율사회에서 관리사회로의 이행과 이에 상응하는 기계 형식의 변화를 서술하는 것만으로는 충분하지 않다. 여기에는 시대를 가로지르면서 변화의 흐름을 추동해 나간 (힘의 크기와 방향을 내포한) 벡터적 의미의 권력이 생략되어 있기 때문이다. 특히 규율사회에서 관리사회로의 변화는 특정한 시대 구분을 전제하고 있는 만큼(물론 이러한 변화는 중첩되어 있기도 하다), 그러한 변화 자체를 막거나 열어젖히기 위한 힘겨루기야말로 사태의 근본적인 조건을 이룬다고도 할 수 있다. 작용과 반작용 없는 즉자적인 운동이란 있을 수 없기 때문이다. 권력이라는 개념이 요구되는 것은 바로 이러한 이유에서이다.

질문은 이렇다. 규율에서 관리로의 사회적 이동은 어떤 힘의 관계를 축소하고 반대로 또 어떤 힘의 관계를 그만큼 확장해 나가는가. 그렇게 재구성된 힘의 양태와 배치는 다시 어떤 사회적 짜임과 조응하면서 변화의 궤적을 이어 나가는가. 요컨대 핵심은 "우리와 같은 사회에서—그러나 결국 그 어떤 사회도 마찬가지겠지만—다양한 권력 관계들은 사회 전체를 구성하고, 그것을 가로지르며, 그것의 성격을 규정한다"(Foucault, 1997/1998, 42쪽)는 것이다. 사회는 항상-이미 다양한 권력 관계에 의해 구성될 뿐만 아니라 그러한 권력 관계와 배치에 의해서만 자체의 고유한 짜임을 유지할 수 있다. 규율사회에서 관리사회로의 '경향적' 이행은, 따라서 규율권력에서 관리권력으로의 이행과 결코 다르지 않다. 그리고 이러한 변화는, 반복해서 말하고 또 그만큼 강조하는 바이지만, 결국 특정한 장치 혹은 기계로 표현되어 나타날 수밖에 없다. 사회구성체는 (그것이 반영된) 권력 관계로 표출되는데 이때의 권력은 무엇보다 특정한 기계 및 장치에 의해 물질화된다는 점에서, 결과적으로 사회구성체 또한 자체의 짜임이 반영된 기계로 재생산되어 **사회-권력-기계**의 순환을 이어 나가게 된다(Althusser, 1995/2007). 사회와 권력 그리고 기계는 이렇듯 서로에 대해 불가분하게 결부되어 있다.

규율에서 유연화로 그리고 포드주의에서 포스트포드주의로

푸코에 따르면 파놉티콘이라는 표상을 중심으로, 그리고 감옥이라는 장치를 중심으로 "17세기와 18세기에 걸친 규율장치의 점진적인 확장과, 사회 전체를 통한 그 장치의 다양화, 그리고 개괄적으로 규율사회라고 부를 수 있는 것"(Foucault, 1975/2003, 323쪽)이 형성된다. 푸코는 이 같은 변화를 당시 새롭게 등장한 규율/훈육(discipline)이라는 합리성의 체계를 통해 설명한다. 물론 이때의 **합리성**은 단순히 이성적이거나 논리적이라는 의미가 아니다. 오히려 합리성은 "어떤 실천들을 지각하도록 만들어 주는, 그리고 이런 실천에 통합되어 있는 동시에 이런 실천들을 가로지르는 이해가능성"(Pasquino, 1991/2014, 365쪽)을 일컫는다. 특정한 실천들을 여타의 형태가 아니라 바로 그와 같은 형태로 틀지어 내는 원리적 준거가 합리성이라면, 당연히 이는 시대마다 혹은 사회마다 다르게 나타날 수밖에 없다. 그리고 이런 의미에서, 형벌의 외양이 잔혹한 신체형에서 점차 감금의 형태로 변화되어 간 것은 단지 인본주의적인 진보 때문이 아니라 규율이라는 유형의 권력 관계가 이전 시대의 합리성을 대신하여 근대적 합리성으로 새롭게 자리매김되었기 때문이라고 할 수 있다. 규율이란 "신체 활동에 대한 면밀한 통제를 가능케 하고, 체력의 지속적인 복종을 확보하며, 체력의 순종-효용의 관계를 강제하는 방법"(Foucault, 1975/2003, 216쪽)으로서, 18세기를 거치면서 지배적인 합리성의 형식이 되어 갔다. "인간의 자유를 발견한 '계몽주의 시대'는 또한 규율을 발명한 시대"(340쪽)이기도 했다.

그런데 이렇게 구축된 규율사회는 단지 18세기라는 역사적 시간대에 국한된 것이 아니다. 오히려 규율사회는 이로부터 2세기가 지난 20세기 초에 이르러서야 실효적인 의미에서의 지배력을 갖게 된다. 그것은 물론 포드주의(Fordism)라는 축적체제(regime of accumulation)와의 결합을 통해 가능케 된 것이었다. "포드주의의 도래와 더불어 비로소 규율이 일반화되었으며 사회 전반의 상징적 표징이 되었다."(Fraser, 2009/2010, 203쪽) 페미니스트 정치철학자 낸시 프레이저(Nancy Fraser)는 푸코의 논의를 과거의 단층으로부터 끄집어 내어 현재적 맥락 속에 재위치시킨다. 그녀는 푸코가 "더 이상 현대성 자체에 대한 해석자가 아니라 포드주의적인 사회적 규제양식을 다룬 이론가"라고 말한다. 푸코가 마치 "미네르바의 올빼미처럼 포드주의적 규제양식이 역사적으로 소멸되어 가는 순간에 그것의 내적 논리를 포착"했다는 것이다(Fraser, 2009/2010, 198쪽). 『감시와 처벌』이 출판된 해가 1975년이었다는 사실을 떠올려 본다면, 푸코는 포드주의가 저물어 가던 역사적 황혼기에 바로 그것의 내적 논리를 다름 아닌 18세기라는 과거의 지층으로부터 길어 올렸다고 할 수 있겠다. 프레이저는 「규율에서 유연화로?」라는 제목의 글에서 제목 그대로 규율과 유연화라는 두 가지 규제양식을 구별하고 각각을 다시 포드주의와 포스트포드주의(Post-Fordism)라는 축적체제에 맞대응시킨다. 그리고 유연화된 권력 관계, 그러니까 신자유주의의 전 지구적 확산과 함께 등장한 새로운 규제양식을 이해하기 위해서는 푸코에 대한 현재적이고도 창조적인 독해가 필요함을 강조한다. 하나씩 살펴보자.

주지하듯이 포드주의는 20세기 초에 헨리 포드(Henry Ford)가 고안한 분업 기반의 대량생산 시스템을 의미한다. 역사적으로 포드주의는 컨베이어 벨트의 일관조립공정을 통해 생산성을 대폭 향상시킴으로써 상품의 가격을 낮추는 한편, 이렇게 생산된 상품을 구매할 수 있도록 노동자의 실질임금을 높임으로써 대량생산과 대량소비의 순환구조를 만들어 냈다. 더욱이 이 가운데 노동 과정의 테일러주의적 재조직화를 결합함으로써 포드주의-케인스주의(Keynesianism)-테일러주의(Taylorism)라는 자본주의 가치실현의 트라이앵글 구도를 완성했다(Hirsch, 1985/1995). 그 결과 노동 생산성의 급증으로 인한 상대적 잉여가치의 증가, 자본의 유기적 구성[18]의 상승을 상쇄할 만한 기술적 발전, 대량소비가 가능한 내수 시장의 확립, 새로운 투자 영역의 지속적 산출 등 자본주의의 새로운 축적 주기를 형성하는 데 성공했다(Mandel, 1972/1985; Mason, 2015/2017). 그리고 이를 바탕으로 제2차 세계대전 이후부터 1970년대 초반까지 자본주의 생산체제를 실질적으로 이끌어 왔다.

포드주의 축적체제는 단지 공장의 대량생산 방식과 여기에 기반을 둔 산업 패러다임의 변화에만 국한된 것이 아닌데, 특히 그것이 정치·사회·문화 등 모든 영역에 걸쳐 근본적이고 구조적인 변화를 이끌어 냈다는 점에서 더욱 그러하다(Aglietta, 1979/2001; Boyer, 2004/2013). 예컨대 사회관계의 자본화, 대규모 소비문화의 확산, 개인주의의 확대와 이로 인한 공동체의 약화, 대중사회와 대중문화의 출현, 고용의 안정과 노동계급의 성장, 케인스주의적 복지국가와 국가 개입의 확대, 반파시즘과 반공주의의 확산 등 경제적 외연을 초과하는 다양한 영역에서의 복합적인 변화들이 포드주의라는 큰 틀 안에서 형성되어 왔다(Hirsch, 1985/1995; Lipietz, 1987). 포드주의가 "고유의 경제적·정치적·이데올로기적 특징들을 가진 역사적으로 특수한 형태의 자본주의 사회구성체"(Hirsch, 1983/1995, 247쪽)라는 정의는, 이처럼 복합적인 성격을 정확히 담아내고 있다.

프레이저는 여기에 주목한다. 그녀는 포드주의가 단순히 그것과 조응하는 몇몇 제도들의 변화에 한정될 수 없다고 말한다. 중요한 것은 "독특한 일련의 규제기제들이 그러한 제도들에 내재하고 있으며, 그것들이 공통적 정서(ethos)를 통해 그러한 제도들 전반에 스며들어 있다는 것"(Fraser, 2009/2010, 201쪽)이다. 또한 이에 덧붙여서 "사회 전반에 폭넓게 확산된 이러한 작은 범위의 조정기술들이 모세혈관의 수준에서 사회적 관계들을 조직한다"(Fraser, 2009/2010, 201쪽)는 것이다. 즉 프레이저는 포드주의의 규제양식이 경제적 범주뿐만 아니라 사회의 거의 모든 영역에 걸쳐 질서와 규칙을 부여하고, 정확히 그 논리에 따라 사회적 관계들을 재구성 및 변형해 나갔다고 본다. (당대의) **포드주의**와 (과거의) **규율권력**이 연결되는 지점이 바로 여기이다. 포드주의는 자체의 합리성의 체계에 따라 제반 사회적 관계를 그에 맞게 재구성해 왔는데, 이는 앞서 푸코를 통해 논의한 규율권력의 작동 메커니즘과 결코 다른 것이 아니었다. 포드주의는 대량생산-대량소비 사회의 성격에 가장 적합한 규제양식을 바로 규율로부터 찾아냈던 것이며, 때문에 개인에 대한 규범적 구속, 시간의 분할과 엄격한 통제, 공간의 효율적 관리와 배치 등 규율 메커니즘을 그대로 혹은 더 정교한 형태로 변형해서 차용했던 것이다. 공장의 생산라인 앞에 서서 마치 기계처럼 일사분란하게 움직이는 대규모 노동자 집단의 모습을 떠올려 볼 수 있겠다. 규율권력은 비록 18세기에 그 기원을 두고 있었지만 오히려 20세기 포드주의 시기에 이르러서야 자신의 에토스 혹은 합리성의 체계를 사회 전반에 스며들게 하면서 그 최대치를 달성할 수 있었던 셈이다.

프레이저는 포드주의와 규율권력의 접합을 논한 데 이어서, 그렇게 정의된 포드주의적 규율의 특징을 다시 세 가지로 정리한다(Fraser,

2009/2010). 첫째, 포드주의적 규율은 사회 전체를 규율화한다. 포드주의적 규율은 단지 몇몇 영역에만 한정적으로 적용된 것이 아니었다. 공장의 생산 라인뿐만 아니라 가족, 학교, 공동체, 공중보건, 안전, 양육, 가정경제, 사회복지, 치료, 대중문화 등 "모든 것을 합리적 통제 하에 복속시키려 하는 노력에는 어떤 사회적 영역이든 제한이 없었다."(Fraser, 2009/2010, 204쪽) 둘째, 포드주의적 규율의 핵심은 국민국가라는 영역으로의 집중에 있다. 전에는 다양한 형태로 분산되어 있던 규율기제들이 국민국가 내부로 수렴되었으며, 특히 사회적인 것(the social)으로 분류되던 영역들 또한 국민국가와의 연관성 속에 놓이게 되었다. 셋째, 이러한 포드주의적 규율은 개인적인 자기 규제(self-regulation)를 최소 단위로 삼아 작동한다. 포드주의의 대량생산체제가 대규모 비숙련 노동자의 양산과 맞물려 있다는 점을 고려할 때, 이들에 대한 주체화·규범화·체제화 전략은 무엇보다 필수적인 것이었다. 요컨대 포드주의적 규율은 그 대상을 사회 전체로 확대하는 한편, 이 가운데 국민국가라는 영역을 중심으로 규율기제를 가동시켰으며, 무엇보다 개인에 대한 자기 규제적 전략을 기본 단위로 삼아 왔다.

이상의 논의에서 확인할 수 있듯이, 푸코가 제시한 규율권력은 연대기적 순서에 따라 이전의 주권권력을 대체하고 그 자체 또한 다른 형태의 권력(생명권력이나 통치성)에 의해 대체되어 간 게 아니다(Foucault, 1976/2017; 1997/1998; 2004a/2011). 그것은 20세기 상황에 맞게 포드주의적 규율이라는 버전으로 새롭게 현재화되었으며, 이로써 포드주의에서 포스트포드주의로의 이행과 맞물려 있는 권력의 형태 변환 중 한 축(좌변)에 위치하게 된다. 만일 규율권력을 이미 지나간 과거의 권력 형태라고 본다면, 그래서 이후로는 다른 형태의 권력 관계가 단일한 지배 구도를 형성했다고 본다면, 포드주의에서 포스트포드주의로 넘어가는 사회적 변환을 권력 관계의 변화 없이 설명하는 오류를 범하게 된다. 프레이저가 규율권력을 20세기의 지평에서 현재적으로 읽어 낸 이유가 여기 있는데, 그녀는 포드주의에서 포스트포드주의로의 이행을 정확히 '규율에서 유연화로'라는 권력 메커니즘의 변화와 함께 읽어 내고자 했던 것이며,[19] 그렇게 함으로써 더 나아가 포스트포드주의적인 맥락에 맞는 새로운 규제양식(즉 '유연화'로 표현된)을 이론화해야 할 필요성에 대해서도 주장할 수 있었던 것이다.

짐작할 수 있듯이 이는 사회와 권력의 분리불가능성을 전제로 한 문제제기이다. 포드주의에서 포스트포드주의로의 이행 또는 산업사회에서 탈산업사회로의 이행은 정확히 그것과 맞물려 있는 권력 관계의 성격 변화를 수반할 수밖에 없다. 당연히 그런 한에서만 이 이행이 경제적 범주의 변화로 한정되지 않는 근본적인 수준에서의 체제적 변환이 될 수 있다. 물론 이때에도 권력 관계의 변화가 단절적인 형태를 띠지는 않는다는 사실을 계속해서 염두에 둘 필요가 있다. 핵심은 푸코가 분석한 바 18세기 이후로 경향적 우위를 드러낸 "통치라고 부를 수 있는 권력 유형"(Foucault, 2004a/2011, 163쪽)의 역사 한가운데에 (회귀적이게도) 포드주의적 규율이 가장 극대화된 형태로 출현·작동·번성했다는 것이며, 달리 말하자면 흔히 도식적으로 제시됐던 주권-규율-통치의 역사적인 변화가 사실 그 안에서의 중첩과 교차, 투쟁과 회귀를 통해 일종의 동시적 삼각 구도를 이루면서 (하지만 경향적 우위만큼은 분명히 드러내면서) 공존해 왔다는 것이다. 각각은 서로를 배제하지 않은 채 다만 정도의 차이를 이루면서 다양한 형태로 현실화되어 왔을 뿐이다. 이 점을 기억할 필요가 있다.

이에 대한 논의는 뒤에서 보다 구체화하기로 하고, 여기에서는 일단 프레이저의 논의 구도를 좀 더 명확히 이해하는 데 초점을 맞추기로 하자. 프레이저는 포드주의적 규율(사회)의 특징을 서술한 다음 그러한 특징이 더 이상 유효하지 않게 된 상황이 도래했음을, 그리하여 포스트포드주의적인 권력에 대해 사고해야 함을 계속해서 논증해 나간다.

> 이러한 명제들이 포드주의 시기에는 진리였을지라도 오늘날 그것들은 의심스러운 것이 되어 버렸다. 1989년 이후 포스트포드주의적 지구화가 진행되면서 사회적 상호작용들은 점차로 국가의 경계를 넘어서게 되었다(Fraser, 2009/2010, 208쪽).

위 인용문에서 확인할 수 있는 것은, 프레이저가 포드주의/포스트포드주의의 구도를 규율/유연화의 구도와 겹쳐서 이해하고 있다는 것이며, 특히 '1989년'을 그 전환의 기점으로 지목하고 있다는 사실이다. 이 시간은 앞서 예로 든 영화에서도 그리고 후쿠야마와 들뢰즈의 논의에서도 유사한 함의를 갖고 있었다. 물론 그 시간은 특정 연도라기보다는 차라리 그 앞뒤를 포함한 시간대라고 보는 편이 더 타당할 것이다. 여기에는 1970년대부터 가속화된 포드주의의 내적 한계 및 케인스주의적 국민국가의 위기 그리고 이에 맞물려 발생한 세계적 경제 위기와 그로 인한 신자유주의 질서로의 이행 등과 같은 복합적인 역사적 조건이 전제되어 있다. 하지만 그렇다고 하더라도 1989년이라는 시간대는 변화의 '기점'이라고 하기에는 때늦은 감이 있는 게 사실이다.[20] 이때는 이미 신자유주의 체제가 지배적 질서를 완전히 구축한 시기이기 때문이다. 그렇다면 왜일까? 일단은 이러한 의문을 견지하면서 좀 더 논의를 진척시켜 보자.

논의로 돌아와서, 그러면 포드주의에서 포스트포드주의로의 이행은 앞서 논의한 규율의 세 가지 측면을 어떻게 변화시켜 나갔는가. 다시 순서대로 첫째, 포드주의가 사회의 규율화를 목적으로 삼았다면 이제 포스트포드주의는 탈국민국가화와 초국민국가로의 변화에 상응하여 다양한 수준에서의 탈중심화된 규제로 모습을 달리해 가고 있다. "현재 출현하고 있는 것은 새로운 유형의 규제구조, 지구화된 통치성의 다층적 체계"(Fraser, 2009/2010, 209쪽)이다. 둘째, 포드주의적 규율이 국민국가를 중심으로 사회적인 것의 국가적 집중을 꾀했던 데 반해, 포스트포드주의적 규제양식은 탈사회화와 탈규제라는 흐름 속에서 사회적인 것의 해체와 함께 이에 대한 시장 중심적인 재편을 이루어 내고 있다. 셋째, 포드주의적 규율의 쇠퇴와 함께 자기 규제적 주체에 대한 의존 또한 점차적으로 감소해 가면서, 그 자리는 자발적인 참여, 적극적인 관심, 긍정적인 동기, 자기 경영과 자기 책임 등과 같은 새로운 주체화 양식들로 채워져 가고 있다.

결국 이와 같은 변화는 이 책에서 제시한 규율사회에서 관리사회로의 이행과 맞물려 있다고 할 수 있다. 더 정확하게 말하자면, 프레이저가 제시한 규율/포드주의와 유연화/포스트포드주의의 대응 구도는 이 책의 기본 토대인 '규율사회/관리사회'라는 보다 큰 범주로 용해될 수 있다. 이 개념이 더 포괄적일 뿐 아니라 이전 개념의 부족분까지도 메워 주기 때문이다. 우선 이 개념은 들뢰즈가 제시한 것이면서도 그것과 꼭 같지만은 않은데, 프레이저의 논의를 통과하면서 이 개념에 자본주의 축적체제의 변화라는 경제적 맥락이 추가되었다는 점에서 그러하다. 이후로도 이 개념이 표기될 때에는 그 안에 자본주의의 구조적 변화가 반영되어 있음을 염두에 둘 필요가 있다. 그렇다고 이 개념이 프레이저의 제안을 그대로 수용하는 것도 아닌데, 규율/유연화의 구분으로는 권력과 사회의 긴밀한 연동 작용을 분명하게 드러낼 수 없기 때문이다. 이런 의미에서 규율사회/관리사회라는 개념적 구분에는, 푸코에 대한 들뢰즈와 프레이저의 논의를 종합함으로써 사회와 권력 그리고 자본주의의 변화를 아우르려는 의도가 담겨 있다고 하겠다. 즉 그것은 첫째, 들뢰즈가 제안한 대로, 사회 구조적 변화를 가로지르는 (규율과 관리라는) 서로 다른 합리성의 체계를 포착하기 위한 것이며, 둘째, 사회와 권력의 관계맺음을 자체에 포함함으로써 사회적 변화가 규율/관리의 권력 메커니즘과 연동되어 있음을 동시에 표지하기 위한 것이다(규율사회/규율권력, 관리사회/관리권력). 그리고 셋째, 이러한 변화의 양상을 자본주의 축적체제(포드주의와 포스트포드주의)의 변화와 함께 읽어 내기 위한 것이자, 마지막으로, 프레이저가 다소 불명확한 형태로 제시한 포스트포드주의적 규제양식으로서의 '유연화'를 보다 명확하게, 즉 신자유주의 통치 권력(또는 관리권력)으로 재정립하기 위한 것이기도 하다.

이상으로 이 장에서는 프레이저의 논의를 빌려 푸코의 규율권력과 포드주의를 한데 엮어서 이해하고자 했다. 이를 '포드주의'적 '규율권력'이 작동하는 '규율사회'로 정의할 수 있었다면, 그 지배적 시효가 만료됨에 따라 다시 각각의 항을 '포스트포드주의'와 '관리권력' 그리고

'관리사회'로 재정립할 필요가 제기될 수밖에 없다. 이에 따라 이 장에서는 규율에서 유연화로의 (권력) 이행과 포드주의에서 포스트포드주의로의 (자본주의) 이행을 그 논의구조에 대한 검토와 재구성을 통해 규율사회에서 관리사회로의 사회적 변환이라는 테제로 재정식화했다. 그러나 짐작할 수 있듯이 지금까지의 논의에는 이들 관계가 구체적으로 물질화된 기계(혹은 장치)에 대한 문제제기가 생략되어 있는 게 사실이다. 이 글의 문제설정이 애초부터 권력과 사회 그리고 기계라는 세 고리를 비판적으로 고찰하는 데 있다고 할 때, 기계를 분석의 지평 가운데로 끌어내지 않는 한 지금까지의 논의는 불충분할 수밖에 없다. 권력과 사회의 이행을 기계적 변화와 겹쳐서 이해해야 할 필요가 있는 것이다.

하지만 이를 위해서라도 그보다 먼저 그에 대한 규정적 조건으로서의 신자유주의를 주의 깊게 살펴봐야만 한다. 기계적 변화, 즉 인터넷을 위시한 정보통신기술의 발전이란 결국 신자유주의라는 맥락 속에서 그것과의 관계를 통해서만 구체적으로 형성될 수 있었기 때문이다. 먼저 신자유주의라는 조건부터 검토하고 그 위에서 기계와 권력, 그리고 사회라는 항목을 각각 교차해서 논의하기로 하자.

3. 신자유주의라는 조건을 사유하기

자본주의의 위기와 재구조화

포드주의 축적체제의 위기는 그 내부로부터 시작됐다. 경기 팽창의 동력이었던 포드주의-테일러주의-케인스주의 연합은 1970년대 들어 자본주의 가치실현에 장벽으로 작용하더니 급기야 경제 위기의 직접적인 원인이 되기에 이르렀다. 카를 마르크스(Karl Marx)의 통찰대로, 자본의 한계는 자본 그 자체였다. 자본주의의 경제 호황을 지탱하던 바로 그 요인들이 어느 순간부터는 정반대로 자본주의의 토대 자체를 허물어뜨리는 불황의 원인이 되었다. 자본주의의 지속적인 팽창에 따른 과잉 축적과 그 결과로서의 이윤율 하락이 주된 이유였다(Duménil & Lévy, 2000/2006; Marx, 1894/2008).[21] 제2차 세계대전 이후 생산 공정의 기계화가 확대되면서 노동생산성이 증가하자 기업들은 더 많은 이윤 획득을 위해 앞다투어 공장 규모를 확장하고 기술 개발에 투자하고 기계 설비를 늘리는 등 자본 집약적인 투자를 통해 전후 대호황을 이끌어 냈다. 그런데 이미 마르크스가 간파한 것처럼 자본주의 하에서 기업들은 한정된 시장을 놓고 경쟁하기 때문에 더 많은 잉여가치를 얻기 위해서는 결국 기술 혁신을 통한 특별잉여가치(extra surplus value) 확대에 매달릴 수밖에 없게 된다(Marx, 1867/2009). 기술 개발을 통해 사회적 평균 이하로 생산단가를 낮추면 그 차액만큼이 초과이윤으로 돌아오기 때문이다. 기업들은 이윤의 상당 부분을 최신 기계와 기술을 도입하는 데 재투자함으로써 생산비용을 낮추고 생산량을 늘려 왔으며, 경쟁이 치열해진 만큼 이 과정을 계속해서 더 크게 반복해 왔다. 기계화는 이 경쟁에서 이기기 위한 필수불가결한 조건이었다(Mcnally, 2010/2011). 그러나 이러한 투자열은 시설 과잉, 생산 과잉과 같은 과잉 투자(과잉 경쟁)뿐만 아니라 이로 인한 가격의 하방 압력을 불러일으켰고(Srnicek, 2017), 이 같은 경향은 생산물에서 잉여노동의 기여분을 줄여 나감으로써(즉 사회적 총자본의 평균적인 유기적 구성을 고도화함으로써) 결국 이윤율의 하락이라는 역설적인 결과를 가져왔다. 호황의 원인이 도리어 불황의 조건으로 작용하게 된 셈이다(김수행 2011; Brenner, 2002/2002).

과잉 투자로 인해 수익성이 악화되자 기업의 투자가 위축되면서 규모 축소, 설비 폐기, 인원 감축 등의 다운사이징이 진행되었으며, 그 결과 대규모의 노동자 해고가 발생하기에 이르렀다. 이로 인해 케인스주의적 복지국가는 대량실업으로 인한 사회복지비용의 증가와 경기 후퇴로 인한 조세재원의 부족이라는 이중고에 시달리게 된다. 복지지출의 증가와 그로 인한 재정적자의 누적은 실제로 영국과 뉴욕을 파산

상태로까지(1976년) 몰고 가기도 했다. 불황이 계속되자 이를 타개하기 위해 각국 정부는 케인스주의의 기존 방침대로 통화의 공급을 증가시키고 정부의 공적 지출을 확대하는 등 경기 부양책을 펴기 시작했다. 그러나 잘 알려져 있듯이, 경기 불황에 대한 해법으로서의 통화 공급은 필연적으로 인플레이션이라는 결과를 낳을 수밖에 없었다. 더욱이 당시는 브레튼우즈 체제(Bretton Woods System)의 붕괴(1971년), 베트남 전쟁(1960~1975년)으로 인한 달러 가치의 하락, 중동전쟁으로 야기된 오일쇼크(1973년) 등이 복합적으로 작용하면서 인플레이션이 더없이 가중된 시기이기도 했다(Armstrong et al., 1991; Harvey, 2005/2007). 이러한 상황 속에서 영미 등 주요국의 정부가 취한 태도는 다시금 케인스주의의 반복과 강화일 뿐이었다. 정부는 경기부양과 복지지출에 천문학적인 금액을 투입했지만 이는 다시 통화량 증가에 따른 평가절하와 인플레이션을 야기했으며, 결국 누적된 재정적자 그리고 대량실업과 인플레이션의 동시적 발생(스태그플레이션)으로 인해 케인스주의적 복지국가 체제는 근본적인 위기로까지 치닫게 되었다(장석준, 2011; Harman, 2009/2012). 즉 포드주의의 위기는 생산체제의 위기이자 복지국가의 위기였으며, 이 모두인 자본주의 사회구성체의 위기였다(Amin, ed., 1995).

1970년대의 공황은 자본주의로 하여금 새로운 축적 모델과 새로운 헤게모니의 구축을 고민하게 만들었고 또 그렇게 재구조화되도록 강제했다. 잘 알려진 바와 같이, 그렇게 등장한 포스트포드주의는 다품종 소량생산, 유연한 생산체계, 범위의 경제, 노동의 유연성, 노동자의 폭넓은 자율성과 다숙련화, 수평적이고 분산적인 기업구조 등을 주된 내용으로 삼았으며, 이를 통해 과잉 축적의 문제를 유연한 형태로 관리·

통제·제어할 수 있게 만들고자 했다(Amin, ed., 1995; Hirsch, 1985/1995). 물론 생산양식(mode of production)의 변화가 전부는 아니다. 포스트포드주의는 우선은 경제 위기에 대응해 생산양식의 변화를 꾀하는 데 초점이 맞추어져 있었지만 그 변화의 진폭은 자본주의 위기의 조절과 재구조화라는 근본적인 층위에까지 가닿고 있었다(Aglietta, 1979; Boyer, 2004/2013; Lipietz, 1985/1993).

요컨대 포스트포드주의는 포드주의의 위기와 그로 인한 생산양식의 변화로부터 비롯됐지만 1980년대 이후 자본주의의 재구조화라는 역사적 상황을 통과하면서 점차 신자유주의적 구조조정의 복합적인 회로 속으로 침윤되어 갔다. 포스트포드주의가 경제 위기에 대한 대응이자 처방의 성격이 강했다면, 신자유주의는 포스트포드주의의 기본 틀을 유지하면서도 생산양식으로 한정되지 않는 다양한 층위의 변화들, 즉 사회와 국가의 재구조화를 이루는 시장화, 금융화, 탈규제, 계급이해, 경쟁체제, 탈사회화 등의 변화들을 통해 중층적이면서도 복합적인 구성을 이루어 갔다(Harvey, 2005/2007; Saad-Filho & Johnston ed., 2005/2009).

신자유주의와 관리사회의 관계맺음

이렇게 등장한 신자유주의 시대는 이전의 포드주의적 규율이 작동하던 사회적 상황과는 사뭇 다른 양상을 그려 냈다. 복지국가 모델의 수정, 공공부문의 사사화(privatization), 규제 완화와 자유 경쟁, 노동의 유연성(불안정성)과 노조의 무력화, 계급 갈등의 첨예화, 노동자·학생의 자기책임적 주체화 등이 그것이다. 포드주의 규율사회는 전면적으로 수정되고 강제적으로 쇄신되었다. 1979년 집권한 영국 총리 마거릿 대처(Margaret Thatcher)의 "사회와 같은 것은 없으며, 단지 개인으로서의 남자와 여자가 있을 뿐"(Harvey, 2005/2007, 41쪽)이라는 저 유명한 말은, 이러한 변화의 양상을 압축해서 보여 준다고 하겠다. 정치와 사회에 대해 경제적인 것이 우위를 차지하게 되면서 사회의 시장화(marketization)가 급속히 진행되었으며, 그 결과 사회 연대의 해체 및 사회적인 것의 시장 중심적 재편이 이루어졌다. 특히 이 같은 정책 기조는 이전 시대의 '규제'에 대비되는 '자유'를 전면에 내세움으로써 동의에 의한 지배로서의 헤게모니를 구축하기에 이른다. 이로써 "세계의 여러 부분들에서 나타난 효과는 신자유주의가 필수적이며 심지어 전적으로 '자연스러운' 방식으로 사회질서를 규제하게 만든 것이었다."(Harvey, 2005/2007, 61쪽)

그러할 때, 앞서 언급한 1989년은 이러한 변화의 운동이 드디어 그 바깥에 위치해 있던 사회주의 국가들마저도 포섭 및 흡수해 버렸다는 점에서, 바꿔 말한다면, 포드주의적 규율사회만큼이나 (혹은 이보다 더) 규범적이었던 사회주의 규율사회가 결국 신자유주의 관리체계라는 '대안'을 받아들일 수밖에 없게 되었다는 점에서, 진정으로 관리사회의 전 지구적 보편화가 이루어진 시점이라 할 만하다. 이미 서구 주요국에서는 1980년대 초반부터 신자유주의적 관리사회로의 진입이 시작되었지만 그것은 여전히 냉전체제의 한편에서 일어난 변화였을 뿐 결코 전 지구적 보편성을 획득한 것이 아니었다. 그런데 1989년과 1991년에 연이어 발생한 사회주의 체제의 붕괴와 자본주의 시장 경제로의 빠른 편입은 그 한편에서의 변화가 다른 한편에서도 재생산되는 계기가 되었으며(냉전 이데올로기의 지구화 이데올로기로의 전환), 이로써 결국 신자유주의적 관리사회가 전 지구적 차원으로 확대되는 분기점이 되었다. 그러므로 프레이저가 명시한 1989년은 (그녀의 주장대로) 포스트포드주의적 지구화가 이루어진 시기이자 (이 책의 주장대로) 신자유주의적 관리사회로의 진입이 보편화된 시기이기도 하다. 즉 1989년이라는 늦은 시점은 최초의 시작점이 아니라 보편적인 합류점이었던 셈이다.

그런 한편, "사회 전체를 구성하고, 그것을 가로지르며, 그것의 성격을 규정"(Foucault, 1997/1998, 42쪽)하는 권력 역시 이 같은 변화와 맞물려 전혀 다른 메커니즘, 프로세스, 테크닉, 장치들로 형태와 전략을 바꿔 나가게 된다. 포드주의에 기반을 둔 규율권력의 전략은 더 이상 효과적이지도 효율적이지도 않았으며, 무엇보다 그것이 작동할 정세적 조건이 변해 감에 따라 자체의 필요성과 유효성마저도 의심받는 처지가 되어 버렸다. 개인의 신체와 내면에 작용하던 규율·명령·훈육·감시·처벌 등의 규범화 전략은 평생직장과 고용안정이 보장되던 포드주의적 규율사회에서는 효과적으로 통용되었을지 모르지만, 신자유주의적 사회로의 전환과 함께 이전처럼 체제 내화된 개인을 길러 내는 과정은 비용-편익 면에서 비효율적이고 비생산적인 것으로 인식되기에 이르렀다. 다시 말해 대량생산-대량소비 체제가 거기에 최적화된 규범적·순종적 신체를 요구했다면, 그래서 개인 신체에 대한 규율과 훈련이야말로 사회의 재생산을 위한 권력의 주된 전략일 수 있었다면, 정확히 이 논리에 따라, 신자유주의적 관리사회로의 이행은 유연화·탈규제화·시장자유화·사영화 등과 같은 자체의 특징으로 인해 이제까지와는 **다른** 양태의 권력 기술·방법·전술·절차 등을 수반하지 않을 수 없었던 것이다. 뒤에서 논의하겠지만, 그 대략적인 양상은 통제·관리·조절·제어·유도(誘導)·자조(self-help)·책임 등과 같은 자유화 전략들로, 이전과는 확연히 구분되는 분절선을 그려 나가게 된다(한병철, 2014/2015). 이것이 앞서 프레이저의 논의대로, 사회 전체의 규율화에 대비되는 다층적이고 탈중심화된 관리, 사회적인 것의 해체와 시장 중심적인 재편, 자기 책임적인 주체의 형성과 맞물려 있음을 짐작하기란 어렵지 않다(Fraser, 2009/2010).

이러한 관리사회/관리권력의 특징은 실로 사회 곳곳에서 찾아볼 수 있다. 예컨대 학교에서는 훈육·체벌·명령 등과 같은 엄격한 지도 대신 자기주도학습, 학습성과관리, 벌점제도 등의 자율화 전략이 폭넓게 활용되고 있다. 기업의 임금 체계에서는 평생직장과 고용안정을 전제하는 호봉제를 대신해 개인의 능력과 성과를 강조하는 연봉제와 인센티브가 자리를 잡았으며, 범죄 예방 정책에서도 주민자율 방범순찰, 안심마을 만들기, 블랙키퍼(black keeper) 등의 거버넌스 전략이 엄벌주의 정책을 조금씩 대체해 나가고 있다(박승일, 2015). 성장 시대 때의 안정적인 예적금은 개개인을 자기 책임적 투자자로 불러 세우는 주식과 펀드 등에 밀려 날이 갈수록 그 비중이 줄어들고 있으며, 생계와 의료, 주거 등의 공공부조에 대한 합의 또한 많은 부분 개인의 책임을 강조하는 시장 중심적인 형태로 축소 및 변형되고 있다. 공통적으로는 사회 각 분야에서 강제와 금지 그리고 명령 등의 규범화 기제들이 점차 모티베이션(motivation), 프로젝트(project), 이니셔티브(initiative) 등과 같은 자율화 기제들로 대체되고 있는 양상이라 하겠다(서동진, 2011; Berardi, 2009/2012). 이 가운데 관리와 통제의 메커니즘은 실로 변조(modulation)의 모습으로 나타나고 있는데, 들뢰즈는 이를 "순간순간 스스로 변하는 주형, 혹은 이리저리 변형될 수 있는 그물"(Deleuze, 1990/1993, 200쪽)과도 같다고 묘사한다. 마치 이리저리 변하는 그물처럼 너무나도 유연하고 부드럽게, 그러나 여전히 그물은 그물인 채로, 그렇게 자유로이 옭아맨다는 것이다.

중요한 것은 이들 변화가 그려 내는 벡터적 선분이 이전 시대의 지배적인 규제양식과 뚜렷한 경향적 차이를 나타내고 있다는 것이며, 따라서 이를 파악하기 위해서라도 일차적으로 그것을 정확히 명명할 필요가 있다는 것이다. 이 책에서는 푸코와 들뢰즈의 논의를 따라 이러한 특징을 '관리사회'라는 개념으로 포착하고자 했다. 그리고 다시 여기에 프레이저의 논의를 기입함으로써 이 개념을 신자유주의라는 규정적 조건 위에서 그것과 **함께** 사유하고자 했다. 즉 관리사회는 첫째, 규율사회와의 대비 속에서, 둘째, 신자유주의라는 조건과 함께, 셋째, 정보 기계의 작동으로부터, 넷째, 관리라는 표현의 함의를 밝히는 형태로 규명되어야 한다. 지금까지의 논의가 첫 번째와 두 번째 항목에 초점을 맞추고 있었다면, 이후로는 관리사회가 진정 어떤 모습을 띠고 있으며 어떤 권력 관계와 조응하여 어떻게 작동하는지(네 번째), 무엇보다 어떤 기계를 통해 표현되고 또 재생산되는지(세 번째)에 초점을 맞출 것이다.

신자유주의와 정보통신기술의 관계맺음

이렇듯 관리사회를 이루는 조건으로서의 규정성을 신자유주의라고 한다면, 다시 말해서 신자유주의라는 지평 위에서 관리사회가 형성될 수 있었다면, 이렇게 형성된 관리사회를 견인하고 추동하며 재생산하는 기계에 대한 문제제기야말로 필수적이라 할 수 있다. 반복하지만, 기계와 권력 그리고 사회는 계속해서 되돌아가는 주제이다. 제사로 인용한 들뢰즈의 말을 다시 보자. "각각의 사회 유형이 어떻게 특정한 종류의 기계에 상응하는지 알 수 있습니다. 주권사회에는 단순한 기술적 기계가, 규율사회에는 열역학 기계가, 관리사회에는 사이버네틱스 기계와 컴퓨터가 상응합니다."(Deleuze, 1990/1993, 195쪽) 관리사회에 사이버네틱스 기계와 컴퓨터가 상응한다는 말은, 동시대에 전개된 관리사회로의 이행과 정보통신기술혁명 사이의 관련성을 시사한다. 우선 이 둘 사이의 관계맺음을 규명하기 위해 정보통신기술혁명의 발생 과정부터 살펴보기로 하자.

앞서 서술했듯이 1970년대 초부터 한계에 다다른 포드주의는 그 돌파구를 새로운 기술개발과 생산양식의 발전에서 찾았는데, 이는 1980년대가 되면 정보통신기술혁명이라 일컬어질 만큼 거대하고 심원한 변화의 흐름으로 확대되기에 이른다. 카스텔은 이에 대해 다음과 같이 말한다.

> 정보기술 패러다임을 형성시키고 그 방향을 결정하고, 가속화하며 그와 연관된 사회형태를 유도했던 가장 결정적인 역사적 요인은 1980년대 이래 진행 중인 자본주의 재구조화 과정이었으며, 지금도 그러하다. 그래서 새로운 기술-경제체제를 적절히 정보화 자본주의(informational capitalism)라고 부를 수 있는 것이다(Castells, 1996/2003, 42쪽).

포드주의적 대량생산체제에서의 생산 과잉과 이로 인한 수익성 악화는 개별 기업들을 계속해서 더 격화된 경쟁 상태로 내몰았다. 이 상황은 기업들로 하여금 비용을 낮추고 이윤을 높여야만 살아남을 수 있다는 혁신 압박에 시달리게 만들었으며(Schumpeter, 1942/2011), 여기에 신속하게 적응하지 못한 수많은 기업을 파산으로 몰고 갔다. 그러나 이러한 압박은 한편에서는 노동자들로 인해, 다른 한편에서는 다른 자본가들로 인해 쉽사리 해소될 수 없는 것이기도 했다. 노동자들의 임금 상승, 복지 증진, 노동환경 개선 요구와 이를 위한 조직적 저항 등이 전자의 요인이라면, 다른 자본가들과의 경쟁으로 인한 시장점유율 하락, 판매 부진, 실적 감소, 출혈 경쟁 등이 후자의 요인이었다. 결국 이 같은 제약들은 경제 위기와 혁신 압박에 대한 활로를 다른 무엇보다 **기술 혁신**에서 찾을 수밖에 없게 만들었다(Mcnally, 2010/2011). 일반적으로 기술 혁신은 노동생산성을 높여 상대적 잉여가치를 증가시킬 뿐만 아니라 노동 과정을 자동화·기계화함으로써 노동자들의 저항을 감소시키는 데 효과적이었으며, 또한 생산단가를 사회적 평균가보다 낮춤으로써 특별잉여가치를 확보하고 시장 경쟁에서 우위를 차지하는 데에도 마찬가지로 효과적이었기 때문이다(Marx, 1894/2008).

이런 와중에 등장하여 특히 효과적인 활로가 되었던 것이 바로 **정보통신기술**이었다(Mason, 2015/2017; Schiller, 1986/1992). 1970년대 말부터 1990년대 중반까지 정보통신기술(Information and Communication Technology, ICT)은 노동자와 자본가 모두로부터 가해지는 압박을 돌파할 수 있는 출구가 되었을 뿐만 아니라 자본주의 바깥의 세계마저도 정보권역(information sphere)으로 재편해 내면서 자본주의의 새로운 국면(영역 확장)을 개시하는 근본적인 동인으로 자리 잡아 갔다(Henwood, 2003/2004). "정보화주의는 생산양식으로서 산업주의가 자본주의의 골자를 구성한 만큼이나 자본주의의 원기회복과 팽창에 연관되어"(Castells, 1996/2003, 42쪽) 있었다. 즉 앞에서 논의한 자본주의의 재구조화 과정은 그 자체가 자본의 과잉 축적과 이윤율 하락에 대한 자구책이었던 만큼, 다른 무엇보다 이를 타개하는 데 모든 초점이 맞춰질 수밖에 없었다. 1980년대 내내, 그전까지 과잉 투자되었던(그 결과 이윤율이 하락하고 있었던) 제조업 위주의 산업에서 마이크로일렉트로닉스(microelectronics), 컴퓨터 테크놀로지, 원격통신·방송, 반도체와 디지털 기술, 유전공학 등의 신기술로 무게중심이 옮겨간 것은 바로 이에 따른 결과였다. 제조업 생산 중심에서 자본의 유통 및 금융 경제로 무게중심이 옮겨간 것 또한 같은 맥락에서 이해할 수 있다. 정보통신기술의 발전 및 그로 인한 공급망과 통신망의 연결·확대·강화로 인해 전 지구적인 자본의 네트워크가 가능해졌기 때문이다(Davidow, 2011/2011).

미디어 정치경제학자 허버트 실러(Herbert Schiller)의 말처럼, "이와 같은 분위기 속에서, 그리고 대개는 세계 경제의 체제 위기에 대한 반작용으로 등장한 것이 새로운 정보 테크놀로지이다. 이 테크놀로지들은 현재 대부분의 선진 시장경제 국가들에 도입되고 있는 중이다. (중략) 이러한 문제들(정보통신기술에 대한 긍정/부정적 입장—인용자 주)은 새로운 정보 테크놀로지와 서구 경제 위기와의 관련성을 일정하게 시사해 준다"(Schiller, 1986/1992, 19쪽). 특히 경제 위기에 대한 반작용으로 대두되었다는 점에서, 정보통신기술은 그 관련성만큼이나 사회 전체에 걸쳐 폭발적인 관심을 불러일으켰다. 미래학자 앨빈 토플러(Alvin Toffler)의 『제3의 물결』(1980)과 미래학자 존 나이스비트(John Naisbitt)의 『메가트렌드』(1982)

같은 책이 베스트셀러가 되었고 1982년에는 『타임』지가 올해의 인물로 퍼스널 컴퓨터를 선정했으며, 1984년에는 슈퍼볼 경기 중에 조지 오웰(George Orwell)의 소설 『1984』를 패러디한 애플의 컴퓨터 광고가 방영되기도 했다. 정보통신기술이라는 용어 뒤에 '혁명'이라는 수사가 덧붙은 것은 이 당시의 변화가 얼마나 전면적이었고 또 결정적이었는지를 비유적으로 드러내 보여 준다.

그 대중적 인기에 힘입어 정보통신기술혁명은 산업사회의 잔재를 쇄신하고 탈산업사회의 흐름을 추동할 뿐만 아니라 나아가 정보화 사회라는 새로운 시대를 열어젖힐 것으로 기대되고 요청되고 환영받았다. 증기기관이 산업혁명을 일으키고 자본주의의 새로운 주기를 정초했듯이, 정보통신기술 또한 그만큼의, 혹은 그보다 더 빠르고 큰 변화를 불러일으킬 것이라고 기대되었다. 더욱이 이 가운데 지식과 정보가 부를 창출하는 원천이 되면서 지식생산, 정보처리, 커뮤니케이션 기술, 데이터의 집적 및 활용 등이 경제의 중심에 자리 잡게 될 것이라고 전망되었다(Dyer-Witheford, 1999/2003). 물론 당시의 장밋빛 전망을 평가하고 논박하는 게 이 책의 목표는 아니다. 이와 관련해서는 이미 많은 논자들이 비판적인 논의를 진행했기 때문에(McChesney, 2013/2014; Webster, 2006/2011), 다만 여기에서는 정보통신기술혁명이 경제 위기와의 관련성 속에서 그 위치를 부여받았을 뿐만 아니라 이후로도 신자유주의와의 '관계맺음' 속에서 전개 및 발전되었음을 살펴보는 데 초점을 맞추기로 하자.

단연 이때의 관계맺음이란 상호적인 것인데, 이를 확인하기 위해서는 먼저 "정보기술 패러다임을 형성시키고 그 방향을 결정하고 (중략)

가장 결정적인 역사적 요인은 1980년대 이래 진행 중인 자본주의 재구조화 과정"이었다는 위의 진술을 다시 확인할 필요가 있다. 그리고 이것과 함께 (카스텔이 같은 책에서 불과 몇 페이지 전에 기술한) "정보기술혁명은 1980년대부터 진행되어 온 자본주의 체제의 근본적인 재구조화 과정을 가능하게 하는 수단이었다"(Castells, 1996/2003, 36쪽)는 진술 또한 눈여겨볼 필요가 있다. 이 두 진술은 서로 다른 방향을 향하고 있다는 점에서 일견 모순적인 것처럼 보인다. 앞의 진술이 자본주의의 재구조화 과정(A)으로부터 정보기술 패러다임(B)을 이끌어 내는 반면, 뒤의 진술은 반대로 정보기술혁명(B)으로부터 자본주의의 재구조화 과정(A)을 이끌어 내기 때문이다. 그럼에도 불구하고 이 두 진술은 결국 동시적인 겹침을 이룬다는 점에서 모순이라 할 수 없다. 즉 자본주의의 재구조화 과정은 정보통신기술 패러다임을 형성하고 이와 동시에 (그 역으로 또는 상호작용적으로) 정보통신기술 또한 자본주의의 재구조화를 촉발했던 셈이다. 1970년대부터 가속화된 경제 위기는 포스트포드주의 축적체제로의 변화를 이끌어 냈고, 이 가운데 촉발된 정보통신기술의 급속한 발전은 1980년대에 이르러 신자유주의라는 재구조화 과정의 주된 원인이자 또한 그 과정의 주요 결과가 되었다. 마치 꼬리를 물듯, 원인과 결과는 그렇게 서로에게 착종되어 있었다. 변화의 양상은 각국의 상황에 따라 다양한 형태와 수준으로 나타났지만, 결과적으로 새로운 정보통신기술이 각국의 경제적 재구조화 과정에서 핵심적인 역할을 수행했다는 점에서는 공통적이라고 할 수 있다. 특히 1980년대 이후의 상황에서는 탈규제·자유화·유연화·시장화 등의 신자유주의적 흐름이 지배적이었던 만큼, 정보통신기술을 중심으로 한 대기업 및 다국적 기업의 시장 주도적 움직임은 국가 중심의 관료주의, 비효율성, 방만 경영 등과 대비되면서 그만큼 더 강력한 힘과 속도를 얻고 있었다(Schiller, 1986/1992).

> 컴퓨터와 정보통신은 그런 국가주의에 본능적으로 반감을 지닌 '자유의 기술'이라는 것이다. 프리드리히 하이에크의 영향을 강하게 받은 이 주장은 흔히 지식경제의 창출이 본질적으로 개방적인 시장의 움직임과 연관되어 있다고 주장했다. 첨단기술의 혁신은 경직된 국가통제와는 달리 도전과 창의성에 의존하는데, 이런 혁신의 응용이 중앙통제를 벗어난 데이터의 흐름에 기대어 훨씬 복잡하고, 훨씬 빠른 경제를 창출해 내리라는 것이다(Dyer-Witheford, 1999/2003, 79쪽).

탈규제와 자유화의 거센 바람은 이와 유사한 성격을 갖는 컴퓨터 및 정보통신의 성장과 긴밀하게 연결되어 상호 간 선순환 작용을 만들어 내었다. 자유로운 시장은 무역장벽 철폐와 시장 개방을 전제하는 만큼 국경으로 한정/폐쇄되지 않는 시장을 구축하기 위해서라도 전 세계적인 정보통신 네트워크(자유의 기술)를 요구하고 또 개발할 수밖에 없었다(Schiller, 1999/2001). 또한 역으로, 그렇게 구축된 초국가적 통신 네트워크는 네트워크 효과(network effect)와 긍정적인 외부 효과(external effect)를 얻기 위해서라도 자유로운 시장을 더욱더 확대해 나갈 수밖에 없었다. 즉 **자유로운 시장**과 **자유의 기술**은 서로에 대한 되먹임 기제로 작용했다. 이런 상황 속에서 정부와 기업은 국내 시장에 한정되어 있던 기존의 텔레커뮤니케이션 산업 구조를 지구화의 흐름에 맞게 지속적으로 재편해 나갔다. 정부의 규제와 통제가 최소화되고 반대로 기업의 자유와 권리가 강화되는 것은 분명 신자유주의적 재구조화에 따른 결과였다. 특히나 이러한 변화는 네트워크가 갖는 자체의 특성(네트워크는 다른 편에서의 연결을 동시에 수반한다)으로 인해 서구 주요국에 한정되지 않는 트랜스내셔널한(transnational) 형태로 전이 및 확대되어 갔다(Castells, 1998/2003). 실제로 1980년대에 이미 생산은 세계 각지의 다양한 자원과 상품을 긴밀하게 연결·배치·통합·조정하는 전 지구적인 네트워크를 통해서만 실현 가능한 것이 되어 버렸다. 세계의 무역 자유화를 촉진하기 위해 출범한 우루과이 라운드(Uruguay Round, 1986)는 이러한 변화상에 대한 정확한 반영일 것이다. 즉 정보통신기술의 전 지구적 네트워크화 과정은 신자유주의의 트랜스내셔널한 세계화 과정과 결코 분리될 수 없었다. 신자유주의와 정보통신기술은 서로를 조건으로 삼아 전개되어 왔으며, 오직 그럴 때에야 각각의 최대치를 이룰 수 있었다. 신자유주의의 역사가 정보통신기술의 발전사와 상당 부분 겹치는 것은 결코 우연이 아니었다.

구성적 힘으로서의 신자유주의

그런데 이처럼 신자유주의로의 재구조화 과정이 정보통신기술의 발전 과정과 겹쳐져 있다면, 그리고 앞의 논의에서처럼 신자유주의적 구조 변동이 규율사회에서 관리사회로의 전환과 마찬가지로 포개져 있다면, 이로써 (재)확인할 수 있는 것은 다음의 두 가지가 될 것이다. 첫째, 신자유주의(A)가 관리사회로의 이행(B) 및 정보통신기술의 발전(C)

에 대해 조건으로서의 규정성을 갖는다는 것이며, 둘째, 신자유주의와 관리사회(A↔B) 그리고 신자유주의와 정보통신기술(A↔C)의 관계맺음을 확인한 만큼, 이제 그 논리 구조에 따라 관리사회와 정보통신기술(B↔C)의 관계라는 새로운 문제설정이 전면에 등장하게 된다는 것이다.[22] 사회와 권력의 분리불가능성을 염두에 둔다면, 결국 이는 관리사회와 관리권력 그리고 정보통신기술이라는 본래의 문제제기로 되돌아온 셈이기도 하다.

하나 더 언급하고 넘어갈 것은, 이러한 상황 속에서 신자유주의가 단순히 고전적 자유주의로의 회귀나 케인스주의 복지체제에 대한 반동으로 자리매김되지는 않았다는 것이다. 사회학자 사카이 다카시(酒井隆史)는 이에 대해 다음과 같이 말한다.

> 1980년대에 그 얼굴을 드러낸 새로운 보수, 뉴라이트 혹은 신자유주의는 운동이 해방시킨 다양한 욕구와 그에 근간한 시도 및 정체성의 형성에 수동적으로 '리액션'한 것이 아니다. 이는 '77년의 운동'—거슬러 68년—이 초래한 시대의 물결을 타듯이 적극적으로 그것에 몸을 맡겨, 교묘히 그 벡터의 방향을 바꿔 간 것이다. 따라서 현대의 새로운 보수·우익의 움직임을 여전히 '반동', '전통유지'라는 관점에서 파악해서는 안 된다. 이는 현재를 너무나 쉬이 놓쳐 버리는 꼴이 된다. (중략) 현재의 '반동'은 역설적이게도 '기술혁신', '변혁', '새로운 정체성이나 집단성의 적극적 구성' 등과 같은 '운동'의 상에서 파악할 필요가 있다 (사카이 다카시, 2001/2011, 25쪽).

신자유주의는 1970년대의 경제 위기와 당시 발생했던 여러 저항 운동에 대한 수동적인 반작용으로 등장한 게 아니라, 오히려 위의 인용에서처럼 마치 물결을 타듯이 적극적으로 시대의 흐름을 이끌어 가는 변혁과 구성의 힘으로 등장했다. 만일 신자유주의를 지배계급의 정치적 반동이나 (위기에서 비롯된) 경제 정책의 불가피한 전환 정도로 이해한다면, 이렇듯 "기술혁신, 변혁, 새로운 정체성이나 집단성의 적극적 구성"을 제시하고 또 이를 동의에 의한 지배로 전유해 나가는 구성적 계기로서의 면모를 놓치게 된다. 이는 이미 많은 연구들이 보여 주었듯이 신자유주의가 이전의 규범적 주체성을 변혁·쇄신하고 이를 신자유주의화된 주체들의 형상으로 새롭게 재구성해 왔다는 점에서도 확인할 수 있다(서동진, 2009b; 2011; Cruikshank, 1999/2014; Rose, 1990). 기업가적 주체나 자기계발 주체 등과 같은 적극적이고 능동적인 주체화 양식이 그 대표적인 예일 것이다.

그런데 이처럼 신자유주의가 적극적인 구성 전략으로 작용한다면, 결국 이는 앞서 논의한 것처럼 관리사회와 정보통신기술에 대해서도 마찬가지의 모양새를 띨 수밖에 없다. 신자유주의가 이들에 대해 규정적 조건을 이루고 있기 때문이며, 그만큼 서로가 불가분하게 얽혀 있기 때문이다. 실제로 신자유주의는 무엇보다 새로운 시대를 열어젖히는 기술적 혁신으로 표현되었을 뿐만 아니라, 이전보다 효과적인 통치 메커니즘, 테크닉, 프로세스 등을 제안하는 사회구성체의 모습으로 구체화되어 나타났다. 두 경우에 있어서도 신자유주의는 결코 수동적인 대응이 아니라 능동적인 개입의 형태로 적극적인 변화의 벡터를 만들어 나갔으며, 이와 나란하게 이들 요소들(관리사회와 정보통신기술) 또한 신자유주의라는 규정적 조건과의 상호작용을 통해 이러한 경향성을 강화시켜 나갔다.

그렇다고 할 때, 다시 질문의 방향은 이들 요소들 사이의 관계를 향할 수밖에 없다. 즉 신자유주의라는 규정적 조건 위에서 관리사회와 정보통신기술은 서로에 대해 어떤 형태의 영향을 주고받고 어떤 종류의 관계맺음을 구축하며 그 결과 어떤 모습의 현재성(actuality)을 만들어내고 있는가. 관리사회가 이미 그것과 조응하는 권력 관계를 전제한다는 점에서, 그리고 권력이란 특정한 장치로 물질화되고 표현된다는 점에서, 이 물음은 결국 이 장의 문제설정을 따라 인터넷과 관리권력 그리고 관리사회라는 보로메오의 고리(Borromean Rings)를 이루게 된다. **기계**와 **권력** 그리고 **사회**, 이 세 개의 고리는 분리될 수 없는 일체를 이룬 채, 그러나 결코 자신의 고유성을 잃지는 않은 채, 그렇게 서로 연결되어 있다.

4. 권력의 두 벡터, 정신 관리와 환경 관리

네트워크화되고 디지털화된 세계의 탄생

1980년대부터 가속화된 정보통신기술의 발전은 1990년대에 이르러서는 몇몇 국가로 한정되지 않는 전 지구적인 범위로까지 그 혁신의 반경을 넓혀 나가게 된다. 정보는 물리적인 경계와 장벽을 뛰어넘어 지구 이곳에서 저곳까지 빛의 속도로 이동할 수 있게 되었고, 이는 진정한 의미에서의 세계화(globalization)를 이루는 핵심 동력이 되었다. "세계는 평평하다"(Friedman, 2005/2006)라는 표현은 어제까지의 세계가 경험했던 분리와 단절이 더 이상 존재하지 않게 된(또는 이전만큼의 효력을 갖지 못하게 된) 어떤 새로운 세계의 상을 압축적으로 제시한다. 이 세계는 개인용 컴퓨터, 팩시밀리, 다이얼업 모뎀, 디지털 직접회로, 반도체 등 전자·정보·통신기술의 개발·보급·확산을 통해 그야말로 촘촘하게 '네트워크화(networkization)'된 커뮤니케이션 체계를 만들어 갔다(Castells, 1996/2003). 이뿐만이 아니다. 프로그래밍 언어와 개인용 컴퓨터에서 윈도우(Windows)로 이어지는 컴퓨터 혁명은 모든 정보의 '디지털화(digitalization)'를 가능케 함으로써 이후 다양한 소스의 데이터들이 상호운용(interoperable) 될 수 있는 단일 플랫폼 형성의 계기가 되었다. 정보의 디지털화를 통해 정보가 0과 1이라는 단일한 언어로 통약되면서(즉 공통의 정보체계로 변형되면서) 데이터의 저장·전달·복제·편집·가공 등 정보처리 과정이 더욱 효율적으로 이루어지게 되었을 뿐만 아니라, 동종 혹은 이종 시스템 사이의 상호 원활한 연결과 소통이 가능해졌다(Negrophonte, 1996/1999).[23] (네트워크화와 디지털화라는) 이러한 변화는 동시적이면서도 상호침투적인데, 통신기술의 발전으로 세계가 국민국가에 한정되지 않는 트랜스내셔널한 네트워크를 이루게 된 것과 정보기술의 발달로 모든 정보들이 디지털이라는 공통의 언어를 갖게 된 것은 정확히 동전의 양면을 이루기 때문이다.[24] 네트워크화된 세계는 바로 그만큼 디지털화된 세계이기도 했다. 네트워크를 통한 전 지구적 커뮤니케이션은 공통의 디지털 언어를 기반으로 삼을 때에만 최대의 효과를 낼 수 있었으며, 이는 그 반대의 경우에도 마찬가지였다.

다시 한 번 강조할 것은 이러한 변화의 중심에 놓여 있는 (네트워크)통신기술과 (디지털)정보기술이 단순히 새로운 기술의 개발 정도에 그치는 것이 아니라 기존의 산업 패러다임을 정보 패러다임으로 바꾸면서 자본주의의 근본적인 재구조화를 이끌어 낸 핵심 동인이 되었다는 것이다. 일관조립공정으로 대표되는 산업화·기계화·자동화의 메커니즘은 지식과 정보가 중심이 되는 정보통신기술혁명으로 인해 점차 정보화·컴퓨터화·디지털화의 메커니즘으로 대체되어 갔으며, 이러한 변화는 혁신의 확산을 통해 사회 전체의 변화로, 그리하여 정보화 사회라는 전혀 다른 사회적 패러다임으로 이어져 갔다. 마이크로일렉트로닉스, 컴퓨터 테크놀로지, 원격통신, 반도체와 디지털 기술, 로봇공학, 광통신과 광케이블, 인공위성, 개인용 컴퓨터의 보급과 윈도우의 개발 등 신기술의 혁신은 그야말로 동시다발적으로 사회를 관통해 나갔다. 이처럼 지식과 정보가 중심이 되는 사회로의 변화는 18세기 후반에 발생한 산업혁명에 비견되거나 심지어 그보다 더 거대하고 급진적인 혁명으로 간주되기도 했다. 이에 대한 낙관과 비관의 전망이 분분했지만, 오히려 그보다 더 근본적인 것은 그러한 전망 자체를 가능케 한 당대의 변화가 실로 이전과는 다른 어떤 **새로운 국면**을 열어젖히기 시작했다는 데 있다(Webster, 2006/2011). 그것은 요컨대 이러한 변화가 "역사상 처음으로 인간 정신이 생산체계의 단순한 결정요소가 아니라 직접적인 생산력이 되"게 만들었다는 것이며(Castells, 1996/2003, 58쪽), 더 나아가 이를 통해 비물질적이고 인지적인 정신노동을 역사의 전면에 끌어올림으로써 진정 이후의 사회적 짜임을 변별적으로 특징지었다는 것이다. 카스텔은 이렇게 말한다.

> 컴퓨터, 통신체계, 유전자 해독, 프로그래밍은 모두 인간 정신을 확대하고 증폭시킨다. 우리가 무엇을 생각하고 어떻게 생각하는가는 재화, 서비스, 물질적·지적 결과로 표출되어 음식, 주거, 수송, 통신체계, 컴퓨터, 미사일, 보건, 교육 혹은 이미지로 나타난다. 정신과 기계 사이의 점차적인 통합은, (중략) 우리가 태어나 배우고 일하고 생산하고 소비

하고 꿈꾸고, 싸우고 죽게 되는 방식을 근본적으로 바꾸고 있다(Castells, 1996/2003, 58쪽).

정보화의 흐름은 인간 정신의 작용을 확대하고 증폭시킴으로써 우리가 무엇을 생각하고 어떻게 생각하며 또 이를 어떤 형태로 표출할지에 대해 심대한 영향을 미쳤다. "정신과 기계 사이의 점차적인 통합"은 배우고 일하고 소비하고 꿈꾸는 등의 방식을, 즉 삶의 복합적인 총체로서의 문화를 근본적인 수준에서부터 변화시켰다(Williams, 1961/2007). 그러므로 이 변화는 단지 신체에서 정신으로 기계적 작용의 초점이 옮겨 가게 된 것만을 뜻하지 않는다. 정보화에 따른 정신과 기계의 점진적인 통합은 일상적 삶의 모습, 세계 인식의 방법과 범위, 지식의 성격과 습득 방식, 공적인 것과 사적인 것의 경계, 노동의 과정과 형태, 사회적 소통의 기술과 양상, 정보 조작 및 운용 능력, 주체화의 성격·방식·과정 등과 같은 다양한 층위에서의 근본적이고도 비가역적인 변화로 밀어붙여지고 있었기 때문이다. 이 책의 논점과 관련해서 특히 눈여겨볼 것은, 사회 전체가 지식과 정보라는 정신적이고 비물질적인 요소들을 중심으로 재구축된 만큼, 이렇게 형성된 정보화 사회는 이전과는 분명히 다른 자원과 다른 방식의 잉여가치 전략을 발굴하거나 개발할 수밖에 없었다는 것이며, 더 나아가 이에 따른 포섭의 전략 또한 이전과 구분되는 형태로 새롭게 정립할 수밖에 없었다는 것이다(Berardi, 2009/2012; Hardt & Negri, 2000/2001). 변화는 전면적이고 동시적이었으며 그만큼 긴밀하게 얽혀 있었다. 논의의 진행을 위해 일단 여기서는 문제를 제기하는 수준에서 마무리하고 자세한 논의는 뒤에서 이어 가기로 하자.

정신의 기계화

도식적으로 말해서, 산업사회에서 정보화 사회로의 변화는 '신체의 기계화'에서 '정신의 기계화'로의 이행에 맞대응한다고 할 수 있다. 산업혁명이 인간의 신체를 반복되는 기계적 리듬에 종속시킴으로써 노동 그 자체를 기계화했다면, 그래서 신체의 기계화만큼이나 기계의 신체화를 통해 인간 신체와 기계의 통합을 이루어 냈다면(예컨대 테일러리즘), 정보혁명은 인간의 정신을 직접적인 생산력으로 새롭게 포착했을 뿐만 아니라, 바로 그 정신을 기계적(정확하게는 전자적) 메커니즘 안에 포섭함으로써 인간 정신과 기계 사이의 연결 및 통합을 이루어 냈다. 이를 신체의 기계화라는 표현을 변용해서 **정신의 기계화**(물론 이는 기계의 정신화, 곧 사이버네틱스 및 인공지능의 흐름과 분리될 수 없다)로 명명할 수 있을 것이다(이진경, 2006).

정신노동과 육체노동(즉 구상과 실행)을 분리하고 오로지 정신 없는 육체적 노동만을 강요했던 신체의 기계화 과정과는 달리(Braverman, 1987/1998; Sohn-Rethel, 1978), 정신의 기계화는 육체에 이어 정신마저도 잉여가치의 원천으로 포섭함으로써 노동자가 일하는 시간은 물론이고 일하지 않는 시간 또한 적극적인 수탈(expropriation)의 대상으로 포섭하기에 이르렀다(Fuchs, 2012). 신체와 달리 정신은 공장과 노동 시간에 매여 있을 필요가 없기 때문이며, 달리 말해 그만큼 물리적 시공간에 제약을 받지 않아도 되기 때문이다. 그러므로 정신의 기계화란 노동이든 비노동이든 상관없이 모든 종류의 사회적 활동으로부터 정신적인 요소들을 추출하여 이를 직접적인 생산력으로 전유하는 기계적(전자적)

메커니즘에 다름 아니다. 문제는 그럼으로써 인간의 지식·소통·기억·언어·협력·상상력·창의성·욕망·감정 등과 같은 **정신적인 요소들**이 가치 창출의 자원이자 직간접적인 포섭의 대상으로 수탈 및 전유되기 시작했다는 것이다(이항우, 2014a; Berardi, 2009/2013; Pasquinelli, 2008/2013).[25] 예컨대 소비자의 관심·열정·욕망·참여·평가·협력·창의 등을 가치 창출의 주요 동력으로 흡수하는 기업들의 경영 전략 앞에서, 소비자는 자신의 일상적인 정신 활동이 기업의 가치 생산을 위한 노동과 불분명하게 뒤섞여 버리는 교묘한 수탈 구조 속으로 부지불식간에 빨려 들어가게 된다(Pennenberg, 2009/2010; Webster, 2014/2016). 소비자는 기업을 대신해서 아이디어를 제출하고 상품을 홍보하고 사용 후기를 작성하며, 심지어 이 과정에서 즐거움과 만족감을 얻기도 한다. 실상 이 가운데 소비자의 정신적인 능력과 활동은 결과적으로 잉여가치를 생산하는 노동 행위와 크게 다르지 않은 것이 되고 만다.

특히 지식과 정보에 대한 디지털화와 네트워크화의 과정은 인간의 다양한 정신 활동을 디지털이라는 공통의 정보체계로 전환하고 이를 다시 데이터 패킷으로 잘게 쪼개어 컴퓨터 네트워크로 연결된 모든 곳에 흩뿌림으로써, 정신적·지적·인지적·정보적·소통적 활동 전반에 대한 기술적 포섭과 잉여가치화의 가능성을 열어 놓았다(백욱인, 2011; 이항우, 2014b; Andrejevic, 2012). 물론 당시로서는 기술적 한계로 인해 그 가능성이 충분히 현실화될 수 없었지만, 다른 한편으로는 이미 그 자체로 이후의 전개 과정을 선취 및 예고하고 있었던 것 또한 분명한 사실이다. 짐작할 수 있겠지만 이러한 경향성은 현대의 인터넷과 와이파이, 스마트폰, 빅데이터, 클라우드, 사물인터넷, 인공지능 등의 장치에 이르러 비물질 노동이나 디지털 노동과 같은 형태로 더욱더 극대화되어 나타나게 된다.

요컨대 정신의 기계화는 육체노동과 구분되는 의미에서의 정신노동뿐만 아니라, 더 나아가 노동/비노동으로 분할되지 않는 **일상적인 정신 활동** 그 자체를 직접적인 생산력으로 포획하기 위한 자본주의의 인지적 재구성 과정을 뜻한다(조정환, 2011; Moulier-Boutang, 2012). 이미 마르크스가 간파한 것처럼 자본주의의 발전이 심화될수록 생산은 점점 더 사회협력적인 형태를 나타내게 되고 그만큼 더 노동자의 육체노동 대신 기계 속에 구현된 일반지성(general intellect)에 의존하게 된다(Marx, 1857/2007). 즉 "노동이 소통적·언어적 형태로 조직되고 지식이 협동적인 어떤 것인 상황에서는 생산이 지적·언어적 노동을 구성하는 연관들 및 관계들의 통합성에 점점 더 의존"(Negri, 2008/2011, 99쪽)할 수밖에 없게 된다. 이 말은 결국 노동과 지식의 성격 변화로 말미암아 이들 사이의 연관성과 통합성에 의존하는 생산양식 역시 그와 유사한 변화의 궤적을 그려 나가게 됨을 뜻한다. 바꿔 말하자면, 이는 인간 신체의 기계화를 통해 작동하던 기존의 포드주의적 생산양식이 전자, 컴퓨터, 디지털, 네트워크 등의 기술적 혁신을 거치면서, 여기에 결부된 노동과 지식의 비물질적 성격을 따라 그 자체(생산양식) 또한 인간의 정신적인 활동 전반으로 자체의 잉여가치 메커니즘을 재설정하게 되었음을 뜻한다(Hardt & Negri, 2000/2001; Vercellone, 2007b). "즉 생산양식의 변형은 착취 구조의 변화를 포함한다."(Lemke, 2007/2015, 113쪽) 그러므로 다시 정신의 기계화란 인간의 육체노동만으로는 충분한 잉여가치를 생산할 수 없게 된 시대적 변화의 흐름 속에서(즉 더 이상 실물경제로부터 잉여가치를 생산하기 어려운 자본주의의 정체 국면에서) 자본주의가 선택할 수밖에 없었던 가장 적극적인 형태의 포섭 전략이라고도 할 수 있을 것이다.

노동의 사회화

그런데 정신의 기계화 과정은 인간의 정신적인 활동 전반을 잠재적인 잉여가치의 원천으로 포획한다는 점에서, 결국 그 외연 확대와 맞물려 그만큼 유동적인 형태로 재구성되어 가는 노동의 현실적인 변화 과정과 결부되어 있을 수밖에 없다. '정신의 기계화'가 '노동의 사회화'와 연결되는 지점이 바로 여기이다. 이를 이해하기 위해서는 정보화 사회로의 이행이 신자유주의라는 자본주의의 재구조화 과정과 긴밀하게 얽혀 있다는 앞에서의 논의를 다시 상기할 필요가 있다. 가변자본(임금)을 줄이고 불변자본(기계)을 늘리려는 자본주의의 지배적인 경향은 1980년대의 재구조화 과정 및 정보화 사회로의 흐름 속에서도 계속해서 반복되어 왔다. 노동이 유연한 형태로 재편성되면서 이전까지 공장에 한정되어 있던 임금노동의 시공간적 범주가 점차 일상적 시간과 사회적 공간으로 확대·분화·산포되었으며, 이러한 변화는 (포드주의-케인스주의 시대 동안 강화된) 노동자들의 연대와 저항에 대한 자본의 포섭 및 통제 강화라는 측면에서 더욱 거세게 밀어붙여졌다(McNally, 2010/2011). 더욱이 산업구조의 재편으로 서비스 부문이 새로운 잉여가치의 창구로 부상하게 되면서 그때까지 부불노동에 머물러 있던 일상적인 삶의 영역들이 임금노동의 테두리 안으로 (물론 비정규직의 형태로) 대거 편입되어 갔다(Federici, 2012/2013). 그리고 이러한 변화는 삶의 일부에 국한되어 있던 노동의 위치를 반전시켜 결과적으로 삶 전체가 노동의 무대로 재구성되게 만들었다(Negri, 2005/2012; Tronti, 1966).

특히 전자·정보·통신기술의 발전은 노동의 양적이고 외적인 유연화뿐만 아니라 그 질적이고 내적인 측면의 유연화도 함께 이끌어 냈다. 정보화의 물결 속에서 노동 시간은 양적인 증가가 제한된 대신 한없이 유연해진 형태로 일상의 모든 지점에 분산·편재·침윤되어 갔고, 노동 공간 또한 이와 맞물려 사회 구석구석으로 확대·침투·착근되어 나갔다. "공장은 더 이상 노동이라는 활동을 집적하고 노동을 가치로 변형시키는 특수한 자리로 인식되거나 간주되지 않는다."(Negri, 2005/2012, 135쪽) 잉여가치를 확대하라는 지상명령 앞에서, 자본주의는 공장의 작동 조건을 특정한 시공간으로 한정하기보다는 일상과 사회 전체에 스며들게 함으로써, 즉 공장을 사회화함으로써 비로소 그 최대치의 기반을 마련할 수 있었다. 물론 공장의 사회화란 단순히 공장이 사회에 넘쳐나게 하는 것이 아니라, 공장의 메커니즘을 사회 속에 이식함으로써 사회적 활동 전반이 곧 노동이 되도록(잉여가치를 생산하도록) **노동의 사회화**를 이루는 것이었다. 공장이 사회 곳곳으로 스며들게 된 바로 그만큼 학교와 가정과 광장과 쇼핑몰이 노동의 시공간적 범주 속으로 빨려 들어갔으며, 이로써 소비자는 자신의 일상적인 소비 행위를 부지불식간에 생산 행위로 탈바꿈시키는 자본의 전유 메커니즘을 통해 이른바 '사회적 노동자(social worker)'로 재정립되기에 이르렀다(Dyer-Witheford, 1999/2003; Negri, 2005/2012; Tronti, 1966). 예컨대 생산자(producer)와 소비자(consumer)의 합성어인 프로슈머(prosumer)는 말 그대로 이 두 주체가 사회적 노동자라는 몸 안에서 하나가 되고 있음을 상징적으로 시사한다(Toffler, 1980/1989).

노동이 공장 문을 넘어서 사회 전역으로 확대된 이상, 그래서 모든 개인이 자신의 의사와 상관없이 일정 부분 노동자의 역할을 수행하게 된 이상, 바로 그 메커니즘에 따라 소비자는 자신의 소비 행위를 통해 생산 과정에 참여하고 또 거기에 기여하는 **생산자(=노동자)**가 될 수밖에 없다(Andrejevic, 2012; Fuchs, 2010). 그러므로 프로슈머는 그것이 단지 적극적이고 자발적인 소비자의 형상으로 나타날 때조차도 이미 소비자의 자유/무료 노동(free labor)을 가치 창출의 다양한 계기 속으로 흡수하는 (즉 가변비용을 외부화하는) 자본주의적 전략의 한 결과로서 존재할 뿐이다 (Terranova, 2000). 예컨대 수용자들이 텔레비전을 시청하는 행위는 프로그램에 대한 소비 행위이면서 또한 동시에 이윤을 만들어 내는 생산 행위이기도 한데, 이는 미디어 기업의 경우 수익의 대부분을 광고로부터 얻는다는 점에서 수용자들이 광고를 보는 시간은 (기업의 입장에서는) 결국 이윤을 만들어 내는 생산 행위와 크게 다르지 않기 때문이다. 이런 의미에서 "자본주의 하에서는 잠자는 시간 외에 모든 시간이 노동 시간"(Smythe, 1977, p. 7)이라는 말은 텔레비전을 시청하는 행위가 어떻게 부지불식간 노동으로 전화되는지를 보여 줄 뿐만 아니라, 더 나아가 인터넷 시대 이후 어떻게 일상적인 활동이 잉여가치를 생산하는 기계적인 메커니즘 속으로 (본격적으로) 흡수되어 갈지를 미리 앞질러서 보여준다고 하겠다. 유튜브와 페이스북 등으로 둘러싸여 있는 현재의 미디어 환경을 떠올려 보면 이해가 쉬울 것이다.

논의를 정리해 보자. 정신의 기계화가 정신적인 활동과 능력을 직접적인 생산력으로 포획하기 위한 자본주의의 인지적 재구성 과정을 뜻한다면, 즉 정보통신기술을 매개로 하여 정신과 노동을 한데 엮어 냄으로써 정신적인 활동 일부를 노동의 범주에 편입시키기 위한 새로운 형태의 포섭을 의미한다면(조정환, 2011), 그것은 그 효과를 극대화하기 위해서라도 개인을 넘어선 인구와 사회로 범위를 확장해 나갈 수밖에 없게 된다. 그리고 이는 결국 사회 전체를 포섭의 대상으로 삼게 된다는 점에서 노동의 성격 변화, 즉 노동이 공장의 담벼락을 넘어서 일상의 모든 시공간 속으로 흩어지는 만큼 (역으로) 사회 또한 그 자체로 공장이 되어 가는 노동의 사회화 과정과 긴밀히 엮일 수밖에 없게 된다(Negri, 2005/2012; Tronti, 1966). 뒤집어서 말할 수도 있는데, 노동의 사회화는 그 대상을 노동자의 육체노동에 한정해서는 본래의 목표를 달성할 수 없다는 이유에서라도 인구 일반의 정신적인 활동으로까지 가치 창출의 범위를 확대하지 않을 수 없으며, 이로써 정신의 기계화라는 과정과 또다시 겹쳐질 수밖에 없게 된다.

정보통신기술과 관리사회의 공진

다시 말해서, 정신의 기계화와 노동의 사회화는 서로 구분되지만 결코 분리될 수 없는 일종의 **공모** 관계를 형성하고 있다.[26] 그것은 정신의 기계화와 노동의 사회화가 앞서 논의한 신자유주의라는 구체적인 조건 속에서 발생했으며, 또한 규율사회에서 관리사회로의 이행과도 밀접하게 연결되어 있다는 사실과 무관하지 않다. 즉 이 두 과정 모두 자본주의의 위기에 대한 일종의 대안 전략으로 등장한 것인 만큼, 서로 다른 경로를 좇으면서도 결국 같은 지점을 향해서 움직일 수밖에 없었다. 보다 효과적인 가치 창출의 메커니즘을 정립하고 또 그에 맞는 포섭의 전략을 구축하는 것, 이를 통해 (무너져 버린) 자본주의의 가치 순환 회로를 재정비하고 더 나아가 이를 (관리사회로의) 사회적 변화라는 거대한 흐름으로 통합해 내는 것이야말로 그 공통 지점이라 할 것이다.

여기서 주목할 것은 정신의 기계화와 노동의 사회화를 가능케 하면서 이를 떠받치고 있는 토대가 다름 아닌 정보화 사회였다는 사실이며, 때문에 이 두 과정은 자체의 전략과 실천을 다른 무엇보다 정보통신기술과의 상호조건적인 **관계** 속에서 전개해 나갈 수밖에 없었다는 사실이다(Dyer-Witheford, 1999/2003). 다시 말해 이 두 과정은 그 자체 독립적으로 발생한 게 아니라 당시의 전자·컴퓨터·통신기술이 열어 놓은 테두리 안에서 그 기술적 원리들을 적극적으로 반영·이용·변용하면서 이루어져 왔다. 디지털화가 모든 정보의 상호운용이 가능한 공통의 정보체계 형성을 의미하고, 네트워크화가 모든 것이 모든 것에 연결된 광범위한 통신망의 구축을 의미한다고 할 때, 이러한 기술적 특징들은 앞서 논의한 정신의 기계화와 노동의 사회화 과정을 바로 그와 같은 형태로 틀지어낸 기술적 조건이 되어 왔다. 정신의 기계화는 삶 전반으로부터 정신적인 활동이라는 공통의 요소를 추출하고 이를 데이터의 형태로 수집·저장·관리·분석·제어한다는 점에서 정신적인 능력과 활동에 대한 디지털적 변환에 다름없으며, 노동의 사회화는 일상적인 활동을 노동으로 전환하고 다시 그 일상=노동을 공장 너머인 사회의 각 부분들로까지 연결·확대·재생산한다는 점에서 노동에 대한 네트워크적 재구성에 다름없기 때문이다. 여기에는 표면적 유사성을 뛰어넘는 '선택적 친화성(elective affinity)'이 자리 잡고 있다(Weber, 1905/2010).[27] 이에 대한 자세한 논의는 이 책의 3장과 4장에서 진행할 것이다.

요컨대 정신의 기계화와 노동의 사회화는 상호 간 긍정적 강화를 이루면서, 한편으로는 디지털화와 네트워크화라는 불가역적인 기술 변화의 흐름을 자체의 메커니즘 속에 반영함으로써 더욱 효과적인 가치 창출과 포섭의 기반을 마련하고, 다른 한편으로는 이를 통해 자본주의의 위기에서 조절을 거쳐 신자유주의적 재편으로 이어지는 일련의 재구조화 과정에 대한 수행적이고 실천적인 기능을 담당해 왔다. 위험을 무릅쓰고 도식화하자면, 자본주의의 위기↔신자유주의적 재편↔정보통신기술혁명↔정신의 기계화/노동의 사회화↔관리사회라는 정리가 가능할 것이다. 그렇다고 할 때, 이제야 비로소 확인할 수 있게 된 것이 바로 정보통신기술과 관리사회의 공진(共振, resonance)이라는 애초의 문제설정이다(앞에서는 이를 B↔C의 관계로 표현한 바 있다). 관리사회라는 완성된 실체가 먼저 존재하고 그것이 다양한 실천들로 표현되는 것이 아니라, 반대로 그러한 실천들을 가로지르는 어떤 합리성의 체계와 그렇게 형성된 사회적 짜임을 **사후적으로** 관리사회라고 명명한 것이라면, 위의 논의에서처럼 정보통신기술의 발전과 함께 전개된 변화의 양상들, 즉 정신을 기계화하고 노동을 사회화하는 실천들, 절차들, 장치들, 제도들, 관계들, 그리고 이 모두를 관통하면서 그것들을 가능케 한 합리성의 체계야말로 관리사회의 정체성을 구성하는 주된 요소라고 할 수 있을 것이다. 관리사회는 이 모든 기계와 권력의 복합적인 상호작용을 전제함과 동시에 그 과정을 또한 재귀적으로 (재)규정한다.

그러므로 정신의 기계화와 노동의 사회화에 대한 지금까지의 논의는, 이 두 과정이 정보통신기술의 발전으로부터 촉발되어 관리사회라는 사회적 짜임의 실제적이고도 구체적인 작동 메커니즘을 구성해 간다는 점에서, 결국 정보통신기술과 관리사회의 관계를 규명하기 위한 우회적인(그러나 핵심적인) 접근이나 다름없다. 정신의 기계화와 노동의 사회화라는 관리의 이중 전략을 살펴봄으로써, 결과적으로 정보통신기술과 관리사회의 공진이 어떤 식으로 전개되고 있는지 그 자세한 내용을 확인할 수 있게 된 것이다.

정신관리권력과 환경관리권력이라는 문제설정

그런데 이처럼 정신적인 활동이 가치창출을 위한 전유 과정에 포섭되고 그 포섭의 범위가 공장에서의 노동을 넘어 사회 전반으로 확산되는 것은, 이 과정이 결코 자연적으로 발생할 수는 없다는 점에서, 결국 이전과는 다른 힘의 작용 및 이를 둘러싼 **힘 관계의 재구성**이 전제가 될 때에야 가능한 것이라 할 수 있다. 공장과 노동자 그리고 노동 시간의 조합만으로는 자본주의의 재생산 회로를 효과적으로 작동시킬 수 없게 된 구조적 위기 앞에서, 자본주의는 공장 너머의 일상적 공간 전체를 통해, 노동자를 포함한 일반 사람들에게서, 노동 시간만이 아닌 삶의 전 시간에 걸쳐, 육체노동뿐만 아니라 정신적인 활동 일체로부터 가치를 생산·추출·수탈해야만 하는 긴급하고도 구조적인 필요에 내몰리게 되었다. 잉여가치의 원천을 극히 다양하게 (재)구성하고 또 그 범위를 가능한 모든 곳으로 확장하는 한에서만 자본주의는 이윤율의 경향적 하락을 만회할 수 있었기 때문이다(김수행, 2011; Mason, 2015/2017). 그러나 어제까지만 해도 가치화의 외부에 있던 영역과 대상이 이 모든 필요를 충족시키기 위해 말 그대로 하루아침에 신자유주의적 재구조화의 과정 속으로 자연스럽게 포섭되어 들어올 리는 만무했다. 때문에 신자유주의는 이러한 변화를 이끌어 내기 위한 실제적이고 물리적인 강제뿐만 아니라 이데올로기적인 동의나 정서적인 회유를 자체에 포함할 수밖에 없었으며(Harvey, 2005/2007), 더 나아가 특정한 사고와 행위를 인도·통솔·지도하기 위한 전략적 메커니즘, 프로세스, 프로그램, 테크닉으로서의 권력에 대한 재구성을 동반하지 않을 수 없었다(서동진, 2009a; 2014; 오모다 소노에 외, 2007/2015; Burchell et al., 1991/2014; Foucault, 2004b/2012).

포드주의적 규율권력이 노동자 신체에 대한 감시·처벌·규칙·명령·훈육·위계 등의 규범화 전략을 권력의 주된 기제로 삼았다면, 다시 말해 자유보다는 통제의 계기를 통해 자본주의의 재생산 회로를 작동시켜 왔다면, 그것이 더 이상 효과적/효율적일 수 없게 된 구조변동의 상황으로 인해, 이제 인구의 정신 및 환경에 대한 관리·조절·제어·유도·자조 등과 같은 자유화 전략이 권력의 실효적인 작동 기제로 요구되고 또 등장하게 된 것이다. 즉 포드주의적 규율사회가 신자유주의적 변환을 거쳐 이른바 관리사회로 이행하게 되면서, 그 사회의 질서와 관계를 조직하는 권력 관계의 성격과 배치 또한 이에 맞물려 관리권력이라는 가족 유사적인 변화의 양상을 그려 나가게 되었다.

3장과 4장에서 더 자세히 논의하겠지만, 이렇게 재구성된 권력은 크게 **두 가지** 방식으로 자체의 고유한 통치 실천을 현실화·구체화해 나간다. 한편으로, 그것은 개인으로 하여금 새로운 통치 질서에의 참여가 더 이익이 된다고 합리적으로 판단하게 함으로써 자발적인 동의와 적극적인 행위를 유도해 낸다(Foucault, 2004b/2012; Rose, 1990). 그리고 다른 한편으로는 개인의 판단과는 상관없이 단지 개인을 둘러싼 환경 자체를 조작함으로써 그 안에 위치해 있는 개인들의 불가피한 동의와 행위를 촉발해 낸다(안천, 2013; 사토 요시유키, 2009/2014; Foucault, 2004b/2012). 이를 각각 '정신의 관리'와 '환경의 관리'로 특징지을 수 있을 텐데, 두 방식 모두 사고와 행위에 대한 자유로운 관리·조절·인도를 통해 지배 질서를 재생산한다는 점에서, 더 나아가 자유 그 자체를 통치 실천과 불가분하게 연결시킨다는 점에서 신자유주의 관리권력의 특유한 작동 메커니즘을 정확히 반영하고 있다고 하겠다. 앞에서 논의한 관리권력이라는 문제설정이 이렇게 다시 한 번 확인된다.

관리사회가 애초부터 신자유주의라는 '자유로운 시장'과 정보통신기술이라는 '자유의 기술'로부터 비롯된 이상, 이 사회를 가로지르면서 작동하는 권력의 작용 역시 다른 무엇보다도 바로 그 자유에 대한 적절한 관리와 (이로써 가능해지는) 효과적인 통치에 집중될 수밖에 없었다. 신자유주의 관리사회에서 자유와 통치는 마치 변증법적 리듬을 따르듯 서로가 서로를 규정하는 상보적 관계를 이루어 왔던 셈이다(사카이 다카시, 2001/2011). 자발적 결정과 능동적인 참여 그리고 항상적인 조절에 의해 움직이는 효과적인 권력의 동역학, 이는 자유롭게 통치하기라는 신자유주의 관리권력의 기본 테제를 밑에서부터 떠받치면서 그 힘의 벡터를 정신과 환경으로까지 밀어붙여 나갔다. 그러므로 다시 정신의 관리와 환경의 관리란, 정신적인 능력과 활동을 특정한 방향으로 인도하는 과정에 기꺼이 동참하게 만드는 정신 통치의 과정이 (이와 동시에) 그런 행위를 이끌어 내기 위해 다양한 환경 요소들을 구축하는 환경 통치의 과정과 유기적으로 엮임으로써 결국 신자유주의의 지배 질서를 고착화한다는 의미에서, 실로 신자유주의 관리사회를 지탱하는

이중의 권력 작용이라고 할 수 있다.

정신과 환경을 관리하는 이 이중의 권력은 앞서 논의한 자본주의의 축적 전략과도 상보적인 관계에 놓여 있다. 정신의 관리가 정신적인 활동에 대한 인도와 통솔을 통해 가치를 창출한다는 점에서 정신의 기계화 과정과 필연적으로 연결되기 때문이며, 환경의 관리 또한 환경의 조작과 배치를 통해 사회적인 활동 전반을 노동으로 탈바꿈시킨다는 점에서 노동의 사회화 과정과 연결되기 때문이다. 역으로 말한다면, 정신의 기계화와 노동의 사회화는 신자유주의 관리사회가 더 효과적/효율적으로 가치를 생산하고 노동을 포섭하기 위해 고안해 낸 전략이자, 또한 동시에 그것을 그와 같은 형태로 작동하도록 이끌어 낸 (관리권력이라는) 합리성의 현실적·실천적·구체적 표현이기도 하다. 요컨대 권력의 현실적인 작동 메커니즘과 자본주의의 축적 전략은 결코 분리될 수 없을 뿐만 아니라 심지어 이렇게 중첩된 관계맺음이야말로 현존 질서의 재생산을 담보하는 본질적인 요소라 할 수 있을 것이다(Bichler & Nitzan, 2004/2004).[28] 이는 포드주의적 규율사회를 관통하는 규율권력의 현실적인 작동 방식이 한편으로는 상대적 잉여가치의 메커니즘과 연결되고 다른 한편으로는 실질적 포섭의 전략과 연결되는 것과 같은 이치이다(Marx, 1857/1988).[29]

그런데 정신의 기계화와 노동의 사회화는 서로 중첩 및 교차되어 작동하면서도 결코 하나로 수렴되지는 않는 까닭에, 우리는 이처럼 이중적인 전략을 가능케 하는 관리권력 역시 그 대상과 목적에 따라 이중적 메커니즘으로 나뉘어 작동하고 있지는 않을까 하는 정당한 질문을 던져 볼 수 있다. 만일 관리권력을 단일한 권력 메커니즘으로 상정할 경우, 단일한 성격의 권력이 어떻게 두 개의 상반된 전략으로 구분되어 나타나는지, 또한 어떻게 이 두 전략이 자체의 논리에 따라 각각의 독특한 흐름을 구축해 나가는지, 그러면서도 관리사회라는 짜임 속에서 다시 통합된 회로를 완성시켜 가는지 설명할 수 없기 때문이다.

그렇다고 할 때, 관리권력이 애초부터 서로 다른 두 방향의 메커니즘을 포괄하고 있다고 한다면, 즉 그것이 정신 관리와 환경 관리라는 두 권력 작용을 일컫는 하나의 이름이라고 한다면, 위의 문제는 간단하게 해소되고 만다. 관리권력의 두 양태(mode)로서의 정신관리권력과 환경관리권력, 그리고 그 구체적 전략으로서의 정신의 기계화와 노동의 사회화가 바로 이런 관점으로부터 정식화된다. 관리권력은 그 자체가 이미 이중의 권력이기에, 한편으로는 정신을 관리하는 주체화의 방향으로, 다른 한편으로는 환경을 관리하는 구조화의 방향으로 서로 다른 벡터를 그려 나가면서도, 결국 전체적으로는 관리사회의 짜임을 구성하는 이중의 계기로 통합되어 들어간다. 서로 구분되지만 (결코) 분할되지는 않는 관리권력의 **이중나선**(double helix). 이러한 이해는 정신 관리와 환경 관리라는 신자유주의만의 특유한 권력 메커니즘을 그 이질성의 측면에서 포착할 수 있게 해줄 뿐만 아니라, 이 이중의 권력 작용이 마치 나선을 이루듯 얽혀 가면서 만들어 내는 사회적 짜임을 상호성의 측면에서도 파악할 수 있게 해준다. 그 결과 우리는 신자유주의가 단순히 고전주의로의 회귀나 케인스주의에 대한 반동이 아니라 새로운 형태의 권력 관계를 제안하는 가장 근본적인 의미에서의 정치적 재구성 과정임을 바로 이들 권력 작용의 말단에서부터 거슬러 올라가면서 확인할 수 있게 된다.

5. 왜 통치성이 아니고 관리권력인가

통치성에서 관리권력으로

이처럼 신자유주의가 권력 관계의 재구성과 상호 밀접하게 겹쳐 있다고 한다면, 이는 다시 정치·경제적인 영역뿐만 아니라 비정치적이고 비경제적인 영역 전반에 스며들어 있는 합리성의 변화와도 결부되어 있을 수밖에 없다(사카이 다카시, 2001/2011; Dean, 1999; Foucault, 2004a/2011; 2004b/2012; Lemke, 2002). 권력 관계란 필시 자체의 권력 기제와 실천을 정당화 또는 합리화하는 고유한 합리성의 체계와 분리될 수 없기 때문이다. 즉 규율권력에서 관리권력으로의 변화(규범화 전략에서 자유화 전략으로의 변화)는 후자가 더 효과적이고 생산적인 방법이라고 공히 인정하도록 만드는, 그러면서 인식·경험·판단·행위의 기준과 방향을 그러한 틀 안으로 수렴시켜 나가는 합리성의 원리적 변화와 불가분하게 연결되어 있다.

더 정확히는 권력 그 자체가 이미 고유한 **합리성의 체계**로 이루어져 있다고도 할 수 있다. 예컨대 학생에 대한 관행적인 체벌이 점차 벌점 제도로 바뀌어 가는 것이나 노동자에 대한 강제적인 규범이 인센티브 제도로 대체되어 가는 것에는 모두 후자로의 변화가 비용-편익 면에서 더 효과적이고 경제적이라는 특유의 사고체계가 깔려 있다. 물론 이때의 합리성이란 반복했듯이 단지 논리적이거나 이성적이라는 의미가 아니라 우리의 발화·인식·행동 등을 특정한 형태로 틀지어내는 원리적 준거나 기준 혹은 그런 기준들의 체계를 의미한다(Pasquino, 1991/2014). 이에 따르면, 과거(또는 타자)의 실천들이 낯설게 보이는 까닭은 그런 실천들을 가로지르면서 그것을 타당한 것으로 만드는 이해 가능성으로서의 합리성이 현재(또는 우리)의 것과 다르기 때문이다(Lévi-Strauss, 1962/1996).[30] 합리성은 본질적이고 초역사적인 것이라기보다는 시대적이고 사회적이며 구성적인 것에 가깝다. 그러므로 포드주의 규율사회에서 신자유주의 관리사회로의 변화는, 규율에서 관리로의 지배적인 규제양식의 변화이자 그것을 지탱하는 권력 관계의 변화이며 또한 그에 대한 원리적 준거로서의 합리성의 변화 그 자체라고도 할 수 있다.

신자유주의를 권력과 합리성의 측면에서 읽어 내는 것은, 짐작할 수 있듯이 신자유주의를 통치성의 관점에서 재정식화한 푸코의 생각과 견해를 따르는 것이기도 하다(Foucault, 2004a/2011; 2004b/2012). 잘 알려져 있는 것처럼 통치성(govern'mentality')은 통치(govern)와 사고방식(mentality)이 결합된 표현으로,[31] 권력의 통치 전략과 정치적 합리성이 분리불가능하게 연결되어 있으며 바로 이것이 주권권력이나 규율권력과는 구별되는 새로운 권력 관계의 특징임을 제시하기 위한 개념이다. 푸코는 1977~78년 사이에 이루어진 『안전, 영토, 인구』라는 제목의 강의에서 통치성이라는 개념을 제시하면서 이를 다음과 같이 정의한다. 다소 길지만 이후의 논의를 위해 관련 부분 전체를 인용해 보자.

> 저는 통치성이라는 용어를 세 가지 의미로 사용합니다. 첫째, 인구를 주요 목표로 설정하고 정치경제학을 주된 지식의 형태로 삼으며 안전장치를 주된 기술적 도구로 이용하는 지극히 복잡하지만 아주 특수한 형태의 권력을 행사케 해주는 제도·절차·분석·고찰·계측·전술의 총체를 저는 통치성으로 이해합니다. 둘째, 통치라고 부를 수 있는 권력 유형, 한편으로 통치에 특유한 일련의 장치를 발전시키고 [다른 한편으로] 일련의 지식을 발전시킨 이 권력 유형을 서구 전역에서 꽤 오랫동안 주권이나 규율 같은 다른 권력 유형보다 우위로 유도해간 경향, 힘의 선을 저는 통치성으로 이해합니다. 마지막으로 저는 중세의 사법국가가 15~16세기에 행정국가로 변하고 차츰 통치화되는 절차, 혹은 그 절차의 결과를 통치성이라는 말을 통해 이해할 필요가 있다고 생각합니다(Foucault, 2004a/2011, 163쪽).

우선 통치성이 "통치라고 부를 수 있는 권력 유형"이자 이를 "주권이나 규율 같은 다른 권력 유형보다 우위로 유도해간 경향, 힘의 선"을 뜻한다는 말에 주목할 필요가 있다(두 번째 정의). 푸코는 규율권력의 시대를 17~18세기로 위치 지으면서 주권권력을 그 이전 시대에, 그리고 생명권력을 그 이후 시대에 각각 위치시킨다. 물론 그는 인용한 글의 앞부분에서 "주권사회를 규율사회가 대체했고, 규율사회를 통치사회가 대체했다는 식으로 사태를 이해해서는 결코 안 됩니다. 실제로 우리 앞에 존재하는 것은 주권, 규율, 통치적 관리라는 삼각형입니다"(Foucault, 2004a/2011, 162쪽)라고 주의를 당부하지만, 그럼에도 주권과 규율 그리고 통치가 역사적으로 각기 다른 시기에 지배적인 짜임을 형성해 왔다는 것까지 부정하지는 않는다. 변화의 흐름을 인정하면서도 다만 그것이 전적인 대체로 귀결되지는 않는다고 본 것이다. 주권, 규율, 통치가 **삼각형**을 이룬다는 위의 말은, 현재적 시점에서 볼 때 통치라고 부를 수 있는 권력 유형이 주권이나 규율권력보다 경향적인 우위를 형성하면서도 그것들을 전적으로 대체하기보다는 오히려 그것들과 **더불어** 작동하고 있음을 삼각형이라는 비유만큼이나 정확하게 보여 주고 있다. 그리고 이처럼 주권, 규율, 통치를 삼각 구도로 이해할 때, 주권과 규율은 이미 지나가 버린 낡은 권력 유형으로 절하되는 대신, 시대나 국면에 따라 언제라도 우위를 달리하면서 현실화될 수 있는 현재적 힘으로 재자리매김된다.

그렇다고 한다면, 앞서 프레이저의 논의를 통해서도 확인했듯이, 규율권력의 지배적 경향성은 18세기 이후로 생명권력 혹은 통치성에 의해 선형적으로 대체된 게 아니라, 20세기 포드주의의 확립과 함께 다시금 헤게모니를 구축하게 되었다고 할 수 있다. 아울러 푸코가 18세기로 위치 지었던 자유주의 통치성 또한 포드주의와 규율권력의 조합이 실효성을 잃게 된 20세기 중반 이후에 비로소 신자유주의 통치성이라는 변형된 형태로 그 우위를 재확립하게 되었다고 할 수 있다. 이렇듯 권력의 세 유형이 교차 및 중첩되어 있다고 보는 것은(사사키 아타루, 2008/2015), 신자유주의와 정보통신기술의 고도화가 진행 중인 이때에 어떻게 주권(권력)과 규율(권력)이 그 모순과 함께 재등장하게 되는지를 논리적이고도 실제적인 수준에서 설명해 준다. 가령 사이버 공간에서의 검열과 감시는 자유를 조건으로 하는 이 공간이 상황에 따라 언제든지 규율권력의 공간으로 전환될 수 있음을 보여 주며(Lyon, 1994), 더 나아가 추방과 망명의 발생은 이 공간이 심지어 주권권력의 공간으로도 전환될 수 있음을 보여 준다(박승일, 2016).[32] 일단 여기서는 통치성이 주권이나 규율과는 다른 새로운 형태의 권력 관계를 "분석하기 위해 제안된 분석의 격자"(Foucault, 2004b/2012, 264쪽)이며,[33] 그 경향적 우위의 흐름에도 불구하고 전적인 대체관계를 이루지는 않는다는 사실을 확인해 두기로 하자.

그런데 이렇듯 통치성이 주권 및 규율과 구분되는 권력이면서 또한 현재의 지배적 권력이라고 한다면, 앞서 논의한 관리권력과는 어떻게 같고 또 어떻게 다른지에 대한 질문이 제기될 수밖에 없다. 이미 살펴본 것처럼 관리권력은 포드주의적 규율권력 이후에 등장한 것이자 그에 대한 문제제기로서 성립된 것이기에, 그 형성 시기와 문제설정 모두에서 (신자유주의) 통치성이라는 개념과 상당 부분 겹쳐 있는 게 사실이다. 그러나 더 엄밀히 따져보면 여기에는 시기 구분에 따른 분명한 차이가 존재하는 것 또한 사실이다.

푸코에 따르면, 통치성은 최대의 통치를 통해 국력을 강화시키고자 했던 국가이성을 비판적으로 갱신하는 형태로 등장했으며(세 번째 정의), 따라서 그 목표는 무엇보다 과도한 통치를 지양하면서 가장 경제적이고 또 가장 효율적인 통치를 달성하는 데 있었다. 푸코는 이를 "통치이성의 자기제한"(Foucault, 2004b/2012, 48쪽)이라고 규정한다. 그것은 하나부터 열까지 모든 사안에 개입해서 규제하고 통제하는 대신 스스로를 제한하면서 자유주의의 원리에 따라 말 그대로 자연스러운 통치를 이루고자 하는 것이었으며, 그러면서도 비용의 최소화와 편익의 최대화를 동시에 달성하고자 하는 것이었다. 자유주의는 그러한 통치 실천들을 가로지르면서 그 실천들을 바로 그와 같은 형태로 틀지어낸 합리성의 원칙, 즉 "통치의 행사를 합리화하기 위한 원리이자 방법"(436쪽)에 다름 없다. 18세기에 새롭게 등장한 통치 권력은 바로 이 자유의 원리를 통치의 가장 중요한 계기로 삼았다는 점에서, 즉 자유를 제한하기보다는 생산하고 증식시키고 보장함으로써 통치의 최적화를 이루고자 했다는 점에서, 이른바 자유주의라는 새로운 합리성의 틀 위에 성립된 것이라 할 수 있다. 요컨대 이때의 통치성은 가능한 한 적게 통치하는 원리이자 방법으로서의 자유주의를 준거로 삼아 그에 합당한 형태로 권력 실천들을 형성해 왔던 것이다. '인구'와 '정치경제학' 그리고 '안전장치'는 이렇게 형성된 통치 권력의 변별적인 목표와 형태, 도구이며, 그러므로 다시 자유주의 통치성은 이런 "특수한 형태의 권력을 행사케 해주는 제도·절차·분석·고찰·계측·전술의 총체"라고 정의될 수 있다(첫 번째 정의).

그런데 통치성이란 사실 18세기라는 특정한 시간 속에서 형성된 것인 만큼, 이때의 통치성과 이로부터 2세기 뒤에 재등장한 신자유주의 통치성은 그 대상과 목표 그리고 실제적인 메커니즘 등 여러 측면에서 서로 구분될 필요가 있다(심세광, 2012). 푸코 또한 자유주의를 18세기의 고전적 자유주의와 19세기의 신고전적 자유주의 그리고 20세기의 신자유주의로 구분하고 있다는 점에서(Foucault, 2004b/2012), 그러한 합리성의 체계와 내재적으로 연결되어 있는 통치성 역시 이에 따라 각기 다른 양상으로 나타날 것임은 자못 분명해 보인다. 실제로 푸코의 1977~78년 강의(『안전, 영토, 인구』)는 고대 사목권력에서 국가이성으로 그리고 다시 통치성으로 이어지는 역사를 다루면서 초기 자유주의 통치성의 성립과 그 특이성을 규명하는 데 초점을 맞추고 있는 반면, 1978~79년 강의(『생명관리정치의 탄생』)는 그렇게 등장한 통치성이 독일의 질서주의자들과 미국의 신자유주의자들에 의해 이전과는 다른 형태로 변용되어 가는 양상을 치밀하게 추적하는 데 중점을 두고 있다. 이 두 강의에서 통치성은 같은 표현으로 통칭되고 있음에도 불구하고, 전자는 자유주의 통치성으로 그리고 후자는 신자유주의 통치성으로 서로 다른 벡터적 선분을 그리고 있는 게 사실이다.

간략하게 짚어 보자면, 전자가 사람과 사물을 있는 그대로 내버려 두는 자유방임의 통치 실천을 통해 개인의 이익과 전체 인구의 이익을 동시에 달성하고자 한 것임에 비해, 후자는 시장 조건에 대한 적극적인 개입을 통해 경쟁을 창출하고 이를 사회 전체로까지 확산시킴으로써 사회의 시장화를 이루고자 한 것이라는 점에서 서로 구분된다고 할 수 있겠다. 다시 말해 후자는 개개인이 놓여 있는 제반 조건 그 자체에 개입하여 통치의 최적화를 이루어 내고자 하는 통치 원리이자 방법이라 할 수 있으며, 이런 이유에서 후자의 통치성은 이 장에서 계속 논의한 신자유주의 관리권력의 문제설정과 크게 다르지 않다고 할 수 있다(사토 요시유키, 2009/2014). 관리권력 또한 있는 그대로 내버려 두기보다는 환경에 대한 개입과 정신의 관리를 통해 자유 그 자체를 통치의 주요한 계기로 변용해 내기 때문이다. 즉 이 장에서 정식화한 관리권력은 푸코가 제안하고 구분한 여러 통치성 중에서도 특히 20세기 중반에 등장한 신자유주의 통치성과 개념적 친화성을 이루고 있는 셈이다. 물론 이때에도 자유를 통치의 원리로 삼는다는 통치성의 기본적인 문제설정이 계속해서 공통의 기반이 되고 있음을 염두에 둘 필요가 있다.

푸코의 작업을 계승하고자 한다면

통치성이라는 개념이 이미 있음에도 불구하고 관리권력이라는 개념을 추가로 제안한 이유가 여기 있는데, 무엇보다 이는 통치성의 대역폭이 자유주의와 신자유주의를 모두 아우르는 까닭에 신자유주의만의 독특한 권력 작용을 파악하기 위해서는 그것만을 따로 지칭할 만한 **개념적 구분**이 필요하기 때문이다. 특히 18세기 자유주의 통치성의 문제설정을 시대적 흐름과 무관하게 그대로 적용할 수는 없다는 점에서, 그리고 오늘날은 20세기 신자유주의 통치성 개념으로도 충분히 포괄할 수 없는 급속하고 광범위한 변화의 흐름이 진행 중이라는 점에서, 21세기 현재의 상황을 정확히 포착해 낼 수 있는 개념적 틀의 창안은 그만큼 필수적이라 하겠다.

그렇다고 할 때, 관리권력은 첫째, 자유주의에서 신자유주의에 이르는 통치성의 문제설정을 계승하고 있을 뿐만 아니라, 둘째, 그중에서 특히 신자유주의를 바탕으로 성립된 권력의 통치 전략을 '관리'라는 유형의 규제양식을 통해 더욱 첨예하게 문제화하고 있으며, 셋째, 그러면서도 이러한 흐름이 현대 정보통신기술과 맺고 있는 양상을 환경관리권력과 정신관리권력이라는 이중의 권력 작용으로 세밀하게 포착해 낸다는 이유에서, 푸코가 제시한 신자유주의 통치성 개념에 대한 구체적이고 현재적인 보완이 될 수 있다. 그리고 넷째, 관리권력은 1980년대 이후 형성된 신자유주의적 관리사회와의 상호함축적인 관계맺음을 자체에 표지함으로써 권력과 사회에 대한 동시적인 접근의 가능성과 필요성을 제시하고 있다는 이유에서도, 마찬가지로 효과적인 보완이 될 수 있다. 물론 이러한 보완은 한편으로는 푸코의 논의에 대한 충실한 독해를 바탕으로 하면서도, 다른 한편으로는 이에 대한 비판적인 검토를 통해 그가 보지 못했던 것을 새롭게 문제제기하는 식으로 이루어져야 할 것이다.

당연하게도 신자유주의 통치성은 인터넷과 관련된 변화 흐름을 논의의 중심에 두고 있지 않다. 푸코는 1977~78년과 1978~79년에 이루어진 두 강의에서 통치성에 대한 일련의 논의를 전개한 뒤 다시는 이 주제로 돌아오지 않기 때문에, 적어도 푸코의 문제계 안에는 1980년대 이후 급속히 전개된 정보화 사회에 대한 논의가 존재하지 않는다. 물론 신자유주의 통치성은 그 문제설정의 유효성으로 인해 푸코 사후로도(오히려 푸코 사후에 이르러서야) 보험, 금융, 자기계발, 범죄학 등 여러 분야에서 꾸준히 연구가 진행되고 있지만(서동진, 2009b; 오모다 소노에 외, 2007/2015; Barry et al., 1996; Burchell et al., 1991/2014; Faubion ed., 2014), 정작 그 많은 후속 논의들 중에서도 통치성의 문제설정을 인터넷으로까지 밀어붙인 논의는 그리 많지 않은 게 사실이다.[34]

그런데 앞서 논의했듯이, 1980년대 이후 정보통신기술의 발전은 정확히 신자유주의적 재구조화라는 규정적 조건을 바탕으로 형성될 수 있었다(강남훈, 2010). 마찬가지로 이러한 흐름 속에서 신자유주의 통치 전략 또한 정보통신기술의 발전과 대중화에 조응하는 형태로 자체의 성격을 바꿔 나갈 수밖에 없었다. 이 가운데 통치성의 문제설정은 신자유주의의 형성만큼이나 그것과 불가분한 정보통신기술의 발전과도 긴밀하게 연결되어 있다. 뒤집어 말한다면, 신자유주의와 정보통신기술의 이 같은 관계맺음을 통해 비로소 "특수한 형태의 권력을 행사케 해주는 제도·절차·분석·고찰·계측·전술의 총체"(Foucault, 2004a/2011, 163쪽)가 새롭게 (재)구성되었다는 점에서, 즉 환경과 정신을 관리하는 식의 특수한 권력 행사가 가능해졌다는 점에서, 정보통신기술과 그 발전선상에 있는 인터넷은 단연 통치성(또는 관리권력)의 **중심**에 놓일 수밖에 없다. 인터넷과 통치성의 문제설정이 이로써 재확인되는데, 이는 단순히 신자유주의 통치성의 적용 범위를 인터넷으로까지 확장 적용하기 위한 것이 아니라, 오히려 그 반대로 인터넷이라는 장치의 고유한 특징과 그것이 지배적인 상황에 맞게 통치성의 문제설정을 새로이 도출해 내기 위한 것이며, 더 나아가 이러한 개념적 전유를 통해 인터넷이 권력 그 자체로 작동해 가는 구체적이고 현재적인 방식과 기법, 전술 등을 보다 정확하게 포착해 내기 위한 것이다. 물론 이는 푸코가 말한 바, 자신의 이론이 도구상자가 되길 바란다는 말을 충실히 계승하는 것이기도 하다(Foucault & Trombadori, 1999/2010).

만일 오늘날 미셸 푸코의 계보학적 작업을 계승하고자 한다면, 우리는 이론적 관심의 초점을 정신적 반응, 언어, 상상력의 자동현상으로, 그리하여 인터넷에서 발생하는 정신적 작업의 소외와 불확실성의 새로운 형태들로 옮겨야 한다(Berardi, 2009/2012, 32쪽).

이탈리아 철학자 프랑코 베라르디(Franco Berardi)의 이 말에서 핵심은, 푸코의 계보학적 작업을 계승하고자 한다면 우리의 이론적 관심을 **인터넷**에서 발생하는 새로운 현상들로 옮겨야 한다는 부분에 있을 것이다. 푸코가 멈출 수밖에 없었던 지점에서 다시 출발해야 한다는 말일 터이다. 그러나 베라르디의 말은 이 책의 문제의식에 맞게 수정되어야 한다. 즉 오늘날 푸코의 작업을 계승하고자 한다면, "우리는 이론적 관심의 초점을 정신적 반응, 언어, 상상력의 자동현상"에 맞추는 것과 함께 그것이 "소외와 불확실성"이 아닌, 반대로 **자유와 통치의 변증법**을 발생시킨다는 사실에 주목해야 한다. 앞서 논의한 이중 관리권력이 한편으로는 인터넷을 둘러싼 환경의 관리와 조정을 통해 사용자들의 행위를 특정한 방식으로 이끌어 내고, 다른 한편으로는 이 가운데 의식과 무의식의 인도(즉 정신의 관리)를 통해 사용자 스스로 통치 질서를 유지 및 재생산하게 만든다면, 문제는 이 가운데에 발생할 수 있는 소외와 불확실성이 아니라(이것은 여전히 실존주의적이며 주체 중심적인 테제이다) 오히려 이러한 이중의 작용을 통해서 산출되는 통치의 새로운 메커니즘, 테크닉, 프로세스일 수밖에 없다. 환경과 정신의 관리라는 전혀 다른 통치 전략이 한편으로는 신자유주의와 관계를 맺고 다른 한편으로는 인터넷과 관계를 맺으면서, 그야말로 이전과는 전혀 다른 사회적 짜임을 형성해 가고 있기 때문이며, 그럼으로써 가장 자유로운 세계이면서 또 가장 정교한 통치의 세계를 만들어 가고 있기 때문이다. 인터넷에서 발생하는 "정신적 작업의 소외와 불확실성"이란 기실 그러한 통치 실천의 한 부산물일 뿐이라는 점에서, 오히려 그것을 가능케 한 가능성의 원점을 파악해야 할 필요가 있는 것이다.

정리하면서 마무리하자. 이상의 논의를 통해 우리는 푸코가 제시한 통치성이라는 개념을 가장 현재적인 형태로, 그러면서도 가장 푸코적인 방식(도구상자)으로 **재구성**하고자 했다. 그 결과가 바로 (이중)**관리권력**이라는 개념일 텐데, 이런 목적에 비추어 본다면 관리권력이란 결국 푸코의 통치성 개념을 이어받으면서도 그 문제의식을 인터넷 이후의 시대라는 현재적 관점에서 새롭게 읽어 내기 위한 것이며, 또 그것이 신자유주의의 관리 양식과 상호침투적인 영향 관계에 있음을 자체에 표지함으로써 권력과 사회의 문제설정을 '관리'라는 차원에서 정식화하기 위한 것이라 할 수 있다. 더 나아가 우리는 정보통신기술의 고유한 작동 방식이 신자유주의의 가치화 메커니즘 및 포섭의 전략과 상호 조응하면서 구체화되는 양상을 노동의 사회화와 정신의 기계화 과정으로 구분하고, 이를 다시 환경의 관리와 정신의 관리라는 자체의 원리에 따라 각각 환경관리권력과 정신관리권력으로 개념화하고자 했다. 물론 이 두 경우 모두에서 자유와 통치의 변증법이 핵심 구도로 작동하고 있음을 염두에 둘 필요가 있다.

"우리는 관리사회로 접어들고 있습니다. 그것은 감금을 통해서가 아니라, 끊임없는 관리와 즉각적인 소통을 통해서 작동하는 사회입니다." (Deleuze, 1990/1993, 194쪽) 들뢰즈가 제안한 관리사회는 이로부터 30여 년이 지난 후에야 본래적 의미에서의 최대치를 이루게 된다. "끊임없는 관리와 즉각적인 소통", 이는 인터넷 이후의 시대인 현재에 이르러서야 비로소 그 기술적 현실성을 얻게 되었기 때문이다. 사실 그동안 관리사회라는 개념은 들뢰즈가 처음 제시했던 이미지 그대로 사용되어 왔다고 해도 과언이 아니다. 그러나 관리사회로 막 접어들었던 당시와 그로부터 30여 년이 지난 지금은 단지 관리사회라는 기표만 공유할 뿐 그 내용 면에서는 결코 같다고 할 수 없다. 이 30여 년의 시차를 고려하지 않은 채 그때와 현재를 똑같이 관리사회라고 명명하는 게 과연 합당할까. 물론 그럴 수 없는 것이, 이 사이에는 자본주의의 신자유주의적 재구조화와 정보통신기술의 혁명적인 발전이 (이후의 사회에 대한) 변별적이면서도 구성적인 계기로 자리 잡고 있기 때문이다.

이 30여 년의 시간은 신자유주의가 전 지구적인 헤게모니를 구축한 시간이면서, 또한 동시에 인터넷이 전 세계를 말 그대로 촘촘한 그물망(web)[35]처럼 둘러싼 시간이기도 하다. 즉 규율사회에서 관리사회로의 이행은 신자유주의적 재구조화의 시간과 겹쳐 있을 뿐만 아니라 컴퓨터에서 인터넷으로 (그리고 다시 스마트폰과 현재의 사물인터넷으로) 이어지는 정보화의 시간과도 겹쳐 있다. 이것은 우연이 아니다. 각각의 항은 다른 항들과의 관계 속에서만 자체의 존재를 지금과 같은 모습으로 형성할 수 있었다. 그런 까닭에, 관리사회를 현재적 맥락 속에서 **다시** 읽어내기 위해서는 적어도 이 **두 가지 계기**를 축소하거나 누락하지 않고 정당하게 평가해야만 한다. 이 책이 (이중)관리권력과 관리사회를 논하면서도 계속해서 신자유주의라는 역사적 조건과 함께 (이와 상호 의존적 관계에 있는) 정보통신기술 및 그 연장으로서의 인터넷을 논의의 한가운데에 위치시키려고 했던 이유가 바로 여기에 있다.

3장

환경관리권력에 대하여

1. Y2K는 무엇을 의미하는가

파국은 어디에나 있다

1999년 12월 31일, 마치 묵시록(apocalypse)의 그날(the Day)이 도래한 듯 천 년의 마지막 날은 열광과 환호로 그리고 그만큼의 불안과 혼란으로 가득 차 있었다. '열광'과 '불안'이야말로 당시의 상황이 집약된 감정 표현일 텐데, 이 순간 인류는 살아서는 결코 서 보지 못한 역사의 분기점에, 그것도 한 세기가 아닌 그 열 배의 시간을 가로지르는 경계의 문턱 한복판에 서 있어야 했기 때문이다. 새로운 천 년을 맞이한다는 전무후무한 경험은 열광과 불안 사이의 넓은 스펙트럼만큼이나 상반되고 혼재된 감정을 불러일으키기기에 충분했다. 그 한편에 전쟁과 냉전으로 얼룩진 극단의 20세기를 뒤로 하고 새로운 역사를 써내려가는 것에 대한 기대와 희망이 있었다면, 다른 한편에는 불확실하고 불가지한 시간 속으로 나아가는 것에 대한 막연한 두려움과 불안이 있었다. 하지만 새로운 천 년의 시작이 갖는 상징성을 감안한다면, 이처럼 다양한 감정 변용은 어느 정도는 자연스럽고 또 당연해 보이기까지 한 게 사실이다. 오히려 문제는 다른 곳에 있었는데, 이러한 모순된 반응 중에서도 특히 불안과 같은 감정을 인위적으로 촉발한 더욱 직접적인 원인이 따로 있었기 때문이다. 당시의 열광이 새로운 천 년의 시작이라는 일회적 사건 그 자체에 대한 반응이었던 반면, 당시의 불안은 (세기말적 불안에 더해) 2000년의 시작과 함께 일어날 것이라고 예견된 어떤 사후적 사건들에 대한 반응이었다는 점에서 분명 다른 결을 지니고 있었다.

실제로 당시의 신문 기사들을 살펴보면, 1999년의 12월은 단지 세기말적 분위기라고 단정하기에는 지나치게 많은 불안과 혼란의 메시지로 넘쳐나고 있었다. 대충 기사의 제목만 나열해 보아도, "세기말 공포", "설마는 없다. 지구촌 총비상", "대재앙 막아라", "비상경계 태세 돌입", "원전 중단 등 우려", "통신-금융체계 마비", "최대 위험은 투자자 불안 심리", "밀레니엄 테러 비상", "공항·병원 대책 비상" 등, 언뜻 보면 전쟁이나 자연재해와 같은 비상사태를 연상케 할 정도이다(경향신문, 1999. 3. 4; 매일경제, 1999. 4. 29). 더욱이 기사 본문에 빈번하게 등장하는 비상·파국·붕괴·공황·재난·폭발·공포·종말 등의 현기증 나는 표현들은 밀레니엄이라는 역사적 전환기를 모종의 긴박한 위기 상황과 곧장 연결시키면서 이로부터 불안이나 두려움과 같은 감정(affection)을 지속적으로 촉발해 가고 있었다.

그러나 단언컨대, 당시의 불안과 혼란은 역사의 거대한 전환을 직접 경험하는 데서 비롯된 순전히 자연 발생적인 것이 아니었다. 만일 그런 것이라면, 그때의 불안과 혼란은 전혀 문제될 게 없는 세기말적 증상에 가까웠을 것이다. 하지만 1999년 12월의 감정 변용은 자연적인 것이기보다는 인위적인 것이었으며, 추상적이고 관념적이기보다는 구체적이고 실제적인 것이었다. 또한 그것은 지역적이기보다는 세계적인 현상이었으며, 심지어 전쟁에 비견될 만큼 파국적인 상황과 결부되어 있었다. 짐작할 수 있겠지만, 밀레니엄이라는 역사적 전환을 임박한 종말의 시간과 중첩시키면서 전 세계를 불안의 끝자락으로 몰고 간 것은 다름 아닌 'Y2K(Year 2 Kilo)'였다(Gere, 2009).

흔히 알려진 것처럼 Y2K의 시작점은 컴퓨터 개발 단계의 초창기로 거슬러 올라간다. 상업용 컴퓨터가 개발된 1950년대에는 컴퓨터 저장능력이 그야말로 기초적인 수준이었기 때문에 비용을 절감하고 저장 공간을 확보하기 위해서라도 연도를 두 자리로 표기할 수밖에 없었다. 2000년 1월 1일을 01/01/00으로 표기하는 식이다(시사저널, 1999. 1. 28; Y2K, n.d.). 당시에는 전혀 문제가 되지 않았던 이 표기법은 2000년이 시작되기 얼마 전에서야 비로소 'Y2K 문제(Y2K bug)', '밀레니엄 버그(Millennium Bug)', '2000년 문제(Year 2000 bug)' 등으로 불리면서 전 세계 공통의 긴급한 문제로 대두되기에 이른다. 1999년에서 2000년으로 넘어가는 순간에 컴퓨터가 00을 2000년이 아닌 1900년으로 인식할 수 있다는 사실 때문이었다(정보통신부, 2000; Y2K, n.d.). 컴퓨터가 2000년을 01/01/00으로 표기함으로써 1900년과 2000년 사이에 혼란이 일어나고, 이로 인해 "계산상의 오류, 데이터 정렬상의 오류, 날짜 표시의 오류, 날짜 기록상의 오류, 날짜 사용상의 오류, 연계된 시스템 간의 데이터 전송상의 오류 등"(최진탁, 1999, 325쪽)이 발생하면서 결국 컴퓨터 시스템 전체의 마비로까지 이어질 수 있다는 것이었다. 게다가 이 오류는 컴퓨터뿐만 아니라 시간 제어 기능이 포함된 각종 전자 장치 등에서도 발생할 수 있다는 점 때문에 더욱더 심각하게 받아들여지기도 했다(선우종성 외, 1998). 즉 마이크로프로세스 칩이 사용되는 거의 모든 전자 기기가 문제의 잠재적인 발생지가 될 수 있다는 점에서, Y2K는 그야말로 **현대 기술 문명 전체**를 사정거리로 삼기에 충분했다.

Y2K의 예상 시나리오는 다음과 같았다. 1999년 12월 31일에서 2000년 1월 1일 0시로 넘어가는 바로 그 시점에 컴퓨터가 00을 1900년과 2000년으로 중복 인식하면서 시스템상의 알고리즘 오류가 발생한다. 일상에서의 작은 오류들에서부터 크게는 제어 시스템 이상으로 인한 교통, 통신, 전력, 금융, 의료, 산업, 국방 등의 문제에 이르기까지 발생 가능한 사고의 종류는 극히 다양했다(정보통신부, 2000). 좀 더 자세히 살펴보자면, 우선 컴퓨터 전산 오류로 전기 공급이 중단되면서 전국이 일시에 암흑으로 변한다. 발전소가 멈추면서 전국 각지의 공장 역시 가동을 멈추고 이에 따른 경제적 손실은 수백억 원을 넘어선다. 특히 반도체 같은 첨단 산업의 경우, 단 몇 시간의 정전만으로도 회복 불가능한 위기로까지 치닫게 된다(매일경제, 1999. 9. 23). 게다가 1977년 미국의 예에서 볼 수 있듯이, 블랙아웃(black-out)이 방화, 약탈, 폭동 등 예상치 못한 치안 위기로 확대될 가능성도 배제할 수 없다(동아일보, 1999. 1. 11). 이뿐만이 아니다. 금융 시스템 오류에 따른 위험도 상승으로 시장이 불안정해지면서 투자자의 불안 심리가 확대되고 이는 다시 주식 투매로 이어져 주가 폭락의 원인이 된다. 은행에는 예금을 인출하려는 사람들의 행렬이 줄을 잇고, 시중에 돈이 고갈되면서 뒤이어 유동성

위기로까지 확대된다(동아일보, 1999. 12. 29). 국가적 경제 위기나 세계 금융 위기로까지 확대될 가능성도 배제할 수 없다. 또한 교통과 통신 체계가 마비되면서 일상생활 전체가 혼란에 빠지고 이러한 혼란은 생필품 사재기 등으로 가시화되어 다시 여타의 영역으로 불안을 전염시킨다(동아일보, 1999. 12. 27). 컴퓨터 의료 시스템 혼란으로 인한 의료 사고나 관제 시스템 이상에 따른 항공기 운항 사고도 한 사례가 될 수 있다(동아일보, 1999. 1. 4). 피해 보상의 책임을 묻는 수많은 법적 분쟁이 뒤따르는 것도 예상해 볼 수 있다. 최악의 상황으로, 미사일 오발사로 인한 전쟁 발발이나 원자력 발전소 사고로 인한 전 세계적 수준의 재앙 가능성도 조심스럽게 제기할 수 있다(경향신문, 1999. 3. 4; 매일경제, 1999. 4. 29). 예측대로라면 1999년 12월은 전 지구적 재앙의 동시적 발발 가능성을 끌어안은 채 마치 시한폭탄처럼 카운트다운 상태에 들어가 있는 것이나 마찬가지였다.

Y2K의 시나리오는 현대적 삶을 이루는 거의 모든 영역을 관통하고 있었다. 위의 예에서 볼 수 있듯이, Y2K는 컴퓨터가 사용되는 모든 곳을 잠재적인 문제 발생지로 상정했을 뿐만 아니라, 심지어 컴퓨터가 직접적으로 사용되지 않는 곳조차도 간접적인 영향권 아래로 편입시켜 버렸다. 이 시나리오대로라면 Y2K의 직간접적인 자장으로부터 벗어나 있는 영역이란 사실상 존재하지 않았다. 실제로 당시 한국 정부는 Y2K를 대비하기 위해 금융, 의료, 통신, 전력/에너지, 해운항만, 운송, 중소기업, 산업자동화설비, 원전, 중앙/지방행정, 환경, 국방, 수자원의 총 13개 분야를 중점관리분야로 선정하기도 했는데(정보통신부, 2000), 이는 이처럼 중요하고 또 광범위한 분야들이 컴퓨터의 작용으로부터, 그

작용을 통해, 그리고 그 작용 안에서 구축되었음을, 바꿔 말한다면, 컴퓨터와 그 네트워크야말로 이 모든 분야를 지탱하고 연결하는 말 그대로의 기반구조임을 방증하는 것이기도 하다. 즉 Y2K로 드러난 것은 **컴퓨터 네트워크**의 필수불가결하면서도 전방위적인 영향력이었던 셈이다.

물론 Y2K 그 자체는 연도 인식 오류라는 '기술적' 문제로부터 비롯된 것임이 분명하다. 하지만 Y2K를 둘러싸고 생산·유통·강화된 담론들은 이 문제가 태생적으로는 컴퓨터상의 문제였음에도 불구하고, 역설적으로 바로 그 이유로 인해, 또한 동시에 경제적이고 정치적이며 사회적인 문제로, 그러면서도 일국 차원의 문제가 아니라 진정 전 세계적인 문제로 번역될 수밖에 없음을 여실히 드러내 보여 주었다. 그것이 다름 아닌 이 **모든 것의 소실점**을 이루는 컴퓨터의 문제였기 때문이었다. Y2K는 컴퓨터의 문제가 단순히 컴퓨터만의 문제가 아니라 문명 전체를 파국으로 치닫게 할 수 있는 문제임을 확인시켜 주었던 것이다.

증상으로서의 Y2K

그러나, 물론 파국은 일어나지 않았다. 2000년 1월 1일은 단지 몇 건의 사소한 문제 외에는 정말 놀라울 정도로 아무 일도 일어나지 않았다. 예상된 시나리오가 모두 빗나간 것은 다행스러운 일이었지만, 상황이 이렇게 되자 도대체 어떻게 이와 같은 과대망상과 과민반응이 가능했던 것인가에 대한 비판이 제기될 수밖에 없었다(전자신문, 2012. 9. 17; 중앙일보, 2002. 2. 25). 언론의 선정적 보도와 이익 집단의 의도적 개입, 그리고 이에 휘둘린 정부의 부화뇌동 등이 비판의 대상이 되었다. 그런데 당시의 국면이 지나치게 과열된 양상을 띠었던 게 사실이라 해도, 단지 그것만을 지적하는 것은 사건 이후에나 형성될 수 있는 사후적 인식을 과거로 투사하는 것에 불과하다는 점에서 결국 하나마나한 비판이 되고 만다. 문제의 발생 가능성을 단순한 가능성으로 치부할 경우 그 결과를 책임질 수 없다는 이유에서라도, 당시로서는 그 가능성을 한낱 가능성 이상의 것으로 읽어 내고 또 반응해야만 했기 때문이다. 당시의 반응들을 과장과 선전에 따른 단순한 해프닝 정도로 이해하는 것은 사태를 마무리하고 봉합하는 데에는 효과적일지 모르지만, 정작 어떻게 그런 상상이 가능했으며 또한 그것이 어떻게 개인의 상상을 넘어 당시와 같은 사회적 상상(social imaginaries)으로까지 확대될 수 있었던 것인지에 대해서는 질문하지 못하게 만든다(Taylor, 2003/2010).

그렇다고 한다면, 오히려 중요한 것은 파국이라는 이미지 그 자체를 분석하는 것이 아니라 그것을 바로 그런 식으로 가능하게 만든 어떤 사회적 조건과 환경, 배경을 파악하는 것일 터이다. 그리고 마치 감기의 한 **증상**(symptom)으로 콧물이 나오는 것처럼, 당시의 사회적 상상들이 그러한 사회적 조건과 환경을 반영하는 형태로 구체화되어 나타날 수밖에 없었음을 정확히 읽어 내는 것이다(Althusser & Balibar; 1965/1991; Jameson, 1992). 이는 Y2K를 당시의 그 모든 혼란한 상황을 불러일으킨 유일한 원인으로 보는 대신, 반대로 특정한 사회적 조건이 배태한 결과이자 증상으로 보는 것이며, 그리하여 Y2K에 선행해서 그 자체를 발생시킨 당대의 **사회적 조건**을 더욱 근본적인 원인으로 재설정하는 것이기도 하다.

앞서 살펴봤듯이, Y2K를 통해 드러난 것은 컴퓨터 알고리즘의 문제가 단순히 몇몇 기계만의 문제로 국한되지 않고 그야말로 문명 전체의 문제로까지 확대·재생산될 수 있다는 것이었다. 지금까지 어떠한 재난도 이처럼 전 영역을 동시에 포괄하지는 못했다는 점에서, Y2K에 대한 당시의 위기감은 이를 해결하기 위한 담론적·비담론적 실천들을 이끌어 내고 불안이나 혼란과 같은 감정을 촉발해 내기에 충분했다. 하지만 여기에는 Y2K가 그러한 상황을 초래할 것이라고 생각할 수밖에 없도록 만든, 심지어 그에 따른 리스크를 상정하고 대비하는 게 가장 현실적이고 합리적인 선택이 되도록 만든, 어떤 사회적 환경과 조건이 이미 전제되어 있는 게 사실이다. 이것이야말로 사태의 핵심인데, Y2K가 그만큼의 영향력과 파급력을 가질 수 있었던 것은 연도 인식 오류 그 자체의 심각성 때문이 아니라, 그것이 놓여 있었던 환경과 조건, 곧 모든 컴퓨터가 상호 연결되고(네트워크화) 모든 데이터가 상호 운용되는(디지털화) 사회적·기술적 환경 조건이 이미 그에 앞서 형성되어 있었기 때문이며(Castells, 1996/2003), 이로써 컴퓨터의 문제가 문명 전체의 문제로까지 확대될 수 있는 가능성이 선제적으로 내재화되어 있었기 때문이다. 정보통신기술의 급속한 발전에 따른 네트워크화와 디지털화의 필연적 전개, 그리고 이로 인한 매개 환경의 근본적인 재편이 먼저 전제된 다음에야 Y2K가 비로소 전 세계를 아우르는 재난이 될 수 있었던 것이다. 컴퓨터 알고리즘의 문제가 모든 것의 문제로까지 확대될 수 있다고 상상되었던 것은 바로 이러한 사회적·기술적 조건이 관념적으로 반영된 까닭이며, 다시 말하면 Y2K는 자체의 문제설정을 철저히 이러한 조건 위에서 그것에 부합하는 형태로만 구성할 수 있었던 셈이다.

그렇다고 한다면 Y2K는 어떻게 과거의 것이면서 동시에 현재의 것이 될 수 있는가. 즉 Y2K라는 과거의 사건 속에서 읽어 낼 수 있는 것은 무엇이고 또 그것을 어떻게 현재적 상황과 연결시킬 수 있는가. 크게 네 가지 쟁점을 통해 확인할 수 있다. 첫 번째는 사회적 **조건**의 문제이다. Y2K라는 문제설정은 특정한 사회적·시대적 조건을 전제로 성립되었다. Y2K는 이미 1970년대에 그 문제점이 인식되었음에도 불구하고 1990년대 중후반이 되어서야 크게 이슈화될 수 있었는데, 이는 기술자들의 임무 소홀이나 사람들의 안전 불감증 때문이 아니라, 그것을 문제가 되도록 만드는 제반 사회적 조건이 1990년대에 이르러서야 비로소 구축되었기 때문이다. 즉 1970년대에는 아무런 파장도 불러일으키지 못했던 것이 불과 20여 년 만에 재난의 원인으로 지목될 수 있었던 것은, Y2K가 그만큼 문제적으로 진화해서가 아니라 그것을 둘러싼 사회적 조건이 이전과는 전혀 다른 형태로 변모됐기 때문이었다. 이를 후기 산업사회(post-industrial society)라 하든 정보화 사회(information society)라 하든(Bell, 1973/2006), 중요한 것은 1970년대부터 가속화된 자본주의의 재구조화와 신자유주의적 재편 그리고 여기에 맞물려 전개된 정보통신기술의 급속한 발전이 불과 20여 년 만에 세계를 그야말로 혁명과 같은 수준으로 변화시켰다는 것이며, 그 결과 Y2K가 문제화될 수밖에 없는 사회적 조건이 형성되었다는 것이다.

두 번째는 매개적 환경의 **외적** 구성에 대한 문제이다. 반복하지만, Y2K가 그토록 문제적이었던 이유는 단연 그것이 당시의 네트워크화되고 디지털화된 매개 환경 속에서 발생했기 때문이었다. 네트워크화와 디지털화라는 두 흐름은 상호침투적으로 작동하면서, 한편으로는 국민국가에 한정되지 않는 초국가적 네트워크 환경을 구축하고, 다른 한편으로는 다양한 형태의 데이터들이 수렴될 수 있는 공통의 디지털 정보 체계를 확립했으며, 이를 통해 모든 컴퓨터가 상호 연결되고 모든 데이터가 상호 운용되는 정보화 환경(computerization environment)을 구축해 나갔다. 당시의 매개 환경이란 결국 현재의 정보화 환경을 지탱하는 토대로 계속해서 연장·확대·심화되고 있다는 이유에서, Y2K의 문제설정 또한 더없이 현재적인 형태로, 심지어 더 극대화된 형태로 밀어붙여지고 있다고 할 수 있다. 특히 무선인터넷과 스마트폰에 이어 클라우드와 빅데이터, 사물인터넷 등으로 이어지는 변화의 흐름은, Y2K가 열어젖힌 매개 환경에 대한 질문을 새롭게 갱신하면서 현재의 지평 속에 재맥락화한다.

세 번째는 이러한 환경 구성을 통해서 작동하는 **권력**의 문제이다. 단적으로 말해서, Y2K는 컴퓨터의 바깥, 곧 컴퓨터가 정지된 세계란 결국 파국과도 같음을 보여 주었다. 이는 컴퓨터에 의해 매개된 환경만이 유일무이한 세계로 남게 되었음을 뜻하는 것임과 동시에, 그것이 현재와 미래의 가능한 세계를 규정하게 되었음을 뜻하는 것이기도 하다. 환경이 권력으로 작용한다는 것은, 이처럼 가능한/불가능한 세계를 열고 닫음으로써 그 안에서 이루어지는 모든 행위에 영향을 미치고 또 그 한계를 규정한다는 의미이다. 일상을 둘러싼 현대적 매개 환경은 개별 주체의 내면에 작동하던 권력의 주체화/예속화(subjectification) 과정과는 달리, 단지 개인을 둘러싼 환경의 관리와 통제를 통해 그 환경 안에 위치한 인구 일반의 사고와 행동을 특정한 방향으로 이끌어 낸다는(또는 한계 짓는다는) 점에서, 이른바 기반구조적 권력(infrastructure power)의 성격을 갖는다고 할 수 있다. 환경과 권력의 관계라는 이 같은 문제설정 또한 지극히 현재적인 형태로 계속해서 확대되고 있음은 물론이다.

네 번째는 매개적 환경의 **내적** 구성에 대한 문제이다. 앞서 확인했듯이, Y2K는 컴퓨터를 통해 유통되는 정보의 내용이 테러와 전쟁 같은 위험 요소를 포함해서가 아니라 단지 컴퓨터의 연도 인식 알고리즘에 오류가 발생했기 때문에 일어난 일이었다. 즉 Y2K를 통해 확인할 수 있는 것은 당시의 그 급박했던 위기의 가능성이 컴퓨터의 내적 논리 구조인 알고리즘으로부터 비롯되었다는 것이다. 달리 말하자면, 정상적인 상태란 결국 컴퓨터 알고리즘이 제대로 작동하고 있는 상황에 다름없다는 점에서, 컴퓨터 알고리즘이야말로 세계의 정상과 비정상(또는 예외)을 나누는 기준이 된다고도 할 수 있다. 이는 위의 두 번째, 세 번째 쟁점과도 곧장 연결되는데, 정보화 환경은 각종 인터넷 기계들로 이루어지는 물리적이고 외적인 환경 구성뿐만 아니라 그것들을 제대로/정상적으로 작동하게 만드는 논리적이고 내적인 환경 구성을 포함하고 있으며, 따라서 권력 작용 또한 외적인 환경의 조성을 통해서 이루어지는 것만큼이나 그 내적인 알고리즘, 코드, 프로토콜을 통해서도 이루어질 수 있기 때문이다. '코드가 법(권력)'이라는 표현은 이 문제를 정확히 짚어 내고 있다고 하겠다.

논의를 정리하면, Y2K 국면을 통해서 파악(또는 질문)할 수 있는 것은 첫째, Y2K라는 문제설정을 가능하게 만든 당시의 사회적 짜임, 둘째, 모든 컴퓨터가 연결되고 모든 데이터가 상호 운용되는 정보화 환경의 특징, 셋째, 이러한 매개적 환경 구성을 통해 작동하는 기반구조적 형태의 권력 작용, 넷째, 환경 구성의 내적인 측면으로서의 알고리즘과 코드이다. 이로부터 인터넷, 사회, 환경, 권력이라는 키워드를 추출해 낼 수 있으며, 이는 다시 기계와 권력 그리고 사회라는 이 책 본래의 문제설정으로 수렴시킬 수 있다. Y2K로부터 논의의 실마리를 찾은 이유가 여기에 있는데, Y2K를 둘러싼 당시의 사회적 상상들은 1980년대 이후 진행된 정보화의 흐름이 세계의 내·외적 환경을 어떻게 변형시켜 갔는지를 압축해서 보여 줌과 동시에, 이렇게 형성된 환경이 다시 이후의 흐름으로 어떻게 이어져 나가게 될지를 분명하게 선취해서 보여 주기 때문이다. 즉 Y2K라는 과거의 국면으로부터 위의 네 가지 쟁점을 추출해 냈지만, 당시의 국면이란 결국 이후의 흐름을 지탱하는 토대가 되면서 현재로까지 계속해서 연장·확대·심화되고 있다는 이유에서, 위의 쟁점들 또한 더없이 현재적인 형태로 심지어 더 극대화된 형태로 밀어붙여지고 있다고 할 수 있다. 그러므로 이후의 논의는 앞서 제기한 쟁점들을 이어받으면서도 이를 이 책의 문제설정에 맞게 더욱 심화시켜 읽어 나가는 시도가 될 것이다.

2. 세계는 더 이상 이전과 같지 않다

2012년 7월, UN 인권위원회(United Nations Human Rights Council)는 인터넷 접근권(Internet Access)을 인간이라면 누구나 누릴 수 있는 기본적인 권리로 선언한다. 인터넷에 접근할 권리를 인간이 자신의 존엄을 지키고 삶의 가치를 높이며 행복을 추구하기 위해 반드시 보장받아야 할 권리 중 하나로 선언한 것이다. UN의 이 선언으로 인해 인터넷 접근은 이제 몇몇 선진국 국민만의 권리가 아니라 인류 전체의 보편적인 권리로 자리매김되기에 이르렀다. 그런데 사실 이러한 기본권 선언은 세계 대부분의 국가들에서 이미 인터넷이 보편적으로 사용되고 있었던 당시의 시대상을 사후적으로 반영해서 담아낸 것에 더 가깝다. 1990년대에 상용화된 인터넷은 불과 십수 년 만인 2010년쯤에는 전 세계 사용자 수 10억 명을 넘어섰으며, 이로부터 채 몇 년이 지나지 않은 2014년에는 그 세 배인 30억 명을 넘어섰다(전자신문, 2014. 11. 25). UN 인권위가 인터넷 접근을 기본권으로 선언한 2012년은 이 흐름의 한가운데에 위치해 있다는 점에서, 한편으로는 이전 시대의 흐름을 이어받고 다른 한편으로는 그 흐름을 더욱 가열하게 이어 나가고 있던 때라고 할 수 있다. 즉 UN의 결정은 이러한 변화의 흐름을 기본권이라는 인류의 보편적 권리로서 승인한 것이면서 또한 동시에 그 흐름을 전 세계적 차원으로까지 더욱더 확대해 나갈 것을 요구하는 수행적 선언이었던 것이다.

이렇듯 인터넷은 상용화된 지 20년이 채 지나지 않아 인간의 기본권으로까지 격상되기에 이르렀다. 도대체 이 짧은 시간 동안 무슨 일이 일어난 것인가. 실로 상전벽해와도 같은 변화라 할 수 있다. 물론 이 시기에 일어난 변화를 자세히 묘사하는 것이 이 책의 목적은 아니다. 중요한 것은 과거의 일을 정확히 복기하는 게 아니라 그것을 가능케 한 근본적인 조건, 즉 그러한 변화를 이끌어 낸 벡터적 선들과 힘들을 찾아내고 다시 이를 현재적 관점에서 읽어 내는 것이며, 더 나아가 이를 미래로 밀고 나감으로써 이후의 상을 예측해 보는 데 있기 때문이다. 그럴 때에야 우리는 UN 인권위의 기본권 선언을, 인권의 적용 범위가 온라인 영역으로까지 확장된 진보적 변화 이상의 의미로 읽어 낼 수 있게 된다. 그러나 이를 위해서는, 불가피하게도 1980년대부터 현재까지 진행되어 온 정보화의 흐름과 변화의 양상을 간략하게나마 정리할 필요가 있다.

세계의 평평화를 이끌어 낸 열 가지 동력

먼저 정보화 기술이 세계를 재편해 나간 과정부터 살펴보자. 당연한 말이지만, 단순히 과거 어느 때에 정보통신기술의 혁명적 발전이 있었다고 막연하게 기술하는 것만으로는 부족하다. 정보통신기술의 변화가 어떤 단계를 거쳐 어떤 양상으로 전개되었는지를 구체적이고도 역사적인 층위에서 이해할 필요가 있으며, 이것이 현재의 매개적 환경 구성과 어떤 식으로 이어지고 있는지를 연속적인 측면에서 이해할 필요가 있다. 이를 위해서라도 이 과정에 대한 대략적인 논의와 이해는 불가피하다.

미국의 칼럼니스트 토머스 프리드먼(Thomas Friedman)의 저작 『세계는 평평하다』는 바로 이 과정을 일목요연하게 정리해 보여 준다는 점에서 주목할 만하다. 그는 세계를 가로막고 있던 물리적·지정학적 장벽이 정보혁명으로 인해 약화 또는 와해되었음을 지적하면서 그러한 변화의 양상을 '평평화(flatization)'라는 개념을 통해 짚어 낸다(Friedman, 2005/2006). 세계가 말 그대로 **평평**하게 재편되었다는 것이다. 일단 그가 제시하는 평평화의 열 가지 동력에 대해 간단히 살펴보고, 이 개념을 (이 책의 논의와 주장에 맞게) 어떻게 비판 또는 수정해야 할지에 대해서도 논의를 이어가 보자.

세계를 평평하게 만든 첫 번째 동력은 베를린 장벽의 붕괴와 윈도우(Windows)의 개발이다. 베를린 장벽의 붕괴(1989년)와 잇따른 소련의 붕괴(1991년)는 냉전으로 양분되어 있었던 세계를 자본주의와 자유주의의 공간으로 재편해 냈다. 이 과정은 1980년대부터 진행된 정보혁명에서도 큰 영향을 받았는데, 팩스와 모뎀, 개인용 컴퓨터, 윈도우 기반 PC의 개발(1990년)로 인해 정보의 생산 및 유통이 자유로워지면서 전체주의 체제의 폐쇄적인 사회 분위기와 이를 지탱하던 정보 독점, 규제 양식 등에 균열이 가해졌기 때문이다. 두 번째 동력은 웹(World Wide Web)의 일반화와 웹브라우저(web browser)의 대중화이다. 윈도우와 개인용 컴퓨터만으로는 정보를 자유롭게 전송하고 공유하는 데 한계가 있었다. 인터넷이 전 세계 컴퓨터를 상호 연결함으로써 정보 교환의 가능성을 열어 두었다면, 월드와이드웹은 인터넷에 퍼져 있는 온갖 정보를 쉽게 찾아볼 수 있도록 하이퍼텍스트(hypertext) 기능을 통한 통합적인 서비스 체계를 구축했다(1991년). 세 번째는 워크플로(workflow) 소프트웨어의 개발과 확산이다. 이전까지는 국가와 기업들이 독자적인 표준을 사용하거나 서로 다른 종류의 소프트웨어를 사용해서 업무 간 상호 협력이 어려운 경우가 많았던 게 사실이다. 그런데 각종 데이터를 디지털화해서 인터넷으로 전송·공유하게 해주는 프로토콜이 표준화되고 응용 소프트웨어의 호환성이 높아짐에 따라, 어디서나 업무를 처리하고 또 어디에 있는 누구와도 공동으로 작업하는 게 가능해졌다. 네 번째는 업로딩(uploading)으로 대표되는 적극적인 온라인 활동의 출현이다. 이러한 흐름 속에서 사용자 개개인은 점차 정보의 수동적인 수용자에서 적극적인 생산자로 변모되어 갔으며, 바로 그만큼 세계 기획과 구성에 참여하고 정치적·문화적·사회적 변화를 이끌어 낼 수 있게 되었다.

다섯 번째와 여섯 번째 동력은 아웃소싱(outsourcing)과 오프쇼어링(offshoring)의 활성화이다. 아웃소싱은 기업 기능의 일부를 외부에 위탁하는 것을 뜻하고, 오프쇼어링은 그 범위를 다양한 분야 및 해외로까지 적극 확대하는 것을 뜻한다. 예컨대 인도의 기술자들이 미국 기업의 콜센터, 회계 업무, 컴퓨터 업무 처리 등에 대거 고용되는 식이다. 광섬유 케이블이 전 세계를 빛의 속도로 연결하면서 데이터 통신 비용을 획기적으로 낮춘 결과, 바로 그 네트워크 통신망을 통해 아웃소싱과 오프쇼어링 또한 그만큼 전 세계적으로 활발히 진행될 수 있었다. 일곱 번째는 효율적인 공급사슬(supply chain)의 확립이다. 전 세계적 네트워크 통신망의 확립으로 생산·보관·운송·분류·유통·배치 등의 공급사슬은 그만큼 더 정교하고 신속하게 연결될 수 있었으며, 이로 인해 생산자와 유통업자 그리고 소비자는 전례 없이 유기적인 형태의 통합을 이룰 수 있게 되었다. 여덟 번째는 조금은 다르게 정의된 인소싱(insourcing) 전략이다. 예컨대 미국의 운송 기업인 UPS는 자사의 물류센터에서 도시바 노트북을 바로 수리하여 보냄으로써 A/S에 소요되는 시간을 획기적으로 단축시킬 수 있었는데, 이처럼 기업의 고유한 사업영역 안으로(in) 들어가 특정 업무를 대신 담당하는 것을 프리드먼은 인소싱이라고 표현한다. 이렇게 인소싱 전략을 통해 기업과 기업의 상호 연결도가 높아짐으로써 세계적 수준의 공급사슬이 완성된다는 게 프리드먼의 주장이다. 아홉 번째는 구글 검색을 통한 인포밍(informing)의 일상화이다. 컴퓨터와 윈도우의 보급으로 인해 개인이 정보의 제작자가 되었다면, 구글과 같은 검색 사이트를 통해 이제 개인은 무한대의 정보를 자유자재로 탐험해 나가는 정보의 탐색자가 되었다. 이로써 개인은 정보를 주는 대로 받아들이던 위계적 수용 체계에서 벗어나 보다 적극적으로 정보를 탐색하고 조합하여 새로운 지식을 만들어 낼 수 있게 되었으며 또 이를 공유함으로써 지식의 확장과 진보를 이룰 수 있게 되었다. 마지막으로 열 번째는 디지털, 모바일, 퍼스널, 버추얼(virtual) 흐름에 대한 스테로이드(steroid) 작용이다. 프리드먼은 마치 스테로이드가 근육을 강화하는 것처럼, 새로운 기술의 발전이 디지털화, 모바일화, 퍼스널화, 버추얼화를 한층 더 강화하면서 세계의 평평화 지수를 끌어올렸다고 말한다.

삼중의 융합, 그리고 새로운 질문

물론 이상의 열 가지 동력은 각각 따로 작동하기보다는 복합적이고도 상호의존적인 관계를 맺고 있는 게 사실이다. 프리드먼은 이 모든 과정이 유기적으로 한데 얽혀 세 단계의 융합을 만들어 냈다고 말하면서, 이 삼중 융합(triple convergence)으로 인해 비로소 위의 열 가지 동력이 실효적인 의미에서의 평평화를 이룰 수 있었다고 덧붙인다. 그렇다면 그가 말하는 삼중 융합이란 과연 무엇을 의미하고 또 이 책의 논의와는 어떻게 연결 또는 단절되는가. 하나씩 살펴보자.

첫 번째 융합은 새로운 웹 기반 플랫폼(platform)의 형성으로 나타났다. 앞서 논의한 열 가지 동력은 어느 하나가 발전하면 다른 하나가 이에 조응하는 식으로 상호보완적이고 협력적인 관계를 만들어 왔다. 당연하게도 컴퓨터가 개발되었다고 해서 곧바로 세상이 변하는 것은 아니다. 컴퓨터를 연결하는 네트워크와 프로토콜 기술이 개발되어야 하고 세계를 그물망처럼 가로지르는 광통신 케이블이 설치되어야 하며, 업무를 효율적으로 처리할 수 있는 워크플로 소프트웨어가 보급되어야 한다. 1980년대와 90년대를 거치면서 이러한 변화들은 서로 맞물리면서 발전과 융합을 이루어 냈고, 2000년 즈음에야 비로소 이전과는 전혀 다른 플랫폼을 완성하면서 진정한 의미의 평평화를 이끌어 냈다. 즉 첫 번째 융합은 열 가지 동력이 다양한 층위에서 서로 협력함으로써 만들어 낸 웹 기반 글로벌 플랫폼이다. 새롭게 형성된 웹 기반 플랫폼으로 인해, 개인과 기업은 그 어느 때보다도 긴밀하게 연결되기에 이르렀으며, 또 그 위에서 서로 소통하고 경쟁하고 협력할 수 있게 되었다. 플랫폼의 사전적 정의대로, 이 융합은 어떤 행위는 가능케 하고 또 어떤 행위는 불가능하게 하는 근본적인 틀(또는 환경)이 재구축되었음을 뜻하는 것이기도 하다.

그러나 플랫폼이 형성되었다고 해서 이것만으로 모든 변화의 흐름이 일거에 완성되는 것은 아니다. 플랫폼 효과(platform effect)를 이루기 위해서는 여기에 새로운 비즈니스 프로세스(business process)가 결합되어 경제적 생산성이 높아지는 데까지 나아가야 한다. 즉 두 번째는 새로운 기술 플랫폼과 새로운 비즈니스 프로세스의 융합이다. 전기 모터의 발명이 생산성 향상으로 이어지기까지는 상당한 시간이 소요됐는데, 나머지 생산 조건은 그대로 둔 채 단순히 전기 모터만 추가할 게 아니라 공장과 생산라인 등의 생산체계 전체를 증기에서 전기 중심으로 재구성해야만 했기 때문이다(Friedman, 2005/2006). 마찬가지로 평평화의 열 가지 동력이 상호 보완적인 융합을 통해 새로운 기술 플랫폼을 형성했다면, 이에 더해 수평적 협력 체계, 가치창출 메커니즘, 새로운 일처리 방식, IT 노동자·경영자·전문가 집단 등의 요소들이 다시 그것과 융합됨으로써 이전과는 다른 새로운 생산체계로 재구성될 필요가 있었다. 그럴 때에야 새롭게 형성된 기술 플랫폼이 실제적인 생산성 향상을 이끌어 낼 수 있고 또 그만큼 지배적인 위치를 점할 수 있음은 물론이다. 새로운 웹 기반 플랫폼은 기존의 수직적인 명령 체계를 수평적인 네트워크 연결 체계로 바꾸어 놓았고, 이는 다시 그에 걸맞은 (세계)

시장적이고 수평적이며 협력적인 비즈니스 프로세스와 융합되어 이른바 신경제(New Economy)라는 거대한 흐름으로 이어져 나갔다(Henwood, 2003/2004).

이어서 세 번째 융합은 냉전 체제에서 해방된 30억 인구가 자유로운 사이버 공간으로 쏟아져 나오면서 발생했다. 1990년대 이후부터 소련, 동유럽, 중국, 인도, 라틴 아메리카, 중앙아시아 등지에서 셀 수도 없이 많은 사람들이 자유주의와 자본주의의 세계로 밀려들어 왔다. 특히 이 시기는 공산주의 진영을 제외한 세계의 대부분이 이미 정보화 사회로 진입해 있던 때라서, 네트워크화와 디지털화가 진행된 정보화 환경에 이 수많은 사람들이 뒤이어 합류하는 식으로, 즉 환경이 개인을 흡수하는 형태로 융합이 이루어져 갔다. 이로 인해 변화의 속도와 정도는 더욱더 가파르고 광범위하게 진행될 수밖에 없었다. 전화도 없었던 사람들이 곧장 핸드폰을 사용하는 식으로, 변화의 중간 단계를 생략하고 바로 첨단 기술을 도입할 수 있었기 때문이다. 이미 웹 기반 글로벌 플랫폼이 완성되어 있었고 이를 가치 창출로 연결시킬 수 있는 비즈니스 프로세스가 구축되어 있었던 이상, 세 번째 융합인 대규모 참여 주체의 등장과 결합은 그만큼 손쉽고 자연스럽게 이루어질 수밖에 없었다. 삼중 융합의 의미가 이로써 분명해지는데, 요컨대 기술 플랫폼의 개발과 가치창출 메커니즘의 확립 그리고 사용자 대중(crowd)의 출현이 삼중의 융합을 이루었을 때에야, 비로소 앞서 논의한 개별적 요소들의 변화를 뛰어넘는 사회 전체적인 변화, 곧 세계의 평평화가 가능해질 수 있었던 것이다.

이상의 논의는 인터넷이 세계를 말 그대로 평평하게 만들어 가는 변화의 흐름을 각각의 기술적 요소 및 그 요소들의 융합 과정을 통해 입체적으로 짚어 냈다는 점에서 유의미한 참고가 된다. 결국 핵심은 이로 인해 세계가 수직적·위계적 정보 하달 체계에서 수평적·협력적 정보 공유 체계로 변형되었다는 것이며, 그 결과 그만큼 평평한 일상적 매개 환경이 만들어졌다는 것이다. 밀레니엄 당시의 매개 환경은 물론이고, 현재의 매개 환경 또한 단연 이러한 변화 위에서 그것을 토대로 구축된 것이고 말이다. 그러나 이러한 논의를 참고하면서도 정작 이 책에서 더 중요하다고 평가 및 주장하는 것은, '인터넷 플랫폼'과 '비즈니스 프로세스' 그리고 '사용자 대중'의 삼중 융합이 이 책의 문제설정을 따라 (그리고 순서대로 매개 환경, 잉여가치, 주체라는 중심축을 따라) 각각 '정보화 환경의 관리'와 '신자유주의 잉여가치 메커니즘' 그리고 '주체화/예속화된 주체(및 인구)'로 **대체**될 수 있다는 것이며, 더 나아가 현재적 관점(또는 비판적 관점)에서는 오히려 후자야말로 전자의 조합보다 더 정확한 접근일 수 있다는 것이다.

가능한 질문은 이렇다. 인터넷 플랫폼은 단순한 기술적 기반구조인가, 아니면 특정한 환경의 구축을 통해서 작동하는 권력의 한 기제인가. 새로운 비즈니스 프로세스는 포드주의적 축적체제의 한계를 극복하기 위해 등장한 신자유주의적 축적체제의 가치창출 메커니즘과 어떻게 연결되는가. 사용자 대중의 등장은 인터넷에 적극적으로 예속된 주체의 탄생과 어떤 점에서 같고 또 어떤 점에서 다른가. 그리고 이 같은 삼중의 융합을 통해 형성된 사회는 어떤 통치 전략과 공명하면서 자체의 고유한 특징을 만들어 나가는가. 즉 그 사회는 과연 어떠한 성격의 사회인가. 프리드먼의 논의에는 이러한 문제의식이 생략 또는 결여되어 있으며, 때문에 그러한 매개적 환경 구성이 외적인 변화를 넘어 주체성의 형성이나 권력의 전략과 같은 내적인 작용으로까지 확장·변형되는 지점을 놓치고 말았다는 점에서 일정한 한계를 갖는다. 게다가 이미 평평화가 이루어진 상태에서 그것을 기반으로 더욱더 첨예하게 전개되고 있는 현재의 상황을 설명하기에도 제한적인 게 사실이다. 세계를 둘러싼 매개 환경의 변화를 본격적으로 문제화했다는 점에서는 나름의 유효성을 갖지만, 현상적이고 표면적인 묘사에 그치고 말았다는 점에서 그 한계 또한 분명한 것이다.

그렇다고 한다면, 세계의 평평화라는 (환경 중심의) 개념을 참고하면서도 이를 이 책의 문제의식에 맞게 보완 또는 수정해 나가야만 하며, 근본적으로는 새로운 문제설정 속으로 내던져야 할 필요가 있다. 이를 위해서 이 장에서는 우선 프리드먼이 제시한 변화의 흐름을 무선인터넷과 스마트폰, 클라우드 컴퓨팅, 빅데이터, 사물인터넷 등과 같은 현재적 수준으로까지 밀고 나가는 한편, 이러한 기술적(기계적) 변화를 권력과 사회의 관점에서, 즉 매개적 환경 구성의 형태로 작동하는 통치권력의 측면과 그러한 힘들이 중첩된 결과로서의 사회적 짜임의 측면에서 다시 읽어 내고자 한다.

3. '매개 안에 있음'과 환경의 관리

무선인터넷의 일상화와 스마트폰의 대중화

앞서 살펴봤듯이, 세계가 평평해지면서 어떠한 제한도 없이 서로 소통하고 협력할 수 있는 기반이 현실적 또는 잠재적으로 구축되었다고 한다면, 이후 이러한 흐름이 어떻게 계승·변주되면서 현재의 매개 환경으로 이어지고 있는지, 특히 이 가운데 어떤 기술적 요소가 그 추이를 확대·강화시켜 나가면서 (표면적 발전을 넘어) 주체의 구성 및 권력 작용으로까지 이어지고 있는지 등을 보다 정확한, 그러면서도 새로운 개념으로 포착해 낼 필요가 있다. 매개 환경이라는 문제설정을 이어 가면서도 이를 현재적 상황에 맞게 갱신할 필요가 있는 것이다. 우선 살펴볼 것은 열 가지 동력과 삼중 융합의 상황 이후로 전개된 변화의 양상들이다. 이 책에서는 이를 크게 **네 가지** 단계(무선인터넷과 스마트폰, 클라우드 컴퓨팅, 빅데이터 분석, 사물인터넷)로 구분해서 각각의 특징을 살펴보고 또 그것이 어떤 매개 환경으로 귀결되고 있는지 대략적이지만 전체적인 상을 그려 볼 것이다.

그 첫 번째 단계는 무선인터넷의 일상화와 스마트폰의 대중화이다. 세계의 평평화 과정이 '인터넷의 일상화'와 '일상의 인터넷화'라는 동시적인 효과를 이끌어 냈다면, 즉 인터넷이 일상 곳곳으로 확산·침투·착근되게 만들고 이와 동시에 일상 또한 인터넷과의 연결 속에서 자체의 성격을 재구성하게 만들었다면, 그 연결의 밀도와 강도를 최대치로 끌어올린 것은 단연 이후 개발·보급·확산된 무선인터넷과 스마트폰이라 할 것이다. 각각을 살펴보면, 우선 무선인터넷은 말 그대로 연결선 없이도 인터넷에 접속할 수 있게 해주는 기술 일반을 말한다(wifi, n.d.). Wi-Fi, 3G, WiBro, LTE, 5G 등 무선 연결을 특징으로 하는 인터넷 기술을 통칭한 것으로 이해할 수 있겠다. 무선인터넷의 발전으로 이제 언제 어디서든지 스마트폰과 노트북 등의 단말기를 통해 인터넷에 접속할 수 있게 되었으며, 이에 더해 단순 접속을 넘어서 대용량 영상 스트리밍, 실시간 연결, 다중 접속 등의 작업도 안정적으로 진행할 수 있게 되었다. 언제 어디서나 자유롭게 접속할 수 있다는 의미의 유비쿼터스(ubiquitous) 환경이 무선인터넷의 발전과 함께 비로소 현실화된 셈이다. 이전의 인터넷 환경이 유선 연결에 특화되어 있었다면, 그래서 유선 네트워크가 연결된 곳에서만 접속이 가능했던 데다가 통신케이블 설치의 비용 문제로 인해 이마저도 도시 중심의 공간으로 한정될 수밖에 없었다면, 무선인터넷은 선 없이도 인터넷에 연결할 수 있게 함으로써 이 모든 제약과 한계를 근본적으로 재편하는 기술적 계기가 되었다.

무선인터넷 신호가 촘촘하게 둘러싸고 있는 일상적인 생활 공간 속에서, 사람들은 누구를 막론하고 항상-이미 상시적이고 잠재적인 연결 상태에 놓이게 되며, 심지어 일부러 연결을 시도하지 않더라도 자신이 가입한 통신사 네트워크에 자동으로 연결되는 비자발적인 연결 상황에 놓이게 된다. 일상 공간 여기저기에 빼곡히 들어선 빨간색 부채 모양의 와이파이 표시는, 신호의 반경이 서로 빈틈없이 겹쳐질 수밖에 없다는 이유에서, 진정 일상적 공간 전체가 그대로 인터넷의 매개 안에 놓이게 되었음을, 그리하여 그 안의 사람들 또한 항상 과잉 연결된(over connected) 상황 속에 놓이게 되었음을 그 색깔만큼이나 선명하게 드러낸다(Davidow, 2011/2011). 즉 무선인터넷은 **선**(線)을 통한 연결을 **면**(面) 안에서의 연결로 전환한 것이며, 그럼으로써 일시적 연결을 상시적(또는 잠재적) 연결로, 장소적 연결을 공간적 연결로, 자발적 연결을 비자발적(또는 자동적) 연결로 바꾸어 낸 것이다.

물론 이러한 변화 속에는 스마트폰의 개발·도입·확산 과정이 분리 불가능한 전제로 기입되어 있다. 당연한 말이지만, 무선인터넷만으로 지금과 같은 연결사회가 완성될 수는 없었다. 무선인터넷이 선 없는 연결을 가능케 한 기술적 조건이라면, 이 조건을 다양한 일상 영역 속에서 구체화하고 실제화한 장치는 전적으로 스마트폰이었다. 무선인터넷으로 인한 잠재적인 연결 상태는 스마트폰의 대중화로 인해 비로소 현실화(actualization)될 수 있었기 때문이다. 스마트폰은 출시 이후부터 지금까지 대중에게 적극적으로 채택되어 대중의 삶 가운데 그만큼 광범위하고 깊숙하게 확산 및 침투되어 갔으며, 그 결과 현재는 스마트폰의 대중화와 일상화가 불가역적인 흐름으로 자리매김되기에 이르렀다. 특히 눈여겨 볼 것은 스마트폰의 공통 특징인 애플리케이션을 통한 확장 가능성이다. 바로 이로 인해 스마트폰이 말 그대로 스마트한 것이 될 수 있었기 때문이다. 다양한 앱(app.)들이 계속해서 개발되고 확산됨으로써 스마트폰은 어느 한 가지 용법에 국한되지 않는, 거의 만능에 가까운 용법을 얻게 되었다. 인터넷, TV, 동영상, mp3, 카메라, 지도, SNS 등 무수히 많은 앱의 기능과 그 활용 범위만큼이나 스마트폰의 쓰임이 가히 일상 영역 전부를 아우르게 되었다고 해도 과언이 아니다. 실로 우리는 아침에 일어나서 저녁에 잠들 때까지 거의 모든 시간을 스마트폰과 함께 보내며, 단지 시간만 보내는 게 아니라 스마트폰이 열어 놓은 세계 속에서 일하고 정보를 얻고 친구를 사귀고 소통을 하면서 살아간다. 스마트폰은 일종의 내재화된 습속으로 자리 잡았다. 우리가 스마트폰을 사용하는 게 아니라 반대로 스마트폰이 우리를 특정한 형태로 포획해 간다는 표현이 더 정확해 보이기까지 한다.

무선인터넷이 구축해 놓은 상시적·공간적·비자발적 연결 환경은 한국의 경우 인구의 95% 이상이 갖고 있는 스마트폰과 만남으로써, 그야말로 인구라는 수준에서 그 연결의 잠재성을 현실화하기에 이르렀다(조선비즈, 2019. 2. 6). 뒤집어 말하자면, 스마트폰은 바로 이 무선인터넷과 연결됨으로써 자체의 활용 범위를 단순한 전화기 기능 너머로까지 무한정 넓힐 수 있게 되었다. 무선인터넷이 스마트폰의 발전을 추동하고 동시에 스마트폰은 무선인터넷의 연결도를 확장해 나가는 식이다. 무선인터넷과 스마트폰은 이렇듯 서로를 강화하는 준거가 되면서 그 시너지의 결과로 역사상 유례없는 고도 연결 사회를 만들어 냈다. 자본·노동·상품·사람·지식·정보 등이 컴퓨터 네트워크를 통해 서로 긴밀하게 연결되어 있다는 의미에서의 네트워크 사회는, 무선인터넷과 스마트폰이 일상 속에 깊숙이 파고든 시점에 이르러서야 그 진정한 의미를 실현할 수 있게 되었다. 이제 우리는 굳이 컴퓨터 앞에 앉지 않아도, 인터넷 선에 따로 연결하지 않아도, 언제나-이미 네트워크화된 세계 '안에' 놓여 있게 됐다. 그리고 계속해서 더 강하게 네트워크화되고 있다.

책상 위의 놓여 있던 '분리된' 컴퓨터(1990년대)는 인터넷에 '연결된' 컴퓨터(1990~2000년대)와 '언제 어디서든 접속할 수 있는' 노트북(2000년대 초반)을 거쳐 이제는 '손 안에 든' 정보 환경(아이폰3GS가 출시된 2008년 이후)으로 그 모습과 성격을 바꾸어 가고 있다. 컴퓨터보다 몇 배나 많아진 스마트폰으로 인해 이제 개개인들은 언제 어디서나 인터넷에 자유롭게 접속할 수 있을 뿐만 아니라 일하는 시간은 물론이고 지하철을 타고 가는 중에도, 밥을 먹고 쇼핑을 하고 친구를 만나고 여가를 보내는 중에도, 심지어 아무것도 하지 않은 채 그냥 켜놓기만 해도, 말 그대로 어떤 상황에서든지 항상-이미 인터넷에 연결되어 있을 수밖에 없게 되었다. 이러한 환경 속에서 스마트폰을 손에 쥔 개개인들은 마치 머리 위에 무선인터넷 표지를 달고 있는 개별 송수신체 같은 것이 되어 버렸다(Berardi, 2009/2013). 이 같은 주체의 형상을 무엇이라 규정하든, 이것이 무선인터넷과 스마트폰이 열어 놓은 매개적 환경 속에서 시대적이고도 종별적인 주체상을 이루고 있음은 더없이 분명해 보인다. 베라르디 및 마이클 하트(Michael Hardt)와 네그리의 다음 말은 이러한 논점을 정확히 짚어 내고 있다.

> 휴대폰은 아마 이러한 네트워크 의존성을 가장 잘 설명해 주는 과학기술적 장치일 것이다. 정보노동자들은 일하고 있지 않을 때조차도 대부분 휴대폰을 지닌 채 켜두고 있다. 휴대폰은 개인을, 형식적으로는 자율적이지만 실질적으로는 의존적인 자기기업으로 조직하는 데 주요한 기능을 갖는다. (중략) 노동은 네트워크가 끝없는 재조합을 활성화하는 셀 방식(cellular)의 활동이다. 휴대폰은 이러한 재조합을 가능하게 만드는 수단이다(Berardi, 2009/2012, 120쪽).

> 소통과 사회적 미디어는 그들을 일자리로부터 벗어나게 하는 동시에 그것에 묶어 놓는 것처럼 보인다. 스마트폰과 무선 접속 장치들을 가지고, 당신은 어디든 갈 수 있고 계속 근무를 할 수 있다. 그러나 당신은 어디를 가든지 여전히 일을 하고 있음을 곧 깨닫게 된다. 미디어됨(mediatization)은 노동과 삶 사이의 구분을 점차 모호하게 만드는 주요한 요소다. (중략) 미디어는 당신을 수동적으로 만들지 않는다. 사실 그것들은 끊임없이 당신이 참여하고, 당신이 좋아하는 것을 선택하고, 당신의 의견을 제출하고, 당신의 삶을 이야기해 주기를 요구한다(Hardt & Negri, 2012/2012, 57쪽).

중요한 것은 이 같은 잠재적 연결 상태가 일종의 '환경'처럼 우리를 둘러싸고 있다는 것이며, 그러한 환경 구성이 점점 더 주체의 경험 이전에 존재하면서 (주체의) 경험과 인식을 틀지어 내는 일종의 (역사적인) 선험적 범주로 기능해 가고 있다는 것이다(Bolter, 1984/2017).[36] 이는 특히 2000년대 이후 태어난 디지털 본(digital born) 세대들에게 더욱 그러한 데, 이들에게 무선인터넷과 스마트폰으로 이루어진 잠재적 연결 상태는 그 자체가 이미 선택 불가능한 **소여**(所與)의 환경으로 제공된다는 점에서 그만큼 더 근본적이고 지속적인 영향을 미치고 있기 때문이다(Berardi, 2011/2013). 물론 정도의 차이만 있을 뿐 이러한 환경의 작용은 현재를 살아가는 모든 사람에게 공통적으로 가해지는 압력이기도 하다. 스마트폰을 사용하는 노인 인구의 비율이 해마다 급증하는 현실이 이를 방증한다고 하겠다(한국인터넷진흥원, 2017). 산업화 세대부터 디지털 본 세대에 이르기까지 거의 모든 세대의 사람들이 항상-이미 무선인터넷의 일상화 및 스마트폰의 대중화와 직간접적인 영향 관계를 맺고 있다.

그렇다고 할 때, 현재의 우리는 정도야 조금씩 다르다고 하더라도 결국 무선인터넷과 스마트폰이 열어젖힌 잠재적인 연결 상태 안에(또는 그러한 환경 안에) 놓여 있다고 해도 과언이 아닐 것이다. 이러한 환경은 마치 공기처럼 우리를 둘러싸고 있다(Feenberg, 1991; Lum, 2005; Peters, 2015/2018).[37] 가장 적극적이고 능동적인 사용자들조차도 전적으로 이 환경 안에서만 그러할 수 있으며, 결코 그 환경에 앞서서 홀로 그러할 수는 없다. 또한 이로부터 멀리 떨어져 있는 것처럼 보이는 수동적인 사용자들조차도 이러한 환경 구성의 직간접적인 힘들로부터 결코 자유로울 수는 없다. 미디어로서의 환경은 실로 우리의 삶 전체를 떠받치는 가능성의 조건으로 자리 잡고 있다.

'매개 안에 있음'이란 무엇인가

이 장에서는 이러한 환경 구성의 작용을 **매개 안에 있음**(Being-in-Mediation)이라는 개념으로 파악해 보고자 한다. '평평화'가 매개 공간의 물리적 변화에 주목한 개념인 반면, '매개 안에 있음'은 여기서 더 나아가 이로 인한 화학적 변화까지도 담아낸 개념이다. 일단 이 개념은 무엇보다 우리의 존재가 매개의 외부에 있지 않고 특정한 매개 작용 안에 놓여 있음을 나타낸다. 즉 그것은 우리의 현존재가 매개에 대한 (자유로운) 선택 가능성 위에 놓여 있지 않고 오히려 그 반대로 매개라는 구체적인 조건 위에서만 형성될 수 있음을 자체에 담아내고 있다(Derrida, 1967/2010; Heidegger, 1927/1998; Kittler, 1999).[38] 실제로 우리는 무선인터넷과 스마트폰을 '통해서' 무언가를 하기 위해서라도, 그 전에 먼저 그것이 구성해 놓은 시공간 환경 '안에' 들어가야만 한다. 다시 말해서 이들 매체가 열어 놓은 매개적 '관계 안에' 있게 된 다음에야, 그리고 그에 따른 주체적 변용이 수반된 다음에야 비로소 그 주체에 의한 '통해서'의 용법이 가능해진다. 결코 그 역은 아니다. 이미 존재하는 (완결된) 주체들이 자신의 의도와 계획에 따라 인터넷을 이용하는 게 아니라 반대로 인터넷이 조금씩 열어젖힌 시공간 세계 속에서 비로소 자체의 특유한 쓰임이 발생하고 또 그에 따라 특정한 형태의 주체화 과정이 발생하는 것이다.[39] 이 가운데 주체는 더 이상 원인의 자리에 있지 않고 다만 매개의 특정한 효과로서 존재할 뿐이다(Anderson, 1991/2006; Benjamin, 1936/2007; Kittler, 1986/1999). 이러한 이해는 우리로 하여금 주체 그 자체가 아니라 주체를 형성 및 주조하는 구체적인 규정성으로서의 매개 환경에 집중할 것을 요구한다. 물론 이때의 매개란 주체를 형성하는 유일한 원인이라기보다는 중층결정을 이루는 여러 인자 중 하나의 특화된 (그러나 현대의 정보화 환경에서는 특히 중요한) 계기임을 덧붙일 필요가 있다. 환경에 의한 주체화의 테제가 이렇게 도출된다.

1980년대의 정보화 혁명에서 1990년대의 신경제 열풍으로 이어지는 변화의 흐름이 인터넷과 개인용 PC를 중심으로 세계를 평평하게 재편했다면, 2000년대 중반 이후의 흐름은 그 자리를 무선인터넷과 스마트폰으로 (중첩적으로) 대체하면서 연결과 접속의 양상을 이전과는 비교할 수 없을 정도로 편재적이고 즉각적인 형태로 밀어붙였다. 이에 따라 자본·노동·상품·소통·정보·지식·협력 등의 요소들 또한 이전보다 더 강력하고 촘촘하게 연결 및 결합되었음은 물론이다. 이를 연결 사회나 스마트 사회로 표현하든 혹은 다른 무엇으로 표현하든, 결국 핵심은 이로써 매개 안에 있음의 강도와 밀도가 그 어느 때보다 더 극대화되었다는 사실이다. 이러한 흐름은 한편으로는, 인터넷이 무선으로까지 확장되어 감에 따라 그 외부, 즉 인터넷의 연결이 가닿지 못하는 바깥 지대가 점차 축소되어 가는 일련의 경향성을 의미한다. 1990년대부터 가열하게 진행된 정보화 흐름의 결과, 그것이 모바일 통신망의 구축이든 초고속 인터넷 네트워크의 설립이든 인공위성을 이용한 통신 체제의 완성이든, 흔한 표현대로 유비쿼터스 세계가 점차 그 모습을 갖추어 가기 시작했다. 시간과 장소에 상관없이 어디서든 자유롭게 접속할 수 있다는 뜻의 유비쿼터스란, 달리 말하면 모든 공간이 잠재적인 연결 상태에 놓여 있거나 실제로 이미 항시적인 접속 상태에 놓여 있게 된 매개 환경의 구축을 일컫는다(김동환 외, 2002). 점차 반경을 넓혀 가는 유비쿼터스의 자장 속에서 연결의 외부 공간은 언제고 그 반대편인 연결 공간 내부로 전화될 진행형의 궤적 속에 위치해 있었다. 와이파이와 스마트폰의 결합은 이러한 경향성을 더없이 극대화시키면서 그만큼 외부를 내부로 계속해서 포섭해 나갔다.

이것이 외부가 없다는 말에 대한 물리적인 묘사라면, 이와는 조금 다른 형태로서, 연결의 내부에서조차 탈-연결되는 것을 상상할 수 없게 만들고 더 많은(또는 더 강도 높은) 연결 상태로 스스로를 밀어 넣게 만드는 고도연결(highconnected)의 화학적 작용이 또 다른 묘사를 이룬다. 인터넷에 원활히 연결되지 않는 상황이 불편하고 불안하며 심지어 시대에 뒤처지거나 무능력한 것으로 표상되는 반면, 빠르고 안정적인 연결은 이와는 반대로 효율적이고 경제적이며 진보적인 것으로 표상되는 시대상을 떠올려 볼 수 있겠다. 경쟁적으로 방영되던 여러 인터넷 브랜드 광고에서 볼 수 있듯이, 결국 관건은 얼마나 빠르고 또 얼마나 끊기지 않게 연결되느냐의 문제였다. 외부로의 확장을 이룬 만큼, 이제 남은 것은 속도와 지속이라는 내부로의 안정화 작업이었다. 접속 불량이나 연결 지연과 같은 단절의 상황이야말로 내부 속 외부라고 할 때, 인터넷과 컴퓨터에서 와이파이와 스마트폰으로 이어지는 정보화의 발전 과정은 이러한 내부 속 외부의 발생마저도 점차 해소해 버리거나 최소화하기에 이른다. "와이파이 잘 터져요?"라는 광고 카피가 당연한 사실을 묻는 식의 우스갯소리로 이해되는 지점이다.[40] 바깥으로 끊임없이 뻗어 나가는 선분과 그 내부를 고르게 통약해 내는 선분, 이 두 선분은 이렇듯 교차되면서 매개의 고른 평면으로 수렴되어 갔다. 이러한 외부 없음의 상황이 앞서 논의한 '매개 안에 있음'이라는 잠재적이고 항시적인 연결 상태와 겹쳐 있음은 쉽게 짐작할 수 있다. Y2K는 이러한 외부 없음의 상황을 마치 하나의 증상처럼 징후적으로 나타내 보여 준 것이고 말이다.

그런데 외부가 없다는 것,[41] 그것이 물리적 외부의 축소든 내부적 연결의 강화든, 여하간 바깥이라 할 만한 공간을 실제로 축소하거나 혹은 상상할 수 없게 만드는 것은, 결국 내부의 질서와 체계를 교체 불가능한 것으로 인정하게 만드는 것일 뿐만 아니라 더 나아가 그 외부를 비정상이자 예외로 규정함으로써 이후로도 철저히 그 안에만 머물게 만드는 것이기도 하다. 그러므로 다시 '매개 안에 있음'이다. 이는 매개의 안을 편리·효율·이익·소통·발전·속도·접속 등의 요소들로 가치 평가함으로써 그 바깥의 공간을 이와는 반대의 것들로 평가절하하게 만드는 것이며, 이를 통해 다시금 그 내부의 질서를 유지하고 강화하며 재생산하는 것이기도 하다. 이것이 문제적인 이유는, 이렇게 매개적 관계 안에 머물러 있게 하는 것이 어떤 면에서는 우리의 인식과 경험의 한계(boundary)를 철저히 그 틀에 한정시킴으로써 우발적이고 예측 불가능한 사건들의 발생을 손쉽게 관리·통제·제어하려는 통치 전략과 맞닿아 있을 수밖에 없기 때문이다.

탈주체화의 불/가능성?

즉 매개 안에 있음은 특정한 형태의 환경 구성을 통해 작동하는 권력관계의 메커니즘과 분리 불가능하다. 정보화 환경을 구축함으로써 오직 그 안에서만 일하고 소통하며 살아가게 만드는 것, 이것이 편리하고 이득이라고 생각하게 만들 뿐만 아니라 더 나아가 즐기고 원하게 만드는 것, 그럼으로써 이전과는 다른 형태의 주체적 변양(modification)을 이끌어 내고 또 자발적으로 이 과정에 뛰어들게 만드는 것, 결국 이 모든 과정은 사고와 행위의 변화를 유도하는 권력의 작용인 동시에 그 결과로서의 **주체화** 작용이기도 하다. 환경과 권력 그리고 주체가 하나의 문제설정을 이루는 지점이다. 예컨대 우리는 와이파이와 스마트폰이라는 장치 안에서, 그 작용으로부터, 그것과 함께 일하고 소통하며 살아간다. 실로 매개 안에 있다. 그리고 바로 이러한 매개적 환경 속에서 비로소 그것에 특화된 정신과 신체, 즉 **주체**가 만들어진다. 디지털 기기를 자유자재로 다룰 줄 알고 하루 종일 인터넷에 연결되어 있으며 전 세계 사람들과 소통하면서 각종 정보를 생산·소비·변형·공유하는 주체, 이 주체는 즉자적 존재가 아니라 필시 매개 안에 있음이라는 환경 구성이 만들어 낸 대자적 존재이다. 환경 구성의 전략이 권력 작용인 이유는, 이 같은 매개 환경이 개인으로 하여금 이전과 다르게 사고하고 행동하며 소통하게끔 이끌어 내기 때문이다. 곧 온라인 주체이자 모바일 주체로 주체화하기 때문이다.

그러나 환경에서 주체로 이어지는 과정은 여기가 끝이 아니다. 매개 안에 있게 만드는 권력의 작용은 이에 최적화된 주체를 생산하는 한편, 이것과는 반대로(또는 이것을 넘어서는) **탈주체화/탈예속화**의 가능성 또한 동시에 열어 놓기 때문이다. 무선인터넷과 스마트폰은 그것이 아무리 편재적이고 즉각적인 시공간 환경을 이룬다고 하더라도 결국 사용자의 신체 및 정신으로부터 분리된 채 따로 존재할 수 없다. 즉 무선인터넷과 스마트폰 환경이 자체의 논리에 따라 개인을 주체화시킨다고 할 때, 여기에는 환경에 의해 구성된 주체가 적어도 물질적·육체적 형태로나마 붙박여 있을 수밖에 없다.[42] 이 과정은 아직 고정된 주체를 요구하거나 혹은 주체적 작용에 의존하는 단계에 머물러 있으며, 때문에 그 주체에 의한 개입과 전유, 곧 탈주체화의 가능성 또한 더불어 열려 있다. 예컨대 1장에서 언급한 2011년 이집트 사례에서도 볼 수 있듯이, 페이스북 환경이 만들어 낸 연결과 소통의 주체는 그 트랜스내셔널한 네트워크 환경을 바탕으로 다시 실제 현실의 정치적 환경을 변혁하는 데까지 이를 수 있었다.

이는 중요한 문제를 제기하는데, '구성된 주체(constituted subject)'에서 '구성하는 주체(constituent subject)'로의 전환 가능성에 대한 문제가 바로 그것이다(사토 요시유키, 2008/2012). 주지하듯이 주체화가 곧 예속화이기도 하다는 것은 구조주의 이래 일종의 상식으로 받아들여지고 있다(Althusser, 1995/2007). 그런데 이는 개인이 구조의 질서를 받아들이면서 주체가 되는 과정만을 강조할 뿐 정작 그 가운데 발생하는 다양한 형태의 교섭·갈등·저항·거부·위반·타협·변화 등은 중요하게 다루고 있지 않다. 그러나 만일 이런 것이라면 도처에서 발생하는 저항의 실천들은 도대체 어떻게 설명할 수 있을까. 논의를 길게 이어 가지 않더라도 우리는 국가의 탄압과 부패에 맞서는 시민, 거대 기업에 횡포에 맞서는 소비자, 언론 왜곡에 저항하는 시청자, 가부장주의를 비판하는 여성 등 수많은 저항의 주체들을 숱하게 목격해 왔으며 또 그 가운데 참여해 왔다(권김현영 외, 2017; 민주언론시민운동연합, 2017). 이러한 현실 앞에서 구조주의적 견해는 현상적으로라도 일정 부분 기각될 수밖에 없다.

그렇다고 할 때, 주체화와 예속화 사이에는 이 둘이 꼭 같지만은 않으며 심지어 어긋날 수도 있음을 나타내는 빗금이 추가되어야 한다. 즉 주체화=예속화만이 아니라 **주체화≠예속화**가 될 수도 있다.[43] 이 빗금은 주체화와 예속화가 하나의 단어로 표현된다고 하더라도 (이 둘이)

계속해서 미끄러질 수밖에 없으며 결코 하나로 봉합될 수 없음을 가시적으로 드러낸다. 환경에 의한 주체 형성의 현실성은 그것이 역전된 형태로서의 주체에 의한 환경적 변용의 잠재성을 항상-이미 내포한다. 환경에 의해 구성된 주체는 우발적 사건과 변혁적 계기에 따라 언제든 환경을 구성하는 주체로 전환될 수 있다. 푸코의 말대로 "인민들은 봉기한다. 그것은 사실이다."(Foucault, 2000a, p. 452) 권력이 있는 곳에 저항이 있다는 말은 이런 의미로 이해할 수 있다. 어떠한 선택의 여지도 허용하지 않는 폭력적인 지배의 상황과는 달리 권력은 부분적으로라도 주체의 자유를 전제할 수밖에 없으며 이로 인해 필연적으로 저항의 가능성을 함축할 수밖에 없다는 말이다.[44] 환경과 권력에 의해 주체가 구성된다고 하더라도 이것이 곧 주체의 전적인 순종과 무기력을 담보하는 것은 아니다. 이런 가운데에서도 주체화의 안정적인 고리를 파열시키는 사건은 계속해서 발생하며 그 결과로서 사건에 충실한 주체를 필연적으로 생산해 낸다(Badiou, 1989/2010).[45] 물론 이러한 전환이 쉽게 발생할 수 있는 것은 결코 아니지만, 그렇다고 하더라도 그 가능성마저 부정할 수는 없다(Bensaid, 2001/2003).

이 논의를 끌고 들어온 것은 주체화와 탈주체화의 변증법적 과정이 현대의 매개 환경 속에서도 동일하게 반복되기 때문이다. 무선인터넷과 스마트폰은 자체의 매개 환경에 철저히 예속된 수용자 주체를 만들어 냈지만, 그럼으로써 인터넷 중독이나 스마트폰 중독과 같은 부정적 예속의 증상들뿐만 아니라 적극적이고 능동적인 이용과 같은 긍정적 예속의 증상들을 이끌어 낸 게 사실이지만, 이와 동시에 그 예속의 상황에서 벗어날 수 있는 **탈주체화**의 가능성을 함께 열어젖힌 것 또한 분명한 사실이다(Mackinnon, 2013; Shirky, 2008/2008). 즉 주체화는 권력에 의한 예속화임과 동시에, 권력이 사회적 '관계'를 기반으로 성립되는 것인 만큼, 관계 그 자체에서 배태되는 경쟁과 갈등의 가능성을 필연적으로 포함할 수밖에 없다. 푸코에 따르면, "권력 관계는 다수의 저항지점에 따라서만 존재할 수 있을 뿐이다."(Foucault, 1976/2017, 112쪽) 이는 바꿔 말한다면, 주체에게 어떠한 선택의 여지도 없는 폭력적인 지배의 상황과 달리, 권력의 작용 속에는 항상-이미 선택·경쟁·갈등·저항과 같은 탈주체화의 계기가 상존해 있다는 말이기도 하다(Foucault, 2004a/2011). 더욱이 현대의 인터넷 환경을 배경으로 탄생한 주체는 역사상 그 어떤 시대보다 더 똑똑하고 서로 연결되어 있으며 정보를 생산·편집·공유할 줄 아는, 가장 스마트한 주체이자 가장 자유로운 주체이지 않던가(Levy, 1999; Rheingold, 2002/2003).

요컨대 인터넷 장치에 의해 매개된 주체의 몸 안에는 **지배**와 **예속**의 잠재성만큼이나 **저항**과 **자유**의 잠재성이 동시적으로 병존하고 있다. 이러한 사실은 무선인터넷과 스마트폰에 철저히 매여 있던 수용자 주체가 오히려 그 고유한 (정보화 사회의) 환경적 특징을 등에 업은 채 가장 능동적이고 자유로운 행위자 주체로 전환될 수 있다는 역설마저 가능케 한다. 예컨대 2008년의 촛불 국면에서 시민들은 온라인과 모바일 활동을 통해 신속하고 광범위하게 시위에 개입할 수 있었으며 이를 통해 전 국민적인 투쟁을 전개해 나갈 수 있었다. 이집트의 페이스북 혁명이나 미국의 월스트리트 점거 운동 등도 그 중심에는 온라인과 모바일 활동에 주력한 시민들이 있었다. 심지어 현대에 발생하는 거의 모든 변혁과 저항의 움직임 속에는 이 같은 요소들이 필수적으로 포함되어 있기까지 하다. 구성하는 주체로의 전환이 현상적인 차원에서 증명되는 지점이다. 매개 안에 있는 주체들이 그 매개적 관계의 양상을 바꾸어 낼 수 있음을, 혹은 바꾸고자 노력할 수 있음을 여실히 보여 주는 것이라 하겠다. 인터넷의 대중화와 함께 일종의 통념으로 자리 잡은 시민참여와 민주주의 그리고 집단지성의 주체는 이러한 맥락 속에서 이해할 수 있다.

그런데 물론 상황은 여기서 끝나지 않는다. 탈주체화의 가능성은 다시 이에 대한 새로운 형태의 권력 작용에 의해 계속해서 포섭되고 순치되기 마련이다. 1장에서 논의한 이집트의 반전된 사례가 이를 그대로 보여 준다. **주체화-탈주체화-재주체화**의 과정 또한 또 하나의 변증법적 나선을 이룬다. 앞서 논의한 바, 환경에 의해 구성된 주체가 역으로 환경을 구성하는 주체로 전환될 수 있다는 것은, 다르게 말한다면 환경 관리를 통해서 작동하는 권력의 메커니즘이 불가피하게도 구성적 주체(구성하는 주체)로의 전환 가능성에 항상 노출될 수밖에 없음을 뜻하는 것이기도 하다. 물론 이는 통치를 불안하고 위태롭게 만든다. 그렇다면 어떻게 해야 할까. 권력은 물음에 봉착한다. 그리고 가능한 답변 **두 개**를 내놓는다. 그 하나가 주체의 자발적인 자기 통치를 이끌어 냄으로써 탈주체화의 가능성을 상쇄시키는 것이라면(Cruikshank, 1999/2014), 다른 하나는 그 자리에 더 이상 주체를 위치시키지 않은 채 단지 환경적이고 기계적인 작용만으로 최적의 통치를 이루어 내는 것이다(Lazzarato, 2014/2017). 전자와 후자 모두 탈주체화의 가능성을 효과적으로 봉쇄한다고 할 수 있다. 더욱이 이 두 방식은 자유 그 자체를 자체의 동력으로 삼는다는 점에서 신자유주의적 통치 권력과도 친화성을 이루고 있다. 신자유주의 권력은 자기 통치와 환경 통치라는 상반된 전략을 사용하면서도 이를 하나로 통합해 냈으며, 이로써 규율권력이 도달할 수 없었던 최적의 통치를 이루어 낼 수 있었다.

4. 매개 환경의 최적화와 통치의 자동화

앞서 논의했듯이 무선인터넷과 스마트폰은 어떤 형태로든지 그것을 사용하는 주체의 신체로부터 분리될 수 없다. 여기에는 필시 스마트폰을 손에 들고 자유롭게 정보를 송수신하는 누군가가 물리적으로 존재할 수밖에 없다. 적어도 이 단계는 주체를 요구하며 주체와 함께 작동한다. 그리고 바로 이런 이유에서, 역설적이게도 주체는 이 장치에 붙박여 있는 만큼이나 그로부터 탈주체화할 가능성 또한 더불어 갖게 된다. 그것이 다름 아닌 개인의 손 안에 있기 때문에 주체화와 탈주체화라는 비동시적인 것의 동시적 관계 속에 놓이게 되는 것이다.

그렇다면 매개 안에 있음과 주체화=예속화의 결속은 그 시효가 끝난 것일까. 인터넷과 스마트폰에 예속된 주체는 언제라도 주체를 부르는 호명으로부터 벗어날 수 있을까. 물론 그렇지는 않다. 우리는 여전히 매개 안에 있으며, 심지어 기술 발전으로 인해 점점 더 비가시적이고 인식 불가능한 형태로(그만큼 자연스럽게) 매여져 가고 있기 때문이다. 어떤 이유에서일까. 가능한 질문은 이렇다. 만일 주체의 자리를 다른 것으로 대체하거나 점차 그 존재와 역할을 줄여 나간다면, 그럼으로써 **주체 없이도** 자동으로 작동하는 환경을 구축한다면, 상황은 어떻게 될까. 주체가 구성되는 존재로만 남고 더 이상 구성하는 존재로 서지 못하게 만든다면, 그리고 그러한 상황이 더 편의적이고 효율적일 뿐만 아니라 심지어 경제적으로까지 이익이 되게 만든다면, 탈주체화의 가능성은 진정 어떻게 될까.

이 질문은 무선인터넷과 스마트폰 환경에서 클라우드 컴퓨팅과 빅데이터 그리고 사물인터넷 환경으로 넘어가는 현재적 시점에 이르러서야 비로소 그 실효성을 얻게 된다. 앞으로 살펴보겠지만, 이 세 장치는 더 이상 주체에 매여 있지도 않고 주체를 요구하지도 않는다. 클라우드 컴퓨팅은 개인의 손 안에 있던 정보를 구름 저편의 공간으로 옮겨 버린다. 빅데이터는 인구로부터 쏟아져 나오는 엄청난 양의 데이터를 수집·저장·검색·분석·가공해서 새로운 의미와 가치를 갖는 정보로 재탄생시킨다. 사물인터넷은 각종 사물에 부착된 비인간 센서를 통해 주체의 행위 없이도 사물들끼리 서로 데이터를 주고받을 수 있게 만든다. 다시 말해서, 이 세 장치는 매개 안에 있음의 환경을 극대화함으로써 결과적으로 **주체**라는 불확정적인 요소를 점점 더 예측 가능하고 계산 가능하며 결정 가능한 것으로 바꾸어 가고 있다. 더구나 이러한 경향은 증강·가상현실, 인공지능, 머신러닝, 자율주행 자동차, 로봇공학의 발전이라는 시대적 변화와 함께 더욱더 심화되어 가고 있다. 이 가운데 주체의 신체 따위는 더 이상 중요한 것이 아니게 된다. 주체의 선택과 결정 또한 이전만큼 중요하지 않게 된다. 당연하게도 주체의 존재와 역할이 약화되는 것에 비례해서 그로부터 비롯되는 **탈주체화**의 가능성 또한 불필요하거나 불가능한 것이 되고 만다. 주체는 여전히 무선인터넷과 스마트폰을 사용하면서 이전처럼 일하고 소통하고 정보를 생산·소비·공유하겠지만, 이들이 의식적 혹은 무의식적으로 생산해 낸 각종 수많은 데이터는 그와는 다른 층위에서, 즉 주체가 알 수 없고 개입할 수 없으며 조작할 수도 없는 어딘가에서, 인공지능 데이터 알고리즘에 따라 다양한 형태로 분해되고 가공되고 조립되어 팔려 나간다. 그리고 이렇게 재조합된 데이터들은 결국 그 결과값인 통계와 수치를 바탕으로 해서 다시금 주체의 일상생활을 이루는 복잡다단한 사고와 행위를 예측하고 틀짓는 형태로 되돌아온다. 매개 안에 있음의 환경이 탈주체화의 가능성을 약화 또는 제한하고 있는 셈이다.

이러한 인식을 바탕으로, 이 책은 매개 안에 있음을 극대화하고 있는 이들 세 가지 장치, 즉 클라우드 컴퓨팅과 빅데이터 분석, 사물인터넷에 대해 논의를 이어 갈 것이다. 다만 이 책의 목적이 권력과 장치의 관계를 규명하는 데 있기에, 여기서는 세 장치의 역사적인 발전 과정과 기술적 특징 그리고 이와 관련된 미래의 전망을 자세히 다루지는 않을 것이다. 대신 이 책에서는 이 세 장치가 환경의 관리를 통해 작동하는 권력 메커니즘과 어떤 방식으로 조응하며 또 어떻게 그것을 일상 속에서 구체화하고 있는지, 그럼으로써 신자유주의 통치 권력의 일단을 어떤 식으로 지탱해 가고 있는지, 철저히 이 문제설정을 중심으로 논의를 진행해 나갈 것이다.

클라우드 컴퓨팅, 견고한 모든 것은 구름 속에 녹아 사라지고

클라우드 컴퓨팅(cloud computing)부터 살펴보자. 간단히 말해서 클라우드 컴퓨팅은 "인터넷상의 서버를 통하여 데이터 저장, 네트워크, 콘텐츠 사용 등 IT 관련 서비스를 한 번에 사용할 수 있는 컴퓨팅 환경"(클라우드 컴퓨팅, n.d.)을 뜻한다. 하지만 이 정의만으로는 그 정체를 정확히 알기 어려운 게 사실이다. 이런 사실 때문인지, 많은 경우 클라우드 컴퓨팅은 클라우드(cloud)라는 단어를 따라 하늘에 떠 있는 구름의 이미지로 제시되곤 한다. 책상 위의 저 무거운 컴퓨터가 마치 구름처럼 하늘 위를 떠다닐 수 있다면 얼마나 자유롭고 편리하게 이용할 수 있을까. 구름이라는 이미지는 이런 바람과 무관하지 않을 것이다. 클라우드 컴퓨팅 환경 속에서 사용자들은 더 이상 모든 자료와 정보를 직접 소유·보관·관리할 필요가 없으며 이를 위해 고가의 장비를 구입할 필요도 없다. 단지 인터넷에 접속해서 그 구름 속을 들여다볼 수 있는 일종의 창문, 즉 스마트폰이나 태블릿 PC와 같은 가벼운 단말기만 있으면 된다. 예컨대 하드 디스크에 자료를 저장하는 대신 클라우드 데이터 센터에 저장하면서 언제 어디서든 꺼내어 작업하는 식이다.

경제학자 오카지마 유시(岡嶋裕史)는 클라우드의 핵심이 가상화(virtualization) 기술에 있다면서, 이를 "인터넷상에 거대한 컴퓨터를 한 대 구축하는 것"(오카지마 유시, 2010/2011, 31쪽)이라고 말한다. 물론 컴퓨터 한 대만 가상화하는 게 아니라 컴퓨터를 구성하는 모든 요소를 전부 가상화한다는 게 더 정확한 설명일 것이다. 사실상 얼마 전까지도 사용자들은 컴퓨터의 눈부신 발전 속도에 맞춰 각종 하드웨어와 소프트웨어를 업그레이드해야만 했다. 사용자들은 주기적으로 컴퓨터와 OS 등을 재구매해야 했으며, 그 와중에 계속해서 컴퓨터 성능이 남거나 모자라는 등의 문제를 겪을 수밖에 없었다. 이를 해결하기 위해 등장한 방책 중 하나가 바로 가상화 기술이다. 가상화는 말 그대로 인터넷상에 가상의 컴퓨터를 만들어 내는 기술이다. 대량의 컴퓨터를 보유한 기업들이 온라인상에 가상의 컴퓨터 시스템을 구축하고 이를 사용자들이 필요에 맞게 빌려 쓰는 방식이다. 유사한 예로 발전소에서 생산한 전기를 각 가정과 기업에서 필요에 따라 돈을 주고 사용하는 모습을 떠올려 볼 수 있겠다. 마찬가지로 클라우드 컴퓨팅을 사용할 경우 소비자들은 필요에 따라 컴퓨터와 저장 장치의 대수를 정할 수도, 그 성능을 늘리거나 줄일 수도 있게 된다. 기업들의 입장에서도 굳이 몇 년 뒤에 처분해야 하는 대량의 컴퓨터를 직접 구매할 필요가 없어진다. 컴퓨터를 직접 구매·보유·관리할 필요 없이 단지 데이터 센터를 통해 필요한 만큼의 프로세싱 자원을 자유롭고 유연하게 빌려 쓰면 되는 것이다.

클라우드 컴퓨팅은 세계 여러 곳에 분산 배치된 서버와 데이터 저장소 그리고 연산 장치를 네트워크로 연결하여 업무를 나누어 처리하고 다시 이를 모으는 방식으로 운영된다. 이를 분산 처리(distribute processing)라 하는데, 바로 이 과정을 통해 분산된 시스템 전체가 마치 한 대의 컴퓨터처럼 작동하게 된다. 클라우드 컴퓨팅은 이처럼 개인과 조직의 데이터를 세계 각지의 데이터 센터에서 분산 처리하면서도 그 위치에 상관없이 동일한 결과를 산출한다는 점에서 위치 투명성(location transparency)을 갖는다. 실제로도 구름은 특정 장소에 구속되지 않는다. 다시 발전소의 예를 빌리자면, 각 가정에 들어오는 전기는 어디서 생산되든 전혀 상관이 없으며, 오히려 그것이 중요하지 않아야 전기 공급을 최적화할 수 있는 것이나 마찬가지이다. 데이터가 어디에서 처리되고 저장되든 전혀 문제가 되지 않을 때에야 공급 비용을 최소화하고 또 그만큼 효율을 극대화할 수 있음은 물론이다. 요컨대 "연산 처리나 기억 저장을 어디에서 하고 있는지 알 수 없다는 것(추적이 불가능하다는 의미가 아니라 유동적으로 변경될 가능성이 있다는 의미)은 오히려 클라우드의 이점을 이끌어 내는 중요한 요소"(오카지마 유시, 2010/2011, 43쪽)라 하겠다.

그리고 바로 이러한 투명성의 조건들로부터 클라우드 컴퓨팅의 표준화가 가능해진다. 어디에서나 동일한 업무 환경을 만들고 그 변동 가능성을 최소화하고자 한다면, 이를 위한 최선의 방법은 단연 기술과 플랫폼의 표준화일 것이다. 클라우드 컴퓨팅은 데이터의 저장·처리·분산·이용 등이 원활히 이루어지게 하기 위해 서로 다른 기기들 사이에 상호호환(interoperability)이 가능하도록 기술 표준을 설정했으며, 그럼으로써 이를 이용하는 사람들로 하여금 클라우드 기업이 제시하는 기술 및 플랫폼 표준을 따를 수밖에 없게 만들었다. 구글, 마이크로소프트, 아마존 등과 같은 기업들의 시장 지배력을 감안한다면, 이들 기업이 구축한 표준화된 시스템들은 실로 전 세계의 컴퓨팅 환경을 동일한 형태로 통약해 버린 것이나 마찬가지이다. 더욱이 표준화된 환경을 따르는 게 호환성을 높일 뿐만 아니라 더 효율적이고 경제적이기까지 하다면 굳이 이 환경을 거부할 이유는 사라지고 만다.

주지하듯이, 클라우드 컴퓨팅은 개인의 모든 데이터와 정보를 개인의 컴퓨터나 스마트폰이 아닌 해당 서비스를 제공하는 회사의 서버에 저장한다. 하루에도 수십 장씩 찍는 사진들에서부터 카카오톡, 트위터,

페이스북 등의 SNS 데이터와 모든 이메일 정보, N드라이브와 드롭박스 등에 저장하는 각종 문서와 자료까지, 개인의 모든 데이터와 정보는 **개인**의 것이면서 동시에 클라우드 **기업**의 것이기도 하다. 구글/유튜브 검색, 구글 지도, 구글 캘린더, 카카오 맵, 카카오 뱅크 등의 서비스는 우리의 관심사와 현재 위치, 자주 가는 장소, 해야 할 일, 이동 패턴 및 교통 경로, 금융 거래 내역 등 그야말로 개인의 모든 데이터와 정보를 개인의 동의와 함께 자체의 서버에 저장한다(물론 이 모든 데이터는 빅데이터 분석의 자원이 되기도 한다). 또한 페이스북은 개인의 온라인 인맥 네트워크를 관할함으로써 데이터의 관리 차원을 개인에서 사회적 층위로까지 확대시킨다. 이쯤 되면 클라우드에 저장된 데이터가 단지 곳곳에 분산되어 있는 디지털 데이터 조각이라고만은 할 수 없게 된다. 그것은 개인이라는 전체를 담지하고 있는 부분이기 때문이다.

클라우드 시스템에 저장된 개인 정보는 마치 신용카드 전표처럼 개인의 일상사(史)를 고스란히 담고 있다. 그런데 문제는 개인이 만들어낸 정보가 개인으로부터 분리되어 그 자체 독립적으로 수집되고 관리될 뿐만 아니라 심지어 상품화되고 있다는 것이며, 이 가운데 개인은 정보에 대한 통제력을 빼앗기고 결국 그 권리까지 침해당하고 있다는 것이다. 실제로 구글의 서비스 약관에는 다음과 같은 내용이 있다. "귀하가 콘텐츠를 Google 서비스로 또는 이를 통해 업로드, 제출, 저장, 전송 또는 수신하는 경우 귀하는 Google(및 Google의 협력사)이 이러한 콘텐츠를 사용, 저장, 복제, 수정, 이차적 저작물 제작, 전달, 공개, 공개적으로 실연, 공개적으로 게시 및 배포할 수 있는 전 세계적인 라이선스를 제공하게 됩니다." 즉 사용자의 정보는 단지 사용자의 것만이 아니게 된다. 사용자가 구글 서비스에 각종 정보와 자료를 업로드하거나 저장하는 순간, 사용자는 그 정보와 자료에 대한 사용·저장·복제·수정·제작·전달·공개·게시·배포의 권한을 함께 제공하게 된다. 게다가 이 권한의 일부는 사용자가 "Google 서비스의 사용을 중지한 후에도 존속"된다. 다시 말해 사용자의 정보는 사용자로부터 분리되어 그 자체 독립적으로 관리되고 통제되며, 결국 사용자의 것이면서 구글에 의해 전유될 수 있는 것이기도 한, 양가적인 위치에 놓이게 된다.

그렇다면 문제는 흔히 제기되듯이 정전이나 재해 등의 문제로 클라우드에 저장된 개인 정보가 망실될 수 있다는 잠재적 리스크 따위가 아니다. 오히려 개인 정보에 대한 기업의 전유 과정이 개인에게 철저히 투명한 상태로(즉 인식할 수 없는 상태로) 진행된다는 것이 문제이며, 바꿔 말해서 개인이 만들어 낸 데이터/정보가 어떤 식으로(특히 빅데이터 분석에 수집·가공·활용되는 식으로) 변형되고 활용되는지 사용자 개인으로서는 그 자세한 내막을 알지 못한다는 것이 문제이다. 이는 앞에서 논의했듯이, 매개 안에 있음이라는 환경 구성으로 인한 **주체의 최소화** 테제와도 긴밀하게 연결된다. 더욱이 클라우드 서비스의 최대 이점 중 하나가 분산 처리를 통한 투명성의 확보에 있다고 한다면,[46] 문제는 이러한 투명성이 사용자 주체 모르게 혹은 사용자에게 영향을 미치지 않는 형태로 이루어진다는 것이며, 그 결과 주체의 선택과 개입 그리고 결정을 불가능하게 하거나 또는 최소화할 수 있다는 것이다. 물론 분산 처리를 통한 투명성 확보가 효과적이고 효율적이며 사용자 편의적인 것은 사실이지만, 이 과정이 결국 데이터와 정보에 대한 주체의 권리와 역할을 제한하고 있다는 것 또한 분명한 사실이다.

클라우드 컴퓨팅과 관련된 논의는 최근까지도 기술적 차원 및 그것이 가져오는 현실적인 변화 양상에 초점이 맞춰져 있었던 게 사실이다 (Mosco, 2014/2015). 그런데 이에 대해 미디어 정치경제학자 빈센트 모스코(Vicent Mosco)는 현재의 논의에 다음과 같은 사항이 생략되어 있으며, 오히려 이렇게 빠져 있는 것들이야말로 문제의 핵심임을 강조한다. 그에 따르면 이제까지의 논의에는, 첫째, 클라우드 컴퓨팅이란 결국 이익 극대화를 목적하는 사기업 서비스에 전적으로 의존하고 있다는 사실이 생략되어 있다. 당연하게도 구글, 마이크로소프트, 아마존, 애플 등의 기업은 공익을 위해 클라우드 서비스를 기획하고 투자한 게 아니다. 이들 기업은 사용자가 하드웨어와 OS를 구매·소유하는 기존의 온프레미스(on-premis) 방식이 점차 그 유효성을 잃어 가는 경향적 흐름 속에서, 이를 대체하면서도 또 이윤을 창출할 수 있는 창구 중 하나로 클라우드 컴퓨팅을 선택했던 것이다. 더욱이 이들 클라우드 서비스 기업은 단순히 데이터 저장 공간이나 컴퓨터 연산 처리 능력만 빌려 주는 게 아니라 애플리케이션, 소프트웨어, 플랫폼을 함께 제공함으로써 이로부터 산출되는 각종 정량적 데이터와 통계를 무료로 얻고 있기도 하다. 이것이 또 다른 이윤의 원천이 되고 있음을 짐작하기란 그리 어렵지 않다. 즉 클라우드 컴퓨팅은 철저히 자본축적 사슬(chain of accumulation)에 따라 운영되고 있으며, 더 정확히는 그럴 수밖에 없다. 이 사실을 생략해 버리면 클라우드 컴퓨팅이 갖는 자본주의적 성격을 왜곡 또는 은폐해 버리게 된다.

둘째, 클라우드와 관련된 최근의 담론 지형에는 인터넷이 사회에 도입된 이후 그 고유의 매개적 특징으로부터 비롯된 다양한 변화들, 가령 시민의 참여 확대와 민주주의의 발전, 자유로운 토론과 숙의 과정의 심화, P2P를 이용한 정보의 자유로운 공유 등 커뮤니케이션 시스템이 일구어 냈던 정치·사회·문화적 가치와 그것의 현재적 가능성에 대한 논의(곧 앞서 언급한 탈주체화의 가능성에 대한 논의)가 생략되어 있다(Mosco, 2014/2015). 대신 그 빈자리는 클라우드와 빅데이터를 포함한 각종 첨단 장치의 최적화·자동화·기계화된 작용에 대한 기술적·산업적 논의로 채워지고 있다. 특히 이러한 변화는 지식의 생산과 앎의 문화를 이전과 다른 형태로 촉발시키고 변형시킨다는 점에서 각별한 주목을 요한다. 모스코는 이러한 변화의 경향을 디지털 실증주의(digital positivism)로 정의하는데, 이는 "정량적 측정, 상관관계, 알고리즘의 특징을 갖는 데이터가 실제로 우리에게 현상을 설명해 줄 것이라는 믿음"(Mosco, 2014/2015, 363쪽)을 일컫는다. 실제로 클라우드 컴퓨팅이 세계 각지의 데이터 서버에 저장 중인 엄청난 규모의 데이터들은, 데이터들 사이의 상관성을 밝혀 내는 빅데이터 분석을 통해 현실의 변화를 설명하고 또 미래를 예측하는 데까지 이르고 있다. 여기서 나온 정량적 데이터들이야말로 우리가 사는 현실 사회를 다른 무엇보다 더 정확하게 설명할 수 있다고 여겨진다. 중요한 것은 이 과정이 "특정 형태의 지식을 선호하는 앎의 문화(culture of knowing) 및 인간의 사회적 삶에서 중요한 함의를 지니는 앎의 방식(ways of knowing)"(308쪽)을 이전과는 사뭇 다른 형태로 주조하고 또 촉진시킨다는 것이다.

정량적 데이터를 바탕으로 형성된 **앎의 문화**와 **앎의 방식**은 지금까지의 다른 어떤 앎의 문화와 방식보다 더 정확하고 설득력 있는 것으로 자리매김되고 있다. 그것은 차라리 앎의 문화와 방식을 가로지르는 합리성의 체계가 특정한 형태로 새롭게 재구축된 것이라 할 수 있다. 앞서 언급한 디지털 실증주의가 바로 그것이다. 이 합리성의 체계 속에서는 오직 수학적·통계적 기법을 이용한 데이터들 사이의 상관관계 분석만이 과학적 지식으로 인정받는다. 반면, 이와는 다른 방식으로 이루어지는 앎의 문화와 방식들은 부정확하고 비합리적이며 객관적이지 못한 것으로 평가된다. 그런데 문제는, 이렇게 앎의 문화와 방식이 재구성되는 과정에는 필연적으로 **앎의 주체**가 연루될 수밖에 없다는 것이며, 그럼으로써 이 과정은 결국 앎의 문화와 방식의 변화만큼이나 주체의 위상 변화를 수반할 수밖에 없다는 것이다(김상민, 2016; 김지연, 2015). 지식과 권력의 상호조건적 관계, 그리고 이로부터 비롯되는 주체 형성의 문제설정이 시대와 기술, 장치, 사회를 달리하면서, 그러나 그 관련성만은 유지한 채, 차이와 함께 계속해서 반복되는 것으로 이해할 수 있겠다.

디지털 실증주의가 강력한 힘을 발휘하는 사회에서 그 데이터의 출처인 인간 개개인들은 말 그대로 데이터의 소스(data source)라는 한정적인 위치로 유폐 또는 축소되어 버리고 만다. 이를 '주체의 데이터화(datafication)'라고 할 수 있다. 주체는 데이터를 송신하고 수신하는 송수신체와 다르지 않게 되며 이때에도 개별 인간이 아니라 인구라는 층위에서만 유의미해진다. 인구가 내뿜는 거대한 데이터들의 더미 속에서 통계적 규칙이나 패턴을 찾아내는 데이터 마이닝(data mining)은, 이런 의미에서 인구와 데이터가 어떻게 불가분의 관계를 이루는지 잘 보여 준다. 주체는 인구로 흡수되고 주체의 감정과 생각, 행위는 데이터로 치환된다. 그리고 인구와 데이터 사이의 상관성만 남고 나머지 것들은 합리성의 체계 바깥으로 밀려나 버리고 만다. 인간은 사고하고 선택하며 결정하는 주체의 자리에서, 설명되고 판단되며 예측되는 **객체**의 자리로 내몰린다(O'Neil, 2016/2017). 주체가 사라지면서 탈주체화의 가능성 또한 더불어 사라지게 됨은 물론이다. 그 결과 정치에 참여하고 서로 소통하며 협력하거나 갈등하기도 하는, 그럼으로써 자신이 속해 있는 세계에 개입하고 관여하는 주체화-탈주체화의 변증법적 과정은 그만큼 약화되고 만다. 이에 대해 모스코는 이렇게 말한다.

> 오늘날 클라우드 시스템은 '이윤'과 '통제'라는 두 가지 목적에 완전히 압도되어 운영되고 있다. 민주주의를 촉진시키거나, 시민이 주도하는 계획과 실행, 현장 노동자의 참여, 의사 결정 과정에서의 현장 노동자 관여 등에 클라우드 시스템을 이용하자는 관심을 찾기 어렵다. 이러한 제안들은 컴퓨팅의 역사 속에서 지속적으로 제기되었지만, 최근의 클라우드 컴퓨팅과 관련된 논의에서 이런 제안은 배제되어 있다(Mosco, 2014/2015, 78쪽).

요컨대 클라우드 컴퓨팅이 열어젖힌 실증주의적 앎의 문화 속에서 사용자 주체들은 데이터를 생산하는 데이터 소스로 이해되거나 통제의 대상으로 이해될 뿐, 개입하고 협력하며 저항하는 정치적 주체로 이해되지 않는다. 이 점이 중요한데, 이로써 탈주체화의 계기 또한 자연스레 **퇴색**될 수밖에 없기 때문이다. 권력이란 근본적으로 행위에 대한 행위, 곧 특정 행위를 가능 또는 불가능하게 만드는 방식으로 작동한다는 점에서(Foucault, 2004a/2011), 이처럼 앎의 문화와 방식을 틀지음으로써 주체의 행위를(물론 이때의 주체는 개인이면서 동시에 인터넷을 매개로 연결된 인구 전체이기도 하다) 인도·촉발·권장하거나 또는 그 반대로 한정·제어·축소하는 것은, 그것이 아무리 편리하고 효율적인 결과를 낳는다고 하더라도 결국 그 자체로서는 특수한 형태의 권력 작용이나 다름없다고 할 것이다. 이와 관련해서는 이후 빅데이터와 사물인터넷 논의에서 더 자세히 살펴보기로 하고, 일단 여기에서는 주체가 데이터로 치환되면서 점차 탈주체화의 가능성마저도 사라져 버리게 된 현실이 결국 인구와 환경에 대한 관리·통제·제어의 권력 작용과 별개의 것이 아님을 확인하고 넘어가기로 하자.

빅데이터, 나는 내가 존재하지 않는 곳에서 생각된다

빅데이터와 관련된 논의는 최근 몇 년 동안 그야말로 폭발적인 수준으로 증가했다. 빅데이터가 차세대 성장 동력이라느니 4차 산업혁명의 중심에 있다느니 하는 말들이 시대의 화두를 이루고 있다(한겨레, 2017. 11. 30). 물론 이 자리에서 그 면면을 다 살펴보기란 불가능하고 또 불필요하다. 대신 여기에서는 빅데이터가 무엇이며 어떤 식으로 작동하는지, 더 나아가 어떤 매개적 환경을 구축하고 또 어떤 식으로 권력 작용과 상호 조응하는지, 그럼으로써 어떤 형태의 사회적 짜임을 만들어 가고 있는지에 초점을 맞추어 논의를 진행하기로 하자.

한국어 위키 사전은 빅데이터(Big Data)를 "대량의 정형 또는 비정형 데이터 집합으로부터 가치를 추출하고 결과를 분석하는 기술"(빅데이터, n.d.)로 정의한다. 차례대로 살펴보면, 우선 대량이라는 말은 클라우드 컴퓨팅 기업들이 세계 각지의 데이터 센터에 축적해 놓은 엄청난 규모의 데이터를 의미한다. 클라우드 컴퓨팅으로 인해 빅데이터 분석이 가능해졌음은 앞서 언급한 바와 같다. 정형 데이터(structured data)는 기업과 정부 등이 특정 목적을 위해 수집하는 일정한 형식과 구조의 데이터를 뜻하고, 비정형 데이터(unstructured data)는 (동영상, 오디오, 텍스트, 소셜 미디어, 이미지 등) 인터넷과 스마트폰을 통해 하루에도 수조 기가바이트씩 쏟아져 나오는 온갖 종류의 비구조화된 데이터를 뜻한다. 그리고 가치를 추출한다는 말은 기업들이 이 정형·비정형의 데이터를 수집·분석·처리·상품화하여 말 그대로 이윤을 창출한다는 것을 뜻한다. 결과 분석이란 수많은 데이터들 사이의 상관관계를 분석하고 이를 바탕으로 현실을 설명 또는 예측하는 것을 의미한다. 종합하자면, 빅데이터란 그 정의대로 거대한 규모의 데이터를 분석해서 이로부터 가치를 추출하거나 현실의 변화를 예측하는 기술을 뜻한다고 할 수 있다.

이런 내용을 종합해서 가트너 사(Gartner, Inc)는 빅데이터의 특징을 데이터의 규모(volume), 데이터 입출력의 속도(velocity), 데이터 종류의 다양성(variety)이라는 세 가지 요소로 규정한 바 있다(Gartner, 2011). 최근에는 이 세 가지 특징에 더해 복잡성(complexity)과 가치(value)라는 두 가지 특징을 추가하기도 한다(윤상오, 2013; Gartner, 2011). 실제로 최근 클라우드 시스템에 저장되고 있는 데이터의 규모와 속도 그리고 그 종류는 이전까지와는 비교할 수 없을 정도로 가파르게 증가 및 확대되는 추세이다. 정형 데이터에서 반정형 데이터와 비정형 데이터에 이르기까지, 가령 스마트폰에 저장되는 위치 정보와 통신 데이터, 사용자 제작 콘텐츠 정보, SNS 포스팅 정보 및 사회적·인적 네트워크 정보, 인터넷 검색 기록 및 쿠키(cookie) 데이터, 사용자의 취향 및 선호도 정보, 소비자의 구매 정보와 관심 정보 등, 생산되는 데이터의 양적 규모와 증가 속도 그리고 그 종류는 극히 거대하고, 빠르고, 다양하다.

논의를 위해 먼저 정의부터 살펴봤지만, 빅데이터를 이해하기 위해서는 구체적인 활용의 예들을 살펴보는 편이 더 효과적인 방법이 될 수 있다. 예컨대 세계 최대의 온라인 쇼핑 플랫폼인 아마존은 소비자의 구매 내역 및 장바구니 물품 내역을 클라우드 시스템에 저장하고 이로부터 각 개인의 관심사와 취향, 선호도 등을 파악하여, 다시 이를 통해 개별 소비자들에게 최적화된 상품을 제안하는 식으로 빅데이터를 활용하고 있다(최재경, 2016). 구매자의 과거 데이터를 바탕으로 가장 적합한 구매 옵션이 무엇인지 예측하고 이를 배너와 광고, 이메일 등을 통해 지속적으로 노출시키는 방식이다. 이와 유사하게, 구글과 페이스북도 막대한 양의 사용자 데이터를 수집·분석·가공·처리하여 사용자에게 개별화된 검색결과 및 이와 관련된 맞춤형 광고를 제시하고 있다. 사용자가 많을수록 그리고 사용자의 데이터를 더 많이 수집할수록 데이터를 바탕으로 한 검색과 광고도 그만큼 정교해지게 된다. 데이터의 양이 정보의 질에 영향을 미치는, 이른바 양질 전환이 발생하는 것이다.

빅데이터의 활용 예는 정치 영역에서도 찾아볼 수 있다. 2012년 미국 대통령 선거에서 오바마 후보 캠프는 빅데이터 분석에 기반을 둔 유권자 맞춤형 선거 전략을 전개하여 더욱 효과적인 선거 운동을 펼칠 수 있었다(한겨레, 2017. 4. 29). 오바마 캠프는 불특정 다수의 유권자들에게 지지를 호소하던 기존의 캠페인 방식 대신, 어떤 유권자가 어떤 메시지에 관심을 갖고 있고 또 설득될 가능성이 얼마나 있는지 여부를 세밀하게 분석·예측하는 방식으로 선거 운동을 진행해 나갔다. 이 과정에서 오바마 캠프는 인종·성별·종교 등의 기본적인 정보뿐만 아니라 각종 소비 데이터, 소셜 네트워크 데이터, 유권자 성향 데이터 등의 광범위한 데이터를 수집 및 분석함으로써 잠재적 유권자들에 대한 정확하고 세밀한 타겟팅을 시도할 수 있었다.[47] 오바마 캠프의 빅데이터 분석은 선거 전략의 모범으로 자리 잡으면서 이후 한국의 선거 국면에서도 부분적인 형태로나마 도입·활용된 바 있다. 이뿐만이 아니다. 2014년 월드컵 우승팀인 독일은 훈련 기간 내내 선수들의 몸에 센서를 부착하여 운동량, 속도, 파워, 동작, 심박 등의 생체 데이터를 수집·분석했으며, 이를 바탕으로 선수 개개인의 역량과 상태를 정확히 반영한 전술을 펼칠 수 있었다(머니투데이, 2014. 7. 1). 감독의 주관적 판단 대신 합리적인 데이터 기반 전술이 그 자리를 차지하게 된 셈이다. 수많은 자동차들의 속도와 경로, 주행 시간 등을 데이터화하여 교통 혼잡을 해소할 수 있는 해법을 제시하는 것도, 시시각각 변하는 기후 요소들을 파악하고 이로부터 내일의 기상 정보를 예측해 내는 것도, 스마트폰의 GPS 장치를 활용하여 지진의 발생 여부를 미리 파악하는 것도(과학동아, 2015. 6), 모두 빅데이터 분석을 활용한 사례이다.

더욱이 이 같은 활용 사례와 적용 범위는 계속해서 증가 및 확대되는 추세이다. 빅데이터는 컴퓨터, 정보, 통계, 전산 등 직접적인 관련 분야뿐만 아니라 인지과학, 유전학, 천문학, 물리학, 기후학, 환경학 등의 과학 분야에서도 폭넓게 활용되고 있으며, 심지어 사회학이나 경제학, 정치학, 미디어학, 범죄학 등과 같은 사회과학 분야에서도 다양하게 응용되고 있다. 뿐만 아니라 금융, 경영, 마케팅, 선거, 의료, 번역, 교통, 스포츠 등의 분야들에서도 여러 형태로 그 영향력을 늘려 가고 있는 상황이다(Aiden & Michel, 2014/2015). 이 모든 활용 사례를 관통하고 있는 것은, 결국 앞의 정의대로 빅데이터 분석이 거대한 양의 데이터를 분석해서 이로부터 가치를 추출하거나 현실의 변화를 예측하는 형태로 기능한다는 사실이다.

모스코는 이러한 정의를 바탕으로 빅데이터의 특징을 크게 다음 네 가지로 요약·정리한다(Mosco, 2014/2015). 첫째, 빅데이터는 분석 대상이 되는 각종 데이터를 수치화함으로써 이를 정량적 데이터로 전환한다. 감정이나 느낌 등의 정성적 데이터 또한 좋음/싫음이나 만족/불만족 등의 척도를 통해 수치가 매겨지는 식으로 정량화되는 것은 물론이다. 둘째, 빅데이터 분석은 이렇게 정량화된 변수들 사이에서 상관관계를 파악하고 이를 바탕으로 현실 상황에 대한 일반적 결론을 도출한다. 원인과 결과 사이의 필연성을 강조하는 인과관계와 달리, 상관관계 분석은 두 변수 사이에서 정적 또는 부적인 관계를 찾아내는 데 초점을 맞춘다. 셋째, 빅데이터 분석은 데이터 자체가 현상을 설명할 수 있다고 주장한다. 지금까지는 데이터의 규모가 충분히 크지 않았기 때문에 가설과 이론이라는 길잡이가 필요했던 반면, 이제는 데이터들 사이의 상관관계 분석이 가설과 이론을 대체할 수 있다고 여겨진다. 넷째, 빅데이터는 이들 거대한 데이터로부터 숨은 패턴을 찾아내고 이를 통해 발생 가능한 미래를 예측하고자 한다. 빅데이터는 무슨 일이 발생할지에 대해 아는 것이 그 일이 왜 발생하는지에 대해 아는 것보다 중요하다고 주장하며, 실제로 이것을 가능케 하고 있다.

이 네 가지 특징이 어떻게 정교하게 맞물려 작동하는지 보여 주는 예가 바로 빅데이터를 활용한 구글의 독감 확산 예측 사례이다(Ginsberg et al., 2009). 구글은 전 세계에서 생성되는 엄청난 양의 검색 데이터를 클라우드 서버에 계속해서 축적해 놓고 있는데, 이로써 어떤 검색어가 특히 빈번하게 나타나면 그 지역에서 발생되는 특정한 사태들과의 상관성을 유추하는 게 가능해졌다. 특정 지역에서 감기 관련 검색어가 지속적으로 증가하는 경향성이 발견되면, 이를 바탕으로 독감 바이러스의 확산 경로를 예측할 수 있게 된 것이다. 실제로 구글은 앞서 언급했던 네 가지 특징대로, 미국 내 한 지역에서 발생한 감기 관련 검색을 정량화해서 상대적 빈도를 추출하고 이로부터 감기와 지역 사이의 상관관계를 도출해 내어, 다시 이를 바탕으로 이후의 독감 확산 경향을 예측하는 데 성공한 바 있다. 미국 질병통제예방센터(CDC)가 수십 년 동안의 연구로도 성공할 수 없었던 것이 구글의 빅데이터 분석을 통해 이루어진 것이다(Big Data, n.d.).

물론 빅데이터 논의가 신기술에 대한 긍정적인 전망에만 쏠려 있는 것은 아니다. 다시 모스코의 논의를 빌리자면, 모스코는 빅데이터의 네 가지 특징을 논한 이후에 다시 이들 네 가지 특징이 갖는 모순점에 대해 논의를 이어간다(Mosco, 2014/2015). 첫째, 데이터의 정량화를 통해 인간의 태도·감정·행위 등과 같은 주관적 요소를 분석하는 것은 불가능하다. 인간의 감정은 날씨와 교통 정보와는 확연히 다르며, 따라서 이러한 질적 요소를 철저히 양화 가능하다고 믿는 것은 하나의 신화에 불과하다. 둘째, 데이터들 사이에서 발견되는 상관관계는 알려지지 않은 제3의 변인 때문일 수도 있으며, 데이터가 많으면 많을수록 허위의 상관관계가 나타나거나 상관관계 그 자체가 별다른 의미를 갖지 못할 수도 있다.[48] 셋째, 데이터는 어떠한 이론도 없이 스스로 현상을 설명하는 게 아니라, 반대로 데이터에 의미를 부여하는 연구자의 이론틀에 의해서만 특정한 방식으로 구성 및 해석될 수 있다. 넷째, 빅데이터에 의한 현실 예측은 그렇게 예측된 상황이 결국 역사와 맥락이라는 더 큰 틀 속에서 발생한다는 사실을 도외시하는 경향이 있다. 그러나 현실은 상관성으로 환원될 수 없는 복잡한 짜임을 이루며, 따라서 예측은 언제나 잠정적일 수밖에 없다. 실제로 구글의 독감 확산 예측 또한 채 몇 년이 지나지 않아 처음의 설명력을 잃어 버리고 말았다는 점에서(Lazer et al., 2014), 이러한 비판은 충분히 합리적이고 또 그만큼 논쟁적이라 할 수 있다.

빅데이터에 대한 비판은 이외에도 다양한 관점에서 제기되고 있다(강정수 외, 2013; 백욱인, 2013; 이광석, 2017; Benjamin, 2019; Eubanks, 2018). 그러나 이 책에서는 다른 무엇보다도 클라우드와 빅데이터가 열어젖힌 특유의 **매개적 환경**이야말로 더욱 근본적인 사안임을 주장하고자 한다. 그것은 앞서 언급했듯이 매개 안에 있음이라는 환경 구성으로 인한 주체의 최소화와 탈주체화의 불가능성에 관한 문제이다. 예컨대 수학자이자 데이터 과학자인 캐시 오닐(Cathy O'Neil)은 빅데이터 분석을 '대량살상 수학무기(weapons of math destruction)'라는 과장된(그러나 핵심을 잘 담은) 표현으로 바꿔 부르면서, 이것이 어떻게 "인간의 편견, 오해, 편향성을 코드화"하면서 "점점 더 우리 삶을 깊이 지배하는 시스템"이 되어 가는지, 그리고 그 결과 또한 어떻게 "사회적 약자와 가난한 사람들을 차별하고 부자는 더욱더 부자로 만들어 주는 경향"을 산출해 내는지를 폭넓게 분석한 바 있다(O'Neil, 2016/2017, 16쪽). 그녀가 제시하는 예시들은 교육, 노동, 광고, 보험, 정치 등 사회 전반에 두루 걸쳐져 있는데, 이 가운데 공통적인 것은 빅데이터 분석 중 상당수가 자체의 알고리즘을 통해 차별적인 피드백 루프를 가동시키고 있다는 것이다. 어떤 점에서 그러한가. 하나의 예시를 통해 살펴보자.

오닐의 분석에 따르면, 경제 위기의 상황 속에서 뉴욕을 포함한 미국의 몇몇 도시들은 이전의 범죄 정책을 대신할 만한 새로운 범죄 예방 프로그램을 도입했다고 한다. 예산과 인력 감축에도 불구하고 치안 공백이 생기지 않게 하기 위해서는 보다 과학적이고 정확한 예방 정책이 필요했기 때문이었다. 바로 이 지점에 빅데이터 분석이 도입된다. 여기에는 범죄의 유형과 발생 장소, 시간, 빈도 등과 같은 통계 데이터를 분석하여 범죄 발생 가능성이 높은 지역을 선별하고 이 지역들 위주로 경찰력을 배치하는 것이 범죄 예방에 더 효과적이라는 생각이 전제되어 있다. 표면적으로 보면 더할 나위 없이 합리적이고 경제적인 조치라 할 만하다. 그러나 문제는 이 과정이 앞서 언급한 차별적인 피드백 루프를 발생시킨다는 데 있다. 데이터 분석 결과에 따라 경찰은 범죄 발생 빈도가 상대적으로 높게 나온 흑인, 히스패닉 거주 지역 위주로 순찰을 돌 수밖에 없었고, 그 결과 이들에 대한 검거율이 높아짐으로써 다시금 그러한 경찰 활동을 자기반영적으로 정당화하는 새로운 데이터가 생성되었다. 데이터와 경찰 활동 사이에 서로가 서로를 뒷받침하는 피드백 루프가 만들어진 것이다(O'Neil, 2016/2017). 이러한 메커니즘이 결과적으로 현재의 지배 질서를 재생산하는 규제양식으로 작동하고 있음을 추론하기란 그리 어려운 일이 아니다(Eubanks, 2018).

오닐의 주장을 이 책의 문제설정 안으로 옮겨 본다면, 결국 그 연결 지점은 빅데이터가 열어젖힌 상시적·잠재적·자동적 매개 환경의 구성과 이로 인한 **주체의 최소화** 및 **탈주체화의 불가능성** 테제가 될 것이다. 더 나아가 이와 결부되어 있는 환경에 대한 통치로도 연결시킬 수 있을 것이다. 인구로부터 추출 · 수집 · 분석된 데이터가 다시 인구를 둘러싼 환경 전반을 통치 및 관리하는 근거로 되돌아오기 때문이다. 데이터가 통치 권력의 개입과 관리를 정당화하고 또 그 역으로 통치 권력이 자체의 실천 근거를 데이터로부터 찾는, 상호강화의 메커니즘이다. 실제로 오닐은 빅데이터 분석의 공통된 특징으로 불투명성(opacity), 피해(damage), 확장성(expandability)을 제시하는데, 이는 각각 빅데이터 알고리즘이 개별 주체들에게 '불투명'하고(개발자만 알고 있고) 특정 집단이 아닌 인구 대다수에게 영향('피해'도 영향이라는 점에서)을 미치며, 또한 그것이 적용될 수 있는 일상 환경 전반으로 '확장'된다는 점에서 이 책의 문제의식과 크게 다르지 않다고 할 수 있다.

이렇듯 오닐의 논의를 통치 권력의 관점에서 읽어 낼 경우, 위의 예시는 첫째, 주체에게서 분리된 거대한 데이터의 운동으로 인해 주체가 최소화되는 과정을 보여 주며, 둘째, 이러한 데이터의 피드백 루프 과정이 정확히 인구에 대한 정교한 통치(또는 관리)와도 맞닿아 있음을 보여 준다. 그리고 셋째, 더욱이 이때의 통치는 주체 개개인이 아니라 그 주체가 놓인 상황과 환경 일반을 대상으로 삼는다는 점에서 앞서 언급한 **환경의 통치**와도 연결됨을 보여 준다. 마지막으로 넷째, 그 결과 이 모든 과정 속에서 주체는 단지 효과적인 통치를 위한 데이터 소스로 이해될 뿐, 개입하고 질문하며 저항하는 탈주체화의 주체로 인정받지 못하게 됨을 보여 준다(Cheney-Lippold, 2019). 통치의 자동화·환경화·데이터화는 주체가 알 수 없는 지식과 기술의 영역에서, 주체의 동의나 선택과 무관하게, 주체의 판단과 결정에 영향을 미치는 방식으로 이루어진다는 점에서 주체의 최소화와 결코 다른 말이 아닌 셈이다.

들뢰즈가 이미 30여 년 전에 지적했듯이, 통제사회에서(즉 관리사회에서) "개인들은 나누어지는 것(divisuels)이 되어 버렸고 집단(masses)은 표본, 데이터, 시장 혹은 '은행'과 같은 것이 되어 버렸다."(Deleuze, 1990/1993, 201쪽) 들뢰즈의 이 말은, 더 정확히는 빅데이터의 시대인 현재에 이르러서야 그 본래적인 의미에서의 최대치를 이루게 된 것처럼 보인다. 개인, 집단, 표본, 데이터, 시장(혹은 은행)이라는 다소 이질적인 계열이 30여 년의 시간을 가로지른 **현재**에 이르러서야 비로소 유의미한 인접성의 계열로 연결되기 때문이다. 집단(인구)과 데이터, 은행이라는 언뜻 이해하기 어려운 이 계열은 빅데이터와 파생상품의 원리적 유사성을 염두에 둘 때에야 비로소 그 함의를 이해할 수 있다. 어떤 이유에서일까.

앞서 논의했듯이 클라우드 데이터 센터에 모인 거대한 규모의 데이터는 데이터의 성격과 활용 목적에 따라 나눠지고 가공되면서 자체의 운동성을 갖게 된다. 이에 대해서는 은행과 금융화의 비유가 적절할 텐데, 클라우드 컴퓨팅이 개인의 돈을 예적금의 형태로 보관해 주는 은행과 유사하다면, 빅데이터 분석은 이렇게 모인 수많은 개인의 돈을 기초로 새로운 수익을 만들어 내는 각종 금융 상품과 유사하다. 다시 말해 클라우드 컴퓨팅은 개인 각자가 집 안에 금고를 구비해 놓고 여기에 돈을 보관하는 대신, 이를 은행에 맡겨 좀 더 효율적으로 관리하는 것과 같은 이치이다. 클라우드는 돈 대신 각종 데이터와 정보를 맡긴다고 이해할 수 있겠다. 물론 은행은 이렇게 맡겨진 거대한 규모의 돈을 재투자해서 수익을 올리는 전통적인 방법 이외에, 채권 등의 자산을 해체하고 재조립해 자산 그 자체가 아닌 자산의 구성 요소들을 거래하는 식으로도 수익을 올릴 수 있다. 이것이 부채담보부증권(collateralized debt obligation)과 같은 파생상품(derivative)의 기본 원리인데(권오상, 2013), 이는 단연 거대한 규모의 데이터를 목적에 맞게 분해 및 재조립해서 이로부터 일정한 상관성을 추출하고 또 이를 통해 잉여가치 창출을 목적하는 빅데이터 분석과 원리적인 유사성을 갖는다. 파생상품이 각종 금융 자산을 쪼개고 섞고 합쳐서 자산 그 자체가 아닌 그 구성 요소들의 다양한 조합을 판매하는 것과 마찬가지로, 빅데이터 또한 수천수만 명의 데이터를 목적에 따라 나누고 조합하고 분석해서 현실 상황에 개입하기 위한 인구 통계학적 자료들로 재구성하기 때문이다(김상민, 2017).

이 가운데 개인은 집단 또는 인구라는 데이터 몰(mole)을 이루는 하나의 분자(molecule)로 재정위된다. 요컨대 포스트인터넷 환경 속에서 개인들은 분할 불가능한 것(individuals)에서 무수히 "나누어지는 것", 곧 **수량화된 자아**(quantified self)로 전환된다. 개인이 생산하는 온갖 종류의 정형·반정형·비정형 데이터들은 더 이상 온전히 개인적인 차원에 머물러 있지 않는다. 개인은 데이터로 나누어지고 다시 그 데이터는 인구라는 집단적 차원에서 필요에 따라 재조립된다. 그리고 개개인의 의지와 의식을 초과하는 데이터의 패턴이 되어 다시 그 개인과 인구(개별과 전체)를 관리 및 통치하기 위한 실증적인 준거로 되돌아온다. 인구, 곧 집단이 "표본, 데이터, 시장 혹은 '은행'과 같은 것"이 되어 버렸다는 들뢰즈의 말이 이렇게 현재라는 시간 속에서 현실화된다. 들뢰즈의 저 문장("개인들은 나누어지는 것" 이하)이 「관리사회에 대하여」라는 제목의 글에서 서술된 것임을 염두에 둔다면, 개인이 데이터가 되는 것과 인구가 시장 혹은 은행(파생상품) 같은 것이 되는 것은, 보다 근본적으로는 관리사회라는 특정한 맥락 속에서 가능해진 것임을 짐작해 볼 수 있다. 개인과 인구 그리고 데이터가 관리사회를 중심으로, 그리고 그것을 그런 방식으로 이끌어 내는 권력의 합리성을 중심으로(그것이 합리적이고 효율적이지 않은가!) 하나의 문제설정을 이루는 지점이다. 물론 더 정확하게는, 저 문장의 "시장 혹은 은행"을 파생상품이나 금융으로 바꾸는 편이 현재의 상황에 더 부합한다는 사족을 덧붙일 필요가 있겠지만 말이다. 파생상품이 자산의 해체와 조합을 통해 일상의 금융화를 이룬 것처럼(강내희, 2014; Martin, 2002), 빅데이터 또한 **일상의 데이터화**를 이루면서 다시 그 (무한히 크면서도 목적에 따라 얼마든지 나누고 합칠 수 있는) 데이터를 바탕으로 우리의 일상을 그만큼 예측 가능하고 관리 가능한 것으로 바꾸어 내고 있다.

사물인터넷, 사물들로 연결된 세계의 완성

사물인터넷(Internet of Things)에 이르러 이러한 흐름은 더욱더 급진적이고 전방위적인 형태로 밀어붙여지고 있다. 사물인터넷은 컴퓨터, 스마트폰, 태블릿, 스마트워치 등과 같이 인터넷을 주목적으로 삼는 기기 이외에, TV, 냉장고, 세탁기, 청소기, 자동차, 보일러 등 말 그대로 거의 모든 사물들이 인터넷을 통해 서로 데이터를 주고받으면서 자동으로 구동되도록 만든 기술과 서비스를 뜻한다. 사물에 탑재된 센서와 통신 칩을 통해, 이제 사물은 사람이 개입하지 않아도 스스로 주변의 정보를 수집하고 공유하며, 또 이를 바탕으로 자체의 알고리즘에 따라 적절한 결정을 내릴 수도 있다(커넥팅랩, 2014; Miller, 2015/2016). 사람과 사람, 사람과 기계의 연결을 넘어선, 기계와 기계의 연결이다. 가령 로봇 청소기는 센서를 통해 공간 배치와 실내 지형을 읽어 내고 그에 맞게 대응하면서 자동으로 청소 임무를 수행한다. 세탁기는 세탁물의 종류와 더러움 정도를 파악해서 물의 양과 세제를 조절하며, 냉장고는 내용물의 유통기한과 남은 양 등을 체크해서 사용자의 스마트폰으로 관련 정보를 전송해 준다. 날씨에 어울리는 음악을 틀어 주고 스타일러로 어떤 옷을 입을지 미리 스타일링 해주며 퇴근 시간에 맞춰 자동으로 오븐을 작동시키는 것도 한 예이다. 자동차에 부착된 센서는 앞뒤 운전자와의 거리를 파악해서 적정 거리를 유지하게 해주고 차의 이상 유무를 체크해서 자동으로 정비소 예약을 진행한다. 헬스 케어 기기에 탑재된 센서는 개인의 심장 박동과 호흡, 혈압, 수면 및 영양상태 등을 항시 점검하고 이상이 발견되면 바로 알람이나 병원 연락 등을 통해 조치를 취한다. 사물인터넷이 주거 환경과 접목될 경우, 집 안의 온도, 조명, 채광, 습도, 전원, 보안, 가스, 환기 등 거의 모든 일상적 주거 환경이 사물 자체의 메커니즘에 의해 최적의 상태로 조절 및 통제될 수 있다. 업무 환경과 접목될 때에도 사정은 마찬가지이다. 이 같은 흐름은 현재에도 계속 가파르게 확대되는 추세에 있으며, 이에 따라 2020년까지 대략 250억 개의 기기가 인터넷에 연결될 것으로 전망되고 있다(파이낸셜뉴스, 2016. 12. 7).

이처럼 사물인터넷의 종류와 수가 기하급수적으로 증가하면서, 사물들로부터 산출되는 엄청난 양의 데이터를 수집 및 저장하는 클라우드 컴퓨팅과 그러한 데이터를 빠르게 처리하고 분석하는 빅데이터의 매개 환경이 동시적으로 요구되고 있는 상황이다(오카지마 유시, 2010/2011). 클라우드와 빅데이터를 바탕으로 사물인터넷이 일상 속으로 퍼져 나가고, 또 그렇게 확장된 사물인터넷이 클라우드와 빅데이터의 일상화와 내재화를 이끌어 내는 식이다. 사물인터넷은 그 자체가 평범한 사물들로 이루어져 있는 만큼 별다른 진입 장벽 없이 일상 환경 곳곳에 자연스럽게 녹아들어 가고 있으며, 그럼으로써 그것과 연동되어 있는 클라우드와 빅데이터의 매개 환경을 말 그대로 일상적인 수준으로까지 확장시켜 나가고 있다. 실제로 각종 사물들이 인터넷에 연결되면서 텔레비전과 냉장고, 청소기, 보일러까지도 클라우드와 빅데이터가 열어 놓은 매개 환경 속으로 빨려 들어가게 되었으며, 역으로 클라우드와 빅데이터 또한 수많은 사물들이 인터넷에 연결된 바로 그만큼 일상의 전 영역으로 촘촘히 확산될 수 있게 되었다. 클라우드와 빅데이터 그리고 사물인터넷이 일종의 선순환 작용을 일으키고 있는 셈이다. 특히 옷, 시계, 안경, 팔찌, 신발 등과 같이 몸에 착용할 수 있는 스마트 웨어러블(wearable) 기기가 대중화됨에 따라 이 같은 경향성은 미세한 영역으로까지 더욱더 확대 심화되고 있는 상황이다(커넥팅랩, 2014; Miller, 2015/2016).

사물인터넷의 핵심은 사용자의 조작과 개입을 최소화한 채 단지 사물 사이의 통신과 조정만으로 가장 최적화된 일상, 주거, 노동, 소비 환경을 이끌어 낸다는 데 있다. 짐작할 수 있듯이, 이로써 사용자 주체는 사물들 스스로가 자체의 알고리즘에 따라 관리하고 통제하고 제어하는 환경 안에 놓이게 된다. 이제 주체는 자신을 둘러싼 환경의 화해 불가능한 타자성과 직접 대면하지 않아도 되며, 그 예측 불가능한 변화에 시시각각 주의를 기울이지 않아도 된다. 주체 모르게(투명하게) 이루어지는 사물들의 자동 조절 작용은 주체에게서 **선택**과 **결정**의 계기를 빼앗아 버린다. 그리고 바로 그만큼 **우연적** 사건의 발생 가능성과 그에 대한 **마주침**의 가능성마저도 축소시켜 버린다. 집 안의 온도는 알아서 조절되고 자동차는 스스로 길을 찾으며 스마트워치는 자동으로 건강을 체크한다. 스마트폰으로 간단히 제어되는 다양한 형태의 인공지능 시스템을 떠올려 볼 수도 있겠다. 이런 환경 속에서 사용자 주체는 단지 초기 설정 단계에서만 개입이 허용되며 이마저도 몇 가지 옵션을 선택하는 수준으로 한정되고 만다. 그 이후로는 어느 것도 주체의 개입과 관여를 필요로 하지 않으며 어느 것 하나 주체의 손길을 기다리지 않는다. 사물들은 알아서 정보를 주고받고 이미 짜인 코드에 따라 자동으로 작동된다.

더욱이 수많은 사물인터넷이 서로 얽히고설키면서 이른바 초연결사회(hyper-connected society)를 이루어 가고 있음을 감안한다면, 이 같은 주체의 최소화는 단지 몇몇 분야에서만 한정적으로 발생하는 일이 아니게 된다. 사물인터넷이 일상적인 환경 전체를 가로질러 감에 따라 주체의 최소화 과정 또한 이와 맞물려 일상의 전 영역에 걸쳐 발생할 수밖에 없다. 마치 생명체 내부의 항상성(homeostasis)과 같이, 클라우드와 빅데이터 그리고 사물인터넷은 서로 긴밀하게 연결되어 주체를 둘러싼 환경 전체를 안정적이고 자동적이며 균형 잡힌 상태로 유지시킨다.

그리고 이렇게 스스로 조절되는 환경은 주체의 역할과 개입을 최소화하는 한편, 이와 함께 앞서 말한 구성된 주체에서 구성하는 주체로의 전환 가능성을, 즉 **탈주체화의 가능성**을 최소화하게 된다. 주변 환경이 자동화·최적화됨에 따라, 그래서 주체가 개입하고 관여할 필요성이 줄어듦에 따라, 역설적이게도 탈주체화의 가능성 또한 더불어 줄어들게 되는 것이다.

그런데 이때 탈주체화의 가능성이 최소화된다는 말은 보다 구체적으로는 어떤 상황을 의미하는 것일까. 추상도를 낮추기 위해서는 간략하게나마 들뢰즈를 참고할 필요가 있다.

> 인간이란, 설령 순수하다고 가정된 정신이라 할지라도, 참된 것에 대한 욕망, 진실에 대한 의지를 처음부터 가지고 있다고 생각하지 않는다. 우리가 구체적인 상황과 관련하여 진실을 찾지 않을 수 없을 때, 그리고 우리를 이 진실 찾기로 몰고 가는 어떤 폭력을 겪을 때만 우리는 진실을 찾아 나선다. 누가 진실을 찾는가? 바로 애인의 거짓말 때문에 고통 받는 질투에 빠진 남자이다. 찾기를 강요하고 우리에게서 평화를 빼앗아 가는 어떤 기호의 폭력이 늘 도사리고 있는 것이다. (중략) 진리는 어떤 사물과의 마주침에 의존하는데, 이 마주침은 우리에게 사유하도록 강요하고 참된 것을 찾도록 강요한다. (중략) 대상을 우연히 마주친 대상이게끔 하는 것, 우리에게 폭력을 행사하는 것, 이것이 바로 기호이다. 사유된 것의 필연성을 보장하는 것은 마주침의 우연성이다 (Deleuze, 1964/1997, 40-41쪽).

들뢰즈는 애인의 거짓말이 그/그녀로 하여금 진실을 찾게 강요한다고 말한다. 즉 진실은 어떤 사건 또는 사물과의 '마주침'에 의존하는데, 이 마주침이야말로 우리에게 사유를 강요하고 더 나아가 진실을 찾게 만든다는 것이다. 가령 우리는 수도꼭지에서 물이 잘 나올 때는 이에 대해 사유하지 않는다. 혹은 사유할 필요가 없다. 오히려 당연히 나올 것으로 예상되는 물이 안 나올 때, 우리는 왜 물이 안 나오는지에 대해 비로소 사유를 시작하게 된다. 무엇이 문제일까, 수도관이 터졌나, 어떻게 씻지, 기술자를 불러야 하나 등등, 그 순간 우리는 물이 왜 안 나오는지의 이유를, 그 진실을 찾기 위해 부단히 사유를 가동하게 된다. 갑자기 물이 안 나오는 사건과 마주친 다음에야 이에 대해 사유하게 '되고' 또 진실을 찾아 나서게 '되는' 것이다.

마찬가지로 애인의 거짓말 앞에서, 그/그녀는 진실을 찾기 위해 머리가 터지도록 사유할 수밖에 없다. 그전까지 평화롭기만 했던 일상이 애인의 거짓말로 인해 한순간에 무너져 버리고, 그/그녀는 이 사건이 강요하는 사유의 폭풍 속에 휩싸이게 된다. 그러므로 사유는 평화롭지 않다. 사유는 참된 것에 대한 욕망에서 비롯되는 게 아니라, 정반대로 평화를 빼앗는 폭력으로부터 비롯된다. 들뢰즈는 사유와 존재의 순서를 뒤집어서, 사물 또는 사건과의 우연한 마주침이 먼저 존재하고 바로 이로부터 그것과 결부된 사유가 촉발된다고 보는 것이다(물론 이는 데카르트에 대한 비판을 함축하고 있다). 인용문의 마지막 문장을 뒤집어 보면 의미가 보다 분명해진다. 즉 **마주침의 우연성**이 사유의 필연성을 보장한다. 우리는 우연히 발생한 사건과 마주쳤을 때에야 그 사건의 진실을 알기 위해 비로소 사유라는 것을 하게 된다. 바꿔 말해서, 이는 우연적 사건의 발생과 그에 대한 마주침이 없다면(축소 또는 통제된다면), 결국 사유의 계기와 진실의 추구 또한 제한적일 수밖에 없음을 의미한다(Althusser, 1994/2012).

그렇다면 들뢰즈의 이 주장은 사물인터넷과는 어떻게 연결되는가. 앞서 언급했듯이 사물인터넷은 자체의 알고리즘에 따라 철저히 정해진 대로 움직인다. 우연적 사건의 발생과 그 사건과의 마주침이야말로 사유를 촉발하는 조건이라 한다면, 온갖 종류의 사물인터넷으로 둘러싸인 일상 환경은 결국 그것과는 정반대의 조건을 창출해 낼 수밖에 없다(Foer, 2018). 이 환경은 우연을 관리하고 통제해서 허용 가능한 범위 안으로 한정시켜 버린다. 가능한 행위의 영역은 항상-이미 계산되고 구조화되며, 이처럼 우리의 사고와 행위를 특정한 방향으로 자연스럽게 인도해 주는 방식이야말로 더 편리하고 효율적인 것으로 간주된다. 당연하게도 바로 그 관리와 통제의 폭과 깊이만큼, 예측 불가능한 사건의 발생과 그 사건에 마주칠 기회 역시 제한되거나 축소되고 만다. 창밖에서는 폭풍우가 몰아쳐도 집 내부는 자동으로 온도와 습도가 조절되고 외부 소음이 차단되어 평상시와 다를 바 없는 상태가 유지되는 식이다. 그 안에서 개인들은 외부에 어떤 우연적인 일이 발생하는지 몰라도 되고 신경 쓰지 않아도 된다. 약간의 날씨 변화에도 민감하게 반응해야만 했던 과거에 비하면 이것은 분명한 발전이자 진보임에 틀림없다. 다음의 광고 카피는 이러한 **진보**가 어떻게 일상적인 환경 속으로 녹아들어 가고 있는지를 더없이 분명하게 보여 준다.

상상해보세요. 당신이 들어오기 전에 알아서 쾌적하게 만들고, 단지

> 물어보기만 해도 궁금증을 해결해 주고, 어디서나 손짓 하나만으로 귀찮은 일들을 대신 해주는, 그리고 원하는 대로 다 됐으면 즉시 알려 주는. 이것이 LG ThinQ가 우리의 삶을 더 쉽고, 더 지혜롭고, 더 나은 삶으로 만드는 방법입니다. 이제 당신이 사랑하는 일에 더 많은 시간을 쏟고, 꿈과 열정을 추구할 더 큰 자유를 누리세요. 우리의 인생은 그래야 하니까요. 한 번도 느껴보지 못한 자유. Think Wise, be Free. (2019년 LG전자 광고)

이 광고가 보여 주는 기술 전경(scape)이 전혀 낯설지 않은 이유는, 이것이 실제 우리의 일상이자 이 사회의 현재와 미래 모습이기 때문이다. 광고에서 묘사하고 있듯이, 자유의 기술은 거절할 수 없는 기술 합리성을 바탕으로 더 자유롭고 더 세련되고 더 편리한 라이프스타일을 약속해 주고 있다. 심지어 꿈과 열정을 추구할 더 큰 자유를 누리고 싶다면 현명하게(즉 합리적으로) 생각할 것을 요구하고 있기까지 하다. 그러나 들뢰즈의 논의대로라면, 이러한 자동화 환경은 우발적인 사건의 발생을 제한할 뿐만 아니라, 그것과 결부되어 있는 사유의 우연한 계기마저도 함께 축소시켜 버리고 만다. 즉 마주침의 우연성을 통제함으로써 사유의 필연성 또한 **위태롭게** 만든다. 미래학자 니콜라스 카(Nicholas Carr)는 기술의 발전이 도리어 인간을 무능하게 만드는 현실에 대해 묘사하면서, 여기에 "생각하지 않는 사람들(The Shallows)"(Carr, 2010/2011)이라는 도발적인 표제를 붙인 바 있다. 디지털 환경이 현대인의 사고방식을 산만하고 망각하기 쉽고 분산적인 형태로 바꾸어 냄에 따라 결국 사유의 폭과 깊이 또한 약화되고 있다는 것이다. 자동차 네비게이션이 대중화되면서 사람들이 점차 길에 대한 감각을 잃게 되는 현상도 이와 같은 맥락에 있다고 할 수 있다. 네비게이션은 목적지까지의 거리, 시간, 교통량, 사고 등의 요인들을 계산해서 가장 합리적이고 효율적인 경로를 제안하는데, 이처럼 자동화된 안내 메커니즘으로 인해 정작 사람들이 네비게이션 없이는 길을 찾지 못하거나 헤매는 현상이 나타나고 있다. 머릿속으로 주변 환경을 재구성해서 길을 찾는 인지적 사고와 판단의 과정이 전적으로 네비게이션에 맡겨짐에 따라, 결과적으로 주체의 역할은 최소화되고 그만큼 사유의 계기와 역량 또한 약화되고 있는 것이다. 네비게이션의 영향이 이러할진대, 일상 속에 가득 찬 사물인터넷은 주체의 개입과 관여, 그리고 이를 통한 세계의 이해를 또 얼마나 축소 또는 변형시켜 나가게 될까. 주인과 노예의 변증법이 첨단 기술의 발전이라는 새로운 맥락 속에서 여전히 반복되고 있는 것은 아닐까(Hegel, 1807/2005).[49] 충분히 던져 볼 수 있는 질문이다.

데이터 처리 기술의 누적적 발전과 사물인터넷의 대중화, 그리고 이로써 가능해진 일상적인 자동화 환경으로 인해 이제 우리는 (그에 대해 지불할 돈만 있다면) 저 광고의 말마따나 귀찮은 일들 따위는 하지 않아도 될 만큼 큰 자유를 얻게 되었다. 그리고 이 자유에 더해, 우리는 우리를 둘러싼 환경에 불가피하게 개입해서 그것을 우리의 의지대로 제어하고 조작하고 변형할 기회로부터도, 그리하여 사물과 세계에 대한 지배력을 획득할 기회로부터도 그만큼 자유롭게 되었다. 이는 마르크스가 말한 것과 유사한 형태로서의 '이중의 자유'라 할 수 있는데(Marx, 1867/2010), 우리는 온갖 잡일들을 해야 하는 수고로움으로부터 자유로워짐과 동시에 그것들을 할 수 있는 다양한 역량으로부터도 자유로워지고 있기 때문이다. 스마트폰으로 모든 것을 간편하게 제어할 수 있게 된 현대인의 모습과 함께, 그 스마트폰 없이는 아무것도 할 수 없게 된 현대인의 모습을 동시에 떠올려 볼 수도 있겠다. 우리가 얻게 된 자유란 지금까지 우리가 해왔던 잡다한 일들을 안 해도 될 자유뿐만 아니라, 사실상 그것들을 할 수 있는 능력으로부터의 자유까지도 함께 포함하고 있는 것이다.

여기서도 핵심은 매개적 환경 구성의 변화에 따른 사유 방식과 역량의 상관적 변화이다. 자동화된 세계 속에서 개인은 환경에 의해 구성되는 **주체화=예속화**의 주체로만 남게 될 뿐, 우연한 사건과의 마주침에 충실하게 반응하면서 자신을 둘러싼 환경에 대해 비판적으로 사유하고 또 이를 통해 자기 자신을 정립해 나가는 **주체화≠예속화**의 주체(탈주체화의 주체)로 서지 못하게 된다. 또는 그 기회를 기술 발전에 따른 자유로움과 편리함, 익숙함에 점차 내어 주게 된다. 구성적 주체의 계기가 사라지면서 구성되는 주체만 남게 되는 것이다. 디지털 의존증이라 불리는 현상이 심화되고 있는 것 또한 이와 무관하지 않다(시사저널, 2005. 8. 12; Rumsey, 2016/2016). 의존증이란 달리 말하면 주체의 약화를 뜻하는 것에 다름없기 때문이다. 사물들로 이루어진 자동 조절 시스템이 세계를 가득 채워 가면서, 그와 반대로 주체의 존재와 역할은 (자유의 눈부신 확장에도 불구하고) 그 어느 때보다 더 약화 및 감소되어 가고 있다. **자유**의 확장과 **통치**의 강화는 결코 다른 말이 아니다.

그런 한편, 앞에서 우리는 무선인터넷에서 클라우드와 빅데이터, 사물인터넷에 이르기까지 이제껏 논의한 모든 장치들이 외적인 환경 구성(매개적 공간)에 더해 그것을 구동시키는 내적인 환경 구성(코드와 알고리즘)을 동전의 양면처럼 포함할 수밖에 없음을 이미 지적한 바 있다. 지금까지의 논의가 전자에만 한정되었기에, 단연 그것과 분리될 수 없는 후자의 측면 또한 함께 고려될 필요가 있다. 내적 환경으로서의 코드와 알고리즘, 그리고 그 권력 작용에 대한 문제제기가 바로 그것이다.

5. 코드가 법이다? 코드가 권력이다!

환경의 이중성, 물리적 환경과 코드적 환경

서론에서 밝혔듯이, 이 책에서 논하는 환경이란 우리를 둘러싼 외적인 매개 환경에 더해 그 환경이 제대로 작동할 수 있게 해주는 각종 코드, 명령어, 알고리즘, 프로토콜, 소프트웨어 등의 내적인 환경을 동시에 포함한다. 사실상 지금까지 논의한 모든 매개 환경은 그것이 외적인 환경으로 드러날 때조차 전적으로 **내적인 환경**에 기반을 두는 한에서만 가능한 것이었다. 하드웨어와 소프트웨어의 결합을 떠올려 볼 수 있겠다. 그런데 앞에서 확인한 것처럼, 환경 구성의 원리가 권력 작용과 분리될 수 없다고 한다면, 이때의 환경 구성이 물리적 환경과 코드적 환경 모두를 포함한다는 점에서, 결국 권력의 작용 또한 외부와 내부라는 이중의 차원에서 이루어진다고 할 수 있다. 외적인 환경 구성과 내적인 환경 구성은 분리될 수 없으며 마찬가지로 권력의 작용 또한 그러하다.

그러나 외적인 환경에 비해 내적인 환경은 그 보이지 않는 특징으로 인해 쉽게 논의되지 못했던 것이 사실이다. 코드와 알고리즘, 프로토콜 등의 내적인 환경이 전문적인 영역에 속해 있기도 하거니와 보다 근본적으로는 그것이 숫자와 문자, 기호의 조합으로 이루어진 탓에 철저히 기계적이고 객관적인 것으로만 인식되어 왔기 때문이다. 사회과학적 연구의 주제로는 적절하지 않다고 여겨졌던 셈이다. 그런데 법학자이자 사회 운동가인 로런스 레식(Lawrence Lessig)은 이제껏 컴퓨터 언어 정도로 이해되었던 바로 그 내적인 환경이 권력 작용과 불가분하게 연결되어 있음을 논하면서, 코드가 곧 법이라고까지 주장한다. 그는 이렇게 말한다.

> 우리는 사이버 공간에서 새롭게 등장하는 강력한 규제자를 점차 이해하고 있다. 그 규제자는 넓은 범위의 자유에까지 상당한 위협이 될 수 있지만, 아직까지 그것을 통제하는 최선의 방법을 모른다. 이 규제자가 바로 코드이다. 그것은 사이버 공간을 구성하는 소프트웨어나 하드웨어에 깊이 자리 잡은 명령어들을 말한다. 코드는 사회생활의 조립환경이자 설계구조(architecture)이다. 만일 19세기 중반에 자유를 위협했던 것이 사회규범이고 20세기 초반에는 국가권력, 그리고 20세기 중반의 대부분 기간에는 시장이 자유를 위협했다고 하면, 20세기 말부터 21세기에 이르는 시기에 우리가 주목해야 할 것은 또 다른 규제자, 즉 코드라는 사실을 파악해야 한다(Lessig, 2006/2007, 250쪽).

1990년대 당시, 서구 세계는 냉전의 종식과 함께 선포된 자유민주주의의 승리에 한껏 취해 있었다. 국가의 간섭과 억압은 시장의 자유와 번영 앞에 무릎을 꿇는 것처럼 보였다. 실제로 컴퓨터와 인터넷 같은 자유의 기술은 자유의 시장을 촉진하고 또 그것에 의해 촉진되면서 현실 사회주의 체제를 그 내부에서부터 붕괴시킨 중요한 계기가 되었다고 평가되곤 한다(MacKenzie, 1984; Mason, 2015/2017). 정보통신기술의 분산적이고 수평적인 특징으로 인해 정보의 자유로운 유통과 소통이 가능해지면서, (개방적인 시장 경제가 촉진되었음은 물론이고) 이전과 같은 중앙 집중적이고 수직적인 국가주의 명령 체계가 더 이상 효과적으로 작동할 수 없게 됐다는 것이다.

특히 미국 내의 상황 속에서, 자유 기술과 자유 시장의 만남은 1960~70년대부터 면면히 이어져 내려온 반전(反戰) 문화 및 히피 문화와 교묘하게 얽히면서 더욱 독특한 양상을 그려 내고 있었다. 자유로운 문화적 토양을 바탕으로 그 위에 자유 기술과 자유 시장이 서로 엮이면서 당대만의 고유한 시대적 분위기를 만들어 냈던 것이다. 『와이어드(*Wired*)』 잡지가 창간되면서(1993년) 기술 문화를 선도해 간 것이나 사이버 활동가 존 페리 발로(John Perry Barlow)가 제창한 「사이버스페이스 독립 선언」(1996년)이 인터넷 세계의 성격 규정과 관련해 큰 반향을 일으킨 것 모두 이런 맥락 속에서 이루어진 것이었다. 이 자유의 물결 속에서 현실의 물리적 국가는 사람들을 억압하고 착취하는 부정적인 것으로 간주되었으며, 때문에 미래 권력은 진정 국가의 반대편, 곧 인터넷 공간의 사이버 세계에 놓여 있는 것처럼 여겨지곤 했다. 미디어 연구자 리처드 바브룩(Richard Barbrook)과 앤디 카메론(Andy Cameron)은 이런 흐름을 캘리포니아 이데올로기(Californian ideology)라고 명명하는데, 이들은 이 이데올로기가 "시장경제의 규율들과 히피 장인정신의 자유들을 동시에 반영한다"고 말하면서 "이 별난 혼성교배는 오로지 기술결정론에 대한 거의 보편적인 신념을 통해서 가능해"졌다고 비판적으로 논한 바 있다(Barbrook & Cameron, 1995/1996, 81쪽).

억압적이고 폭력적인 국가 권력과 자유롭고 해방적인 사이버 공간의 대비는, 이처럼 자유의 문화와 자유의 시장 그리고 자유의 기술이 상호보완적으로 한데 얽히면서 나타난 결과였다. 당시의 기술주의자들은 사이버 공간을 국가의 억압에서 해방된 자유로운 세상으로 이해했으며, 더 나아가 이 공간이 민족국가의 배타적 경계를 와해시킴으로써 진정한 의미에서의 인류 통합을 이끌어 낼 것이라고 주장하기도 했다(Cairncross, 1997; Giddens, 1999/2000). 물론 이들의 주장은 현재적 관점에서 본다면 이론적으로나 현실적으로나 대부분 기각될 수밖에 없는 게 사실이다. 이후의 역사를 보면 국가가 소멸되는 대신 반대로 사이버 공간이 국가의 통제 안으로 빠르게 흡수 및 동화되어 갔기 때문이다.

그런데 문제는 이러한 논의 구도가 국가와 사이버 공간의 관계를 지나치게 정형화된 방식으로 고착화하고 있다는 것이다. 과연 국가는 억압과 규제의 공간이고 사이버 공간은 자유와 해방의 공간일까? 만일 이런 식으로 이해해 버리면, 오래된 **억압-해방**의 도식을 그대로 반복하게 될 뿐만 아니라, 그래서 국가의 억압을 사이버 공간의 해방으로 손쉽게 대체할 수 있다고 부당전제하게 될 뿐만 아니라, 더 중요하게는 어떻게 자유 그 자체가 권력 관계를 지탱하는 중요한 기제가 될 수 있는지, 즉 억압이 끝났다고 생각되는 지점에 어떻게 자유의 언어로 쓰인 또 다른 형태의 권력 관계가 들어서게 되는지 설명할 수 없게 된다. 요컨대 사이버 공간은 권력이 사라진 공간이 아니라 다만 권력이 인터넷의 기술적 합리성에 따라 그 작동 방식을 **바꾼** 공간일 뿐이다. 당시의 기술주의자들은 국가와 사이버 공간을 대립시키면서 국가의 규제를 사이버 공간의 자유로 극복하고자 했지만, 역설적이게도 그러면 그럴수록 생산적이고 긍정적이며 자유로운 형태의 권력을 인정하고 내재화하는 결과를 초래하고 말았다(Dyer-Witheford et al., 2019). 기술 자유주의와 신자유주의가 시대적 겹침만큼이나 원리적 일치를 보이는 이유가 바로 여기에 있다.

레식의 주장은 간단하면서도 명쾌하다. 그는 사이버 공간을 지탱하는 코드가 그 자체로 이미 권력 관계의 작용과 분리될 수 없다고 말한다. 그는 알고리즘, 프로토콜, 명령어 등을 '코드(code)'로 통칭하면서, 바로 이 코드가 어떤 행위는 가능하게 하고 어떤 행위는 불가능하게 하는 식으로 행위들에 대한 인도 혹은 제약을 이끌어 낸다고 주장한다. 행위에 대한 행위라는 점에서, 코드는 이미 그 자체로 권력의 작용이다. 현실 세계의 법과 규칙처럼 컴퓨터 세계의 코드 또한 특정한 행위를 **허용** 또는 **제한**하는 식으로 권력의 역할을 수행하기 때문이다. 사이버 공간이 필연적으로 자유로울 수밖에 없다는 주장에 대해, 레식은 사이버 공간을 구성하는 것은 결국 코드임을 강조하면서 이 코드를 만들고 수정하는 과정에 정부와 시장이 얼마든지 개입할 수 있다는 점을 반박의 논거로 내세운다. 즉 사이버 공간은 코드에 의해 규정되는데, 이 코드는 상황에 따라 국가의 표적이 되거나 기업의 이익에 맞게 얼마든지 수정 및 변경될 수 있다는 것이다. 그에게 자유로운 사이버 공간이란 단지 하나의 이데올로기에 지나지 않았다.

이와 관련해 레식은 사이버 공간이 "익명성의 디폴트(default)에서 신원확인의 디폴트로 전환"(Lessig, 2006/2007, 100쪽)되어 갔다고 간명하게 표현한다. 실제로 초기의 사이버 공간은 익명성에 기반을 둔 개방적인 커뮤니케이션 공간이었던 반면, 이후 그것을 가능케 한 기본 코드에 다른 추가적인 응용 코드가 덧붙여지면서 점차 신원확인을 강조하는 폐쇄적인 공간으로 변모되어 갔다. 인터넷에서 월드와이드웹으로의 변화 또는 P2P에서 클라이언트-서버로의 변화 과정이 정확히 이와 겹쳐진다(Kleiner, 2010/2014). 이전에는 인터넷의 사용자가 '누구'이고 '어디' 있으며 '무엇'을 하는지 알 수 없었던 데 반해(이 세 가지 요소야말로 자유의 핵심이다), 이제는 사용자가 웹사이트에 접속하는 것만으로도 이 모든 사항을 손쉽게 파악할 수 있다. 사용자가 날씨만 검색해도 사용자의 위치 정보를 토대로 곧장 해당 지역의 날씨를 제시해 주는 식이다. 물론 이는 국가와 시장이 처음부터 그러한 의도와 목적을 갖고 개입했기 때문만은 아니다. 오히려 여기에는 사용자에게 더 나은 네트워크 환경을 제공하려 했던 국가의 정책적 지원과 더 많은 사용자를 끌어들임으로써 새로운 이윤을 창출하고자 했던 기업의 실용적인 계산이 더 근본적인 요인으로 작동했다. 그러나 그것이 어떠한 의도에서 비롯되었든, 결과적으로 사이버 공간이 여러 목적에 따른 코드의 수정과 추가를 통해 점차 규제와 통제가 가능한 공간으로 빠르게 개조되어 간 것만큼은 분명한 사실이다.

좀 더 자세히 살펴보자. 잘 알려져 있는 것처럼, 인터넷은 미국 국방부가 컴퓨터 간의 상호작용 네트워크를 구축하기 위해 설립한 아르파넷에서 비롯되었다. 소련의 스푸트니크호(Sputnik) 발사(1957년)로 충격에 빠진 미국은 군사·과학 분야의 우위를 되찾기 위해 대학 연구소들과 연계해 기술 개발에 박차를 가했고 이 과정에서 핵 공격에도 버틸 수 있는 분산된 네트워크 시스템을 개발하기에 이른다(1969년). 기존의 서킷 스위칭(circuit switching) 기술이 발신자와 수신자를 1 대 1로 연결하는 중앙 집중식이었던 데 반해, 새로 개발된 패킷 스위칭(packet switching) 기술은 정보를 일정한 크기의 패킷으로 나누어 여러 경로를 통해 전송하고 이를 다시 수신지에서 조립하는 분산 처리 방식이었다(Goldsmith & Wu, 2006/2006). 이는 전쟁 중에도 파괴되지 않는 안정적인 군사 통신 시스템을 구축하기 위한 것이었다. 서킷 스위칭 방식은 중앙 집중적인 체계로 이루어진 탓에 일부 통신망의 문제가 전체 통신망의 마비로까지 이어질 수 있었지만, 새로 개발된 패킷 스위칭 방식은 분산된 네트워크 구조로 인해 하나의 경로가 파괴되어도 얼마든지 다른 경로를 통해 정보를 송수신할 수 있었기 때문이다. 인터넷이 군사적 목적에서 비롯되었다고 하는 것은 바로 이러한 이유에서였다.

물론 이것이 가능해지기 위해서는 컴퓨터 상호 간의 정보 송수신을 위한 약속된 체계가 마련될 필요가 있었다. TCP/IP(Transmission Control Protocol/Inter-network Protocol)는 이런 필요에 의해 만들어졌는데, 프로토콜(protocol)이라는 말이 뜻하듯 그것은 원활한 정보 교환을 위해 마련한 일종의 합의 규약이라 할 수 있다. 이 중 전송 제어 프로토콜인 TCP는 전송할 파일을 일정한 크기의 패킷들로 나누어 네트워크를 통해 전송하는 일과 그렇게 전송된 패킷을 다시 원래의 파일로 조립하는 일을 수행하는 데 필요한 규약이며, 인터넷 프로토콜인 IP는 각각의 패킷에 주소를 부착해서 그것들이 목적한 곳에 정확히 도착하게 만들기 위한 규약이다(정지훈, 2014; Hafner & Lyon, 2006). 이 규약만 지킨다면(채택한다면) 전 세계 어떤 컴퓨터들이라도 인터넷에 접속해 얼마든지 자유롭게 데이터와 정보를 주고받을 수 있는 것이다. 즉 TCP/IP는 마치 다른 언어권의 사람들이 의사소통을 하기 위해 공통언어인 영어를 사용하는 것처럼, 안전하고 효율적인 네트워크 통신을 하기 위해 설정한 약속 체계라 할 수 있다.

그런데 TCP/IP의 이 같은 형식적 구조에는 단순히 기술적 요소만으로 한정할 수 없는 정치적이고 이념적인 고려가 담겨 있다. TCP/IP는 정보를 나누고 보내고 조립하는 데 필요한 규칙만 포함할 뿐, 그 정보의 내용이 무엇인지에 대한 것은 일체 포함하지 않는다. 실제로 프로토콜이 보여 주는 것은 패킷이 발송되는 주소와 그것이 도달하는 주소뿐이다. 이러한 설계 원리는 보통 '엔드 투 엔드(end to end)'로 불리는데, 이는 말 그대로 인터넷의 핵심이 정보를 보내고 받는 형식적인 원리 그 자체에 있지 그 사이를 오고 가는 내용에 있지 않음을 압축해서 보여 준다. 누가, 언제, 어디서, 무엇을, 어떻게, 왜 사용하는지는 프로토콜의 관점에서 볼 때에는 하등 중요한 것이 아니었다(Goldsmith & Wu, 2006/2006). 인터넷은 이처럼 가장 단순한 원리를 바탕으로 작동하도록 설계되었으며, 그 외의 필요한 기능들이 생기면 네트워크 끝 부분에 응용 프로그램들을 추가하는 식으로 발전되어 왔다. 바꿔 말한다면 인터넷 프로토콜은 통신 그 자체를 가능케 하는 데에만 초점이 맞춰져 있을 뿐, 그 안에서 이루어지는 송수신의 내용에는 어떠한 간섭이나 개입도 할 수 없게끔 설계되었던 것이다. 패킷 스위칭의 정보 처리 방식과 그것을 제어하는 TCP/IP의 형식적 요소는 인터넷 구조에 그대로 반영되어, 중앙 집중적인 통제가 불가능하고 누구나 사용할 수 있게 열려 있으며 모두에게 평등한 수평적 네트워크의 구축으로 이어졌다. 이것은 어쩌다 우연히 그렇게 만들어진 게 아니라 애초부터 그런 이상을 가진(혹은 여기에 영향을 받은) 사람들의 적극적인 노력을 통해 일구어진 것이었다(Castells, 2003/2004). **자유주의의 이상**이 그대로 기술의 형식적 요소 안에 응축된 것이라 평가할 수 있겠다.

코드 안에 담긴 신자유주의 원리

이것이 인터넷의 전부라면 인터넷은 초기 기술 자유주의자들의 주장대로 필시 자유의 공간이 될 수밖에 없다. 그러나 TCP/IP는 단지 인터넷을 가능케 하는 필수 조건이자 최소 조건일 뿐이다. 문제는 이 기본적인 프로토콜 위에 다양한 형태의 응용 프로그램이 추가될 수 있다는 것이며, 그럼으로써 자유의 가능성만큼이나 규제의 가능성 또한 얼마든지 덧씌워질 수 있다는 것이다. 코드와 프로토콜, 알고리즘 등의 내부적 환경을 어떻게 구축하고 조정하느냐에 따라 특정한 행위를 특정한 방식으로 가능케 할 수 있다면, 즉 위의 논의에서처럼 인터넷의 형식적 요소를 통해 자유롭고 평등한 소통을 이끌어 낼 수 있다면, 정확히 같은 논리로, 일정한 형식적 변용을 통해 이와 **정반대**되는 상황을 이끌어 내는 것 또한 가능하다고밖에 할 수 없다.

레식이 주장하는 바가 바로 이러한데, 그는 정부와 시장이 코드, 프로토콜, 알고리즘 등의 내적 환경에 개입함으로써 얼마든지 규제와 통제의 기능을 수행할 수 있고, 또 실제로도 그렇게 하고 있음을 다양한 사례를 들어 논증한다. 개인의 행위를 직접 규제하기보다는 그 행위가 이루어지는 내적 환경과 조건을 규제함으로써 더 효과적이고 더 비용-편익이 높은 결과를 이끌어 낸다는 것이다(Lessig, 2006/2007). 가령 한국 정부는 폭력물과 음란물 등의 유해 사이트에 접근하는 것을 원천적으로 막고 있는데, 단연 이것이 개개인의 위법 행위에 대한 감시와 규제, 처벌, 교정보다 훨씬 더 효과적이고 더 비용-편익이 높다고 판단하기 때문이다. 단순히 유해 사이트의 주소를 차단하는 것만으로(즉 코드의 변형만으로) 사용자 인구 전체의 접속 행위에 대해 광범위한 영향력을 미치고 있는 것이다. 기업의 경우도 마찬가지인데, 유튜브가 키즈 동영상에 댓글과 맞춤형 광고를 막아 버린 것이나 네이버가 인공지능 알고리즘을 사용해 혐오 표현이 포함된 댓글을 블라인드 처리하는 것도 같은 선상에서 이해할 수 있다.

이처럼 특정한 행위를 가능하게/불가능하게 한다는 점에서, 인터넷 공간에 존재하는 각종 코드는 (비록 정도의 차이는 있겠지만) 이미 그 자체로 권력이 행사되는 구체적이고 실효적인 방식이자 기법이라 할 수 있다. '코드가 법이다'와 '코드가 권력이다' 그리고 '소프트웨어가 명령한다'라는 말의 의미가 바로 이와 같다(Manovich, 2013/2014). 이를 보다 구체화해서 '프로토콜 권력(protocol power)'이나 '인터페이스 효과(interface effect)'로 표현해 볼 수도 있겠다(Galloway, 2004; 2012). 프로토콜이 정해 놓은 형식대로, 또는 인터페이스가 이끄는 방식대로 이끌려 갈 수밖에 없음을, 그리고 그것이 결과적으로 권력의 작용 및 효과와 다르지 않음을 담아낸 표현이다.

그런데 이때의 '법'과 '권력'은 꼭 같지만은 않은 게 사실이다. 전자가 명령이나 금지의 형태를 띠고 있다면, 그래서 유해 사이트 차단, 사용자 성인 인증, 사이버 명예훼손, IP 수집과 추적 등의 조치들과 결부된다면, 후자는 이와는 달리 선택과 동의, 그리고 이에 대한 자유의 형태를 띠고 있으며, 그런 만큼 개인정보 제공, 서비스 이용 동의, 개별화된 검색 메커니즘, UI(user interface) 등의 자발적이면서도 행동 유도적인 서비스 조치들과 결부되어 있기 때문이다. 물론 이 두 가지 방식은 서로에 대한 적절한 보완이 되고 있지만, 전자에 비해 후자는 특정한 권력의 벡터를 산출하고 있음에도 불구하고 마치 권력과는 무관한 것처럼 인식된다는 점에서 오히려 그만큼 더 은밀하고 교묘하며 효과적인 전략이 되고 있다.

실제로 현재 대부분의 웹사이트는 사용자에게 정보를 내놓으라고 명령하지도 강제하지도 않는다. 어느 누구도 구글이나 네이버의 강요에 못 이겨 자신의 검색 기록, 방문한 웹사이트, 시청한 동영상, 클릭한 광고, 구매 기록, 위치 정보, 기기 정보, 로그 정보, IP 주소 및 쿠키 데이터 등의 정보를 제공하지 않는다. 이는 많은 경우 자발적인 선택과 동의에 의해서 이루어지며, 이마저도 사용자의 자유 의지에 전적으로 내맡겨진다. 게다가 이러한 방식이 (그 결과로서도) 더 편리하고 유익하기에 사용자로서는 이를 거부할 이유마저도 딱히 없게 된다. 여기에 법이나 강제 따위는 존재하지 않는다. 레식의 주장에 전적으로 동의하면서도 이때의 코드 권력을 그 작동 방식 및 성격에 따라 더욱 정확하게 구분해야 할 필요성을 제기하는 이유가 바로 이 때문이다. 코드는 법이면서 동시에 권력이며, 더 정확히는 **법에서 권력으로** 옮겨 가고 있다.

앞서 논의한 것처럼 환경 구성의 전략이 외부 환경과 내부 환경이라는 양 측면에서 진행된다면, 그리고 외부 환경을 통해 작동하는 권력이 점차 규율권력에서 (환경)관리권력으로의 경향적인 이동을 나타내고 있다면, 이와 나란하게 그 내부 환경 또한 규율이나 명령과 같은 법적 작용보다는 조절과 제어의 관리 메커니즘을 통해 작동하는 식으로 변화되어 간다고 할 수 있을 것이다. 권력, 곧 합리성의 체계란 외부와 내부를 구분하지 않기 때문이다. 변화는 연동되어 있다. 다시 말해, 코드권력은 한편으로는 코드 자체의 명령 기능에 따라 특정한 종류의 행위를 불가능하게 만드는 식으로도 작동할 수 있지만, 다른 한편으로는 특정한 행위를 가능케 할 뿐만 아니라 그러한 행위들을 국가와 기업이 원하는 방향으로 이끌어 내고, 그러면서도 그것이 철저히 사용자의 자유와 이익을 따라 이루어지게 만드는 식으로도 작동할 수 있다. 그리고 이처럼 코드가 권력의 효과를 담지하게 될 때, 이 (코드) 권력은 사이버 공간이 일상 속에 철저히 녹아든 만큼이나 일상적이고 자연스러우며 보이지 않는 것이 되고 만다.

그 한 예가 바로 기본값 설정(default setting)이다. 기본값이란 시스템이 미리 정해 놓은 초기 상태의 조건을 뜻하는데, 대부분의 경우 사용자가 일부러 '아니오'로 바꾸지 않는 이상 초기 값 그대로 작동하도록 설정되어 있다. **기본값**은 사용자로 하여금 자유롭게 선택할 수 있는 권한을 주면서 정확히 이와 동시에 사용자 대신 미리 선택한다는 점에서, "자유주의적 개입주의(libertarian paternalism)"라는 모순된 상황을 만들어 낸다(Vaidhyanathan, 2012/2012, 140쪽). 말 그대로 자유롭게 만드는 방식으로 개입하는 것이다. 물론 나중에라도 기본값 항목들을 변경할 수 있다고는 하지만, 사용자가 일일이 약관을 읽고 이해하면서 이를 변경하기란 결코 간단한 일이 아니다. 예컨대 페이스북을 포함한 대부분의 웹사이트가 기본값을 초기 가입 조건으로 내걸고 있다. 페이스북은 '가입하기'라고 써진 박스 위에 "가입하기 버튼을 클릭하면 약관에 동의하며 쿠키 사용을 포함한 데이터 정책을 읽고 이해하신 것으로 간주됩니다"라는 문구를 표기해 놓았다. 페이스북을 사용하려면 이 포괄적인 정보 제공 약관에 반드시 동의해야 하며, 동의하지 않을 경우 둘러보기 정도 외에는 서비스를 이용할 수 없게 된다. 물론 여기에 동의하고 가입하는 순간, 페이스북에 댓글을 달고 '좋아요' 버튼을 누르는 것만으로도 사용자의 위치는 물론 친구 관계, 관심과 취향, 정치적 성향, 소비 패턴 등의 데이터가 프로필화되어 수집·분석·처리·활용·공유될 수 있음은 물론이다. 사정은 유튜브도 마찬가지이다.

"고객님은 동의를 거부할 수 있습니다. 동의 거부 시에는 해당 서비스 이용이 불가합니다"라는 안내 문구는 **자유주의적 개입주의**가 무엇인지 더없이 명확하게 보여 준다고 하겠다. 포털 사이트와 온라인 쇼핑몰, 커뮤니티 사이트, SNS, 각종 플랫폼 사이트 역시 이미 오래전부터 개인정보의 수집·이용·취급·위탁·3자 제공 등의 방침들을 가입 조건으로 제시해 오고 있으며, 마찬가지로 이를 거부할 경우 아예 가입 자체가 안 되도록 설계 및 운영하고 있다. 이러한 상황은 스마트폰이 대중화된 지금, 온갖 애플리케이션을 통해 일상 영역 전반으로 부지불식간에 그리고 그만큼 불가역적인 형태로 파고들고 있다. 앱의 종류와 범위가 일상 전체를 포괄하고 있는 현 시점에서, 이러한 자유주의적 개입주의의 적용 또한 그만큼 일상화·내재화되고 있음은 물론이다.

그렇다고 한다면, TCP/IP의 형식 속에 자유주의의 원리가 담겨 있는 것과 마찬가지로 현대의 인터넷 코드에는 신자유주의적 비용-편익의 원리가 적극 투영되어 있다고 할 수 있지 않을까. 사용자들은 페이스북과 유튜브의 데이터 정책에 동의하는 한에서만, 즉 자신의 정보와 데이터를 일종의 비용으로 지불하는 한에서만 그 대가로 다양한 서비스를 이용할 수 있다. 여기에 강요나 억압 따위는 없으며 자발적인 선택과 그에 따른 보상이 있을 뿐이다. 사정은 대부분의 웹사이트와 애플리케이션이 공히 마찬가지이다. 단연 비용보다 이익이 크다고 계산될 때, 사용자들은 이 자유주의적 개입주의에 별다른 저항 없이 자신의 정보와 데이터를 내맡기게 된다. TCP/IP가 내용과는 무관한 형식적 요소를 통해 자유주의의 이상을 구현하고자 했듯이, 현재의 웹사이트는 금지와 제한 대신 자유와 참여를 적극 권장하면서 이를 코드와 알고리즘 등과 같은 형식적인 요소에 대한 개입을 통해 달성하고자 하는 것이다. 실제로 푸코는 신자유주의를 "개입하는 자유주의"(Foucault, 2004b/2012, 197쪽)로 정의하기도 하는데, 이것이 그 원리상 앞서 논의한 "자유주의적 개입주의"와 크게 다르지 않음을 짐작하기란 그리 어렵지 않다. 이 둘 모두 자유롭게 만드는 방식을 통해 개입하기 때문이다. 사용자(주체 또는 인구)의 자유를 극대화하면서 동시에 관리·조절·통제의 효과 또한 최대화한다는 점에서, 이 모두는 더없이 효과적이고 효율적인 통치 전략이라 할 수 있다.

물론 현재의 매개 환경을 좀 더 정확히 반영할 경우, '코드가 법이다'에서 '코드가 권력이다'로의 전환은, 다시 한 번 '코드가 권력이다'에서 '알고리즘이 권력이다'로 그 문제설정을 바꿀 필요가 있다. '코드'를 중심으로 법과 권력이 교차되었다면, 변화된 상황에 맞게 이제는 다시 그 '권력'을 중심으로 코드와 알고리즘이 교차되어야 하는 것이다. **코드**가 자유주의적 개입에 따라 작동한다면, 그래서 자유롭게 내버려 두면서도 바로 그 자유로움을 통해 개입한다면, 이와 달리 **알고리즘**은 사용자 주체가 원하는 것을 미리 선택해서 보여 줄 뿐만 아니라 더 나아가 사용자가 원한다고 여겨지는 바로 그것으로/그곳으로 주체를 인도함으로써 개입한다. 데이터 마이닝과 연관규칙분석(a priori algorithm) 등을 통해 사용자의 소비 패턴과 취향이 정확히 반영된 선택지를 추천하고 그 방향으로 사용자의 사고와 행위를 인도하는 식이다. 코드 권력이 행위의 조건을 구축하는 데 비해, 알고리즘 권력은 더욱 적극적으로 주체의 행위를 이끌어 낸다고 할 수 있다. 다만 이 자리에서는 코드 권력의 문제설정을 알고리즘 권력으로 확장해야 할 필요성을 확인하는 선에서 마무리하고, 알고리즘 권력이 작동하는 구체적인 양상과 그 특징에 대해서는 다음 장(4장)에서 정신관리권력이라는 개념과 연결지어 자세히 논하기로 하자.

다시 돌아와서, 코드 권력 또는 알고리즘 권력이 신자유주의 통치 전략과 연결되는 지점이 바로 여기, 곧 **환경**이다. 코드 권력이 코드와 알고리즘 등과 같은 내적인 환경 조건에 개입함으로써 자유로운 통제라는 권력 효과를 산출해 내는 이상, 그리고 (다음 절에서 논의하겠지만) 신자유주의가 다른 무엇보다도 환경적 유형의 개입을 통해 사회 전반의 통치화를 확립해 나가는 이상, 코드 권력과 신자유주의 통치 전략 사이에서 '환경'이라는 요소를 중심으로 선택적 친화성을 추출하는 게 무리만은 아닐 것이다. 물론 이때의 친화성은 (신자유주의가 모든 원인이라는 식의)

인과적 관계에서 비롯되는 게 아니라 단지 합리성의 체계가 원리적으로 동형적인 데서 비롯되는 것일 테고 말이다.

인터넷 이후의 권력은 매개 안에 있음이라는 외적인 환경 구성과 그것을 작동하게 만드는 내적인 환경 논리의 동시적 강화 속에서 통합적으로 작동한다. 그리고 외부와 내부를 아우르는 환경의 특징만큼이나 광범위하고도 세밀한 권력의 짜임을 만들어 간다. 실로 이 두 환경은 분리 불가능하며, 그것의 효과인 권력 또한 그러하다. 이 장에서는 이러한 작동 메커니즘을 하나의 개념 안에 담아 환경'관리'권력이라고 명명하고자 했다. 환경이라는 표현대로, 환경관리권력은 '개별' 주체를 대상으로 삼으면서도 동시에 환경 속 인구 '전체'를 가로지르며, 이 동시적 포섭의 메커니즘을 반박이나 저항이 불가능한 기계적·전자적 알고리즘을 통해 일상 속에서 구체적으로 현실화해 나가고 있다. 말 그대로 환경을 관리하는 권력이자 그 환경 안의 인구를 통치하는 권력이며, 특히 이를 인터넷이라는 매개 장치를 통해 가능케 하는 권력이다. 이러한 이해를 바탕으로, 그렇다면 이제는 환경관리권력이라는 개념 그 자체에 좀 더 가까이 다가가 보기로 하자.

6. "환경적 유형의 개입이 행해지는 사회"

이처럼 다양한 기술들(ICBM)[50]이 만들어 내는 일상적인 매개 환경과 이를 통한 관리·통제·인도의 메커니즘을, 이 책에서는 환경관리라는 특유한 권력의 작용 및 이와 결부된 합리성의 체계로 파악하고자 했다. 그리고 그 작동 메커니즘을 개념 안에 담아서 환경'관리'권력이라고 명명하고자 했다. 앞서 논의했듯이 이 개념은 푸코의 논의로부터 아이디어를 빌려 온 것인데, 더 엄밀하게는 그의 통치성 개념을 이어받으면서도 그것이 충분히 설명할 수 없는 부분들을 보완할 목적으로 새롭게 조어한 것이다. 푸코는 환경에의 개입을 통해 작동하는 권력에 대해 다음과 같이 말한다.

> 이런 분석의 지평에서 나타나는 것은 철저하게 규율적인 사회, 즉 그 내부에서 사법적 망이 개인들을 속박하면서 규범적 메커니즘으로 교

체되고 내적으로 연장되는 사회의 이상 혹은 기획이 아닙니다. 그것은 일반적인 규격화의 메커니즘 및 규격화할 수 없는 것을 배제하는 메커니즘이 필요한 사회가 아닙니다. 이 점에 대해서는 다시 다루겠습니다. 반대로 이런 지평에서는 차이의 체계가 최적화되는 사회, 변동하는 절차에 그 장[영역]이 자유롭게 열려 있는 사회, 개인들이나 소수자들의 실천에 관용을 보이는 사회, 게임 참가자들과 관련해서가 아니라 게임의 규칙들과 관련해 작용하는 사회, 마지막으로 개인을 내적으로 종속화하는 유형의 개입이 아니라 환경적 유형의 개입이 행해지는 사회의 이미지, 관념, 주제-프로그램이 나타납니다(Foucault, 2004b/2012, 364-365쪽).

바로 이 대목에서 규율권력과 환경관리권력의 대비가 뚜렷하게 쟁점화된다. 잘 알려져 있듯이 규율권력은 감시·처벌·규칙·명령·훈육·위계 등의 규범화 전략을 통해 순종적인 신체를 만들어 내는 데 초점을 맞추고 있다(Foucault, 1975/2003; 1976/2017). 규율권력이 포드주의 축적체제와 상호의존적인 관계를 맺고 있으며 바로 이 때문에 포드주의의 위기와 함께 규율권력 또한 자체의 실효성을 잃게 되었음은 이미 2장에서 자세히 살펴본 바와 같다. 규율권력에서 관리권력(또는 통치성)으로의 이행이, 한편으로는 포드주의에서 신자유주의 축적체제로의 이행과 맞물려 있고, 다른 한편으로는 (권력은 장치로 표현되고 장치는 권력을 반영한다는 점에서) 산업기계에서 정보기계(인터넷)로의 이행과 맞물려 있는 까닭에, 결국 이 모든 변화는 서로에게 의존적인 형태로 발생될 수밖에 없었다(Mason, 2015/2017). 거칠게 말해 포드주의, 규율권력, 산업기계의 계열에서 신자유주의, 관리권력, 정보기계의 계열로 **무게중심**이 옮겨졌다고 이해할 수 있겠다.

이렇게 등장한 관리권력은 규율권력과 달리 관리·조절·제어·유도(誘導)·자조(self-help)·책임 등의 자유화 전략을 통해 자기 통치와 자기 책임의 주체를 만들어 내는 데 초점을 맞추었다(한병철, 2014/2015; 사이토 준이치, 2005/2011). "조작하고 불러일으키며 조장하고 그대로 내버려 두는 것", 즉 "통제하는 것이 아니라 관리하는 것"이 더 효과적이고 합리적이라고 여겨졌기 때문이다(Foucault, 2004a/2011, 477쪽). 규율과 훈육의 절차가 관리와 조절의 메커니즘으로 (중첩적이면서도 경향적으로) 대체되어 가는 양상이다. 신자유주의의 헤게모니와 함께 자유가 사회 전면에 부상하게 되면서 통치의 구체적인 전략과 기술 또한 바로 그 자유에 대한 적절한 관리와 조절의 양상을 띠게 된 것이다. 그러므로 여기서 나타나는 것은 "철저하게 규율적인 사회", 즉 "개인들을 속박하면서 규범적 메커니즘으로 교체되고 내적으로 연장되는 사회"가 아니다. 오히려 이 자리에 새로이 등장하는 "사회의 이미지, 관념, 주제-프로그램"은 차이가 최적화되고 자유방임이 권장되며 개개인들에 대해 관용이 요구되는 사회이자, 이를 위해 개개인의 신체가 아닌 개인들을 둘러싼 환경에 개입하여 그 환경을 효율적으로 관리 및 조절하는 사회이다. 즉 관리사회이다. 바로 이 지점에서 환경에 대한 개입이 문제화된다.

그렇다면 이때의 '환경'이란 과연 무엇을 의미하는가. 이 질문에 답하기 위해서라도 푸코가 말하는 환경의 맥락부터 먼저 살펴볼 필요가 있다. 푸코는 경제학자 게리 베커(Gary Becker)와 조지 스티글러(George Stigler) 등으로 대표되는 시카고 학파의 논의를 토대 삼아 신자유주의와 환경 개입의 실천을 하나의 실타래로 꿰어 낸다. 그는 신자유주의 범죄학의 예를 들면서 그 특징을 크게 두 가지로 정리하는데, 첫째는 범죄학에서 "인간학적 의미가 소거"(Foucault, 2004b/2012, 363쪽)됨으로써 점차 범죄자 개인이 아니라 인구의 통계적 분포와 범죄의 확률적 발생에 관심이 쏠리고 있다는 것이고, 둘째, 그 결과 "개인을 내적으로 종속화하는 유형의 개입이 아니라 환경적 유형의 개입이 행해지는 사회의 이미지, 관념, 주제-프로그램"(365쪽)이 나타나게 되었다는 것이다. 다시 말해, 신자유주의 범죄학에서 범죄는 범죄로부터 얻을 수 있는 이익이 그에 대한 리스크보다 더 크다고 판단하는 경제적 주체의 선택에서 비롯되는 것으로 이해되며, 때문에 범죄자 역시 타고난 비정상성을 가진 악인(homo criminalis)이 아니라 인간학적 의미가 소거된 경제적 인구 일반(homo economicus)으로 재설정된다(Akers & Sellers, 2012; Pasquino, 1979/2014). 그리고 이처럼 범죄가 누구라도 저지를 수 있는 일상적인 것으로 재정의 됨에 따라 그 대책 역시 범죄자 개인에 대한 처벌과 감시 등의 "내적으로 종속화하는 유형의 개입"보다는 점차 인구를 둘러싼 환경의 배치와 구조를 관리·통제함으로써 "범죄의 공급곡선과 부정적 수요곡선 간의 균형"(359쪽)을 맞추는 "환경적 유형의 개입"으로 그 무게중심을 옮겨 가게 된다. 신자유주의 범죄학에 따르면 "형벌체계 자체가 관여하게 되는 것은 범죄자가 아니라 그런 유형의 행동을 생산하는 사람들"이기에, "형벌체계는 범죄의 공급에 대처"하는 식으로, 즉 환경적 유형의 개입을 통해 사전에 범죄의 공급을 차단하는 식으로 이루어져야 한다(354쪽).

이렇게 등장한 신자유주의 (환경) 범죄학은 범죄 자체의 소멸을 지향하지 않았을 뿐만 아니라, 범죄자의 완전한 갱생과 교화를 요구하지도 않았다(Garland, 2001). 불가능한 데다가 비용 대비 편익이 너무 적었기 때문이다. 반대로 신자유주의 범죄학은 "범죄의 공급곡선과 부정적 수요곡선 간의 균형"을 목표로 삼으면서 범죄율을 허용 가능한 수준 아래로 묶어 두는 식으로 이전의 전략을 수정해 나갔다. 이를 위해 선택된 전략이 바로 앞서 언급한 환경에 대한 개입 전략이고 또 자유화 전략이다(박승일, 2015; O'Malley, 1992). 이 둘(환경 개입과 자유화 전략)은 사실상 분리 불가능한데, 범죄를 유발할 만한 환경 및 상황 변인들을 관리함으로써 자연스럽게 범죄 억제력을 높이는 전략은, 기존의 훈육·명령·처벌 등과 같은 규범적 기제 대신 개인의 합리적 선택, 리스크 관리, 자기 책임 등의 자유화 기제들을 동원하고 또 그것에 의해 지탱되기 때문이다. 요컨대 이 가운데 환경이란 그저 다양한 행위 주체들을 둘러싸고 있는 배경이나 물리적 요소가 아니라, 철저히 개입해서 관리해야 할 대상이자 이를 통해 주체들의 사고와 행동을 이끌어 내야 하는 정치적 전략의 장으로 재자리매김된다(O'Malley, 1999).

그런데 환경에 대한 이 같은 정의가 과연 범죄학 영역에만 해당되는 것일까. 물론 그렇지는 않다. 오히려 범죄학에서의 환경 개입적 실천은 신자유주의라는 더 큰 맥락 속에서만 자체의 고유한 의미를 확정할 수 있었다(사토 요시유키, 2009/2014; Foucault, 2004b/2012). 실제로 푸코는 환경 개입의 실천을 범죄학만이 아닌 신자유주의의 종별적 특징으로까지 확대 정의한다. 우선 그 이유부터 살펴보자.

주지하듯이 '신'자유주의는 무엇보다 말 그대로 '새로운' 자유주의라 할 수 있다. 그것은 한편으로는 케인스주의적 복지국가의 위기를 타개하기 위해 다시금 시장에 기대고자 한다는 점에서 고전적 '자유주의'로의 회귀지만, 다른 한편으로는 바로 그 시장이 효과적으로 작동할 수 있도록 국가의 개입을 적극 허용하고 이를 통해 인위적으로 시장 경쟁을 창출하고자 한다는 점에서 '새로운' 자유주의이기도 하다. 그렇기에 진정 신(neo)자유주의(liberalism)인 것이다. 중요한 것은 이 가운데 국가의 개입이 (이전의 케인스주의와는 달리) 시장 그 자체가 아니라 시장을 이루는 제반 조건들, 곧 시장의 법, 제도, 규칙 등과 같은 환경을 향한다는 것이다(사토 요시유키, 2009/2014; Foucault, 2004b/2012). 케인스주의가 시장의 세부 내용에 대한 국가의 직접적 개입을 통해 고용율을 높이고 유효 수요를 창출해 왔다면, 반대로 신자유주의는 시장을 이루는 여러 외적 조건에 개입함으로써 인위적으로 경쟁을 조장하고 이렇게 형성된 경쟁 논리를 사회의 말단으로까지 확대해 왔다. 시장의 내용이 아닌, 시장을 이루는 형식에 대한 개입이라 할 수 있다. 경쟁이란 시장에 내맡긴다고 해서 저절로 발생하는 게 아니기 때문에, 신자유주의는 시장의 **조건**과 **환경**에 개입해 인위적으로라도 경쟁 구도를 만들어야 했던 것이다. 예컨대 비정규직을 도입하여 노동자들끼리 정규직 자리를 놓고 경쟁하게 만드는 식이다. 신자유주의를 "적극적 자유주의"이자 "개입하는 자유주의"로 부르는 이유가 바로 이 때문이다(Foucault, 2004b/2012, 197쪽). 신자유주의는 국가의 후퇴나 축소가 아니라, 심지어 그렇게 보일 때조차도, 실질적으로는 시장 환경에 대한 적극적인 개입을 통해 작동하는 통치 전략의 실천이자 새로운 합리성의 구축이었던 셈이다(Harvey, 2005/2007; Munck, 2005; Tabb, 2001/2001).

환경관리권력에 대하여

철학자이자 비평가인 아즈마 히로키(東浩紀)는 이상의 논의를 정보통신기술 영역으로 끌고 들어온다. 범죄학에서 논의되던 환경 통치는 이제 정보통신기술 영역으로까지 그 외연이 넓혀지게 된다. 그 역시 들뢰즈의 관리사회론에 기대어, 앞서 논의한 규율권력에서 관리권력으로의 이행을 특히 정보통신기술의 발전과 관련지어 설명한다. 규율권력과 달리 관리권력은 일상 환경을 이루는 물리적 요소들에 대한 개입과 관리를 통해 개인과 인구의 사고 및 행동을 제어·인도·촉발하는데, 이는 정보통신기술의 발전 및 정보화 환경의 형성으로 인해 더욱더 급진적으로 전개되고 있다는 것이다. 그는 이를 "환경 관리형 권력(環境管理型權力)"이라고 명명하고(안천, 2013, 41쪽), 이 권력이 이전처럼 규율의 내면화에 초점을 맞추기보다는 환경의 최적화 메커니즘을 통해 작동한다고 주장한다. 다음의 구절을 보자.

> 우리는 환경에 규정되어 있다. '유일무이한 개인'은 존재하지 않는다. 우리가 생각하는 것, 떠올리는 것, 욕망하는 것은 대체로 환경으로부터 예측 가능한 것에 지나지 않는다. 당신은 당신의 환경으로부터 예상할 수 있는 변수의 집합일 뿐이다(아즈마 히로키, 2014/2016, 11쪽).

그는 또 다음과 같이 말한다.

> 이 때문에 저는 철학이나 문학 분야의 문제 설정 자체가 전도되어 있

> 다고 느껴왔습니다. 의식에서 출발해서 '의식 외부'로 향하는 논리 구성 자체가 전도되어 있는 것입니다. 오히려 우리는 의식 외부에서 시작해야 합니다. 동물성, (일종의) 기계적 제어, 물질로서의 신체 등에서부터 시작해야 합니다. (중략) 달리 말하면 신체를 비롯한 '의식 외부'를 즉물적으로 조절하고 관리함으로써 영향력을 확대하고 있는 것으로 보입니다(아즈마 히로키, 2020, 14~15쪽).

그의 주장은 이 장의 핵심과도 곧장 맞닿는다. 예컨대 일상 어디에서나 볼 수 있는 무인결제기(kiosk)의 경우, 그 앞에 선 개인은 자동 알고리즘의 단계별 프로세스와 인터페이스에 따라 그저 기계적으로 이끌려 가게 된다. 여기에 협상이나 소통·관계·투쟁·저항의 여지 따위는 없다. 이데올로기나 호명도 없다. 단지 물리적인 요소의 조정과 통제, 관리를 통해 사용자의 사고와 행동을 특정한 방향으로 인도하는 기계적·전자적 과정이 있을 뿐이다. 게다가 이러한 변화는 편리하고 효율적일 뿐만 아니라 비용을 절감한다는 이유에서 거부나 부정의 계기마저도 최소화하고 있다. 인간과 인간 사이의 커뮤니케이션 과정이 점차 비효율적이고 비생산적인 것으로(온갖 갈등과 분쟁을 양산하는 피곤한 것으로) 간주되고 있는 반면, 인간과 기계 사이의 인터페이스는 효율적이고 생산적인 것으로, 그리하여 더없이 깔끔하고 합리적인 것으로 자리매김되고 있다. 스마트폰과 와이파이에 이어 사물인터넷과 인공지능 등의 자동 장치가 일상의 구석구석을 채워 나가면서, 그리고 다양한 형태의 플랫폼 장치들이 기존의 세계를 근본적으로 재편해 나가면서, "신체를 비롯한 '의식 외부'를 즉물적으로 조절하고 관리함으로써 영향력을 확대하고 있는" 이러한 환경 중심의 권력 역시 일상적인 환경 전체로 빠르게 확산 및 착근되어 가고 있는 상황이다. 외부 환경의 최적화를 통한 환경의 통치화와 통치의 자동화가 디지털 정보화 사회에 이르러(그리고 그 연장선인 초연결 사회와 4차 산업혁명 시대에 이르러) 계속해서 그 최대치를 높여 나가고 있는 것이다.

그런 한편, 철학자 사토 요시유키(佐藤嘉幸)는 아즈마 히로키의 논의를 이어받으면서도 그 적용 범위를 신자유주의의 통치 영역 전반으로 확장한다(사토 요시유키, 2009/2014). 사실 푸코의 논의를 충실히 따라가다 보면, 결국 환경 개입의 원리가 범죄학만도 정보화 사회만도 아닌, 신자유주의 전체를 특징짓는 종별적 요소임을 이해할 수 있게 된다. 더 정확히 말하자면 여러 상이한 영역들이 '환경'이라는 개입의 장을 중심으로 점차 통치의 논리 회로 속으로 수렴되어 가는 양상이라 하겠다. 사토 요시유키 또한 이러한 논의의 흐름을 그대로 노정한다. 그는 이렇게 질문한다.

> 18세기에 등장했던 규율 권력이 20세기에서 복지국가적 통치와 밀접하게 결합되는 형태로 규율적 주체를 생산했다고 한다면, 복지국가의 '종언'과 더불어 등장한 신자유주의적 통치에서 권력은 어떤 기법에 기초해 행사되는 것일까?(사토 요시유키, 2009/2014, 60쪽)

짐작할 수 있겠지만 그의 문제제기는 이 책에서 줄곧 대결해 오던 질문과 정확히 일치한다. 신자유주의라는 규정적 조건을 바탕으로 진행된, 규율권력에서 관리권력으로의 경향적 이동에 대한 질문이 바로 그것이다. 물론 푸코의 사유를 따라가다 보면, 어쩌면 이러한 질문은 불가피하다고까지 말할 수 있는 게 사실이다. 인용문에서 볼 수 있듯이, 사토 요시유키는 포드주의가 신자유주의로 (경향적으로) 교체됨에 따라 포드주의와 연동되어 있던 규율권력 또한 새로운 권력의 기법으로 대체되어 갔음에 주목한다. 그는 한편으로는 푸코의 사유를 충실히 소개하면서, 그리고 다른 한편으로는 그의 문제제기를 자신만의 독창적인 사유 체계 속에 용해시키면서, 이 질문을 신자유주의와 권력이라는 문제틀로 새롭게 구성해 낸다. 규율권력에서 '환경 개입 권력(環境介入權力)'으로의 전환이 바로 그것이다. 그의 말을 좀 더 들어 보자.

> 신자유주의적 권력은 개개인의 내면에 대해 작동하는 것이 아니라, 오히려 개개인이 놓여 있는 '환경' 또는 그 게임의 규칙에 작동을 가함으로써 환경을 균형화·최적화하고자 한다. 이처럼 신자유주의는 개개인에게 직접 개입하는 게 아니라 오히려 환경에 개입해 그 게임의 규칙을 설계함으로써 환경의 최적화를 꾀하고자 하는 권력인 것이다. 우리는 이런 유형의 권력을 규율 권력에 반해 '환경 개입 권력'이라고 명명할 수 있다(사토 요시유키, 2009/2014, 71쪽).

사토 요시유키의 주장은 지금까지 논의한 바와 일맥상통한다. 그는 신자유주의의 재구조화 과정과 맞물려 있는 권력의 성격 변화를 논하면서 이를 환경 개입 권력으로 특징할 수 있다고 말한다. 물론 푸코 또한 이러한 문제제기를 선취하면서 통치성이라는 개념을 제안한 바 있지만, 이 개념은 그 대역폭이 자유주의와 신자유주의 모두에 걸쳐 있을 뿐만 아니라 무엇보다 정보화 시대 이후로까지 애초의 문제설정을 그대로 적용할 수는 없다는 점에서, 이에 대한 수정 내지 보완 작업은 불가피한 측면이 있다. 통치성의 문제설정을 이어받으면서도 이를 현재적 관점에서 더욱 명확하게 드러낼 필요가 있다고 하겠다.

아즈마 히로키의 "환경 관리형 권력"이나 사토 요시유키의 "환경 개입 권력"은 이러한 문제의식에 대한 나름의 답변이라고 할 수 있을 것이다. 실제로 푸코는 환경(milieu)을 "일련의 우연적인 요소들이 전개되는 공간"이라고 정의하면서, 이에 덧붙여 "환경은 거기에 거주하고 있는 모든 사람에게 영향을 미치는 일군의 효과"라고도 정의한다(Foucault, 2004a/2011, 48~49쪽). 이 정의에 따른다면 환경 개입 또는 환경 관리란 결국 우연성의 공간, 즉 아직 통제되지 않은 비정형의 공간에 개입하여 이를 설명·예측·통제가 가능한 공간으로 바꾸어 내고, 더 나아가 이를 통해 특정한 행위 또는 사고가 이루어지도록 영향을 미치는 권력(일군의 효과) 작용으로 이해할 수 있다. 더욱이 이처럼 환경이 "개입의 장"(50쪽)이자 통치가 가능한 장(場)으로 정의되는 한, 그것은 시장 환경이나 범죄 환경뿐만 아니라 정보, 기술, 자기계발, 교육, 주거, 교통, 금융 환경 등과 같은 일반적인(인위적인) 환경(environment)으로도 얼마든지 번역 가능하다(사토 요시유키, 2009/2014; Foucault, 2004a/2011). 물론 이때의 환경이 물리적인 공간이 아닌 웹사이트와 코드, 알고리즘, 프로토콜 등으로 이루어진 디지털 공간이어도 상관은 없다(박성우, 2016). "환경에 개입해 그 게임의 규칙을 설계하는" 식으로 권력이 작동한다는 점에서는 모두 공통적이기 때문이다. 이렇듯 다양한 환경 영역에 개입하고 또 이를 관리하는 것이 통치 권력의 주된 전략으로 자리매김되고 있는 만큼,

이에 대한 정확한 접근과 이해, 곧 개념화는 그만큼 필수적이다.

이 장에서 제시한 '환경관리권력'은 아즈마 히로키와 사토 요시유키의 논의를 따르면서도 이 둘의 주장을 적절히 조합해서 표현한 것이다. 다만 '관리사회'와의 연관성을 개념 안에 담기 위해, 그리고 권력의 작동 메커니즘을 더욱 정확하게 나타내기 위해 '개입' 대신 '관리'라는 표현을 명시했을 뿐이며, 그러므로 기본적인 문제의식은 크게 다르지 않다고 할 수 있다.

그러나 이들의 주장과 꼭 같지만은 않은데, 이 책에서는 여기에 더해 이와는 구별되는(그러나 분리되지는 않는) 또 다른 권력 작용이 있다고 보기 때문이다. 신자유주의가 환경의 최적화로 특징된다고 하더라도 결코 이것만으로는 충분치 않다는 점에서, 이와 함께 작용하는 다른 하나의 측면을 동시에 고려해야 할 필요가 있다고 본 것이다. 이미 2장에서 언급했듯이, 그것은 환경 관리와 이중나선처럼 얽혀 있는 정신에 대한 관리 작용이다. 통치성이 규율권력을 단절적으로 대체하는 것은 아니라는 점에서, 그리고 "실제로 우리 앞에 존재하는 것은 주권, 규율, 통치적 관리라는 삼각형"(Foucault, 2004a/2011, 162쪽)이라는 점에서, 규율권력의 핵심 원리인 권력의 내면화는 단지 이전과는 다른 메커니즘을 통해 그 효과를 이어 나가는 것일 뿐 결코 완전히 용도 폐기된 것이 아니다. 오히려 그렇게 변용된 형태로 자체의 명맥을 이어 나가는 지점을 포착해야 할 필요성이 제기된다고 할 수 있다. 이에 대해서는 다음 4장에서 자세히 살펴볼 것이다. 그렇다고 한다면 앞서 사토 요시유키의 말은 "개인의 내면에 대해 작동하는 것이 아니라"에서 "개인의 내면에 대해 작동할 '뿐만' 아니라"로 수정될 필요가 있다. 개개인의 내면에 대해 작동하는 권력과 그 개개인이 놓여 있는 환경에 개입하는 권력, 관리사회는 이처럼 서로 상반된 전략과 기술을 동시에 사용하면서도 이를 관리권력이라는 큰 틀 안에서 하나로 통합해 낸다. 관리권력이 그만큼 효과적이고 효율적인 통치 전략일 수 있는 이유가 바로 여기에 있다.

다시 논의로 돌아와서, 결론적으로 푸코의 통치성 개념을 환경관리권력이라는 새로운 개념으로 수정 및 보완하는 것은, 한편으로는 푸코가 경험할 수 없었고 그래서 사유할 수 없었던 1980년대 이후의 상황, 즉 정보통신기술의 발전에서 웹 2.0 시대를 거쳐 빅데이터와 사물인터넷에 이르는 정보화 '환경'의 흐름을 분석의 중심에 놓기 위한 것이라 할 수 있으며, 다른 한편으로는 신자유주의 통치 권력의 '관리' 메커니즘이 어떻게 이러한 매개적 환경 구성과 상호 조응하면서 자체의 합리성을 사회 말단에까지 관류시켜 나가는지를 더욱 정확하게 문제 삼기 위한 것이라 할 수 있다. 시대적이고도 정세적인 필요와 요청에 따라, 통치성이라는 도구상자로부터 환경관리권력의 문제설정을 추출해 낸 것으로 이해할 수 있겠다(Foucault & Trombadori, 1999/2010).

관리사회, 환경을 관리하라

전술했듯이 신자유주의로의 재구조화와 함께 통치의 양상 또한 환경에 대한 적극적인 개입과 관리의 형태로 점차 변모되어 갔다. 단연 그것이 비용 대비 편익 면에서 훨씬 더 경제적이고 효과적이기 때문이다. 개개인의 내면에 작용하던 이전의 규제양식은 이데올로기적 동일시를 이루기 위해서라도 끊임없이 체제 내화의 기제들을 동원하지 않을 수 없었다. 이데올로기적 국가장치(Ideological State Apparatuses)를 통해 개개인을 주체로 호명하고, 그럼으로써 자본주의의 지배 질서를 계속해서 재생산하게 만드는 식이다(Althusser, 1975/1991). 그만큼 시간과 수고가 소요될 수밖에 없는 구조이다. 그러나 개인이 아니라 개인을 둘러싼 환경을 통치의 기제로 삼는다면, 즉 특정한 환경 구성의 전략을 통해 그 안에 속한 인구 전체를 기계적이고 자동적으로 포섭해 낼 수 있다면, 굳이 이전처럼 권력의 내면화를 목적하거나 요구하지 않아도 될 뿐만 아니라 더 나아가 권력의 작용 자체를 (정보화 환경의 조성과 같은) 세련된 테크놀로지와 기술적 합리성으로 포장하는 것도 가능해지게 된다. 그럼으로써 권력을 그만큼 일상화·배경화할 수 있게 됨은 물론이다. 이는 앞서 언급한 바 "개인을 내적으로 종속화하는 유형의 개입이 아니라 환경적 유형의 개입이 행해지는 사회의 이미지, 관념, 주제-프로그램이 나타"(Foucault, 2004b/2012, 365쪽)나고 있다는 푸코의 지적과 일맥상통한 논의이다.[51]

다시 말해 환경관리권력은 주체에 대한 의존을 줄이고 단지 기계적이고 기술적인 작용만으로도 충분히 효과적으로 가동될 수 있는 통치 체계를 구축하는 데 그 핵심이 있다. 주체의 선택과 동의를 기다리기보다는 이를 대신할 만한 자동화 메커니즘을 도입하고 이러한 환경 요소를 적절하게 관리·통제·제어하는 편이 더 효과적이고 더 효율적인 통치라는 관점이다. 신자유주의의 경쟁 원리를 충분히 내면화하지 않더라도, 혹은 이에 반대하거나 저항하더라도, 적어도 그 환경 안에 포함되어 있는 한 부득불 포섭될 수밖에 없는 구조, 신자유주의가 환경관리권력으로 특징된다는 말의 진정한 의미가 바로 이것이다.

물론 앞서 논의한 인터넷 장치가 관리사회를 지탱하는 유일한 기제는 아니다. 관리 메커니즘은 이를테면 자기 관리, 스펙 관리, 인맥 관리, 자산 관리, 경영 관리, 인적자본 관리, 건강/질병 관리, 노후 관리, 범죄 관리, 고용/노동 관리 등 관리사회 전반에 걸쳐 두루두루 적용되고 있다. 실로 지배에서 관리로의 이행은 신자유주의 전반을 특징짓는 요소라 할 만하다. 단연 그만큼 여러 '장치들'의 복합적이고도 중층적인 작용이 존재한다. 다만 이 책이 그중에서도 특히 **인터넷 장치**에 주목한 이유는, 인터넷이야말로 지금-여기의 우리 삶 속에 다른 무엇보다도 일상적이고 내재적인 영향을 미치고 있으며 그만큼 근본적이고 분리불가능하며 불가역적인 형태로 자리매김되고 있기 때문이다. 인터넷은 (세대, 계급, 인종, 성별, 지역, 종교 등의 구분이 아닌) 인터넷을 사용하는 인구 전체를 대상으로 삼을 뿐만 아니라 인터넷 접속이 가능한 모든 시공간을 포섭의 대상으로 삼으며, 심지어 사용자의 인터넷 사용과 무관하게 항상-이미 데이터에 대한 수집·분석·처리 등의 형태로 개입한다는 점에서, 그리고 이 모든 과정을 디폴트 세팅과 알고리즘 등의 내적인 환경 설정을 통해 그야말로 기계적이고 자동적으로 이끌어 낸다는 점에서, 가장 효율적이고 효과적인 통치 테크놀로지라 할 수 있다. 또한 이 가운데 환경관리권력은 (신자유주의가 시장의 조건에 개입하는 것과 마찬가지로) 인터넷의 조건이라 할 만한 기술적 요소와 제도, 규칙 등의 환경에 개입해 이를 환경 관리라는 합리성의 체계로 재편함으로써 결과적으로 통치의 최적화와 자동화를 산출해 낸다는 점에서, 진정 최소 개입의 최대 권력이라 할 수 있다. 인터넷과 환경관리권력의 관계맺음이 이렇게 하나의 문제설정으로 (재)확인된다.

그렇다고 할 때, 결국 문제는 장치(또는 기계)와 권력의 이 같은 상호침투 관계가 과연 그 결과로 어떠한 사회적 짜임을 만들어 내고 있느냐에 있다. 본문에서 논의한 바, 유선에서 무선으로의 전환이 상시적 매개 공간을 열어젖혔다면, 그다음 단계인 클라우드는 사용자의 데이터를 자동으로 저장·처리·활용할 수 있는 투명성의 환경을 구축했고, 빅데이터는 집적된 데이터를 바탕으로 현재의 경향성을 파악하고 미래를 예측 및 통제할 수 있는 환경을, 그리고 사물인터넷은 사물들 스스로 우연성의 요소들을 제어하고 조절할 수 있는 환경을 만들어 가고 있다. 여기에 각종 인공지능 장치들로 둘러 쳐진 근(近)미래의 환경을 추가할 수도 있다. 결국 이 모든 흐름은 이전과는 다른 특유의 환경 구성으로 귀결된다. 실로 매개적 환경의 일상화이자 편재화이며, 그러한 환경의 불가피성이다. 이제 매개 바깥의 시공간은 정전, 재해, 전쟁 등의 특수한 사건을 통해서만 현시될 수 있는 일종의 예외상태가 된 것처럼 보인다. 이를 '매개 안에 있음'과 대비시켜 '매개 바깥의 없음'이라고 표현할 수도 있겠다. 이 장이 Y2K로부터 논의를 시작했던 것은, 그 사건으로 말미암아 매개의 바깥이 곧 파국과 다를 바 없으며(또는 그렇게 상상되며), 우리가 이미 그러한 외부 없음의 토대 위에 선택 불가능한 상태로(또는 불가역적인 상태로) 놓여 있음을 비로소 확인할 수 있게 되었기 때문이다. 그 결과가 바로 웹 환경에서 무선인터넷과 모바일 환경, 그리고 사물인터넷과 인공지능 환경으로 이어지는, 이른바 매개 안에 있음의 환경인 것이며, 또 그러한 환경의 관리로 특징되는 현재의 사회적 짜임인 것이다.

관리사회는 바로 이러한 사회적 짜임을 사후적으로 명명한 것이나 다름없다. 크게 세 가지 특징으로 요약해 볼 수 있는데, 첫째, 이러한 변화의 흐름은 사용자 **주체의 최소화**와 **환경 요소의 극대화**라는 급진적인 설정으로까지 밀어붙여지고 있다. 당연하게도 주체의 개입과 역할이 최소화되는 만큼 그 빈자리는 인터넷 환경의 자동화·최적화·지능화·융합화로 채워지고 있는 중이다. 빅데이터와 사물인터넷, 인공지능이 단적인 예일 것이다. 즉 주체에의 의존 없이 단지 환경적 요소에 대한 개입과 관리를 통해 최적의 통치 효과를 산출해 내는 사회적 짜임이 기술적 합리성의 이름으로 전면화되고 있는 양상이다. 이 사회는 우연성의 인터넷 환경에 개입해 그 가운데 규칙과 질서를 도입하고 이를 통해 다시 이 환경을 통제와 예측이 가능한 환경으로 바꾸어 낸다는 점에서, 그리고 이 환경 속 주체들의 사고와 행동을 특정한 방향과 형태로 이끌어 낼 뿐만 아니라 더 나아가 주체들의 개입 가능성과 탈주체화의 계기마저도 최소화한다는 점에서, 정교한 환경 관리의 사회이자 종국적으로는 신자유주의적 통치 사회라고 할 수 있다.

둘째, 그 결과 이러한 환경 구성은 권력의 작용을 마치 그림의 배경처럼 일상 속 사고와 행위 속으로 스며들게 만든다. 권력은 눈에 보이지 않게 될 뿐만 아니라 점차 사물화·일상화·배경화된다. 더욱이 권력이 소프트웨어의 기본 구조를 형성하는 내부적 환경, 즉 코드와 알고리즘, 프로토콜 등의 형태로도 구현될 수 있다는 앞의 논의를 염두에 둔다면, **권력의 배경화**는 물질적인 환경에 더해 비물질적인 코드와 알고리즘 환경에서도 마찬가지로 진행된다고 할 수 있다. 스마트폰을 손에 쥔 사용자의 머리 뒤편에는 그것을 가능케 한 외적 환경과 내적 환경이 그림자처럼 상존해 있는 셈이다. 물론 이러한 배경화가 권력의 약화나 축소를 의미하는 것은 아니다. 반대로 권력이 배경화됨으로써 사용자는 어떤 구속이나 제약도 없는, 말 그대로 자유가 넘쳐 나는 환경 속에 놓이게 된다. 즉 자유라는 이름의 권력에 둘러싸이게 된다. 바꿔 말하면 권력은 자유를 조건으로 삼아 자체의 최대치를 달성하게 된다(Foucault, 1982). 자유롭고 생산적이며 긍정적이기까지 한 권력, 권력으로서의 인터넷이 갖는 특이성이 바로 여기에 있다. 환경관리권력은 사용자에게 더없는 자유를 부여하면서, 이와 동시에 단지 그들을 자신의 의지와 상관없이 항상 매개 안에 머물러 있게 만듦으로써 그 환경 내의 인구 전체를 통치의 자장 안으로 포섭해 낸다. 개개인을 둘러싼 환경 자체가 매개적 공간으로 변형됨에 따라, 그 안에 머물러 있는 한(항상-이미 연결되어 있기에) 사용자가 무엇을 하든지 상관없이 자동적으로 통치의 효과가 산출되는 기반구조가 형성되고 있는 것이다. 통치와 자유는 서로 포개어지면서 그만큼 환경 구성의 함수가 되어 가고 있다.

셋째, 게다가 이러한 매개 환경은 물질적 요소뿐만 아니라 소프트웨어, 코드, 알고리즘 등과 같은 비물질적 요소들의 기계적이고 전자적인 자동화 메커니즘에 따라 구동되는 까닭에, 이에 대한 **저항의 가능성**마저도 최소화해 버리고 만다. 권력이 특정한 형태의 환경 구성을 통해 작동할 뿐만 아니라 그 환경을 통제하고 제어하는 내적인 논리, 즉 코드와 알고리즘을 통해서도 작동한다고 한다면, 결국 환경의 설계와 관리에 대한 권한은 대다수의 사용자들에게는 허용되지 않게 되며, 따라서 환경을 통해 작동하는 권력에 대해서도 사용자 주체는 피동적인 위치에 놓일 수밖에 없게 된다. 이것이 앞서 논의한 탈주체화 가능성의 약화와도 관련됨을 짐작하기란 그리 어렵지 않다. 예컨대 Y2K는 그 원인이 컴퓨터 알고리즘에 있었던 탓에 단지 소수의 전문가들만이 문제에 접근할 수 있었는데, 이는 바꿔 말하면 알고리즘 오류가 해결되기를 기다리는 것 외에는 일반 사용자들이 할 수 있는 게 아무것도 없었음을 의미한다. 밀레니엄 당시의 상황이 그러했다고 한다면, 빅데이터와 사물인터넷, 인공지능 등으로 촘촘하게 둘러싸여 있는 현재의 경우에는 그 (개입 불가능의) 정도가 훨씬 더 가중되었을 것이라고 짐작해 볼 수 있다.[52] 기술 발전이 고도화되면서, 그리고 보이는 환경에서 보이지 않는 환경으로 매개 환경이 배경화되면서, 평범한 주체들은 그러한 기술 환경(그 원리와 메커니즘, 위험 요인 등)을 이해하는 것조차 어렵게 된 상황이다(Beck, 1986/2006). 말 그대로 기술적 문맹이 된 것이다. 과연 우리는 알고리즘과 인공지능으로 이루어진 현재의 매개 환경에 얼마나 적극적으로 개입하고 또 관여할 수 있을까. 다시 말해, 권력이 환경을 통해 작동할 때 주체는 과연 여기에 어떻게 저항할 수 있을까. 가능하다면 그것은 어떤 식으로 이루어질 수 있고 또 이루어져야만 할까. 이 질문은 권력과 저항이라는 오래된 논의를 새로운 맥락 속으로 불러들이면서 다시 한 번 그 현재성을 갱신해 나갈 것을 요청한다(Davidson, 2011; Death, 2010; Lorenzini, 2016).

노동의 사회화와 이윤의 지대되기

마지막으로 '노동의 사회화'와 '이윤의 지대되기'라는 현상(또는 원리)을 환경관리권력의 측면에서 살펴볼 필요가 있다. 거듭 강조했듯이 **권력**과 **자본**은 근본적으로 분리될 수 없기 때문이다. 결론을 당겨 말하자면, 이 두 현상은 지금까지 논의한 매개적 환경 구성이 일차적으로는 신자유주의 통치 권력의 고유한 전략이지만, 또한 바로 그렇기 때문에 그 자체로 잉여가치 메커니즘 및 포섭의 전략과 불가분하게 결부될 수밖에 없음을 명확히 보여 준다(Deleuze & Guattari, 1972/2014; Vercellone, 2007a). 권력의 현실적인 작동 메커니즘과 자본주의의 축적 전략은 결코 분리될 수 없을 뿐만 아니라 오히려 이렇게 중첩된 관계맺음이야말로 현존 질서의 재생산을 담보하는 본질적인 요소라 할 수 있다(Bichler & Nitzan, 2002/2004). 2장에서 논의한 것처럼, 이는 포드주의적 규율권력의 현실적인 작동 방식이 상대적 잉여가치의 메커니즘 및 실질적 포섭의 전략과 긴밀히 연동되는 것과 같은 맥락이다(Marx, 1857/1988; 1867/2009). 환경관리권력의 경우에는, 규율 대신 환경이라는 축을 중심으로 권력과 가치화 그리고 포섭의 요소가 서로 연결되고 교차되면서 그에 알맞은 새로운 문제설정을 구축한 것으로 이해할 수 있겠다. 즉 노동의 사회화와 이윤의 지대되기는 다른 무엇보다 **환경적 요소**를 바탕으로 자체의 가치화 메커니즘을 형성했다는 점에서, 마찬가지로 환경에 대한 통치를 특징으로 하는 환경관리권력의 내적 원리와 일정한 친화성을 갖는다고 할 수 있다. 그렇다면 과연 어떤 점에서 그러한가.

2장에서 자세히 논했듯이 노동의 사회화는 공장에서의 잉여가치 생산만으로는 자본주의를 지탱할 수 없게 된 포드주의 축적체제의 구조적 위기 상황 속에서, 이 위기를 타개하기 위한 방책으로 등장했다(Negri, 2005/2012; Dyer-Witheford, 1999/2003). 노동의 사회화이면서 공장의 사회화이며, 더 근본적으로는 일상의 (잉여)가치화이다. 요컨대 그것은 공장의 생산 논리를 사회 전체에 이식함으로써 사회적이고 일상적인 활동 전반이 노동과 마찬가지로 잉여가치를 생산하게끔 만드는 것이었다. 일상과 노동의 경계는 흐릿해졌으며 비노동자와 노동자의 경계도 불분명해졌다. 그리고 바로 그만큼 잉여가치의 창구는 공장의 문을 **넘어** 일상적 시간과 사회적 공간 전체로, 그리하여 비노동자와 노동자를 포함한 인구 전체로 확대 및 침윤되어 갔다(Hardt & Negri, 2000/2001). 이를 '가치 생산의 외부화'라는 말로 간명하게 정리해 볼 수 있을 텐데(Marazzi, 2009/2013), 노동의 사회화란 결국 직접적인 생산 과정(즉 공장에서의 노동) 외부에 있는 일상적인 영역으로부터 가치를 창출하고자 하는 것이기 때문이다.

이미 오래전에 제출된 수용자 상품론(theory of audience commodity)이 노동의 사회화 테제로 흡수 및 확대되는 지점이 바로 여기이다. 수용자 상품론에 따르면 텔레비전 앞에 앉아 광고를 보는 것만으로도 불특정 다수의 수용자 대중은 기업의 가치화 메커니즘을 작동시키는 자원으로 포섭되고 만다(Smythe, 1977). 수용자의 관심과 주목(attention)으로부터 미디어 기업의 이윤이 창출된다는 점에서, 결과적으로 대중의 일상적인 미디어 소비 행위는 몇 단계의 가치화 과정을 거치면서 기업의 잉여가치를 생산하는 노동 행위로 변환되고 만다. 게다가 이러한 경향은 텔레비전 시대를 지나 인터넷과 스마트폰 시대에 이르러 이들 장치가 편재해 있는 일상의 모든 시공간 속으로 더욱더 가열하게 밀어붙여지고 있다(Andrejevic, 2009; 2011; Fuchs, 2010).[53] 미디어 소비가 노동으로 변환되는 과정 속에서, 그 매체와 대상, 범위 또한 텔레비전에서 각종 새로운 미디어로, 시청자나 소비자에서 인구 일반으로, 고정된 시공간에서 잠재적(virtual) 시공간으로 그만큼 다양하고 폭넓게 확장되고 있는 것이다.

그런데 이것이 현실적으로 가능하려면 인구의 일상적인 미디어 소비 행위를 곧장(또는 몇 단계를 거쳐) 잉여가치 생산 행위, 곧 노동으로 변환시킬 수 있는 어떤 구조적 틀이나 매개, 기반시설 혹은 이 모두로서의 **장치**가 그 사이에 기입되어 있어야만 한다. 일상적 행위가 저절로 노동으로(또 잉여가치로) 전환될 수는 없기 때문이다. 텔레비전이 그러했고 웹 2.0 이후의 인터넷이 그러했으며, 앞서 논의한 클라우드와 빅데이터, 사물인터넷 또한 그러하다. 특히 이들 장치들의 공통된 특징이기도 한 플랫폼이야말로 노동의 사회화가 가장 극명하게 드러나는, 그러니까 우리의 일상적인 미디어 소비 행위가 기업의 잉여가치로 부지불식간에 연결되는, 일종의 관문이라 할 수 있을 것이다(Srnicek, 2017). 플랫폼과 같은 구체적인 장치 혹은 관문의 매개를 통해서야 비로소 일상 행위들이 잉여가치를 창출하는 노동으로 연결 및 변환될 수 있음은 물론이다. 현대의 인터넷 기업은 다양한 층위의 플랫폼을 제작 및 선점해 놓고 사용자가 이것을 이용하는 것만으로도 이윤이 발생하도록 시스템화하고 있다. 이를 현대판 지대(地代)로도 이해할 수 있을 텐데, 지주가 단지 토지의 소유로부터 소득(지대)을 얻는 것과 마찬가지로(Marx, 1894/2009), 플랫폼 기업 또한 플랫폼을 소유하고 있다는 사실만으로 이로부터 비롯되는 사용자의 모든 데이터 및 콘텐츠를 기업 자신의 소득으로 전유하고 있기 때문이다(김동원 2015; 2016; Srnicek, 2017). 실제로 아마존, 구글, 페이스북, 유튜브 등의 플랫폼 기업들은 수많은 사용자가 생산한 거대한 규모의 데이터와 콘텐츠를 바탕으로 엄청난 규모의 수익을 창출해 내고 있다. 한 예로, 우리는 크리에이터들이 만든 다양한 영상을 보기 위해서라도 유튜브라는 플랫폼을 이용할 수밖에 없는데, 이는 바꿔 말한다면, 유튜브가 전 세계 생산자/소비자들의 창작과 관심을 (플랫폼을 통해 중개함으로써) 자사의 잉여가치로 전유하고 있다는 말이기도 하다.

그러나 이탈리아의 문화 이론가 마테오 파스퀴넬리(Matteo Pasquinelli)의 지적대로 이 가운데 "이용자들은 콘텐츠 생산과 웹 경영을 책임지는 지위에 놓이지만, 어떠한 이윤도 공유하지 못한다."(Pasquinelli, 2008/2013, 174쪽) 현대의 인터넷 기업들은 마치 석유 회사가 석유에 대한 값을 치르지 않은 채 단지 그 추출 과정에만 돈을 지불하듯이, 사용자가 생산한 데이터에 대해서는 소액만 지불하거나 이마저도 사용자가 얻는 만족감과 맞바꾸는 형태로 이를 독점하며, 오직 플랫폼을 개발·유지·확장하는 데에만 돈을 지불한다(Lambert, 2016). 실로 이들 기업은 토지를 소유한 지주가 노동자들로부터 지대를 거두는 것처럼, "어떠한 콘텐츠도 생산하지 않고 이윤을 추출한다."(Pasquinelli, 2008/2013, 175쪽) 이처럼 사용자의 다양한 웹 활동이 기업의 수익 메커니즘으로 흡수된다고 한다면, 이때의 웹 활동은 결국 기업에게 무료로 제공되는 무료 노동이자 그 대가를 지불받지 못하는 부불 노동에 다름없게 된다(이항우, 2015; 조동원, 2010; Andrejevic, 2012; Terranova, 2000). 사용자는 각종 웹사이트를 공짜로 이용한다고 생각하겠지만, 기실 여기에는 사용자의 관심과 노력·아이디어·지식 생산·소통·협력·사회적 관계 등이 데이터로 변환되어 (부지불식간에) 지불되고 있으며, 때문에 다양한 웹 활동은 (잠재적인 의미에서) 잉여가치를 생산하는 노동과 다를 바 없게 된다(Fuchs, 2014; Hesmondhalgh & Baker, 2016; Lambert, 2015/2016).

이런 의미에서 '이윤의 지대되기'는, 과거에는 이윤이나 임금에 비해 기생적인 것으로 여겨졌던 지대 소득이 점차 전면화되고 있는 양상을 정확히 포착해서 보여 준다고 하겠다. 노동이 사회화되는 경향과 맞물려서, 일상적 행위로부터 잉여가치를 추출하는 지대 형태의 가치화 전략 또한 그만큼 전방위적으로 확대되고 있다(Marazzi, 2009/2013; Negri, 2005/2012; Vercellone, 2007b). 즉 "이윤과 포드주의 공장의 관계는 지대와 확산된 '사회적 공장(social factory)'의 관계"로 대체되어 가고 있다(Pasquinelli, 2008/2013, 173쪽). 바꿔 말한다면, 노동이 사회화되기 위해서라도 **이윤**은 **지대**와 같은 **환경** 형태로 바뀌어 갈 필요가 있다. 그래야만 (토지라는 환경 위에서 이루어지는) 일상 행위 전반이 잉여가치를 산출하는 노동으로 변환될 수 있기 때문이다. 즉 이윤의 지대화를 통해 노동 또한 사회화될 수 있기 때문이다. 당연하게도 과거의 지대가 토지라는 당시의 환경 구성을 전제하는 것과 마찬가지로, 이것이 밀어붙여진 현대적 의미의 지대 또한 현재의 디지털화되고 네트워크화된 인터넷 환경 구성과 긴밀하게 연결될 수밖에 없다. 과거의 토지가 정보화 사회로의 이행에 맞게 온라인 환경(=토지)으로 변형되고 또 그만큼 확대되어 가고 있는 셈이다.

그렇다고 한다면, 세계의 평평화 단계부터 이어져 내려온 정보화 환경의 형성은 결과적으로 이윤의 지대되기가 최대로 실현될 수 있는 환경을 구축한 것이나 다름없다고 이해할 수 있다. 와이파이와 스마트폰이 열어 놓은 상시적 매개 공간, 클라우드와 빅데이터가 가능케 한 잠재적 연결 상태, 사물들이 스스로 정보를 교환하는 자동화의 세계, 이 모든 환경 구성은 이것이 무료 혹은 저가로 운용되기 위해서라도 일상적인 매개 환경 그 자체에서 발생되는 이윤 체계와 결합될 필요가 있었다. 매개 안에 있음이라는 정보화 환경의 구성과 이윤의 환경(=지대)되기가 이렇게 연결되며, 이는 다시 비용-편익의 논리에 따라 이러한 환경 설계를 일상적인 수준으로 이끌어 내는(그것이 합리적이고 효과적이라고 인정하게 만드는) 권력의 합리성과도 연결된다. 즉 '환경'이라는 항을 중심으로 정보통신기술의 발전과 잉여가치 메커니즘 그리고 신자유주의의 통치 전략이 일정한 궤를 이루면서 서로 긴밀하게 얽혀 나가고 있는 것이다.

이 책에서의 주장대로 이러한 얽힘(짜임)을 관리사회라고 부를 수 있다면, 결국 이로써 우리는 인터넷과 권력 그리고 사회의 관계를 읽어 내겠다는 애초의 문제설정을 논의의 말미에 이르러 재차, 그러나 더욱 분명하고 정확한 언어로 확인하게 되었다고 할 수 있다. 특히 환경이라는 측면에 더 방점을 찍은 형태로 말이다.

7. 사회적 복종과 기계적 예속

논의를 정리하면서 마무리하자. 세계를 평평하게 만든 열 가지 동력부터 그 효과를 일상적인 층위로 확대시킨 무선인터넷과 스마트폰의 대중화에 이르기까지, 1990년대와 2000년대를 가로지르던 변화의 흐름은 2010년대 이후부터 시작된 새로운 흐름, 즉 클라우드, 빅데이터, 사물인터넷 등으로 이어지면서 전 세계를 그야말로 상시적이고 잠재적인 매개 환경으로 재편해 내고 있다. 실로 우리는 매개 안에 있으며, 더 정확히는 그럴 수밖에 없다. 정보통신기술은 처음에는 인위적인 개입의 형태로 등장했지만, 이후 점차 자연스럽게 일상 속에 녹아들다가 이제는 클라우드와 빅데이터처럼 눈앞에서 사라져 가고 있다. 이제 우리의 모든 정보와 데이터는 우리가 알지 못하는 구름 너머 어딘가에 모조리 수집되고 저장된다. 그 데이터는 다시 이합집산을 거듭하면서 새로운 잉여가치를 만들기도 하고 현실을 예측하는 데 쓰이기도 한다.

이 가운데 사물들은 스스로 정보를 주고받으면서 사물들만의 자동 조절 체계를 이루어 가고 있다. 더욱이 이처럼 매개 환경이 주체의 일상 전체를 둘러싸게 되고 또 이와 동시에 주체가 자동화된 매개 환경 속으로 흡수되어 감에 따라, 주체의 존재와 역할이 약화되는 바로 그만큼 이와 결부되어 있는 탈주체화의 가능성과 필요성 또한 더불어 약화되고 있다. 예컨대 빅데이터 기반의 행정 시스템이 구축되면서 시민의 목소리 대신 각종 인구 통계와 데이터가 공공 서비스 정책 수립 과정의 중심에 놓이게 되는 식이다. 시민 주체들 사이의 의사소통과 이를 통한 정치적 계쟁의 과정이 데이터에 기반을 둔 산술 논리적 정보처리과정으로 (마치 그것이 더 정확하고 객관적인 것처럼) 대체되고 있는 것이다.

물론 이러한 변화는 통치 권력의 질서 및 안정과 직간접적으로 연결된다는 점에서 그 자체 이미 권력이 행사되는 구체적이고 특수한 테크닉, 메커니즘, 프로세스라 할 수 있다. 매개 안에 있음의 환경 속에서 점차 주체의 자리와 역할이 자동화된 데이터 알고리즘에 의해 대체되고 있는 현실은, 결국 권력의 현실적인 작동 메커니즘이 그러한 형태와 방향으로 사회의 변화를 이끌어 내고 있음을 방증하는 것이라 하겠다. 이 가운데 쟁점은 인터넷을 둘러싼 환경 그 자체가 신자유주의 통치 전략의 중심에 놓이게 되었다는 것이며, 그럼으로써 매개 환경의 최적화를 통한 통치의 자동화가 일상적인 동력을 얻게 되었다는 것이다. 이는 단순히 환경적 조건에 대한 개입을 통해, 즉 인터넷을 어떻게 사용하든 상관없이 그저 상시적 접속 상태 안에 머물러 있게 함으로써 개인과 인구의 통치를 이루어 낸다는 점에서(인터넷에 연결된 주체는 항상-이미 개인이면서 동시에 인구이다), 그만큼 덜 직접적이고 덜 내용적이며 또한 더 기술적이고 더 형식적이라는 특징을 갖는다.

문제는 이러한 매개적 환경 구성이 처음에는 선택 가능한 형태로 도입 및 전개되었던 반면, 이제는 점차 일상을 지탱하는 기반 조건으로 배경화되면서 그 자체 자연적이고도 선택 불가능한 소여의 환경이 되어 가고 있다는 데 있다. 당장 스마트 빌딩이나 스마트 시티처럼 그 안에 들어가 있는 것만으로도 자동으로 연결되는(그만큼 자동으로 관리되는) 정보화 환경을 떠올려 볼 수 있겠다. 빼곡히 들어선 빨간색 부채 모양의 와이파이 표시는, 진정 일상적 공간 전체가 그대로 인터넷의 매개 안에 놓이게 되었음을, 그리하여 그 안의 사람들 또한 항상-이미 과잉 연결된 상황 속에 놓이게 되었음을 함축적으로 드러낸다. 당연하게도 이와 결부된 권력의 실제적인 작용, 곧 권력이 행사되는 구체적이고 자세한 방식·기법·전술 역시 일상적 테크놀로지와 기술적 합리성 속으로, 그리고 이 모두를 둘러싼 환경적 요인들 속으로 시나브로 내재화되고 있는 상황이다.

이러한 상황을 겨냥한 듯, 이탈리아의 사회학자 마우리치오 라자라토(Maurizio Lazzarato)는 주체에 대한 권력의 작동 방식을 '사회적 복종(social subjection)'과 '기계적 예속(machinic enslavement)'으로 구분해야 한다고 주장한다. 사회적 복종이 주체들에게 특정한 정체성을 부과함으로써 이들의 위치와 역할을 (재)생산하는 권력의 메커니즘을 의미한다면, 반대로 기계적 예속은 시스템의 "각종 변수를 예속(제어하거나 관리)함으로써 전체의 기능을 조화롭게 유지하"는 것이자, 이를 통해 "기술적 또는 사회적 기계를 통제하고 조절(통치)"하는 권력의 양식을 의미한다(Lazzarato, 2014/2017, 34쪽). 이러한 구분을 토대로 그는 자크 랑시에르

(Jacques Rancière)와 알랭 바디우(Alain Badiou)를 포함한 많은 학자들이 주체성의 생산을 전자, 곧 사회적 복종에 의한 것으로만 한정해 왔다고 비판한다. 기술의 눈부신 발전과 함께 기술적 예속의 계기 또한 계속해서 커져 가고 있는 데 반해,[54] 권력의 문제설정은 여전히 사회적 복종이라는 (오래된) 주체적 작용에만 머물러 있다는 비판일 터이다.

> 오늘날, 비판 이론들(바디우, 인지자본주의, 주디스 버틀러, 슬라보예 지젝, 랑시에르 등) 사이에서 주체, 주체화, 감각적인 것의 분배는 중요한 문제로 제기된다. 하지만 이들의 주장은 자본주의가 "기계적 예속"을 통해서 종별적으로 어떻게 작동하는지에 관해서 대부분 무시한다. (중략) 이런 지적은 그 어느 때보다 오늘날의 상황과 어울려 보인다. [왜냐하면] 마르크스 시대와 달리 기계장치는 우리의 일상에 깊숙이 들어왔기[때문이다.] 오늘날 기계장치는 이른바 "사회적 불변자본"을 구성함으로써, 우리가 말하고 듣고 보고 쓰고 느끼는 방식을 "촉진하는" 것이다(Lazzarato, 2014/2017, 16~17쪽).

지금까지 논의한 환경관리권력이 그가 말한 기계적 예속과 개념적 친화성을 갖고 있음은 쉽게 짐작해 볼 수 있다. 현대의 통치 권력이란 이전처럼 주체에 의존하기보다는 단지 주체를 둘러싼 환경적 요소에 개입함으로써 최대의 통치 효과를 만들어 내고자 하기 때문이며, 이런 점에서 "기술적 또는 사회적 기계를 통제하고 조절"하는 권력 양식과 다른 것이 아니기 때문이다. **매개 환경의 관리를 통한 통치의 자동화**라는 이 장의 테제가 이론적 접면을 통해 다시 한 번 지지되는 지점이라 하겠다.

라자라토의 이러한 구분은 단연 실천적인 물음을 내포하는데, 만일 주체성의 생산 또는 권력의 작용이 (사회적 복종과 기계적 예속 사이의 상보성에도 불구하고) 점차 기계적 예속으로 옮겨 가고 있다면, 그럼으로써 전(前)개체적인 층위(또는 기술적·매개적 환경의 층위)에서의 작동을 통해 말 그대로 '기계적인' 예속을 산출해 내고 있다면, 바로 이 지점에서부터 (레닌의 저 유명한 말을 새로운 맥락 속에 현재화한다는 의미에서) "현재의 시급하고 근본적 질문, 즉 무엇을 할 것인가?의 결정적 단서"를 찾아야만 하기 때문이다(Lazzarato, 2014/2017, 30쪽). 현재 상황에 대한 정확한 이해가 전제된 후에야, 그렇다면 이후에 무엇을 어떻게 할 것인가에 대해 물을 수 있다는 말일 것이다.

이 장이 클라우드와 빅데이터, 사물인터넷 등의 개별 장치들을 가로지르는 권력의 내적 원리를 파악하고 또 그와 같은 벡터의 전체적인 흐름을 **환경관리권력**이라는 개념으로 포착해 내고자 했던 이유 또한 이와 무관하지 않다. 환경관리권력을 개념화하는 것은 일상의 상시적·잠재적·자동적 매개 환경으로 물러나 더는 보이지 않게 된 권력의 문제설정을 다시금 전면으로 끄집어 내어 가시화하기 위한 것이자(즉 정확히 이해하기 위한 것이자), 바로 이러한 통치 환경 속에서, 그렇다면 우리가 무엇을 할 수 있는가(또는 어떻게 이런 식으로 통치받지 않을 수 있는가)를 비로소 질문하게 만들기 위한 것이기도 하다. 그럴 때에야 인터넷 접근권을 인권의 향상으로 보았던 과거의 낙관적인 담론 지형을, 그리고 4차 산업혁명에 대한 성마른 환상으로 점철된 현재의 담론 지형을, 지금과는 전혀 다른 각도와 층위에서(즉 권력과 통치의 관점에서) 바라볼 수 있게 되고 또 거기에 **비판적**으로 개입할 수 있게 됨은 물론이다. 이 책은 이를 위한 시작점인 셈이다.

4장

정신관리권력에 대하여

1. 구글은 무엇의 이름인가

검색엔진은 우리가 무엇을 클릭하는지 살펴서
우리가 원하는 것을 다시 보여 준다.
즉 컴퓨터 화면은 점점 더 우리를 비추는 거울이 되어 가고 있다.
(Pariser, 2011/2011, 7쪽)

구글의 검색 알고리즘

구글의 안내 페이지에서 '웹 검색' 항목을 보면 다음과 같은 문장이 눈에 띈다. "검색의 여정은 검색어가 입력되기도 전에 웹의 수많은 문서로 이루어진 색인을 생성하고 크롤링하면서 시작됩니다."(크롤링 및 색인 생성, n.d.) 여기서 크롤러(crawler)란 인터넷상에 있는 수많은 웹페이지를 돌아다니면서 웹페이지의 주소와 각종 정보를 수집 및 분석하고 이를 다시 구글의 데이터 서버로 가져오는 일종의 소프트웨어(Googlebot)를 뜻한다. 구글은 바로 이 크롤러를 통해 수많은 웹페이지의 주소와 정보를 미리 수집하고 분석하고 색인화하여, 마치 책의 인덱스처럼 어느 곳에 어떤 정보가 있는지를 자체의 방식에 따라 체계적으로 정리해 놓고 있는 것이다(Levene, 2010). 구글에 따르면 이렇게 만들어진 인덱스의 규모만 현재 1억 기가바이트를 넘어선다고 한다. "전 세계의 정보를 체계화하여 모두가 편리하게 이용할 수 있도록" 하겠다는 구글의 모토는 여기에서도 여실히 드러난다(Google 스토리, n.d.). 구글은 사용자가 검색어를 입력하면 그제야 그와 관련된 정보를 찾아 나서는 게 아니라 항상-이미 체계적으로 정리되어 있는 인덱스로부터 검색어에 맞는 정보를 곧바로 연결시켜 준다. 당연히 이 가운데 쟁점은 엄청난 규모의 데이터베이스로부터 사용자의 요구에 가장 적합한 답변을 찾아내는 것이 될 수밖에 없다.

이때 사용자의 질문을 구글의 답변으로 전환하는 컴퓨터 처리 과정을 알고리즘(algorithm)이라 한다. 대표적인 알고리즘이 바로 구글의 창시자인 래리 페이지(Larry Page)와 세르게이 브린(Sergey Brin)이 개발한 페이지랭크(PageRank)인데(Brin & Page, 1998), 이는 학술 논문의 경우와 마찬가지로 웹페이지 또한 더 중요한 페이지가 더 많은 링크를 받는다는 기본 전제에서 출발한다. 만일 사용자가 검색결과 중에서 첫 번째가 아닌 두 번째 링크를 클릭하면 이 링크가 첫 번째 링크보다 관련성이 더 높다고 평가하는 것이 되고, 이것이 누적되면서 다시 순위 산정에 영향을 미치게 되는 식이다(Brin & Page, 1998; Pariser, 2011/2011; Pasquinelli, 2009). 구글은 이 알고리즘을 바탕으로 검색어의 단어, 페이지의 관련성 및 유용성, 출처의 전문성, 사용자의 위치 및 설정, 과거 검색 히스토리 등의 개인 프로필을 종합하여 검색어와의 관련성(relevance)에 따라 점수를 매기고 이 점수가 높을수록 페이지 상단에 배치한다. 그 결과 사용자가 다르면 사용자의 개인 정보가 달라지고, 당연히 이에 기반을 둔 검색결과마저도 조금씩 달라지게 된다(강준만, 2013; Cleland & Brodsky,

2011/2012; Vaidhyanathan, 2012/2012). 이 모든 과정을 거쳐 사용자의 컴퓨터 화면에 검색결과가 표시되는 데까지 걸리는 시간은 보통 0.1~0.5초가 채 걸리지 않는다. 검색결과는 빛의 속도처럼 빠르게 제시되지만, 이 밑바탕에는 그 짧은 시간 동안 수많은 사용자 개개인들에게 맞춤화된 검색결과를 제시할 수 있는 구글만의 검색 알고리즘이 깔려 있는 것이다.

물론 웹 검색이 구글의 최종 목적인 것은 아니다. 구글 역시 자본주의 논리를 따르는 하나의 기업일 뿐이다. 구글은 무료로 검색 서비스를 제공하는 대신 그 대가로 우리의 데이터와 정보 그리고 다양한 웹 활동을 수집하고 이를 광고주들에게 판매하여 막대한 수익을 얻는다. 구글의 광고 전략인 애드워즈(adwords)의 운영 원리를 보면(2021년 현재 구글은 애드워즈 대신 구글애즈라는 표현을 사용하고 있다), 구글은 "문맥 및 게재 위치 타겟팅으로 비즈니스와 관련이 높은 사이트에만 광고를 게재하거나, 주제 및 관심 분야 타겟팅으로 해당 비즈니스에 관심이 있을 법한 잠재 고객에게 광고를 노출"(Google 애드워즈의 장점, n.d.)시킨다고 설명하고 있다. 덧붙여서 리마케팅 기법을 활용해서 웹페이지에 방문한 사용자에게만 그와 관련된 광고를 노출시킨다고 적시해 놓고 있다. 당연하게도 개별 사용자의 문맥·위치·주제·관심 등에 맞게 광고를 노출시키려면 그 노출 대상인 사용자의 관련 정보가 필수적으로 요구될 수밖에 없다. 실제로 구글의 개인정보 관련 정책을 보면, 구글은 사용자의 이름, 이메일, 전화번호 등의 기본 정보뿐만 아니라 검색 기록, 구매 기록, 방문한 웹사이트, 시청한 동영상, 클릭한 광고, 사용자의 위치 정보, 기기 정보, 고유 애플리케이션 번호, IP 주소 및 쿠키(cookie) 데이터 등을 수집하고(개인정보 보호, n.d.),[55] 이러한 정보들을 토대로 사용자의 검색

결과에 가장 적절한 광고를 화면에 게시한다고 밝히고 있다. 검색결과와 광고를 연결해서 보여 주는 연관 광고(contextual advertising)야말로 구글의 주된 수익원인 셈이다.

흥미로운 것은 구글의 광고 판매 기법이다. 가령 검색어로 '노트북'을 입력하면, 구글은 노트북 광고를 신청한 업체들을 대상으로 실시간 경매(instant auction or real time bidding)를 붙이고 이 중에서 클릭당 입찰가를 가장 높게 제시한 업체의 광고를 상단에 배치하는 식으로 광고를 판매한다. 그리고 소비자가 이전에 클릭했던 특정 노트북 모델을 다른 여러 사이트의 배너 광고 등에 지속적으로 노출시켜 소비자의 관심 및 소비를 이끌어 낸다. 이 모든 과정 가운데 사용자의 각종 인구학적 통계 정보가 소비자 데이터(consumer data)로 수집·분석·처리되고 있음은 물론이다(Pariser, 2011/2011). 하루에도 전 세계적으로 수십억 건의 구글 검색이 이루어지고 있는 상황을 감안한다면, 구글이 얻는 수익의 90%가 이러한 검색 기반 광고에서 비롯된다는 말의 의미를 쉽게 이해할 수 있다. 구글이 거둬들이는 어마어마한 수익은, 바꿔 말하면 전 세계 사용자들이 그만큼 광범위하고 빈번하게 검색 연관 광고에 노출되고 있음을 뜻하기 때문이다.

특히 중요한 것은 쿠키(cookie)의 저장과 수집이다. 쿠키란 사용자가 방문하는 웹사이트의 서버에서 사용자 개개인의 컴퓨터로 보내는 텍스트 파일이다. 대부분 사용자의 하드 디스크에 저장되는데, 웹사이트의 서버는 바로 이 쿠키 파일을 읽어 들임으로써 사용자를 식별하고 각종 접속 정보를 확인할 수 있다. 쿠키는 사용자가 언제 로그인하고 어떤 페이지를 살펴봤으며 어떤 링크를 클릭했는지, 어떤 광고를 보고 또 어떤 상품에 관심을 가졌는지 등을 기록해 두었다가 사용자가 해당 웹사이트에 재방문할 때 이와 관련된 내용을 보여 주거나 광고를 띄우는 식으로 작동한다. 웹사이트에서 보낸 쿠키가 사용자 컴퓨터에 저장되어 있다가, 이후 사용자가 다시 그 페이지를 방문하는 순간 웹사이트로 피드백되어 사용자의 이전 접속 정보를 확인시켜 주는 것이다. 쿠키 덕분에 사용자들은 웹페이지를 이동할 때마다 매번 새롭게 로그인하지 않아도 되며 쇼핑몰의 장바구니를 매번 새롭게 채우지 않아도 된다. 반면, 쿠키 때문에 사용자들은 자신이 언제 무엇을 클릭했는지 등의 내밀한 정보를 자신도 모르는 사이에 특정 웹사이트의 서버로 자동 전송하게 된다. 일례로 구글은 서버 로그(log)에 저장되는 정보를 다음과 같이 표시하고 있다(쿠키 및 유사한 기술, n.d.).

123.45.67.89 - 25/Mar/2003 10:15:32 -
http://www.google.com/search?q=cars -
Firefox 1.0.7; Windows NT 5.1 -
740674ce2123e969

123으로 시작되는 숫자는 사용자의 인터넷 프로토콜 주소이다. 그 뒤의 숫자는 검색 날짜와 시간을 나타내며, 바로 밑의 URL은 요청된 웹사이트의 주소와 거기서 입력한 검색어(car)를 보여 준다. 세 번째 줄은 사용 중인 브라우저와 운영체제를 뜻하고, 마지막 줄은 컴퓨터에 할당된 고유 쿠키 ID를 뜻한다. 구글은 사용자가 구글 서비스를 이용할 때마다 위와 같은 정보들을 서버 로그에 자동으로 수집 및 저장할 뿐만 아니라 이를 종합하여 사용자 맞춤 검색의 자원으로 활용하고 있다. 실제로 구글은 "모든 Google 서비스로부터 수집한 정보를 (중략) 사용자에게 좀 더 관련성 높은 검색결과 및 광고를 표시하는 등 맞춤형 콘텐츠를 제공하기 위해"(개인정보처리방침, n.d.) 사용한다고 밝히고 있으며, 이어서 "맞춤 검색결과, 맞춤 광고, 스팸 및 멀웨어 감지 등 개별 사용자에게 유용한 제품 기능을 제공할 목적으로 사용자의 콘텐츠(이메일 포함)를 분석"한다고 덧붙이고 있다. 심지어 구글은 쿠키 데이터로 이용자를 더 이상 추적할 수 없게 될 상황에 대비하여, 수집한 데이터 조각들을 자체 개발한 인공지능 기술로 이어 붙이는 새로운 방식의 추적 시스템을 개발하고 있다고도 알려져 있다(McDonnell, 2020).

요컨대 구글은 구글의 모든 서비스로부터 각종 사용자 데이터를 수집하고 다시 이를 토대로 사용자에게 맞춤화된 검색결과와 광고를 제공한다. 이러한 메커니즘은 구글이 제공하는 거의 모든 서비스에 동일하게 적용된다. 사용자들은 구글이 제공하는 각종 서비스를 무료로 사용하고, 구글은 이 가운데 파생되는 사용자 프로필을 바탕으로 광고를 판매해 수익을 얻으며, 광고주들은 저렴한 가격으로 효과적인 광고 전략을 취하면서 더 많은 수익을 올린다. 적어도 표면상으로는 모두에게 이익을 주는 모델이라 할 수 있다. 구글은 이러한 검색 기반 광고 모델을 바탕으로 수많은 서비스를 (개별 분야의 적자를 감내하면서까지) 운영해 나가고 있다(중앙일보, 2016. 2. 2). 즉 웹 검색만으로는 충분히 확보할 수 없는 다양한 층위의 데이터를 얻기 위해서 구글은 거의 모든 서비스를 대부분 무료로 진행하고 있는 것이며, 바꿔 말하면 구글은 더 많은 수익을 얻기 위해서라도 그야말로 모든 분야와 영역에서, 모든 사람들에게서,

모든 지식 행위와 창작 활동으로부터, 가능한 한 모든 정보와 데이터를 끌어 모을 수밖에 없는 것이다(Cleland & Brodsky, 2011/2012; Vaidhyanathan, 2012/2012). 단연 그것이 수익 모델의 기초이기 때문이다.

구글이 제공하는 서비스가 2021년 현재 수십여 개를 넘어섰다는 점에서, 그리고 이 수는 기술과 시장 상황에 따라 계속해서 확대되고 세분화되고 있다는 점에서(구글 고객센터, n.d.), 구글의 영향 범위는 인터넷 세계 전체를 아우르고 있다고 할 만하다. 인터넷 검색을 하고 이메일을 주고받을 때, 쇼핑을 하기 위해 가격을 비교하고 광고를 클릭할 때, 위치와 장소를 검색할 때, 자료를 업로드하거나 다운로드할 때, 사진을 찍고 저장할 때, 책을 보고 블로그에 글을 쓸 때, 전문 자료를 찾아 공부하거나 여러 언어로 번역을 할 때 등, 우리는 거의 모든 순간마다 구글이 구축해 놓은 아키텍처 안에서만, 바로 그 매개적 환경 안에서만 그렇게 할 수 있다. 우리는 실로 구글의 매개 안에 있다. 여기에 유튜브 플랫폼과 안드로이드 운영체제, 크롬 브라우저가 열어젖힌 현재의 일상적인 매개 환경을 더할 경우 구글의 범위와 영향력은 진정 일상 행위와 삶의 공간 전체로까지 무한히 확장된다. '모든 것의 구글화'(The Googlization of Everything)란 바로 이러한 상황을 축약해서 표현한 것에 다름 아니다(Vaidhyanathan, 2012/2012).

하지만 이뿐만이 아니다. 문제는 좀 더 복잡하다. 이러한 환경 속에서 우리는 구글이 모은 정보를, 구글이 매긴 순위에 따라, 구글이 제공하는 여러 서비스를 통해 받아 볼 수밖에 없으며, 결국 구글이 중요하다고 여기는 것들을 중요한 것으로 받아들일 수밖에 없게 된다. 실로 구글 검색 첫 페이지에 나오는 결과는 검색되지 않는 결과보다 훨씬 더 유의미하다고 여겨지지 않는가. 구글은 어떤 것이 더 정확하고 중요한 정보인지를 사용자가 직접 저울질해서 선택하게 하며(이것이 페이지 랭크의 원리이다), 또 그러한 적극적인 정보 검색의 과정이 전문가의 말을 그대로 믿고 따르는 것보다 더 합리적이고 생산적인 지식 획득의 모델임을 우리 스스로 인정하게 만든다. 즉 구글은 정보의 탈집중화와 민주화, 수평화에 걸맞은 새로운 방식의 지식 생산·유통·소비 프로세스를 제안하고 또 그것을 일종의 표준화된 규범으로(우리가 따라야 할 것으로) 내세우고 있는 것이다. 구글이 위키피디아(wikipedia) 검색결과를 검색 상단에 배치하는 것 또한 이러한 사실과 무관하지 않은데, 대중의 소통과 협력을 통한 적극적인 지식과 정보, 콘텐츠 생산이야말로 구글의 수익 전략을 가능케 하는 가장 중요한 동력이기 때문이다. 일종의 자기실현적(self-fulfilling) 전략인 셈이다.

개별화된 검색 메커니즘, 생각을 인도하라

그렇다고 한다면, 이제 질문의 초점은 이러한 과정이 단지 기술적 발전이나 사용자 편의 향상에 그치지 않고 어떻게 우리의 사고와 행위의 준거를 이루게 되었는지, 더 나아가 우리의 정체성에 영향을 미치게 되었는지, 즉 어떻게 한낱 인터넷 검색이 일종의 권력 작용으로까지 기능하게 되었는지를 규명하는 데 맞춰져야 할 것이다. 이와 관련해 미디어 활동가 엘리 파리저(Eli Pariser)는 다음과 같이 말한다.

당신의 정체성이 당신의 미디어를 형성하고 당신의 미디어는 당신이 신뢰하는 것과 관심 있어 하는 것을 형성한다. '당신이 어떤 주제를 클릭함→당신이 무엇인가에 대한 관심이 있다는 신호가 됨→당신은 앞으로 그 주제와 관련된 기사를 보게 됨→그 주제는 당신에게 우선적으로 보이게 됨'의 고정을 밟는다. 즉, 당신은 당신을 위해 마련된 순환 고리의 덫에 빠지게 된다. (중략) 시스템이 당신에 대해 빠르게 학습을 하면 할수록 당신은 정체성의 폭포수라는 덫에 걸릴 가능성이 높아진다. 즉, 당신이 정원 손질, 무정부주의, 헤비메탈 가수 오지 오스본(Ozzy Osbourne)에 대해 클릭하는 행동은 정원, 무정부주의, 헤비메탈을 좋아한다는 것을 표현하는 셈이 된다. 그러면 시스템은 당신에게 이런 주제에 관한 더 많은 정보를 제공한다. 그러면 그 주제가 당신에게 가장 중요한 것이 되어 버렸기 때문에 당신은 다시 그 주제에 대해 더 많이 클릭하게 된다. 일단 두 번째 클릭이 발생하면, 당신의 뇌가 그 행동을 잘 받아들인다. 우리의 뇌는 이상하나 거역할 수 없는 비논리 속에서의 인지 부조화를 줄이는 방향으로 움직인다(Pariser, 2011/2011, 168-171쪽).

이 인용문은 앞서 논의한 구글의 검색 알고리즘이 어떻게 개인의 정체성을 형성해 나가는지, 그 과정을 간명하게 정리해 보여 준다. 사용자의 클릭 시그널은 검색 히스토리라는 더 큰 물줄기로 모이고 이는 다시 사용자 프로필 등의 다른 물줄기와 합치되어 이른바 정체성의 폭포수를 이루어 간다. 그리고 이 폭포수는 개별화된 검색 메커니즘의 재귀적(recursive) 작용을 통해 사용자 자신에게 되돌아옴으로써 결국 사용자의 정체성을 (재)구성하는 **순환** 고리를 만들어 가게 된다. 사용자의 정체성이 검색결과를 만들고 다시 그 결과가 사용자의 정체성을 한층 더 강화해 나가는 형태이다. 앞서 언급한 쿠키 파일이 이 과정에 중요한 단서로 작용한다는 것을 짐작하기란 그리 어렵지 않다.

주지하듯이 구글은 인터넷 세계에 존재하는 엄청난 양의 정보 중에서 우리가 원하는 바로 그 정보를 찾아서 보여 준다. 흔히 인터넷을 정보의 바다라고 표현하지만, 정작 중요한 것은 정보가 얼마나 많은지 여부가 아니다. 오히려 중요한 것은 그 무한한 정보의 바다 속에서 사용자에게 꼭 필요한 정보를 골라내는 정보량 감소의 기술에 있으며, 또 그것을 중요도와 관련성에 따라 점수를 매겨 순서대로 제시하는 알고리즘 규칙에 있다. 검색 엔진의 가치란 바로 여기에 있다고 해도 과언이 아니다. 구글의 페이지랭크와 개별화된 검색은 바로 이런 원리를 구현하기 위한 독자적인 방법인 것이다. 사용자가 검색어를 입력하면 구글은 정보의 바다 속에서 더 중요하다고 '판단'되는 것들을 '선택'하고, 다시 그 중에서 사용자에게 더 관련이 많다고 '판단'되는 것들을 또 '선택'해서 보여 준다. 우리는 구글이 **판단**하고 **선택**한 것들을 구글이 보여 주는 **순서**대로 볼 수 있을 뿐이다. 당연하게도 이 과정은 무엇이 중요하고 또 무엇이 관련되어 있는지를 사용자 대신 판단하고 선택하는 것이기에, 수많은 정보들을 평가하고 분류하는 가치 판단의 절차가 담겨 있을 수밖에 없다.

그런즉 구글은 결코 가치중립적이지 않다(Introna & Nissenbaum, 2000; Vaidhyanathan, 2012/2012; Van Couvering, 2009). 구글의 검색 알고리즘에 담긴 그들의 이상 혹은 편향은 우리의 인식과 경험을 특정한 합리성의 체계에 맞게 재편해 낸다. 이 알고리즘 합리성은 더 중요한 페이지가 더 많은 링크를 얻는다는 전제에서 출발하는 까닭에, 새로운 사이트보다는 클릭이 누적된 기존 사이트를 보여 줄 확률이, 즉 논쟁적이고 불안하며 우연적인 결과보다는 검증되고 안전하며 익숙한 결과를 보여 줄 확률이 더 클 수밖에 없다. 문제가 될 만한 결과는 애초에 차단해서 마치 있어도 없는 것처럼 만드는 식이다. 당연하게도 그러면 그럴수록 더 안전하고 정확한 검색 엔진으로 평가받게 된다. 온갖 잡다한 정보들이 나열되기보다는 사용자의 요구에 적합한 정보들만 일목요연하게 제시되기 때문이다. 더욱이 개별화된 검색결과는 개인의 과거 검색 히스토리와 각종 프로필을 토대로 작동하기 때문에, 이 같은 알고리즘 합리성을 포지티브 피드백(positive feedback) 원리에 따라 더욱더 강화해 나가는 경향이 있다. "검색엔진은 우리가 무엇을 클릭하는지 살펴서 우리가 원하는 것을 다시 보여 준다. 컴퓨터 화면은 점점 더 우리를 비추는 거울이 되어 가고 있다"는 제사는 이 점을 정확히 짚고 있다고 하겠다. 중요한 것은 이러한 경향이 확대 강화될수록, 즉 검색 엔진이 더 정교해지고 정확해질수록 결과적으로 사용자의 검색 히스토리 및 개인 프로필과 무관한 외부의 영역들은 뒤 페이지로 미루어지거나 보이지 않게 된다는 것이며, 그럼으로써 결국 세계에 대한 우연한 **마주침**의 계기(이는 앞에서 들뢰즈의 논의를 통해 살펴본 바 있다) 또한 약화되고 감소될 수밖에 없다는 것이다. 웹 검색이 보수적이라는 비판은 바로 이러한 이유 때문이다.

> 웹 검색은 내재적으로 보수적일 수밖에 없다. 효과적이고 매력적인 검색 서비스를 제공하는 데 있어 가장 중요한 점은 사용자들이 마주치게 될지도 모를 깜짝 놀랄 만한 요인들의 수를 줄이는 것이다. (중략) 사용자들에게 제공되고 있는 서비스들은 정확히 사용자들이 원하고 있다

고 생각하는 것과 일치한다. 문제가 될 만한 것들을 사용자들은 찾지 않는다. 그렇기 때문에 강력하고 효과적인 웹 검색은 사회적·정치적 변화를 촉진하기보다는 금지한다(Vaidhyanathan, 2012/2012, 203쪽).

그런데 이것이 과연 구글만의 사정일까. 물론 그렇지 않다. 문제는 구글이 (3장에서 논의했듯이) '자유주의적 합리성(libertarian rationality)'의 체계를 따르는 여러 웹사이트 중 하나일 뿐이라는 것이며, 따라서 대부분의 웹사이트 역시 그 합리성의 체계를 좇는 한 구글과 본질적으로 다르지 않다는 것이다. 아마존, 유튜브, 페이스북, 인스타그램, 넷플릭스, 네이버, 다음, 멜론, 쿠팡 등과 같은 웹사이트 또한 단지 정도의 차이만 있을 뿐, 큰 틀에서는 사용자 데이터의 수집과 이를 토대로 한 표적 광고 판매를 기본적인 운영 원리로 삼고 있다. 사용자는 자유롭게 이들 서비스를 이용하고 기업은 여기서 발생되는 각종 사용자 데이터와 정보(콘텐츠를 포함한)를 이윤 창출의 자원으로 전유하는 식이다.

이후로 계속해서 논의하겠지만, 이들 기업들은 자체의 생존을 위해서라도 사용자의 관심과 참여를 지속적으로 이끌어 낼 수 있는 전략과 기술을 개발하고 도입할 수밖에 없다. 이렇게 구상된 전략과 기술은 사용자들의 사고와 행위를 특정한 방향으로 유도하고 또 그들의 욕망을 형성 및 유통하는 데 초점을 맞추고 있을 뿐만 아니라 이 과정을 강제나 명령이 아닌 선택과 동의를 통해 이끌어 내고 있다는 점에서 특히 주목할 만하다. 가령 페이스북에 글을 쓰고 사진을 올리는 전 세계 수십억 명의 사람들은 누가 시켜서가 아니라 단지 그것이 즐겁기 때문에 그렇게 할 뿐이다. 네이버 지식인에 답변을 달고 위키피디아의 내용을 채우는 것이나 각종 상품에 대한 리뷰를 작성하고 식당이나 여행지에 대한 후기를 남기며 유튜브에 자신이 만든 동영상을 올리는 것도 마찬가지이다. 이 모든 사고와 행동은 사용자 주체의 자유로운 선택과 결정에 의한 것이지만, 또한 동시에 그런 식으로 유도되고 촉발된 것이기도 하다.

구글이라는 이름이 고유명사이면서 동시에 **보통명사**인 이유가 여기에 있다. 구글을 포함한 대부분의 인터넷 기업들이 이처럼 자유와 통제의 가능성을 그 모순과 함께 결합시키면서 이를 통해 관리권력의 정교한 그물망을 가동시키고 있기 때문이다. 사실상 구글과 관련된 이상의 논의는 정도의 차이만 있을 뿐 페이스북이나 유튜브, 더 나아가 네이버와 다음에 대해서도 동일하게 적용할 수 있다. 거의 대부분의 웹사이트가 가치 생산의 외부화 또는 이윤의 지대되기라는 토대 위에서 사용자들의 다양한 웹 활동을 자유/무료 노동으로 전유하고 있기 때문에(Andrejevic, 2012; Fuchs, 2014; Terranova, 2000), 이러한 특징을 공유하는 한 구글이나 페이스북, 네이버, 다음 등은 본질적으로 다르지 않다.

이하에서는 구글에 더해 페이스북의 뉴스피드 알고리즘을 분석함으로써 대표적인 이들 기업이 어떻게 사용자들의 생각과 정체성을 특정한 방식으로 이끌어 내는지 살펴볼 것이다. 아울러 생각이라는 의식적인 층위에 대한 인도뿐만 아니라, 데이터에 집약된 인구의 집합적 무의식에 대해서도 마찬가지로 권력의 작용이 가해질 수 있음을 논의할 것이다. 이를 바탕으로 아무나의 정신적 능력을 관리 및 인도한다는 의미에서의 '정신관리권력(Psycho Power)'이라는 개념을 제안하고 이것이 신자유주의의 가치화 메커니즘과 어떻게 조응하면서 또 어떤 사회적 짜임(즉 관리사회)을 구축해 나가는지 그 구체적인 양상을 살펴볼 것이다.

2. 생각의 인도와 무의식의 관리

알고리즘과 생각의 인도

구글은 고유명사지만 동시에 보통명사이기도 하다. 앞서 논의했듯이 구글이라는 이름은 우리의 사고와 행위를 인도하는 알고리즘 기반의 작동 메커니즘을 일컫는 말이나 다름없다. 그렇다면 페이스북, 유튜브, 아마존, 네이버, 다음 등은 어떨까. (행위의 인도라는) 권력의 측면에서 본다면 이 모두가 크게 다르지 않을 것이다. 개별 기업에 국한된 문제가 아니기 때문이다. 물론 이 책에서 이들 주요 웹사이트의 특징을 전부 다 살펴볼 수는 없다. 다만 여기에서는, 구글과 함께 현재 인터넷의 방향성을 주도하고 있는 페이스북을 중심으로(즉 검색과 SNS라는 두 축을 중심으로) 그 가운데의 내적 경향성을 추출함으로써 이후 논의할 정신관리 권력의 메커니즘을 보다 정교하게 파악하는 데 논의의 초점을 맞추기로 하자.

페이스북은 구글과 달리 처음부터 소셜 네트워크 서비스에 특화해서 자체의 발전을 이루어 왔다. 잘 알려져 있듯이 페이스북의 기본 아이디어는 인터넷 세계 속에서도 현실과 마찬가지로 사람들 사이의 소통·친교·유대가 잘 이루어질 수 있다는 생각에서 비롯되었다. 페이스북은 2004년 하버드 대학교 내에서 처음 입지를 구축한 뒤 곧이어 미국 전역으로 퍼져 나갔으며, 2015년 기준 전 세계 14억 명 이상이 사용하는 세계 최대의 소셜 네트워크 서비스로 성장하기에 이르렀다. 페이스북은 마이스페이스 등 기존 SNS와는 달리, 사용자와 친구 관계를 맺은 사람들의 활동과 메시지, 게시물을 지속적으로 사용자 자신의 페이지에 업데이트 해주기 때문에 사용자가 일일이 친구들의 홈페이지를 방문할 필요가 없었다. 이를 뉴스피드(news feed)라고 하는데, 페이스북은 이 뉴스피드 알고리즘을 통해 한 사용자의 게시물이 그 친구들의 페이지로, 그리고 그 반대의 경우도 마찬가지로, 효과적으로 전달되고 공유될 수 있도록 만들었다. 사용자는 스크롤을 내리는 것만으로도 자신의 친구들이 어떤 일상을 보내고 있는지, 어떤 생각을 하고 또 어떤 것에 관심을 갖고 있는지 등에 대해 손쉽게 파악할 수 있으며, 여기에 '좋아요' 등의 의사를 표시함으로써 의견과 감정을 공유할 수도 있다. 이 뉴스피드 알고리즘으로 인해 페이스북에는 말 그대로 온갖 종류의 글이 넘쳐나기 시작했다. 게다가 사진 업데이트 기능이 추가되면서 페이스북은 별안간 세계 최대의 사진 아카이브가 되어 버렸다. 사람들은 무엇을 먹고 어디에 갔는지, 오늘 기분이 어떤지 등과 같은 시시콜콜한 이야기에서부터 정치 및 경제와 관련된 진지한 성찰에 이르기까지,

그야말로 제한 없는 이야기들을 쏟아 냈으며, 여기에 사진과 동영상을 더해 뉴스피드의 구성과 성격을 더욱더 다채롭게 만들어 나갔다. 더욱이 각종 뉴스와 기사의 링크가 추가되고 또 블로그의 글과 전문 지식 사이트의 링크들이 추가되면서, 페이스북은 단순히 일상적인 이야기들만 무성한 곳이 아니라 가장 최신의 소식들이 사용자들의 평가와 함께 덧붙여지는 뉴스 플랫폼으로 기능하기에 이르렀다.

그런데 문제는 친구의 수가 많아짐에 따라 이 게시물들을 전부 노출시킬 경우 그것이 오히려 정보 공해가 될 수도 있다는 것이었다. 게다가 사용자의 관심사와 중요성에 대한 평가가 저마다 다르다는 이유로 인해, 하나의 원칙을 보편적으로 적용할 수만도 없는 노릇이었다. 누군가에게 중요한 정보가 다른 누군가에게는 중요하지 않을 수도 있기 때문이다. 전부 노출시킬 수 없다면, 결국 어떤 게시물을 어떤 원칙과 순서에 따라 노출시킬 것인가가 핵심 쟁점으로 떠오를 수밖에 없었다. 이런 상황 속에서 페이스북이 내놓은 해법이 바로 에지랭크(edge rank)라는 알고리즘이었다.[56] 이것은 결국 사람들이 무엇을 보게 하고 무엇을 보지 않게 할 것인가에 대한 기술적 대응이었다(오세욱 · 이재현, 2013). 에지랭크는 모든 게시물을 친밀도(affinity)와 가중치(weight) 그리고 시의성(dacay)이라는 세 가지 기준에 따라 분류하는데(Pariser, 2011/2011), 이 수치가 높은 게시물이 사용자의 뉴스피드에 노출될 유기적 도달률(organic reach) 또한 높아진다고 할 수 있다.

세 가지 기준을 차례대로 살펴보면, 우선 친밀도는 사용자와 가까운 사람일수록 사용자가 그 사람의 게시물을 보게 될 확률이 높아짐을 의미한다. 사용자가 특정 게시물에 대해 '좋아요'를 누르거나 댓글을 달면 그 게시물을 작성한 사람과의 친밀도 점수가 올라가는 식이다. 가중치는 좋아요, 댓글, 공유 등의 반응이 많이 발생한 게시물이 높은 점수를 받고, 이런 인기 게시물일수록 사용자의 뉴스피드 상단에 노출될 가능성 또한 높아지게 됨을 뜻한다. 마지막으로 시의성은 사용자의 로그인 시점에 가까운 게시물일수록 높은 점수를 받게 됨을 의미한다. 가령 어떤 사용자가 특정 주제 A에 대해서 관심이 많고 이에 대해 잘 알고 있는 사람들과 친구 관계에 있으며, 지속적으로 그 주제와 관련된 글을 읽고 좋아요를 눌러 왔다면, 그 사용자의 뉴스피드에는 A와 관련된 사안들이 다른 주제보다 더 많아질 확률이 증가할 수밖에 없게 된다. 그것이 사용자의 개별적 특징을 가장 잘 반영하고 있기 때문이다. 이는 바꿔 말한다면, 이러한 요소에 부합하지 않는 포스팅(posting)은 그만큼 눈에 띄기 어렵다는 말이기도 하다. 물론 이 세 요소가 뉴스피드를 결정짓는 영구불변한 기준인 것은 아니다. 15억 명의 사용자와 이들이 생산해 내는 몇 갑절의 포스팅을 소화하기 위해 페이스북은 뉴스피드 알고리즘을 계속해서 더 정교하고 더 복잡하며 더 고도화된 형태로 바꾸어 가고 있다.

여기서 눈여겨볼 것은 (이미 3장에서 논의한 것처럼) 이 모든 알고리즘이 처음부터 **기본값**으로 설정되어 있다는 것이다. 사용자는 페이스북의 알고리즘에 이의를 제기하거나 기본값을 임의로 변경할 수 없다. 사용자가 할 수 있는 것은, 페이스북의 결정을 그대로 따르거나 아니면 그만두는 것뿐이다. 그런데 문제는 페이스북의 알고리즘이 철저히 베일에 가려져 있는 까닭에, 사용자로서는 자신의 뉴스피드에서 보게 되는 포스팅들이 과연 어떤 원칙과 논리에 따라 선택되고 배열된 것인지 알

도리가 없다는 것이다. 게다가 페이스북은 지속적으로 뉴스피드의 알고리즘을 바꾸고 있기 때문에, 이에 따라 사용자가 자주 접하게 되는 포스팅의 성격 또한 조금씩 달라질 수밖에 없다는 것이다. 요컨대 사용자는 이러한 알고리즘이 자신의 사고와 행동을 어떻게 인도하도록 패턴화되어 있는지 결코 알 수 없다.

물론 페이스북은 알고리즘의 변화가 유기적 도달률에 큰 영향을 미치지는 않는다고 주장하지만, 정작 소비 시간 지표(time-spent signals)를 추가해서 사용자의 체류 시간을 늘리고자 했던 조치 속에는 이미 그와 반대되는 가정이 전제되어 있다고밖에 할 수 없다(Beck, 2015a). 즉 알고리즘의 변화를 통해 뉴스피드에 노출되는 포스팅의 성격을 바꿀 수 있고, 또 이로써 행동의 변화(체류 시간 증가)도 야기할 수 있다는 가정 말이다. 그렇다고 한다면 알고리즘의 방향 설정에 따라 사용자가 자주 접하게 되는 포스팅의 성격이 달라질 가능성 또한 얼마든지 존재한다고 할 수 있으며, 더 나아가 이로 인한 사용자 행동의 변화 가능성 또한 부정할 수만은 없게 된다. 이미 페이스북이 이 과정을 전제하고 있으며 자기 준거적으로 선취하고 있기 때문이다.

2012년 페이스북이 사용자들 모르게 수행한 감정 조작 실험은 이를 정확히 예증해 보여 준다(주간경향, 2014. 7. 22; Kramera et al., 2014). 페이스북의 데이터사이언스팀은 뉴스피드의 긍정/부정적인 게시물이 사용자의 행동에 어떤 변화를 일으키는지 알기 위해 약 70만 명의 사용자를 대상으로 실험을 실시했다. 실험 결과, 뉴스피드 알고리즘을 조작해서 긍정적인 성격의 게시물을 줄이면 사용자들의 상태 업데이트에 포함된 단어에서도 긍정적인 단어의 비중이 줄어들고 부정적인 단어의 비중이 늘어나는 경향이 나타났다. 물론 그 반대의 패턴도 마찬가지로 나타났다. 뉴스피드에 올라오는 긍정/부정적인 성격의 게시물이 사용자의 감정 상태에 영향을 미치고 이것이 결국 언어 사용의 변화로 드러난 셈이다. 즉 이 실험은 페이스북 알고리즘의 변화가 우리의 감정과 사고, 행위의 변화로까지 이어질 수 있음을 증명한 것이나 다름없다.

페이스북의 설립자인 마크 저커버그(Mark Zuckerberg)는 자사의 목표가 전 세계 15억 명의 사용자에게 개인별로 최적화된 뉴스피드를 제공하는 것이라고 말하면서, 이를 '완벽히 개인화된 신문'으로 표현한 바 있다(Beck, 2015b). 개별화된 뉴스피드는 사용자의 과거 데이터를 바탕으로 구성되기 때문에, 여기에는 필연적으로 사용자의 정체성이 반영될 수밖에 없으며, 그러면 그럴수록 정체성의 폭포수가 만들어 내는 자기 순환의 메커니즘 또한 활성화될 수밖에 없다. 나의 과거 정체성이 특정한 형태의 뉴스피드를 구성하고 다시 그것이 나의 현재 정체성에 영향을 미치는 식이다. 이로부터 이른바 **확증 편향**(confirmation bias)의 가능성이 발생한다. 확증 편향은 자신의 생각과 일치하는 정보는 받아들이지만 그렇지 않은 정보는 무시하는 경향을 일컫는다. '사람은 자기가 보고 싶은 것만 본다'는 말이 뜻하는 바가 바로 이와 같은데, 개별화된 뉴스피드로 인해 사용자는 자신의 생각과 신념을 지지하고 강화하는 게시물들을 더 자주 접하게 되고 이로 인해 원래 가지고 있었던 생각과 신념을 더 공고히 다지게 된다. 문제는 이 과정이 인지 부조화를 감소시키는 방향으로 흐르면서, 한편으로는 익숙한 것들로부터 오는 안심의 감정을 불러일으키고, 다른 한편으로는 더욱더 그쪽으로 향하게 만드는 편향의 벡터를 동시에 불러일으킨다는 것이다(Mcintyre,

2018/2019). 확증 편향이 집단 극화(group polarization)로 이어지기도 하는 것은 바로 이 때문이다. 생각이 비슷한 사람들끼리 한데 모여 서로의 생각을 반복해서 공유하고 또 이에 동조하는 과정이 지속되다 보면, 그와 반대되는 생각을 접할 기회가 적어질 뿐만 아니라 대화와 소통을 통한 상호 이해의 가능성마저도 줄어들 수밖에 없게 되며, 심지어 자신과 생각이 다른 사람을 정치적인 적으로 규정할 가능성마저 높아지게 된다. 철학자이자 작가인 리 매킨타이어(Lee McIntyre)의 다음 말은 문제의 핵심을 곧장 가로지른다.

> 오늘날 사람들에게는 상호작용을 자신이 원하는 대로 선택할 수 있는 특권이 주어져 있다. 정치적 신념이 어떻든지 간에 본인이 원하는 '뉴스 사일로' 속을 살아갈 수 있다. 페이스북에서 누군가가 남긴 댓글이 마음에 들지 않는다면 '친구 삭제'를 하거나 '숨기기' 기능을 이용하면 된다. 음모론에 한껏 심취하고 싶다면 종일 음모론을 소개해 주는 방송 채널을 찾아보면 된다. 자신과 생각이 같은 사람들로만 주위를 가득 채우기가 이전 어느 때보다 쉬워진 것이다. 게다가 일단 사일로 속에 들어가고 나면 자신의 생각을 집단의 생각에 맞춰야 한다는 압력이 더욱 강해진다(Mcintyre, 2018/2019, 87쪽).

게다가 이런 상황은 구글과 페이스북의 속성(정보 제공과 사회적 관계)을 모두 지닌 유튜브에 이르러 더욱더 전방위적으로 확대 및 심화되고 있다. 유튜브의 동영상 추천 알고리즘 또한 사용자가 과거에 어떤 동영상을 보고 무엇을 검색했는지에 따라, 즉 철저히 사용자 개개인에게 맞춤화된 방식으로 연관 콘텐츠를 선별해 제시해 준다는 점에서, 구글이나 페이스북과 마찬가지로 (어쩌면 이보다 더 큰) 정체성의 폭포를 불러일으킨다고 할 수 있다. 더욱이 그것이 문자 콘텐츠가 아닌 동영상 콘텐츠라는 점에서 그 영향력은 훨씬 더 클 수밖에 없다. 유튜브의 수익은 대부분 광고에서 비롯되는데, 단연 수익을 높이기 위해서라도 사용자의 관심사와 선호도, 시청 패턴 등 개인적인 정체성을 충실히 반영하는 알고리즘 설계가 필수적이다(유튜브는 나의 음악적 취향을 나보다 더 잘 알고 있다). 그래야만 개인의 체류 시간을 늘릴 수 있고 그만큼 더 많은 광고 수익을 낼 수 있기 때문이다. 전 세계 인터넷 사용 인구의 약 3분의 1에 해당되는 사용자가 매일 10억 시간 분량의 동영상을 시청하고 있는 현재의 상황을 감안한다면(YouTube 정보, n.d.), 정체성에 기반을 둔 이러한 추천 알고리즘의 영향력은 철저히 사용자 개개인에게 맞춰져 있으면서도, 동시에 그야말로 전 지구적인 인구의 수준에까지 미치고 있음을 짐작해 볼 수 있다.

요컨대 구글의 검색 메커니즘과 페이스북의 뉴스피드 알고리즘, 유튜브의 동영상 추천 알고리즘은 무엇을 보게 하고 무엇을 못 보게 할지를 결정하는 기반구조적(또는 선제적) 조건으로 작용한다. 세상의 모든 정보를 다 볼 수 없고 친구들이 올린 게시물을 전부 다 볼 수는 없기 때문에, 판단과 선택의 알고리즘은 필수불가결한 게 사실이다. 그러나 우리는 이 과정이 어떤 식으로 이루어지는지 알지 못할 뿐만 아니라 그 결과에 대해서 전적으로 무력하기까지 하다. 실로 **기술적 문맹**과 다를 바가 없다. 구글과 페이스북, 유튜브 등이 산출한 결과값을 그대로 받아들이는 것 외에 다른 방법이 없기 때문이다. 더욱이 이 모든 과정은 철저히 수치화된 알고리즘에 따라 진행되기 때문에, 판단과 선택이라는 가치편향적인 특징에도 불구하고 오히려 더없이 객관적이고 가치중립적인 것으로 여겨지고 있다(Fry, 2018). 그리고 바로 그런 탓에, 우리는 이로부터 비롯되는 정체성의 폭포수에 거의 무방비한 상태로 노출될 수밖에 없는 상황이다. 가령, 각종 유해 사이트들이 우리의 정체성에 영향을 미칠 것이라는 점에 대해서는 누구나 동의할 수 있지만, 구글과 페이스북 또한 (내용이 아닌 형식적 요소를 통해) 그럴 것이라고는 쉽게 상상하기 어려운 게 사실이다. 그러다 보니 전자에 대해서는 경계와 우려를 갖고 또 그에 대해 방어적인 자세를 취하지만, 정작 더 일상적이고 내재적인 후자에 대해서는 어떠한 대응이나 조치도 취하지 못하고 있는 형편이다.

그러나 후자야말로 우리의 사고와 행동을 부지불식간에, 불가항력적인 방식으로 구성한다는 것이 이 책의 주장이며, 따라서 그러한 **알고리즘**이란 그 자체로 **권력** 작용과 **불가분**하다는 것이 또한 이 책의 주장이다. 즉 그것은 특정한 권력의 합리성에 대한 (기술적) 구현이자 그 반영이다. 이는 단순히 구글과 페이스북이 위험하다는 주장이 아니다. 반대로 구글과 페이스북은 위험하지 않은 권력일 뿐만 아니라 심지어 자유롭고 긍정적이며 생산적이기까지 한 권력이라는 게 문제의 핵심이다. 그것은 인공지능의 알고리즘 합리성에 따라 움직이는 통계적이고 확률적인 성격의 권력이며, 그리하여 반박 불가능하고 타협 불가능한 권력이다. 가장 합리적인 형태로 작동하는 권력은 단연 가장 효과적인 권력이기도 하다.

그런데 이때의 권력이란 과연 생각과 행위라는 의식적이고 현행적인 차원에만 머물러 있을까. 아니면 무의식적이고 잠재적인 차원으로까지 그 반경을 넓혀 나갈까. 또는 의식적인 차원과 무의식적인 차원 모두 정신의 일부라는 점에서, 결국 권력의 자장이란 정신적인 것 일반으로까지 확장된다고 할 수 있을까. 답변을 위해서는 여기서 조금 우회하여 아즈마 히로키(東浩紀)의 논의를 참고할 필요가 있다. 물론 이 때의 우회는 논변 그 자체이기도 하다.

데이터의 집적과 집합적 무의식의 관리

아즈마 히로키는 루소(Jean-Jacques Rousseau)에 대한 급진적인 독해를 통해 루소의 '일반의지(general will)'라는 개념을 구글과 트위터의 시대인 현재적 맥락 속으로 (그러나 철저히 자신만의 문제설정으로 전유하면서) 가져온다(아즈마 히로키, 2011/2012). 그러면서 그는 루소의 일반의지를 '일반의지 2.0'으로 갱신해 나갈 것을 주장한다. 아즈마는 이 일반의지 2.0이 정치에 반영된다면 현재의 민주주의 또한 2.0으로 버전업될 수 있으며, 그럼으로써 지금과는 전혀 다른 정치가 가능해질 수 있다고 말한다. 우선 그의 주장을 천천히 따라가 보자. 하지만 우리는 그 끝에서 그의 주장과는 사뭇 다른 결론을 찾아낼 것이다.

일반의지 개념은 루소의 『사회계약론』에 처음 등장한다. 루소는 자연 상태의 평등한 인간이 합의에 기초한 계약을 통해 정치체(사회)를 만든다는 사회계약론을 토대로 삼아, 이렇게 만들어진 사회로부터 공동체의 의지, 이른바 일반의지가 탄생한다고 말한다. 그리고 바로 이 일반의지 위에서 그것에 기반을 둔(그것을 적극 반영하는) 정부가 설립되어야 한다고 주장한다. 거칠게 말한다면, 순서대로 자연, 인민, 사회계약, 사회, 일반의지, 정부로 이어지면서, 각각 앞 단계가 다음 단계의 조건을 이루고 있는 모양새이다. 홉스(Thomas Hobbes)와 달리 루소는 계약이 힘과 권력을 지닌 한 사람(또는 한 집단)과 신민 사이에서가 아니라 상호 자유로운 개인들 사이에서 이루어진다고 보았으며, 따라서 주권은 군주(리바이어던)가 아닌 인민이 만들어 낸 일반의지에 있다고 보았다. 즉 인민이 사회계약을 통해 만든 것은 정부가 아니라 일반의지라는 것이다. 정부는 인민의 일반의지를 집행하는 기관에 불과하기에, 일반의지를 제대로 반영하지 못하는 정부는 언제든지 전복될 수 있다는 주장이 이로부터 그 근거를 얻게 된다.

사실 일반의지는 그 생소함으로 인해 많은 경우 인민의 총의(總意)나 여론으로 이해되곤 한다. 그러나 총의나 여론이라는 말로는 일반의지의 의미를 온전히 담을 수 없다. 오히려 인민 개개인의 개별의지(특수의지)를 모두 더한 전체의지(will of all)야말로 총의나 여론에 더 가깝다(Rousseau, 1762/2007). 아즈마는 일반의지와 전체의지의 차이를 설명하기 위해 루소 후대에 고안된 벡터(vector)와 스칼라(scalar)의 구분을 빌려 온다. 주지하듯이 벡터는 크기와 방향을 지니지만 스칼라는 크기만 있고 방향이 없다. 아즈마는 이러한 구분을 바탕으로 일반의지와 전체의지의 차이를 설명한다. 그는 일반의지가 각기 다른 크기와 다른 방향을 갖는 특수의지들이 서로 플러스되고 마이너스되고 상쇄되어 "차이의 합"을 이룬 것인 반면(아즈마 히로키, 2011/2012, 46쪽), 전체의지는 개인들의 특수의지에서 방향을 고려하지 않은 채 단지 그 모두를 더한 것일 뿐이라고 말한다. 요컨대 일반의지가 크기와 방향으로서의 **벡터량**과 연결된다면 전체의지는 크기만 있는 스칼라량과 연결된다는 것이다.

그런 한편, 루소는 이 일반의지가 "항상 옳고 항상 공공의 이익을 향"한다고 말한다(Rousseau, 1979: 아즈마 히로키, 2011/2012, 44쪽 재인용). 인민의 일반의지란 근본적으로 사회의 공공성을 담보하는 것인 만큼, 그것은 정의상 결코 틀릴 수가 없으며 언제나 공통의 이해와 관계될 수밖에 없다는 것이다. 일반의지가 칸트(Immanuel Kant)적 의미에서의 이념으로 이해되어 왔던 이유가 바로 이 때문이다. 일반의지란 항상 옳고 항상 공공의 이익을 향한다는 점에서, 그리고 정부에 대한 저항과 전복을 정당화하는 근거가 된다는 점에서, 실체로서 존재하는 것이 아니라 일종의 규제적 이념(regulative idea)으로 작동한다고 이해되어 온 것이다. 그러나 아즈마는 일반의지를 이념으로 한정하지 않는다. 오히려 그는 일반의지가 정보화 시대인 현재에 이르러 지금까지 이념으로 이해되던 한계를 벗어나 더욱 실제적인 현실성을 얻게 되었다고 말한다. 그것은 왜일까. 일단은 논의를 좀 더 따라가 보자.

루소는 일반의지와 관련해 언뜻 이해할 수 없는 주장을 펼친다. 그는 "만약 인민에게 충분한 정보가 주어져 숙고할 때, 시민들이 서로 어떠한 의사소통도 하지 않는다면 (중략) 항상 일반의지가 생성되어 숙고는 항상 바른 것이 될 것"이라고 말한다(Rousseau, 1979: 아즈마 히로키, 2011/2012, 54쪽 재인용). 의사소통이 없어야 한다는 주장은 쉽게 이해하기 어려운 게 사실이다. 그러나 루소는 의사소통을 통한 합의의 과정이란 결국 일반성의 정도를 줄여 나가는 것에 다름없다고 말하면서, 이와는 반대로 의사소통이 **없어야** 다양한 크기와 방향의 특수의지가 차이의 합을 이룰 수 있다고 주장한다. 앞서 논의했듯이 일반의지가 크기의 단순 총합(스칼라량)이 아니라 차이의 합(벡터량)이라고 한다면, 결국 다양한 특수의지의 크기와 방향의 차이를 그대로 드러나게 할수록 일반의지 또한 그만큼 정확하게 나타나게 된다. 의사소통을 하지 않아야 오히려 인민의 특수의지가 차이의 합을 이루어 일반의지를 생성하게 된다는 말인 것이다.

이를 집단지성(collective intelligence)과 비교해서 이해하면 보다 쉽게 다가온다. 아즈마는 집단지성의 예로 '다양성 예측 정리'와 '군중은 평균을 상회한다는 법칙'을 제시하는데, 전자는 구성원의 다양성이 늘어날수록 군중의 예측 또한 정확해지는 것을 뜻하고, 후자 또한 마찬가지로 군중 전체의 예측이 구성원 개개인의 평균 예측보다 오히려 더 정확해지는 것을 뜻한다. 월드컵 우승팀이나 아카데미 시상 작품을 높은 정도로 예측하는 군중의 사례를 떠올려 볼 수 있겠다. 물론 이 과정에서 군중은 의사소통 따위는 하지 않는다. 서로 독립되고 분산된 상태에 있는 개인들의 다양한 판단을 전체 군중의 차원에서 집약해 보면 오히려 이것이 평균 이상의 정확도를 나타내는 것이다. 그렇다고 할 때, (의사소통 없이 이루어진) 군중의 다양한 판단 중에서 집약·집계 가능한 수를 획기적으로 늘릴 수 있다면 훨씬 더 정확한 결과값을 산출해 낼 수 있지 않을까. 바로 이 지점에서 아즈마는 이렇게 묻는다. "현대사회는 사람들의 의지나 욕망을 의식적인 의사소통 없이 수집하고 체계화하는 그런 기구를 실제로 운영하기 시작한 것은 아닐까?"(아즈마 히로키, 2011/2012, 83쪽)

아즈마의 질문은 정확히 핵심을 겨냥하고 있다. 자유로운 개인들의 계약을 통해 사회가 성립되고 이로부터 공동체의 일반의지가 형성된다고 한다면, 결국 이때의 일반의지는 이상적인 상태로서의 이념으로 해석될 여지가 많은 게 사실이다. 그것을 실체적 존재로 현실화하는 것 자체가 불가능하기 때문이다. 그런데 아즈마는 정보통신기술의 혁신적인 발전으로 인해 그 현실적 가능성이 열리게 되었다고 주장하고 나선다. 일반의지가 더 이상 **이념**으로만 해석되지 않아도 된다는 것이다. 그 분명한 예가 바로 구글과 트위터이다. 구글은 사용자들끼리의 의사소통을 통해 작동하는 게 아니다. 사용자들은 그저 자기의 필요에 따라 글을 올리고 각종 다양한 서비스를 이용하고 자신이 궁금한 검색어를 입력할 뿐이다. 이 각각의 의지는, 그러나 차이의 합을 이루면서 체계적인 정보의 네트워크를 이루어 간다. 앞서 논의했듯이 구글은 사용자의 검색어, 방문한 웹사이트, 시청한 동영상, 클릭한 기사와 광고, 검색 히스토리와 쿠키 데이터 등을 수집 및 저장하는데, 이 모든 데이터 속에는 어떤 형태로든 사용자의 개별적인 의지가 반영될 수밖에 없다.[57] 실제로 검색엔진 전문가이자 웹 2.0 컨퍼런스의 의장이기도 했던 바텔(John Battelle)은 사용자의 로그 정보를 "의지의 데이터베이스"(Cleland & Brodsky, 2011/2012, 73쪽)라고 칭했으며, 모스코는 그렇게 모인 비정형 데이터를 "욕망의 데이터"(Mosco, 2014/2015, 312쪽)라고 부르기도 했다. 그 안에 사용자의 의지와 욕망이 담겨 있다는 말일 터이다. 그런데 이렇게 개인의 의지가 담겨 있는 로그 정보가 수천만, 수억의 분량으로 확대되어 거대한 규모의 데이터베이스를 이루게 되면, 바로 이로부터 "개개인의 의도를 뛰어넘은 무의식적인 욕망 패턴의 추출"(아즈마 히로키, 2011/2012, 85쪽)이 가능해지게 된다. 요컨대 개개인의 특수의지가 의사소통 없는 차이의 합을 통해 인민의 일반의지를 이루게 되는 과정은, 로그 정보에 담긴 사용자의 의지가 거대한 데이터베이스로 축적되면서 군중의 무의식적인 의지를 표출하게 되는 과정과 (원리상) 정확히 일치한다.

일례로 우리는 검색어를 전부 입력하기도 전에 구글의 자동 완성 서비스가 미리 준비해 놓은 검색어들의 계열을 보게 된다(이는 네이버나 다음의 경우도 마찬가지이다). 구글이 수많은 검색어를 수집하고 분석해서 특정 문자의 배열 다음에 올 수 있는 단어들을 먼저 제시해 주기 때문이다. 검색란에 '광화문'이라는 검색어를 입력하는 순간(2020년 기준) 그와 함께 '기독교', '집회', '코로나' 등의 단어들이 자동으로 제시되는 식이다. 물론 '광화문'이라는 검색어는 불과 몇 달 전까지만 해도 전혀 다른 단어들과 계열화되어 있던 것이었다. 이것은 무엇을 의미할까. 사용자들은 상호 간 의사소통이나 합의 없이 단지 자신의 필요와 욕구에 따라 특정 검색어를 입력하고 그 결과를 선택해서 볼 뿐이지만, 이들 사용자의 각종 검색어와 검색 빈도, 열어본 페이지 등이 수천만, 수억 이상의 단위로 모일 경우 이때의 데이터는 일종의 집단적인 의지를 담지하게 된다. 앞서 논의한 바, 개인의 특수의지가 차이의 합을 통해 일반의지로 수렴되어 가는 과정을 연상할 수 있겠다. 구글은 무수히 많은 사용자의 의지와 욕구를 데이터베이스에 집약함으로써 사용자 개인의 의지를 초과하는 집합적 의지, 곧 일반의지라 할 만한 것을 축적하고 또 그것을 가시적인 형태로 바꾸어 내고 있는 것이다.

네이버와 다음의 실시간 검색 순위도 마찬가지라 할 수 있는데, (여론 조작, 의제 설정, 어뷰징 등의 이유로 지금은 폐지되었지만 적어도 원리적으로는) 이 또한 각각의 개별적인 클릭으로 표출되는 사용자 개개인들의 의지를 한국이라는 일국 차원에서 집계하고 분석해서 차등적인 순위로 나타낸 것이기 때문이다. 사용자들은 이들 서비스를 사용하는 순간 자동적으로 이 데이터베이스를 만드는 과정에 참여할 수밖에 없게 된다. 사용자들의 의지는 쿠키와 로그 파일 등의 데이터에 기록되고 다시 이 데이터는 사용자의 의사와 상관없이 축적되고 집약되어 거대한 데이터베이스를 이룬다. 아즈마가 "데이터의 축적이야말로 현대사회의 일반의지"(아즈마 히로키, 2011/2012, 85쪽)라고 주장하는 것은 바로 이 때문이다. 이념으로만 여겨져 왔던 일반의지가 정보통신기술의 비약적 발전으로 인해 비로소 그 현실적 가능성을 얻게 된 것이다. 아즈마는 이때의 일반의지를 이전의 것과 구분하기 위해 일반의지 2.0이라고 부른다.

그런데 아즈마는 이렇게 데이터베이스에 축적된 일반의지가 의식적이기보다는 **무의식**적인 성격을 띠고 있다고 말한다. 주지하듯이 무의식이란 인간의 정신 안에 있지만 의식에 의해 포착되거나 그것으로 환원될 수 없는 불가지하고 감각 불가능한 영역을 뜻한다. 흔한 예처럼 바다 위에 떠 있는 작은 빙산 조각을 인간의 의식이라고 한다면 수면 아래에서 그것을 지탱하고 있는 거대한 빙산 덩어리는 인간의 무의식이라 할 수 있다. '나'라는 존재를 가능케 하는 것은 (데카르트가 주장한) 생각, 곧 의식이 아니라 오히려 그 토대로서의 무의식이었던 셈이다 (Freud, 1971/2004; Lacan, 1994). 아즈마는 이러한 무의식의 문제설정을 인터넷 공간 속으로 곧장 끌고 들어온다. 일단 그의 말을 들어 보자.

> (인터넷상에서) 기록되는 발언이나 행동 자체는 사용자에 의해 의식적으로 이루어진 것일지도 모른다. 그러나 데이터가 대량으로 집적되면 그 분석에 따라서는 사용자 자신이 결코 의식한 적이 없는 생각지도 못한 경향

이나 패턴이 추출되는 경우가 있다. 정보의 이력이 의식보다 무의식에 관여한다는 것은 이러한 사태를 말한다(아즈마 히로키, 2011/2012, 129쪽).

일반의지와 무의식의 관계에 대한 아즈마의 주장은 이렇다. 생각하는 내가 의식적으로 입력한/클릭한 검색어에는 나의 의지와 욕구라고 할 만한 것들이 들어가 있다. 그것은 분명하다. 그러나 이 데이터가 거대한 규모로 집적되면 여기에는 수많은 나'들'의 의지와 욕구가 차이의 합을 이루면서 일반의지를 이루게 되고, 다시 이로부터 그 나'들'이 의식하거나 의도하지 않았던 무의식적인 **경향**이나 **패턴**이 노출되기도 한다. 꿈, 농담, 말실수 등으로부터 무의식적 욕망의 존재를 감지할 수 있는 것과 마찬가지이다(Freud, 1971/2004). 일반의지 2.0이 집합적인 무의식의 성격을 띠고 있다는 말의 의미가 바로 이와 같다. 아즈마는 앞서 언급한 구글의 자동 완성 서비스를 예로 들면서, 구글이 보여 주는 검색어의 계열들은 그 자체로 수많은 개인의 의지가 집약되어 나타난 것이면서, 동시에 그것을 초과해서 존재하는 것이라고 주장한다. 즉 개별 데이터의 무수한 집적을 통해 일반의지가 만들어지지만, 이는 단지 그 총합으로 환원될 수 없는 어떤 벡터적 경향성을 노출한다는 점에서 개인의 의식이 아닌 인구의 **집합적 무의식**에 더 가깝다는 것이다. 네이버와 다음의 실시간 검색 순위도, 수많은 개인들의 의지와 욕구를 집계함으로써 결국 한국이라는 사회의 집합적인 무의식과 그 패턴을 보여 주는 것이나 다름이 없다.[58] 아즈마가 직접 언급하고 있지는 않지만, 빅데이터 분석 역시 일반의지의 무의식적 성격을 잘 드러내는 예라고 할 수 있다. 빅데이터 분석이라는 기술적 가능성으로 인해 인구의 거대한 데이터 더미로부터 "개개인의 의도를 뛰어넘은 무의식적인 욕망 패턴의 추출"이 보다 구체적인 현실성을 얻게 되었기 때문이다.

요컨대 아즈마의 주장은 데이터베이스=일반의지=집합적 무의식이라는 도식으로 거칠게 요약해 볼 수 있다. 즉 한편으로는 데이터의 축적을 통해 일반의지가 현실적인 가능성을 얻게 되었다는 것이고, 다른 한편으로는 이때의 일반의지(2.0)가 인구의 집합적 무의식을 담아내게 되었다는 것이다.

'데이터베이스=일반의지=집합적 무의식'을 통한 통치의 가능성

여기에 덧붙여서 아즈마는 현재의 인터넷이 집합적 무의식을 기록할 뿐만 아니라 그 무의식을 수치적·통계적·확률적으로 가시화한다고도 말한다. 일례로 구글 트렌드(google trends)는 특정 검색어에 대한 '시간 흐름에 따른 관심도의 변화', '지역별 관심도', '관련 주제', '관련 검색어' 등을 일목요연하게 정리해서 보여 주는데, 이를 통해 우리는 과거부터 현재에 이르기까지 어떤 장소에서 어떤 검색이 얼마만큼 빈번하게 이루어졌는지를 구체적인 수치와 통계로 파악할 수 있다. 다시 말해, 우리는 우리의 무의식적 경향과 패턴의 양상을 눈으로 직접 확인할 수 있다. 아즈마는 이를 바탕으로 실로 대담한 주장을 이어 나간다. "정부가 앞으로 이 가시화된 무의식을 될 수 있는 한 통치에 활용해야 한다"(아즈마 히로키, 2011/2012, 172쪽)는 것이다. 바로 이 지점에서 무의식에 대한 통치의 가능성이 비로소 현재적이고 실제적인 문제설정으로 구체화된다. 루소의 주장대로 공동체의 일반의지를 반영하는 것이 정부의 역할이라고 한다면, 일반의지 2.0이 현실화되는 것과 함께 (그것을 반영해야 하는) 정부의 임무 또한 그와 나란한 형태로 변모해 갈 수밖에 없다. 이것이 논리적 귀결이다. 이러한 논리를 토대로, 아즈마는 일반의지 2.0을 반영하는 정부를 정부 2.0이라고 정의하면서, 이 정부 2.0은 인구의 집합적 무의식을 통치의 직접적인 자원으로 활용해야 한다고 주장하기에 이른다. 데이터의 집약을 통해 일반의지를 확인할 수 있게 된 만큼, 즉 인구의 무의식적인 욕망 패턴을 눈으로 볼 수 있게 된 만큼, 그것을 반영하는 정부는 바로 그만큼 정확하고 (일반의지에) 충실한 정치를 펼칠 수 있게 되었으며, 따라서 그렇게 해야 한다는 것이다. 이러한 주장을 토대로 아즈마는 다음과 같은 더욱 구체적인 이미지를 제시한다.

> 수천만 청중의 반응을 통계적으로 처리한 다음 태그 클라우드와 네트워크 도표로 영상화해서 역동적으로 피드백하는 모니터가 회의실 안에 놓여 있는 상호작용적인 정부. 딱히 부담을 가질 필요 없이 가벼운 마음으로 유스트림이나 니코니코 동영상의 화면을 띄우고, 그 중계 화면을 보면서 댓글을 다는 것만으로 그 투고가 돌고 돌아 정책 심의의 방향에 영향을 끼치는, 히키코모리들의 집단지성을 활용한 새로운 공공의 장(아즈마 히로키, 2011/2012, 182쪽).

예능, 시사, 정치, 토론 등 다양한 방송 포맷에서 적극적으로 활용되고 있는 실시간 채팅형 댓글 기능을 떠올려 볼 수 있겠다. 시청자의 댓글 참여가 방송 진행을 이끌어 가는 필수적인 요소로 자리 잡거나, 심지어 시청자의 의견이 쌓여서 프로그램과 정책의 방향을 바꾼 사례도 심심찮게 발견할 수 있다. 아즈마가 이를 보고 "집단지성을 활용한 새로운 공공의 장"이 열렸다고 평가하는 것도 2011년 당시로서는 무리가 아닌 것처럼 보인다. 그만큼 획기적인 변화였기 때문이다. 물론 이 자리에서 댓글 참여의 실제 효과나 이를 통한 민주주의의 보완 가능성을 깊게 논의할 수는 없다. 이에 대해서는 보다 엄밀한 관찰과 더 세밀한 논의가 필요한 게 사실이다. 다만 실제적 효용성을 말하기 위해서라도, 일단은 그에 앞서 그것이 기반하고 있는 원리적 근거와 그 타당성을 더욱 깊이 점검해 볼 필요가 있다. 개별 사례에 대한 손쉬운 비판이 이론적 성찰이 갖는 깊이를 무화시킬 수 없음은 물론이다.

그렇다고 한다면, 과연 아즈마의 저 이론적 주장은 어디까지 받아들일 수 있고 또 어디쯤에서 버려야 하는 것일까. 그가 새롭게 보여 준 바가 이상의 논의와 같다면, 반대로 그가 놓치고 있는 바는 무엇일까. 이하에서는 이를 비판적으로 읽어 내면서 그의 주장과는 조금은 다른 상을 그려 볼 것이다. 물론 이때 그리는 상은 구글과 페이스북에 대한 앞의 논의와 연속선을 그리면서도, 결국 이 장에서 말하고자 하는 정신의 통치 또는 정신관리권력이라는 퍼즐의 한 부분을 이루게 될 것이다.

아즈마의 주장은 이 책의 논점과 관련해 크게 세 가지 부분에서 문제적이다. 첫째, 그는 데이터베이스=일반의지가 가공되지 않은 원상태 그대로 존재할 수 있는 것처럼 부당 전제한다. 그러나 데이터베이스는 (그것이 기업의 것인 한에서) 언제나 기업의 이윤 추구라는 목적에 정향될 수밖에 없으며, 때문에 항상-이미 그 목적에 맞게 분류·선택·가공의 과정을 거쳐 집적되고 분석될 수밖에 없다. 기업마다의 고유한 데이터 수집·분석·처리 알고리즘은 이를 효율적으로 달성하기 위한 일종의 필터와 다름없다. 앞서 논의했듯이 구글과 페이스북은 그 시작부터 사용자 데이터의 수집과 저장을 자체의 목적으로 삼아 왔다. 사용자에게 개별화된 서비스를 제공하기 위해서라도 데이터의 광범위한 수집과 활용은 필수적이다. 그것이 곧 이윤의 원재료이기 때문이다. 이런 상황은 대부분의 웹사이트에서도 공히 마찬가지이다.

그런데 이처럼 데이터의 집적이 결국 기업의 이윤 추구라는 목적하에서 이루어질 수밖에 없다면(Mosco, 2014/2015), 게다가 이때에도 모든 데이터가 균등하게 수집되는 게 아니라 기업마다의 고유한 우선순위 선정(prioritization), 분류(classification), 연관 짓기(association), 필터링(filtering) 알고리즘에 따라 선별적/편향적으로 수집되고 있다면(Fry, 2018), 이로부터 추출되는 일반의지가 진정 그 사회 모든 인민의 욕구와 바람을 투명하게 담아낸다고 할 수 있을까. 즉 데이터베이스가 사회 전체의 의지를 집약한다는 이론적 전제가 현실적인 반박에 직면하는 순간, 데이터베이스 = 일반의지 = 집합적 무의식이라는 도식의 한 축이 무너져 내리게 된다. 또한 3장에서 빅데이터를 논의하며 언급한 것처럼, 데이터의 집적 그 자체가 특정한 현상의 의미를 저절로 설명할 수 없다는 것 또한 분명하다. 여기에는 데이터로부터 의미를 읽어 내는 해석의 과정이 필요하며, 이와 마찬가지로 데이터베이스에서 일반의지를 추출하는 것 역시 일련의 해석과 개입이 필요하다. 그러나 해석이란 필시 연구자의 이론틀에 의존할 수밖에 없지 않은가. 이는 일반의지가 데이터를 해석하는 틀에 따라 다양한 형태로 도출될 수 있음을 함의하는 것이기도 하다. 요컨대 데이터베이스와 일반의지 모두 아즈마의 주장처럼 그 자체 객관적이고 완결된 상태로 존재할 수는 없는 것이다.

둘째, 아즈마는 일반의지=집합적 무의식을 반영하는 정치의 양가성 또는 반전 가능성을 간과한다. 아즈마는 일반의지=집합적 무의식을 반영하는 정치가 더 옳을 뿐만 아니라 더 공공의 이익에 가깝다고 주장한다. 이것은 이론의 여지가 없다. 그러나 문제는 집합적 무의식을 반영하는 정치란 결국 번역 불가능하고 통약 불가능한 인구의 무의식적 욕망을 어떤 식으로든 현실의 구체적인 언어로 번역하고 통약하는 것에서부터 시작할 수밖에 없다는 사실이다. 아즈마는 구글의 자동 완성 서비스에서 그 실제적 가능성을 탐지한다. 검색의 빈도·경향·패턴 등을 파악함으로써 그 밑에 깔려 있는 무의식을 가시화할 수 있다는 것이다. 이것이 진정 집합적 무의식을 가시화하고 있는지, 아니면 단지 경향성과 패턴을 무의식의 증상으로 치환하고 있는지에 대한 질문은 차치하더라도, 어쨌든 이 과정이 "일상적으로 집계된 시민의 무의식"(아즈마 히로키, 2011/2012, 139쪽)을 통치의 기초로 삼는다는 것만큼은 분명해 보인다.

바로 이 지점에서 아즈마의 주장은 아슬아슬한 경계 위에 놓이게 된다. 그 한편이 일반의지=집합적 무의식의 가시화를 통해 비로소 가능해진 보다 정교한 정치의 기술과 전략이라면, 다른 한편은 개인의 의식을 넘어 인구의 무의식에까지 가닿고 있는/가닿고자 하는 보다 촘촘한 통치의 기술과 전략이다. 물론 이 둘은 의미론적으로는 구분될 수 있지만 현상적으로는 분리될 수 없다. 그것은 **동전의 양면**과 같다. 전자, 곧 아즈마의 주장은 일반의지=집합적 무의식을 반영하는 정치적 시도를 통해 한층 더 올바르고 공공의 이익에 가까운 정치체(민주주의 2.0)

를 이룰 수 있다는 입장이다. 그 전제가, 항상 옳고 항상 공공의 이익을 향하는 일반의지에 놓여 있기 때문이다. 한편 후자는 이때 일반의지=집합적 무의식을 반영하고자 하는 정부(또는 시장)의 개입 그 자체가 이미 인구의 무의식에 대한 직간접적인 통치와 다르지 않다는 입장이다. 인구의 무의식을 통치의 기초로 삼는다는 전제는, 결국 인구의 생명을 통치의 기초로 삼는 권력의 작용(Foucault, 1976/2017; 1997/1998)을 정신으로까지 확대한 버전일 뿐이기 때문이다. 그렇다고 할 때, 아즈마는 자신의 의도와 달리, 인구의 집합적 무의식을 추출할 수 있는 기술적 조건이 오히려 그 **반대** 방향의 가능성까지도 동시에 담지할 수 있음을 보여주고 있는 게 아닐까. 앞의 논의와 겹쳐서 말하자면, 인터넷이라는 기술적 조건을 통해 열어젖혀진 통치의 임계가 이제는 생각과 의식을 관리하고 틀 짓는 수준을 넘어 인구의 무의식적 욕망에까지 가닿고/가닿을 수 있음을, 역설적이게도 아즈마는 그것과 반대되는 주장을 통해서 정식화하고 있는 것이다.

셋째, 아즈마는 집합적 무의식을 통치의 기초로 삼고 있는 신자유주의의 권력의 작용을 간과한다. 그가 신자유주의의 독특한 권력 작용을 간파하면서 이를 '환경 관리형 권력'으로 개념화했음을 떠올려 본다면, 『일반의지 2.0』은 이상하리만치 권력의 작용을 나이브(naive)하게 평가하고 있는 것처럼 보이는 게 사실이다. 실제로 그는 데이터베이스화가 "시장 원리주의와 연계될 수도 있지만 사회민주주의와도 연계될 수 있는, 이데올로기적으로 중립적인 변화"(아즈마 히로키, 2011/2012, 139쪽)라고 서술한다. 심지어 "'신자유주의화'라는 비난은 너무 일면적인 데다 정곡을 빗나간 이야기이다"라고까지 말한다(39쪽).[59] 정보통신 환경을 통해 작동하는 권력의 메커니즘을 누구보다 예리하게 포착했던 그가, 무의식과 같은 정신에 작동하는 권력에 대해서는 왜 중립성이라는 표현 뒤로 한 발자국 물러서 있는지 의구심이 드는 지점이다.[60]

하지만 짐작컨대, "**정보기술**은 지금 국민의 무의식을 훤히 들여다보이게 하고 있다. 따라서 우리는 앞으로 이 **무의식**을 **통치**에 활용할 수단을 고안해 내야 한다"(아즈마 히로키, 2011/2012, 149쪽, 강조는 인용자)는 말에는, 신자유주의와 정보통신기술 그리고 권력 관계가 항상-이미 불가분하게 얽혀 있다는 사실이 은연중에 발설되고 있는 게 아닐까. 즉 아즈마의 저 말 앞에는 신자유주의라는 규정적 조건이 부재의 형식으로 현존해 있는 게 아닐까. 정보기술이 그 자체로 즉자적인 발전을 이룰 수는 없었기 때문이다. 그것은 항상 자본주의 축적체제라는 조건을 바탕으로 형성될 수밖에 없었다(Castells, 1996/2003; Schiller, 1986). 산업기술이 포드주의와 연결되어 있는 것과 꼭 같은 이유이다. 그리고 저 인용의 말 앞에 신자유주의가 보이지 않는 규정적 조건으로 자리 잡고 있는 이상, 통치 역시 그러한 조건과의 구조연관 속에서 재정의될 수밖에 없다. 아즈마는 자신의 주장을 정당화하기 위해 신자유주의라는 조건을 축소하고 단지 정보기술의 발전만으로 집합적 무의식에 대한 통치가 가능하다고 말하고 있지만, (이 책 전체를 통해 논했듯이) 현실은 오히려 이때의 통치가 철저히 신자유주의적 맥락 속에서 이루어질 수밖에 없음을 방증한다. 요컨대 아즈마가 말하는 통치는 **물구나무선 통치**이다. "시민의 무의식이 통치의 기초를 이루는 국가"(아즈마 히로키, 2011/2012, 139쪽)란 우리가 행하는 통치가 아니라 우리가 **받는** 통치이다. 우리가 정보기술을 사용해 집합적 무의식을 통치할 수 있다고 믿고 있을 때조차, 사실은 그 반대로 신자유주의적 통치 메커니즘이 현대의 기술적 환경을 통해 인구의 신체와 정신에 이어 무의식까지도 통치의 영역 안으로 끌고 들어오고 있는 것이다.

3. 정신관리권력이라는 문제설정

생명관리권력에서 정신관리권력으로

아즈마의 논의 속에는 우리의 사고에 이어 무의식까지도 특정한 방향과 형태로 이끌어 내는 **권력**의 작용, 이른바 정신관리권력의 문제설정이 빠져 있다. 그러다 보니 인구의 집합적 무의식을 통치에 반영할 수 있는 가능성에만 초점이 맞추어져 있을 뿐, 그것이 정확히 반대로 전화될 가능성, 즉 통치의 자장이 개별 인간의 신체에서 인구라는 종(種)의 신체로, 그리고 다시 인구의 무의식으로까지 확대되는 경향성에 대해서는 별다른 고려가 이루어지지 않고 있다. 그는 구글이 인구의 집합적 무의식을 데이터베이스에 집약하고 가시화한다는 데 집중한 나머지 오직 그들만이 자사의 데이터베이스에 접근할 수 있고, 또 그것을 분석하고 처리해서 이윤의 자원으로 (재)활용할 수 있다는 평범한 사실을 외면하고 만다.[61] 그는 구글과 페이스북, 네이버의 고유한 알고리즘이 이미 그 자체로 특정한 형태의 권력 작용이라는 사실에 대해 상대적으로 무관심하다. 하지만 앞서 논의했듯이, 구글은 개별 사용자들의 검색결과를 집약해서 거대한 데이터베이스를 구축할 뿐만 아니라, 이에 대한 빅데이터 분석을 통해 그 경향성과 패턴을 추출하고, 또 이를 바탕으로 현재의 상황을 자기실현적인 형태로 변화시켜 나가고 있다. 과연 이러한 기술적 메커니즘과 이를 바로 그와 같은 방식으로 이끌어 내는(그것이 합리적이라고 여겨지게 만드는) 권력의 합리성을, 즉 기계와 권력을 **분리**해서 생각할 수 있을까.

그렇다면 이처럼 의식과 무의식을 포함한 정신 그 자체를 통치 전략의 핵심에 위치시키는 권력이란 도대체 어떤 개념으로 포착하고 또 설명할 수 있을까. 가장 먼저 떠오르는 개념이 아마도 이데올로기일 것이다. 하지만 이데올로기는 그 안에 매우 다양한 용법을 포함하고 있을 뿐만 아니라(Larrain, 1983/1998), 대표적으로 정의되는 허위의식(Marx, 1846/2002)이나 상상적 관계의 표상(Althusser, 1995/2007) 또한 자체의 쓰임새가 명확한 까닭에, 이를 곧바로 정신의 관리를 통해 작동하는 권력 메커니즘과 연결시킬 수는 없는 노릇이다. 다행인 것은 푸코의 문제설정을 이어받으면서도 이를 정신에 대한 작용으로 확장시킨 이론가가 이미 있다는 것이며, 아쉬운 것은 그가 단지 이를 문제제기의 형태로만 제안했을 뿐 정교한 작업으로 이어 가지는 않았다는 것이다. 데리다(Jacques Derrida)의 제자이기도 한 그의 이름은 베르나르 스티글러(Bernard Stiegler)이다. 그는 푸코의 생명(관리)권력(biopower)이라는 개념이 과도하게 생명 자체에 집중 및 한정되어 있음을 비판하면서, 실상 권력의 경향적 변화가 그려 내는 벡터적 선분이 생명을 관리하고 통제하는 데에서 점차 정신을 직접 통치하는 데로 향하고 있음을 주장한다. 이른바 '정신(관리)권력'(Psychopower)이라는 새로운 문제설정이 필요하다는 제안이다. 그는 이렇게 쓰고 있다.

> 20세기의 리비도 경제는 마케팅에 의해 점진적으로 그러나 완전히 변형되었다. 마케팅은 내가 정신관리권력(Psychopower)이라 부르는 것을 구성하며, 푸코가 생명관리권력(Biopower)이라고 명명한 것과도 관련된다. 생명관리권력은 규율 권력의 테크놀로지를 통해 생산자 인구를 통제한다. 정신관리권력은 상품을 향한 소비자들의 리비도 에너지를 조절함으로써 소비자의 개인적이고 집단적인 행동을 통제한다. (즉) 소비재에 대한 욕망의 투여(investment)를 유발함으로써 생산 장치(apparatus)에 대한 산업적 투자로부터 이익을 얻는 것이 가능해진다(Stiegler, 2011, p. 150).

스티글러의 주장을 이해하기 위해서라도 먼저 생명관리권력이 무엇이고 어떤 문제설정을 갖고 있으며 또 어떻게 작동하는지에 대해 살펴볼 필요가 있다. 정신관리권력이란 결국 생명관리권력의 문제설정을 생명에서 정신으로 확장 또는 수정한 것이기 때문이다. 확장인 이유는 그 작용 범위가 인구의 생명에서 정신으로까지 넓혀지고 있기 때문이며, 수정인 이유는 정신 관리가 생명 관리와는 사뭇 다른 방식과 기법, 전술에 따라 작동하고 있기 때문이다. 이미 2장에서 논의했듯이, 푸코는 권력을 그 성격 및 작동 방식에 따라 주권권력과 규율권력 그리고 생명권력(통치성)으로 구분하면서, 이들 권력이 서로를 전적으로 대체하기보다는 "주권, 규율, 통치적 관리라는 삼각형"(Foucault, 2004a/2011, 162쪽)을 이룬다고 언급한 바 있다. 통치성이라는 개념이 생명관리권력의 문제의식을 이어받고 있음을 감안할 때, 결국 이 삼각형에서 통치성은 생명관리권력과의 대비 속에서 읽어 낼 필요가 있으며, 마찬가지로 통치성의 문제의식을 이어받는 정신관리권력 또한 우선적으로는 생명관리권력과의 대비를 통해 읽어 내야만 한다. 이런 까닭에, 이하에서는 생명관리권력을 먼저 논의하고 이를 바탕으로 정신관리권력과 통치성 각각에 대해 차례대로 서술해 나갈 것이다.

푸코가 생명(관리)권력이라는 개념을 처음 쓴 것은 1976년에 진행된 『"사회를 보호해야 한다"』라는 제목의 강의와, 마찬가지로 1976년에 출판된 『성의 역사 1권』에서이다. 여기서 이 개념은 주권권력이라는 개념과의 대비 속에서 변별적으로 의미화된다. 단적으로 말해, 주권권력은 군주의 생사여탈권으로 표상되며 "죽게 하든가 살게 내버려 두는"(Foucault, 1976/2017, 157쪽) 것을 그 특징으로 한다. 이와 반대로 생명권력은 "살게 하거나 죽음 속으로 몰아가는"(157쪽) 것이 특징이며, "세력을 가로막거나 굴복시키거나 파괴하기"보다는 "오히려 세력을 만들어 내고 늘리고 정리하"는 것을 그 목표로 한다(155쪽). 즉 죽음의 위협(죽게 하거나) 대신에 생명의 육성과 강화(살게 하거나)를 통해 작동하는 권력이다. 이로써 생명은 그저 내버려 두면 되는 자연적인 것이 아니라, 권력이 계속해서 개입하고 관리하고 조절해야 하는 것, 그리하여 무엇보다 정치적인 것으로 재정위된다.

푸코는 이 살게 만드는 권력의 양상을 다시 개별 신체에 대한 훈육과 전체 인구에 대한 통제로 구별한다. 전자가 인간 신체에 대한 해부정치를 특징으로 삼는다면, 그래서 신체에 대한 훈육과 교정을 통해 개인의 생산성과 유용성을 높이는 데 초점을 맞추고 있다면, 후자는 종(種)으로서의 인구에 대한 생명정치를 특징으로 하며, 때문에 인구라는 집단의 출생률, 사망률, 생식력, 발병률, 건강상태, 부의 생산과 유통 등을 조절하고 관리하는 데 초점을 맞추고 있다(Foucault, 1976/2017; 1997/1998). 이 둘은 자체의 목적과 수단도 다르고 작용 영역과 기술도 다르며 출현 시기도 서로 다르지만, 19세기 이후 개별 인간과 전체 인구를 동시에 포괄하는 권력의 테크놀로지 속으로 마치 동전의 양면처럼 수렴되어 갔다. 요컨대 "개인과 집단은 [대립하는] 양극단이 아니라, 개별 신체로서(의) 인간과 종으로서(의) 인간을 동시에 통제하는 포괄적인 정치 테크놀로지의 두 측면이다."(Lemke, 2007/2015, 70쪽) 푸코는 「Omnes et Singulatim(전체적임과 동시에 개별적으로)」라는 강연에서 이 두 가지 서로 다른 권력의 테크놀로지가 한 지점에서 결합된다고 보았으며(Foucault, 2000b), 바로 이 매개의 자리에 '장치(dispositif)'라는 개념을 위치시킬 수 있다고 보았다(Agamben, 2006/2010; Foucault, 1976/2017).[62] 『성의 역사』라는 제목이 환기하듯 성(性)이야말로 대표적인 장치일 텐데, 성은 개인의 신체와 인구의 신체라는 "두 가지 축의 연결점"(Foucault, 1976/2017, 166쪽)에 자리하면서 개별과 전체를 매개하고 또 이 매개를 통해 (효과적이고 효율적인) 권력의 경제학을 가동시키고 있기 때문이다. 예를 들어 개인이 행하는 섹스, 출산, 피임 등의 성적 관리는 성(sex) 장치의 매개를 통해 곧장 인구의 출생률, 생식력, 육아 등의 재생산 관리와 분리 불가능하게 겹쳐진다. 개별적인 것과 전체적인 것이 성 장치라는 매개를 통해 권력의 재생산 회로로 수렴되고 있는 것이다.

이 가운데 '전체적이면서 동시에 개별적'이라는 말이 함의하는 바는 실로 의미심장하다. 그것은 첫째, 생명권력이 작동하는 서로 다른 두 층위(개별과 전체)를 압축해서 보여 주며, 둘째, 그 두 층위가 별개의 것이 아니라 구체적인 장치를 통해 동시적으로 연결되어 있음을 보여 준다. 그리고 셋째, 이러한 특징이 생명권력에 한정되지 않고 자유주의 통치 권력의 메커니즘으로 확장될 가능성 또한 보여 준다. 첫 번째와 두 번째 항목이 바로 위에서 논의한 바와 같다면, 세 번째 항목은 생명권력이 어떻게 (자유주의) 통치성의 문제설정으로 이행되어 가는지에 대한 답변이 될 것이다. 물론 이 답변은, 더 나아가 통치성에서 정신관리권력으로의 이행을 설명하기 위한 이 책의 논거가 되기도 한다. 하지만 이를 논하기 전에, 그보다 먼저 정신관리권력을 생명권력과의 관계 속에서 읽어 낼 필요가 있다. 그럴 때에야 정신관리권력이라는 개념의 내용을 생명과의 대비 속에서 더욱 선명하게 정립할 수 있기 때문이다.

다시 생명권력으로 돌아가서, 푸코는 18세기 이후 "인간이라는 종(種)의 생명에 고유한 현상이 지식과 권력의 영역"(Foucault, 1976/2017, 161쪽)에, 즉 정치적 테크닉의 영역에 등장하기 시작했다고 말한다. 그러면서 "살게 하거나 죽음 속으로 몰아가는" 생명권력으로의 이행이 "생물학적 근대성의 문턱"을 이룬다고 덧붙인다. 이것이 근대성의 문턱인 이유는, 근대에 이르러 역사상 처음으로 "인간 자신의 정치적 전략에서 종으로서의 인간이 쟁점으로 대두"(163쪽)되었기 때문이다. 이는 분명한 단절인데, 고대 아리스토텔레스(Aristoteles)부터 근대에 이르기까지 서양의 정치사상은 인간을 정치적 동물로서만 규정해 왔던 까닭이다. 인간은 생명을 갖고 있다는 점에서는 다른 동물들과 같지만 "정치 생활을 영위할 수 있는 동물"(163쪽)이라는 점에서는 다른 동물들과 다를 수밖에 없으며, 이것이 바로 인간의 종별적 특징을 이룬다는 것이었다. 그러나 18세기 이후 인간의 생물학적 생명은 더 이상 정치 바깥으로 밀려나지 않고 오히려 정치 전략의 **한가운데** 놓이게 된다(Agamben, 1995/2008; Foucault, 1976/2017). "역사상 처음으로 생체적인 것이 정치적인 것에 반영"된 것이다(162쪽). 근대 이후의 인간을 여전히 정치적인 동물이라 할 수 있다면, 이는 이전과는 반대로 근대인이 정치적 주체이면서 동시에 "이제 생명체로서 정치에 자신의 생명을 거는 동물"로 자리매김되었기 때문이며(163쪽), 다시 말해 인간의 **생명** 그 자체가 정치적 관리와 조절의 핵심 대상이 되었기 때문이다.

그런가 하면, 푸코는 생명권력이 자본주의의 역사적 발전 과정과도 밀접하게 연결되어 있다고 말한다(Foucault, 1976/2017). 개인의 신체에 직접 작용하는 규율 메커니즘은 규제와 훈육, 감시와 처벌 등을 통해 순종적이고 기계적인 신체를 만들어 냈을 뿐만 아니라 이를 기본 원리로 삼아 학교와 공장, 병영 등의 사회 각 부분으로까지 그 적용 범위를 넓혀 나갔다(Foucault, 1975/2003). 규범화의 테크닉들이 개인의 신체를 촘촘히 에워쌌음은 물론이고, 이는 다시 공간 구획과 시간 분할 등의 전략을 통해 개인의 수준을 넘어 인구의 신체로까지 확장되어 갔다. 이것이 근면성실하고 생산성 높은 노동자를 (인위적으로) 만들어 내는 과정과 정확히 겹쳐져 있음을 짐작하기란 그리 어렵지 않다. 더욱이 생명권력은 종으로서의 인구에 대한 지속적인 조절, 즉 안정적인 노동력과 생산력을 확보하기 위한 질병의 관리, 공중보건의 확립, 사회보장제도의 설립, 도시 환경의 정비 등과도 밀접하게 연결되어 있었다(Donzelot, 1994/2005). 노동력과 생산력을 저해하는 요인들을 그냥 내버려 둘 수는 없기 때문이다. 즉 생명권력은 개인을 유순하고 생산성 높은 노동자로 만들어 가는 과정뿐만 아니라, 그것의 연장으로서 인구 전체에 대한 조절과 관리를 수행해 나가는 과정 속에서도 주요한 원리이자 기제로서 자리 잡아 나갔던 것이다.

그렇다고 한다면, 우리는 생명권력이 근대성의 문턱을 이룬다고 할 때의 저 이유를, 정확히 근대 이후 또는 탈근대의 문턱에도 원리적으로 적용해 볼 수 있지 않을까. 요컨대 (이어서 논의하겠지만) 생명이 정치 전략의 한가운데에 놓이게 된 것과 이 과정이 자본주의의 역사적 발전과 상호조응하게 된 것은, 탈근대성의 문턱에 맞게 이제 각각 정신과 신자유주의라는 새로운 요소로 갱신될 필요가 있는 게 아닐까. 정보통신기술의 발전 및 인터넷의 등장으로 인해 이제 "정치, 정치적 전략, 그리고 권력의 일반 전략 내부"(Foucault, 2004a/2011, 17쪽)에 놓이게 된 것은 더 이상 생명이 아니라 (혹은 이와 함께) 개인과 인구의 **정신**인 까닭이며, 이것이 또한 (생명이 자본주의와 맺는 관계와 마찬가지로) **신자유주의**의 발전 과정과 정확히 상보적인 관계를 이루는 까닭이다. 정치와 생명 그리고 자본주의의 문제설정을 각각 정치, 정신, 신자유주의로 이어 나갈 필요가 있는 것이다.

정신관리권력이란 무엇인가

물론 이 자리에서 생명권력이라는 개념만큼의 이론적 완성도를 정신관리권력으로 곧바로 연장할 수는 없다. 이는 이후로도 계속해서 가다듬고 채워 나가야 할 주제일 터이다. 다만 여기서는 정신관리권력이라는 개념을 제안하고 그 개념의 필요성과 정당성을 논하는 데 논의의 초점을 맞추기로 하자. 크게 네 가지 측면에서 살펴볼 수 있다.

첫째, 정신관리권력은 1990년대의 정보통신기술혁명 이후 개인과 인구의 정신이 정치의 중심에 놓이게 된 상황 속에서 출현했다. 물론 이전에도 매스미디어를 통한 이데올로기와 프로파간다 전략들이 일련의 정신적 작용들을 수행해 왔음은 주지의 사실이다(Horkheimer & Adorno, 1948/2001; Lippmann, 1922/2013; Tarde, 1901/2015). 그러나 다른 점이 있다면, 정신관리권력은 (생명권력이 생명에 대해 그러하듯) **정신**이야말로 권력이 관여해서 관리하고 조절하고 인도해야 할 근본적인 대상이라고 보고 있다는 것이다. 그것은 왜곡된 인식을 심거나 사람들을 선동하는 대신, 사람들의 소통·즐거움·참여·공유·창의·협력·열정·표현 등을 이끌어 내고 육성하며 확산 및 증대시키는 형태로 작동한다. 인터넷으로 인해 이러한 정신에의 작용이 실제적인 가능성을 얻게 되었음은 물론이다.

둘째, 생명권력이 전체적이면서 동시에 개별적인 두 측면을 갖고 있는 것과 마찬가지로, 정신관리권력 또한 그러한 문제설정을 이어받고 있다. 물론 이는 인터넷이라는 '장치'를 통해 비로소 가능해졌다고 할 수 있다. 구글과 페이스북에 대한 앞의 논의에서 확인했듯이, 권력의 테크놀로지는 개인과 인구라는 환원 불가능한 두 층위를 인터넷 장치의 매개 안에서 하나로 통합해 내며, 더 나아가 이를 동시적이고 상보적인 형태로 포섭해 낸다. 인터넷이라는 장치는 개인의 다양한 웹 활동을 그 즉시 인구 차원의 거대한 데이터베이스로 집적하고, 역으로 이는 다시 개인에게 최적화된 웹서비스 형태로 되돌아와 **개인-인구** 사이의 순환 회로를 이루어 간다. 스티글러는 정신관리권력을 "리비도 에너지를 조절함으로써 소비자의 개인적이고 집단적인 행동을 통제"(Stiegler, 2011, p. 150)하는 것으로 정의하는데, 이것이 개별과 전체라는 생명권력의 속성을 전유하는 형태로 쓰이고 있음을 짐작하기란 그리 어렵지 않다.

셋째, 정신관리권력은 신자유주의라는 문제설정 속에 위치해 있다. (2장에서 논의했듯이) 1980~90년대 이후 정보통신기술의 급속한 발전은 자유와 통치의 동시화라는 권력의 작용과 맞물려 신자유주의적 재구조화를 촉진했으며(사카이 다카시, 2001/2011; Dyer-Witheford, 1999/2003), 때문에 이때의 기술과 권력 작용은 항상 신자유주의 체제로의 전환과 상보적인 관계를 이루어 왔다고 할 수 있다. 물론 이러한 변화를 푸코의 논의대로 통치성이라는 개념으로 파악해도 좋다. 그러나 그럴 경우 권력과 신자유주의의 일반적인 관계를 이해할 수는 있겠지만, 이 권력이 특히 **인터넷**과 이후의 여러 매개 장치를 통해 표현되는 현재적이고 구체적인 양상까지 파악할 수는 없다. 요컨대 정신의 관리라는 새로운 통치권력의 출현은, 개인과 인구의 신체(생명)를 포섭하는 것만으로는 자본주의 축적체제를 효과적으로 지탱할 수 없게 된 시대적 상황을 반영하는 것이자, 이 위기를 극복하기 위해 개인과 인구의 인지·기억·감각·정서·소통·협력·태도 등과 같은 정신적인 요소들까지도 가치 창출의 메커니즘 속으로 흡수해야만 했던 (신자유주의적) 구조적 상황을 반영하는 것이기도 하다. 이와 관련해서는 다음 절에서 더 자세히 살펴보기로 하자.

넷째, 그렇다고 할 때, 정치 전략에 중심에 놓이게 된 정신은 단지 사유·인지·기억 등의 이성적인 작용으로 한정되지 않는다. 정신은 생각하고 판단하고 이해하는 인지적 능력과 활동을 포함할 뿐만 아니라 마음의 자세와 의지, 욕구와 감각, 느낌과 감정 등의 감정적·정서적 활동을 포함하며, 이에 더해 이 모두의 근본적인 바탕을 이루고 있는 무의식적인 영역들까지도 아우른다(김홍중, 2009; 조정환, 2011; 한병철, 2014/2015; 이토 마모루, 2013/2016; Berardi, 2009/2012; Freud, 1971/2004; Moulier-Boutang, 2012; Varela, 1999/2009; Vercellone, 2005). 사실상 '정신'은 이 모든 인지적·감정적·무의식적인 과정과 작용을 총칭하는 집합명사에 다름없다. 그러므로 정신에 대한 권력이란, 결국 이러한 범주에 속하는 정신적인 능력'들'과 활동'들'을 다른 무엇이 아닌 바로 자유와 함께, 그리고 그 자유를 통해 특정한 방향과 형태로 이끌어 내거나 인도하는 작용이라 할 것이다. 앞서 구글과 페이스북을 통해 살펴본 것이 '**생각**의 인도'라면, 아즈마의 논의를 빌려서 살펴본 것이 '집합적 **무의식**의 인도'일 것이고, 이후 웹 2.0을 통해 논의할 것은 '**태도**(attitude)와 **감정**(affection)의 인도' 정도로 구분해 볼 수 있다. 즉 이 책에서는 정신관리권력을 크게 의식적 사고와 무의식적 욕망 그리고 태도와 감정이라는 차원으로 구분해서 이해한다. 물론 이러한 구분은 논의를 위한 것일 뿐, 이 모든 정신 작용들은 결코 독립적으로 수행되지 않으며 서로 복합적인 관계를 이루면서 중층적으로 연결되어 있음을 주지할 필요가 있다.

더욱이 인지 생물학자인 움베르토 마투라나(Humberto Maturana)와 프란시스코 바렐라(Francisco Varela)가 정식화했듯이(Maturana & Varela, 1987/2007; Varela, 1999/2009), 마음과 몸(정신과 신체)이란 근본적으로 분리 불가능하다는 점에서, 즉 정신은 항상-이미 '체화된 마음(embodied mind)'이라는 점에서, 결국 앞서 논의한 '정신의 인도'에서의 정신은 언제나 몸에 체화된(embodied) 형태로 서로 **연결**되어 있을 수밖에 없다. 그리고 이 정신의 인도는 다시 우리의 행위를 특정한 방향과 형태로 이끌어 내는 '행위의 인도(conduct of conduct)'와도 불가분하게 **결합**되어 있다고밖에 할 수 없다. 체화된 마음이라는 개념 자체가 이미 '체화'와 '마음', 곧 신체와 정신의 요소들을 동시에 포함하고 있기 때문이며 그 둘이 하나로 연결되어 있음을 나타내고 있기 때문이다(김은주, 2018). 실제로 행위의 인도는 개인의 사유, 판단, 의지, 인식 등과 같은 정신적인 요소들을 주요 기제로 포함할 수밖에 없으며, 반대로 정신의 인도 또한 구체적인 행위와 실천, 소통, 표현/재현 등을 통해서만 실제화될 수 있다. 이 둘은 서로 분리된 독립적인 작용이 아니라 교집합을 중심으로 서로에게 겹쳐져 있다. 이미 오래전에 스피노자(Baruch Spinoza)가 데카르트(René Descartes)의 심신이원론을 비판하면서 주장했듯이, 정신과 신체는 서로 구분되는 두 개의 실체가 아니라 하나의 실체로서, 단지 속성에서만 사유(thought) 속성과 연장(extension) 속성으로 나뉠 뿐이다. 즉 정신은 신체의 관념이고 신체는 정신의 대상이며 이 둘은 동일한 실체의 두 측면으로서 서로 평행하다(Spinoza, 1677/2014). 더욱이 이는 현대의 과학적 성과를 통해서도 확인되었는데, 신경과학자인 안토니오 다마지오(Antonio Damasio)는 양전자 단층촬영(PET) 장치를 이용해 뇌를 직접 관찰함으로써 "마음이 협의의 몸 안에 존재하는 뇌에서 발생하는 것이며 마음과 몸은 서로 상호 작용한다는 사실"(Damasio, 2003/2007, 221쪽)을 밝혀낸 바 있다. 신경생물학적인 검증을 통해 스피노자의 저 주장을 비로소 과학적·경험적으로 입증해 낼 수 있게 된 것이다.

이처럼 정신과 신체가 서로에게 착근(embedded)되어 있다면 단연 그에 대한 권력의 작용 역시 어느 하나의 영역만으로 국한될 수 없다. 특히 행위의 인도가 통치성의 기본 테제임을 감안한다면(Foucault, 2004a/2011; 2004b/2012), 정신관리권력은 생명권력의 문제설정을 신자유주의적 판본으로 전유한 것이면서, 덧붙여 그 안에 통치성의 문제설정 또한 마치 동전의 앞뒷면처럼(그러나 정신의 작용을 더 강조하는 형태로) 더불어 담아낸 것이라 할 수 있다. 각각 생명에 대한 통치에서 정신에 대한 통치로, 그리고 행위의 인도에서 정신의 인도로 문제의식을 (중첩적으로) 확대 및 수정한 것으로 볼 수 있겠다. 생명권력과 통치성 그리고 정신관리권력을 연속선상에 위치시킬 수 있는 이유이다. 이 중 통치성과 관련해서는 이미 2장과 3장에서 중요한 내용을 중심으로 일부 논의했기에, 중복을 피하기 위해 여기서는 이 세 개념 사이의 관계성을 살펴보고 이어서 정신관리권력의 현재적인 작동 방식을 논하기로 하자.

1977~78년 강의인 『안전, 영토, 인구』에서 푸코는 그 해의 연구 주제가 생명권력이라고 명시적으로 말해 놓고 정작 강의의 대부분은 통치(성)라는 새로운 주제를 탐구하는 데 할애한다. 또한 1978~79년 강의인 『생명관리정치의 탄생』에서도 제목과 달리 생명정치는 다루지 않고 독일과 미국의 신자유주의 통치 기술에 대한 논의만 이어 나간다. 실로 생명권력은 『성의 역사 1권』 이후 푸코의 논의 속에서 사라진 것

처럼 보이기까지 한다. 그러나 생명권력의 문제설정이 사라졌다기보다는, 통치라는 "보다 복잡한 이론 체계 안에 위치"(Lemke, 2007/2015, 80쪽)하게 되었다고 보는 편이 더 정확할 것이다. 실제로 푸코는 한 각주에서 "(생명관리정치가) 훨씬 광범위한 어떤 것의 일부, 즉 새로운 통치이성의 일부에 불과하다는 사실을 누가 모르겠는가? 생명관리정치의 일반적 틀로서의 자유주의를 연구할 것"(Foucault, 2004b/2012, 49쪽)이라고 스스로에게 되뇌기까지 한다. 독일의 사회학자 토마스 렘케(Thomas Lemke)는 이러한 초점 변화에 대해 다음과 같이 말한다.

> (생명권력) 분석은 일차원적이고 환원적이었는데, 이는 주로 인구의 생물학적·육체적 삶에 주목하고 신체의 정치를 강조했기 때문이다. 그러나 통치[성] 개념을 도입함으로써 그는 이론적 지평을 확장했다. 왜냐하면 이 개념을 통해 "인간 신체에 대한 정치해부학적" 관심이 주체화 과정과 도덕적-정치적 실존 형식에 관한 연구와 결합하기 때문이다. 이러한 관점에서 볼 때 생명정치는 자유주의 통치를 특징짓는 특수하고 역동적인 배치를 가리킨다(Lemke, 2007/2015, 86쪽).

요컨대 통치성은 생명권력의 문제설정을 18세기 자유주의라는 역사적 평면 위에 한데 모음으로써 개인의 자기 통치와 전체 인구의 통치가 이루는 상호순환을 전략과 기술(또는 기예)의 관점에서 포착하기 위한 것이라 할 수 있다. 물론 이때의 자유주의는 정치적 이데올로기나 경제적 사조라기보다는 "하나의 실천", 곧 "부단한 반성적 고찰을 통해 스스로를 조정하는 행동방식"이며 "통치의 행사를 합리화하기 위한 원리이자 방법"에 가깝다(Foucault, 2004b/2012, 436쪽). 통치성과 자유주의가 만나는 곳이 바로 **여기**인데, 통치성이 과도한 통치를 지양하면서도 가장 경제적이고 효과적인 통치를 달성하는 데 목적을 두고 형성되어 왔다면, 자유주의는 자유 그 자체의 생산과 증식을 통해 바로 그러한 통치를 합리화하는 원리이자 방법이 되었다는 점에서, 결국 이 둘은 자유주의적 통치성이라는 분리 불가능한 (합리성의) 체계를 이루기 때문이다. "생명관리정치의 일반적 틀로서의 자유주의를 연구할 것"이라는 푸코의 말은, 그러므로 살게 만들고 죽게 내버려 두는 생명권력의 전략과 기술이 (자유롭게 통치하는) 자유주의적 통치성 안에 포함될 수 있음을, 즉 그것이 자유주의 통치의 "특수하고 역동적인 배치"에 다름 아님을 자기 고백적으로 드러내고 있다. 이를테면 이때 자유주의는 생명권력과 통치성을 연결하는 원리적 계기가 되고 있는 셈이다. 생명권력이 자유주의의 "일반적 틀" 안에 위치하게 되면서 결국 자유주의적 통치성이라는 "보다 복잡한 이론 체계"로 이행해 나가게 된 것이라고 이해할 수 있겠다. 생명권력과 통치성 사이의 관계가 이렇게 정식화된다.

그렇다고 할 때, 생명권력과 자유주의 통치성 사이의 이 관계성을, 그 논리 구조를 따라 더욱 밀어붙여서 신자유주의 통치성과 정신관리권력의 관계라는 이 책의 문제설정으로 연장해 보면 어떨까. "생명관리정치의 일반적 틀로서의 자유주의를 연구할 것"이라는 위의 문장을 현재성에 대한 고려와 함께 새로이 이어서 써 본다면, 우리는 생명권력에서 통치성으로 이어지는 저 권력의 벡터를 그 **이후**의 통치 전략으로까지 확장해 볼 수 있지 않을까. 시대적 변화를 따라 자유주의 통치가 신자유주의라는 보다 일반적인 틀로 옮겨 가게 되면서(이는 이미 푸코가 논의한 바와 같다), 그리고 이에 더해 인터넷이라는 기술적 가능성을 통해 (개인과 인구의) 생각과 감정, 무의식과 같은 정신적 능력과 활동을 직간접적으로 통치하는 것이 가능해지게 되면서, 통치성의 문제설정 또한 신자유주의와 인터넷, 그리고 정신에 대한 통치를 동시에 담아내야 할 필요성에 직면하게 되었기 때문이다. 즉 생명권력과 (자유주의) 통치성 사이의 문제설정은 이와 같은 논리적·상황적·기술적 요인으로 인해 이제 신자유주의 통치성과 정신관리권력 사이의 문제설정으로 수정 및 확장될 필요가 있는 것이다. 생명권력의 일반적 틀로서의 통치성과 그것에 대한 현재적 갱신으로서의 정신관리권력이라는 **문제틀**이 이렇게 도출된다.

정신관리권력이라는 개념은 이러한 물음에 대한 나름의 궁리에서 비롯되었다. 다만 이것이 전적인 대체가 아니라는 사실을 다시 한 번 덧붙여 둘 필요가 있다. 생명권력의 시효가 끝나서 통치성이 등장한 게 아니듯이, 마찬가지로 통치성이 더 이상 유효하지 않기 때문에 정신관리권력이 등장한 것도 아니다. 변화는 언제나 중첩되어 있으며 단지 상황과 맥락에 따라 경향적으로 우세하게 드러날 뿐이다. 초점의 다변화이자 문제의식의 보완이라 보는 편이 더 정확하다. 생명권력이나 통치성이라는 개념의 그물코로는 적절히 담아낼 수 없는 새로운 현상을 이해하고 설명하기 위한 시도라 할 것이다. 일상의 상당 부분이 디지털 세계에서의 비물질적 활동을 통해 이루어지고 노동 또한 점차 인지적인 성격을 띠게 되면서(조정환, 2011; Hardt & Negri, 2000/2001; Moulier-Boutang, 2012), 그럼으로써 다른 무엇이 아닌 개인과 인구의 정신이야말로 "정치, 정치적 전략, 그리고 권력의 일반 전략 내부"(Foucault,

2004a/2011, 17쪽)에 놓이게 되면서, 통치의 대상과 범위, 성격 역시 그에 맞게 인지·기억·감각·정서·소통·협력·태도 등의 정신적 요소들로 확장 또는 변형되어 가고 있기 때문이다. 당연히 기존의 통치성 개념을 달라진 상황에 그대로 적용할 게 아니라, 거꾸로 이러한 현실적 변형에 맞게 개념을 전유하거나 더 나아가 새롭게 발명할 필요가 있다. 정신관리권력이란 이와 같은 현재적인 변화를 보다 직접적인 언어로 포착해 낸 것이라 할 수 있다.

4. 신자유주의와 정신관리권력

생명권력과 통치성으로부터 정신관리권력이라는 개념을 추출해 냈다면, 이제는 정신관리권력이 작동하는 더욱 구체적이고도 세밀한 전략과 기술을 인터넷과 신자유주의와의 관계 속에서 살펴볼 필요가 있다. 그 대표적인 예가 바로 웹 2.0일 텐데, 웹 2.0은 비록 20여 년 전에 시작된 변화의 흐름이지만 이를 계기로 그 전과 후가 확연히 나뉘었다는 점에서, 그리고 이렇게 형성된 미디어 지형이 웹 3.0 시대로 일컬어지는 현재까지도 여전히 유효하게 작동하고 있다는 점에서, 인터넷과 신자유주의 통치 전략에 대한 논의가 언제든 되짚어 가며 참고해야 할 시작점이라 할 수 있다. 구글과 페이스북을 통해 살펴본 생각의 인도와 아즈마의 논의를 통해 살펴본 집합적 무의식의 통치 또한 웹 2.0이라는 흐름의 연장선 위에서야 바로 그와 같은 모습으로 형성될 수 있었음은 물론이다. 웹 2.0 논의를 경유한 뒤에야, 지금까지의 논의가 보다 분명한 의미를 얻게 될 것이다.

웹 2.0과 가치 생산의 외부화

2004년 IT 전문 출판사의 설립자인 팀 오라일리(Tim O'Reilly)는 (지금은 이미 낡은 개념이 되어 버렸지만 당시로서는 획기적인 개념이었음이 분명한) '웹 2.0(Web 2.0)'이라는 신조어를 제안한다(O'Reilly, 2005). 1990년대를 뜨겁게 달구었던 닷컴 버블이 꺼지면서 그 열기가 차갑게 식어 버린 때였다. 2장에서 논의했듯이, 1990년대에 불어 닥친 IT 열풍은 1970년대의 자본주의 위기와 1980년대의 신자유주의적 재구조화 그리고 이와 맞물려 전개된 정보통신혁명으로부터 이어져 내려온 결과였다. 1990년대 내내 글로벌크로싱(Global Crossing)과 월드컴(World Com) 등의 기업들이 전 세계를 광섬유 케이블로 거미줄처럼 연결하면서 네트워크 통신 환경의 기본 인프라가 구축되었고, 이 위에서 개인용 PC, 윈도우, 웹브라우저, 아웃소싱, 공급사슬, 인포밍 등의 정보화 요인들이 긴밀하게 상호작용하면서 세계는 그만큼 빠르고 혁명적으로 변화해 갔다(Friedman, 2005/2006). 이러한 환경은 IT 관련 기업이 빠르게 성장할 수 있는 경제적 토대와 이를 기반으로 한 새로운 성장 모델의 가능성을 제공했고, 그 결과 여기에 전 세계의 돈이 몰리면서 닷컴(dot com)이라는 말만 붙으면 성공한다는 닷컴 신화가 형성되기에 이르렀다(Henwood, 2003/2004). 말 그대로 닷컴 '버블'이었다. 1996년에서 2000년까지 불과 4년 만에 다우존스지수와 나스닥지수가 각각 2배와 4배나 급등했으며, 2000년 당시 미국의 S&P 500 지수는 기업 실적 대비 사상 최대치를 기록하기도 했다(파이낸셜뉴스, 2015. 4. 3). 그러나 역사상의 많은 버블이 그러했듯, 이때의 버블도 오래 가지는 못했다. 과잉투자로 인한 이윤율 하락이 주된 원인이었다. 당시의 변화는 인터넷 인프라를 구축하는 데 초점을 맞추고 있었을 뿐, 새로운 비즈니스 프로세스를 창출해서 경제적 생산성을 높이는 데까지는 나아가지 못했던 것이다(Henwood, 2001).

주지하듯이 인터넷은 패킷 스위칭(packet switching)이라는 분산 처리 방식에 따라 운용되기 때문에 기존의 중앙 집중식 처리와는 전혀 다른 수익 구조가 요구될 수밖에 없었다. 그런데 당시의 투자자들은 이처럼 분산적이고 수평적인 인터넷을 통해 어떻게 이윤을 창출할 수 있을지, 즉 사용자들이 어떠한 중개도 없이 자유롭게 상호 연결되는 상황 속에서 어떤 방식으로 이윤을 확보할 수 있을지에 대한 구체적인 상을 가지고 있지 못했다(Kleiner, 2010/2014). 그러다 보니 초기의 투자 형태는 대부분 네트워크 인프라를 구축하거나 군소 인터넷 서비스 업체들을 합병하는 식으로 이루어졌다. 그러나 전 세계에 깔린 광섬유 케이블 중에서 단지 5%만 사용되고 있었다는 2001년 당시의 통계가 보여 주듯(Gross, 2007), 투자에 비해 창출된 이윤은 거의 없다고 할 정도였다(그러나 이때의 과잉 투자는 이후 인터넷의 대중화를 가능케 한 초석이 되기도 했다). 구체적인 수익 모델이 없었을 뿐만 아니라 인터넷을 일상적으로 사용하는 대규모 사용자 주체가 아직 확고하게 자리를 잡지 못했던 까닭이었다. 시장의 기대와 달리 이윤 창출이 어렵다는 사실이 확인되자 닷컴 신화는 정확히 그 반대인 버블 붕괴로 반전되고 만다. 주가가 고점 대비 80% 가까이 폭락하면서 대규모 손실이 발생한 것은 물론이고 결과적으로 IT 산업의 미래 또한 그만큼 불투명해지고 불안정해지게 된다(Mandel,

2000). 인터넷과 관련된 산업 전체가 버블 붕괴의 여파로부터 벗어나는 데에는 이후로도 십수 년의 시간이 걸렸다. 바로 이런 가운데 팀 오라일리가 '웹 2.0'이라는 버전업된 개념을 들고 나와 이것이 기존의 웹과 전적으로 다르다고 선언하고 나선 것이다(O'Reilly, 2005).

웹 2.0과 관련된 논의는 지금까지 다양한 분야에서 다양한 형태로 이루어져 왔다(강원택, 2008; 우메다 모치오, 2006/2006; O'Reilly, 2005). 이를 다시 소개하는 것이나 긍정 일변도의 논의를 반복하는 것은 이 책의 목적이 아니다. 그런 것이라면 논의는 지나치게 많은 정도이다. 오히려 이 책에서 주목하는 바는 웹 2.0이라는 새로운 흐름을 요청 또는 발명할 수밖에 없었던 당대의 어떤 구조적 조건이며, 웹 2.0이 집단지성과 같은 사용자 대중의 능동적인 힘을 강조할 때조차 근본적으로 의존할 수밖에 없었던 자본주의 가치 생산의 고유한 메커니즘이다. 앞서 언급했듯이 웹 2.0이 등장한 것은 2000년대의 닷컴 버블 붕괴를 거치면서였다. 닷컴 버블의 붕괴에도 불구하고 살아남은 기업들의 특징을 압축적으로 담아낸 표현이 바로 웹 2.0이었다. 그렇다면 이는 결국 웹 2.0이, 패키지 소프트웨어를 판매하거나 네트워크 통신료를 부과하는 것 외에는 특정한 수익 모델을 갖지 못했던 웹 1.0과 달리, 어떤 형태로든 지속적으로 이윤을 창출할 수 있었다는 말이 되며, 바로 이 때문에 닷컴 붕괴에도 불구하고 살아남을 수 있었다는 말이 된다. 과연 그 요인이란 무엇일까.

짐작할 수 있듯이, 웹 2.0이라는 흐름이 포착해 낸 새로운 이윤의 원천은 바로 수많은 사용자들이 일상적인 웹 활동을 통해 수행했던 다양한 형태의 **자유/무료** 노동(free labor)이었다(Terranova, 2000). "타인이 창출한

가치의 포획"이 위기 국면을 타개할 새로운 이윤의 원천으로 떠오르게 된 것이다(Kleiner, 2010/2014, 59쪽). "이윤 생산이 장기적으로 하락하고 제조업이 부진에 빠지자, 자본주의가 경제성장을 회복하고 활력을 유지하는 수단으로 데이터에 눈을 돌렸다"는 말은 바로 이때를 변화의 기점으로 삼는다(Srnicek, 2016/2020, 13쪽). 지금은 너무나 당연하게 보이지만 웹 2.0이라는 시대적·기술적 변화를 통해 비로소 이런 방식의 이윤 창출 메커니즘이 지배적인 경향성으로 자리 잡게 된다. 웹 2.0을 현재적 변화의 시작점으로 볼 수 있는 이유이다. 이와 관련해 미디어 정치경제학자이자 활동가인 드미트리 클라이너(Dmytri Kleiner)는 이렇게 말한다.

> 웹 2.0이 무엇을 의미하든 간에, 그 의미는 벤처 자본을 위한 [투자] 근거로 활용된다. 웹 2.0은 신규 인터넷 업체들에 대한 투자의 회귀를 나타낸다. 닷컴 붕괴 이후 투자 요청을 위해서는 온라인 벤처 투자를 위한 새로운 근거가 필요했다. '만들어라, 그러면 사람들이 올 것이다' 같은 1990년대 닷컴 붐의 지배적 태도는, 망상적인 '신경제'와 함께 많은 온라인 벤처들이 실패한 이후 더 이상 매력을 갖지 못했다. 인프라 구축과 실물 투자는 더 이상 투자자들이 바라는 것이 아니었다. 그러나 타인이 창출한 가치의 포획은 보다 매력적인 안이라는 것이 입증되었다. 웹 2.0은 인터넷 투자 붐 2.0이다. 웹 2.0은 공동체가 창출한 가치를 사적으로 포획하는 비즈니스 모델이다(Kleiner, 2010/2014, 58~59쪽).

웹 2.0은 모두에게 열린 개방적인 플랫폼으로 작동하면서 사용자들의 일상적인 지식, 정보, 콘텐츠 생산을 가능케 하고 또 이들의 적극적인 소통과 참여를 이끌어 냈으며, 더 나아가 전 세계를 가로지르는 기술적 네트워크를 통해 이 모든 과정과 결과를 사회적으로 공유할 수 있게 만들었다. 웹 2.0과 관련된 기업들이 닷컴 붕괴의 위기 속에서도 살아남을 수 있었던 것은, 결국 수많은 사용자들이 생산과 참여, 공유를 통해 창출한 결과물들을 기업의 이윤으로 포획해 낼 수 있었기 때문이다. 그러므로 웹 2.0의 핵심이 개방과 참여, 공유에 있다는 말은, 그 긍정적인 의미와 표상에도 불구하고, 이것들이 결국 새로운 **이윤**의 원천으로 포섭되어 갔다는 말과 크게 다르지 않다. 웹 2.0을 'infoenclosure 2.0', 곧 정보종획 2.0이라고 부르는 이유가 바로 여기에 있는데(Kleiner & Wyrick, 2007), 인클로저(또는 종획)라는 말이 뜻하듯 사실상 웹 2.0은 모두가 자유롭게 이용하던 인터넷 공유지에 대한 자본의 사적 전유를 뜻하는 말에 다름 아닌 셈이다. 웹 2.0이라는 변화의 흐름과 함께, 사용자의 자유로운 웹 활동은 몇 단계의 수집·가공·처리 과정을 거쳐 기업의 이윤 창출 회로 속으로 빠르게 흡수되기에 이르렀다. 즉 자유로운 웹 활동은 그 자체로 기업 이윤의 원재료가 된다는 점에서, 사용자들이 기업에게 무료로 제공하는 노동이자 동시에 기업들이 사용자에게 대가를 지불하지 않는 부불 노동이기도 하다(백욱인, 2011; 이항우, 2015; Fuchs, 2010; Terranova, 2000). 자유로운 '활동'과 무료로 제공하는 '노동', 그 경계는 실로 획정 불가능하다. 뒤집어 말한다면, 기업들은 직접적인 생산 과정 외부에 있던 다양한 형태의 웹 활동을 이윤 창출의 자원으로 폭넓게 포섭하는 한에서만, 즉 활동을 노동으로 전유하는 한에서만, 당시의 위기를 극복할 수 있었던 것이다. 웹 2.0은 "공동체가 창출한 가치를 사적으로 포획하는 비즈니스 모델"을 구축하면서, 이처럼 세련된 변화의 흐름을 타고 새 시대(2.0)를 열어젖혀 나갔다.

"신경제에서 자본주의적 가치창출 과정을 혁신하는 최전선은 임금노동을 주변화하고 자유노동을 통해 가치를 증식하는 것"(Marazzi, 2010/2013, 70쪽)이라는 경제학자 크리스티안 마라치(Christian Marazzi)의 언급은 이러한 변화의 양상을 정확하게 포착하고 있다고 하겠다. 그는 자본의 가변자본(임금)에 대한 가치 추출 방식이 기존처럼 직접 임금과 간접 임금을 낮추는 방식으로 이루어지거나 아니면 노동의 불안정화를 통해 사회적 필요노동을 감축시키는 방식으로 이루어질 뿐만 아니라, (이에 더해) 현재적 상황에서는 오히려 노동의 비물질화라는 흐름을 따라 자유노동 혹은 부불노동을 증가시키는 방식으로 이루어지고 있다고 지적한다(Marazzi, 2010/2013). 즉 플랫폼으로서의 웹을 구축함으로써 가치 생산이 가능한 지점들을 삶의 전 평면으로 확대하고, 이 위에서 이루어지는 전 세계 사용자들의 다양한 생산·참여·공유 활동(곧 자유/무료 노동)을 가치 창출의 메커니즘 속으로 흡수하는 것이야말로 웹 2.0이 이전의 방식과 분절되는 지점이라 할 것이다(Fuchs, 2012; Pasquinelli, 2011/2012). 이와 관련해서는 3장에서 논의한 이윤의 지대되기와 노동의 사회화 과정을 떠올려 볼 수 있겠다.

이 현상을 자본주의 가치 생산의 측면에서 살펴보면 논점이 명확해진다. 이미 논의했듯이 닷컴 붕괴는 자본주의 축적 시스템을 직접적인 생산 과정 외부로까지 밀어붙이는 계기가 되었다. 일례로 유튜브는 유튜브에 고용된 노동자들에 의해 가치가 창출되는 게 아니라 유튜브라는 플랫폼에 동영상을 올리는 전 세계 수많은 사용자들의 자유/무료 노동에 의해 그 가치가 창출된다. 롱테일(long tail) 법칙이 뜻하는 바의 진정한 의미가 바로 이것인데, 이는 사소한 80%의 사람들이 갖는 작지만 고유한 힘을 드러내기 위한 말이라기보다는, 반대로 상위 20%뿐만 아니라 하위 80%까지도 이윤의 회로 속으로 포섭해 들이기 위한 전략적 실천을 일컫는 말에 더 가깝다고 할 수 있다(Anderson, 2008). 물론 유튜브에도 상위 20%에 해당되는 인기 동영상이 있지만, 실제로 유튜브를 지탱하는 것은 수많은 사용자 대중이 직접 제작하고 시청하며 공유하는 나머지 80%의 동영상이다. 유튜브의 입장에서는 이 80%의 동영상이 불러 모으는 수십억 인구의 조회와 시청이야말로 광대한 광고 시장의 토대가 되는 셈이다. 실제로도 구글, 페이스북, 아마존, 네이버, 다음 등의 주된 수입원은 대기업 광고가 아니라 검색어와 연관된 수많은 중소 업체들의 광고이다. 이제껏 수익에 별다른 도움이 되지 못했던 80%의 사용자 대중을 기술적으로 포착할 수 있게 되면서, 즉 상위 20%는 물론이고 나머지 80%마저도 가치 생산의 메커니즘 속으로 끌어들일 수 있게 되면서, 웹 2.0은 그야말로 인터넷 사용 인구 전체를 가치 생산의 대상으로 재설정할 수 있게 된 것이다. 그러므로 대규모 사용자 주체의 등장은 흔한 이해처럼 적극적으로 정보를 생산하고 소비하는 스마트 대중의 출현 정도로 (긍정적으로) 한정해서 이해할 수 없다. 여기에는 그렇게 되어야만 했던/되게 만들어야만 했던 어떤 **불가피성**이 분명히 상존해 있기 때문이다.

'웹 2.0'이라는 새로운 포섭 전략

물론 이때 중요한 것은 웹 2.0의 잉여가치 메커니즘을 밝히는 것에 더해, 그것이 어떤 식으로 사용자의 자유로운 활동/노동을 유도해 내는지, 즉 어떻게 사용자가 자신의 활동/노동을 (돈이라는 보상이 없이도) 기꺼이 제공하게 만드는지 그 구조적 메커니즘을 파악하는 것일 터이다. 앞서 논의했듯이 웹 2.0은 개방된 플랫폼의 구축과 그 안에서 이루어지는 사용자들의 다양한 참여와 공유를 그 특징으로 한다. 그런데 문제는 플랫폼으로서의 웹이 구축되었다고 해서 그 즉시 사용자들의 참여와 공유가 자동적으로 발생하는 것은 아니라는 사실이다. 왜냐하면 웹 2.0이 사용자의 자유노동을 수탈(expropriation) 및 전유(appropriation)해 이윤으로 삼는다고 해도 그것은 다만 그 원리를 말하는 것일 뿐, 실제로 이 과정이 아무런 계기 없이 자연적으로 이루어진다는 말은 아니기 때문이다. 요컨대 웹 2.0은 사용자들의 다양한 웹 활동을 가치 생산의 회로 속으로 끌어들이기 위한 여러 형태의 인센티브(incentive) 전략을 자체에 포함해야만 했다(더 정확히는 그럴 수밖에 없었다). 가령, 위키피디아와 지식in 등과 같은 서비스는 사용자가 직접 콘텐츠를 기획·제작·공유할 수 있는 개방형 플랫폼 구축을 통해 자발적인 콘텐츠 생산을 이끌어 냈으며 여기에 대중의 평가와 같은 피드백 시스템을 덧붙임으로써 이 과정이 자체의 동력에 의해 계속해서 재생산될 수 있게 만들었다. 블로그와 개인 홈페이지 등의 서비스는 이러한 활동이 사용자의 개인적인 공간 안에서 이루어질 수 있게 했는데, 이로써 사용자 대중의 주체적이고 능동적인 콘텐츠 생산·유통·공유의 프로세스가 한층 더 강화되고 더 개성화되었음은 물론이다. 또한 각종 소셜 네트워크 서비스는 이러한 웹 활동의 범위를 개인적인 수준에서 사회적 관계의 수준으로까지 확대한 데 더해, 그러한 관계의 양상마저도 온라인 공간의 특수성에 맞게 재편하는 계기가 되었다. 사용자들은 온라인 공간에서도(오히려 온라인 공간에서야말로) 얼마든지 새로운 사람을 만나고 소통하고 교류할 수 있게 되었으며, 이전보다 훨씬 더 다양한 인간관계를 맺을 수 있게 되었다. 이 외에도 거의 모든 웹사이트가 기본적으로 제공하는 댓글 기능은 사용자들 사이의 자유로운 의사소통을 허용하고 촉진함으로써, 대화와 놀이, 정보 전달과 습득, 동의와 비판 등의 상호작용을 그 어느 때보다 더 활성화하기에 이르렀다.

물론 이 모든 활동을 그 근저에서 떠받치고 있는 것은 자유로운 웹 활동 그 자체가 갖고 있는 재미와 즐거움, 지식 생산과 공유·협력의 가치, 콘텐츠 창작의 기쁨과 보람, 사회적 관계에 대한 욕망과 자기표현의 욕구, 타인으로부터의 인정 욕망, 인터넷 커뮤니티 내에서의 교제와 친목, 감정적이고 정서적인 작용 등과 같은 자유롭고 긍정적이며 생산적인 기제들이다(조희정 외, 2016; 이토 마모루, 2013/2016; Berardi, 2009/2012). 그 어떤 것도 명령이나 강제, 억압 등과 같은 요소들을 포함하지 않으며, 이와는 정반대로 적극적이고 능동적인 참여, 협력, 기획(project), 동기(motivation), 혁신(initiative)의 요소들을 자체의 내용으로 채우고 있다. 웹 2.0이 그토록 빠르게 전 세계 사용자들을 끌어들일 수 있었던 것은 이처럼 사용자들의 자가발전적인 동력을 전유하고 있었기 때문이기도 하다.

다시 말해 웹 2.0은 자유로운 웹 활동을 자유/무료 노동으로 변환해야만 했던 당시의 구조적 상황에서 촉발된 것이지만, 이와 동시에 수많은 사용자들로 하여금 기꺼이 자신의 활동을 자유롭게 제공하도록 웹 자체의 성격과 형식을 재구조화해 나간 결과이기도 하다. 웹 2.0은 웹상에서의 다양한 행위·관심·사고·열정·욕망·관계·평가·협동·감정·표현 등을 잉여가치의 사슬 속으로 흡수 및 전유해 나가기 위한 전략적 발판이었던 것이다(Terranova, 2004). 가치 생산과 포섭의 전략은 여기서도 한데 겹쳐져 있다. 이전에는 잉여가치와 엮일 수 없었던 노동 외적인 요소들이 웹 2.0의 등장과 함께 가치 생산의 프로세스 속으로 빠르게 재편 및 흡수되어 갔다. 또한 이 과정을 촉진하고 확대해 나가기 위한 포섭의 전략들이 다양한 차원에서 개발되고 또 부지불식간 도입되기에 이르렀다(Berardi, 2009/2013; Marazzi, 2008/2013).

그렇다고 한다면, 예컨대 페이스북은 단순히 전 세계 사용자들이 각자의 이야기를 자유롭게 올릴 수 있는 개방적인 SNS 플랫폼 정도로 한정될 수 없다. 그것은 일차적으로는 소셜 네트워크 서비스의 형식으로 작동하지만, 보다 근본적으로는 일상에 대한 태도, 대화와 소통의 방식, 관계 맺기의 기술, 고백과 전시를 통한 정체성 형성, 사적인 것과 공적인 것의 분할과 결합, 인정 욕망과 인정 투쟁, 동의를 통한 사회적 담론 구성 등, 우리의 태도와 감정을 특정한 방향과 형태로 이끌어 내는 매개적 기제로 작동하고 있기 때문이다. 바꿔 말한다면, 페이스북은 사용자의 자유로운 활동을 전유하기 위해서라도 그것을 효과적으로 이끌어 내기 위한 포섭의 전략들을 일상적이고 습관적인 수준에서부터 구동시켜 나가지 않을 수 없다. 실제로도 페이스북은 우리가 일상을 대하는 자세를 특정한 형태와 방향으로 이끌어 내고 있으며 이와 함께 우리의 사고와 판단, 행위를 그에 맞추어 재정위시키고 있다. 무엇을 먹었고 누구를 만났으며 무슨 생각을 하고 있는지, 그야말로 시시콜콜한 일상을 모두에게 자연스럽게 노출·고백·전시하는 자기 드러내의 주체는, 바로 그런 식으로 사고하고 행위하게끔 포섭된(또는 유도된) 결과로서만 존재할 수 있다. 더욱이 이러한 영향과 그 반향은 유튜브에 이르러 더욱더 전방위적으로 극대화되고 있는 상황이다.

이 모든 유인 동기와 주체화의 전략들이 결국 자유 그 자체를 통해 작동하는 통치의 고유한 메커니즘 속으로 흡수되고 있음을 짐작하기란 그리 어렵지 않다. 현실에서는 사용자들이 마치 이용과 충족 논리에 따라 다양한 서비스를 자유롭게 즐기고 활용하는 것으로 나타나지만, 사실 그 밑바탕에는 사용자들의 자유를 보장하고 고무함으로써 (모순적이게도) 스스로 통치의 회로 속으로 들어오게 만드는, 이른바 **자유와 통치의 변증법**이 깔려 있다. 심지어 그것이 더 즐겁고 더 이익이 된다고 판단될 때, 자유와 통치의 변증법은 더없이 효과적으로 작동할 수밖에 없다. 사회학자 지그문트 바우만(Zygmunt Bauman)은 이와 관련해 이렇게 적고 있다.

> 사회 통제는 다음 두 가지 방식으로 실행될 수 있다. 즉 사람들이 어떤 일을 하는 것을 원치 않을 경우 그 일을 하지 못하게 하는 상황 속으로 사람들을 몰아넣거나, 또는 사람들이 어떤 일을 하도록 하고 싶을 경우 그 일을 하도록 고무하는 상황 속으로 그 사람들을 몰아넣을 수 있다. 어떤 일이 사회 질서에 해롭다고 생각될 경우에는 그 일이 행해지기를 바라지 않으며, 어떤 일이 사회 질서를 영속시키고 활기차게 한다고 여겨질 경우에는 그 일이 행해지기를 바라게 된다. 그 일이 막고 싶은 바람직하지 않은 행동인가 아니면 촉진하고 싶은 바람직한 행동인가를 적절하게 설정하는 관리 작업은 매우 중요한 일이다(Bauman,

1988/2002, 21쪽).

어떤 일을 하도록 유도하는 것이 하지 못하게 만드는 것만큼이나 강력한 사회 통제의 방법이라는 지적이다. '하게 만든다', 이 말은 사용자들의 수많은 웹 활동으로부터 가치를 생산하고 또 이를 위해 다양한 포섭의 전략을 가동시키는 웹 2.0의 기획 전체를 가로지른다. 이를 '태도와 감정의 인도' 정도로 간명하게 정리해 볼 수 있겠다. 또한 ('하게 만든다'는) 이 말은 앞서 논의한, '생각의 인도'와 '집합적 무의식의 통치'에 대해서도 마찬가지로 근본 원리가 되고 있다. 웹 2.0이라는 구조적 변화 위에서야 태도와 감정, 생각과 무의식 등과 같은 정신에 대한 인도가 비로소 '하게 만든다'라는 (자유/통제의) 원리와 함께 유효한 문제설정으로 자리 잡을 수 있었던 것이다. 정신관리권력이 통치의 테제와도 긴밀하게 연결되어 있다는 앞에서의 논의가 다시금 확인되는 지점인데, 하게 만든다는 것은 결국 생각과 행위를 인도하는 것과 다르지 않기 때문이며, 이는 곧 권력의 작용 그 자체이기도 하기 때문이다.

논의를 정리하면서 다음 단계로 나아가 보자. 웹 2.0은 흔한 이해처럼 집단지성, 매시업(mashup), 롱테일 법칙, 기획자(projector) 주체 등의 몇몇 긍정적인 특징 정도로 한정할 수 없다. 만일 이것만으로 웹 2.0과 그 이후의 흐름을 정의한다면, 이는 결국 앞서 논의한 자본주의의 가치화 메커니즘과 다양한 포섭 전략을 무시한 채 단지 표면적인 층위에서 이루어지고 있는 자유·개방·참여·공유의 확대만으로 웹 전체를 이해하는 꼴이 되고 만다. 그러나 프레드릭 제임슨(Fredric Jameson)이 말했듯이, 우리는 "달의 뒷면"(Jameson, 2007, p. 25)처럼 결코 우리에게 보이지 않는 또 다른 면, 그러니까 현상에 가려져 있는 저 **반대쪽 면**을 볼 수 있어야 한다. 책과 영화의 리뷰를 쓰고, 식당과 여행지에 대해 별점을 매기고, 위키피디아를 통해 집단지성을 구현하고, 베타 테스트 제품의 테스터가 되고, 유튜브에 직접 제작한 동영상을 올리고, 구글 지도에 각종 정보를 매시업하고, 블로그에 자기만의 글을 쓰고, 페이스북을 통해 인간관계를 확장해 나가는 등의 모든 일상적인 웹 활동 또한 그 뒷면을 가지고 있음은 물론이다. 달의 뒷면을 생각한다는 것은 이 모든 자유로운 웹 활동으로부터 가치 생산의 외부화라는 **자본주의** 축적 체제의 변화를 읽어 내는 것이며, 또한 동시에 이때 동원되는 갖가지 유인 동기들과 포섭의 전략들을 다름 아닌 **권력**의 관점에서 파악하는 것이다. 웹 2.0을 한편으로는 가치 생산의 메커니즘으로, 다른 한편으로는 포섭의 전략으로 읽어 내고자 했던 이유가 바로 여기에 있다. 복잡하게 분화된 현재의 매개 환경과 함께(거기에만 시선을 빼기지 않고) 그 뒷면을 보다 정확하게 파악하기 위해서라도, 그러한 변화의 시작점인 웹 2.0에 대한 이해는 필수적이다. 웹 2.0이야말로 이후부터 지금까지 이어지는 변화를 가장 단순한 형태로 선취하고 있기 때문이다.

이제 이러한 논의를 바탕으로 자본주의 가치화 메커니즘과 포섭의 전략을 정신의 관리라는 측면에서 더욱 자세히 살펴볼 차례이다. 그러나 이를 위해서라도 마르크스로의 우회는 불가피하다. 마르크스를 경유함으로써 우리는 웹 2.0에 대한 지금까지의 논의를 그가 말한 일반지성은 물론이고 더 나아가 아무나의 정신적 능력이라는 더욱 현재적인 문제설정과도 연결시킬 수 있기 때문이다. 물론 정신 관리라는 권력의 작동을 중심축으로 삼아서 말이다.

일반지성의 코뮤니즘에서 자본의 코뮤니즘으로

마르크스는 『정치경제학 비판 요강(*Grundrisse*)』의 한 장인 「기계에 대한 단상」(이하 「단상」)에서 일반지성이란 무엇인가에 대해 다음과 같이 말한다. 다소 길지만 중요한 내용이기에 관련된 부분을 엮어서 인용해 본다.

> 그러나 대공업이 발전함에 따라 실제적 부의 창조는 노동시간 및 이용된 노동량보다는, 노동시간 동안에 운동되고 다시 그 자신의 생산에 소요되는 직접적인 노동시간과 비례 관계에 있지 않은 작동 인자들의 권력—이들의 강력한 효율성—에 의존하고, 오히려 과학의 일반적 상태와 기술 진보 또는 이 과학의 생산에의 응용에 좌우된다.
>
> (중략) (노동자는) 생산 과정의 주 행위자가 아니라 생산 과정 옆에 선다. 이러한 변환에서 생산과 부의 커다란 지주로 나타나는 것은 인간 스스로 수행하는 직접적인 노동도 아니고, 그가 노동하는 시간도 아니며, 그 자신의 일반적인 생산력의 점취, 그의 자연 이해, 사회적 형체로서의 그의 현존에 의한 자연 지배—한마디로 말해 사회적 개인의 발전이다. 현재의 부가 기초하고 있는 타인 노동시간의 절도는 새롭게 발전된, 대공업 자체에 의해 창출된 이 기초에 비하면 보잘것없는 것으로 나타난다. 직접적인 형태의 노동이 부의 위대한 원천이기를 중지하자마자, 노동시간이 부의 척도이고 따라서 교환 가치가 사용 가치의 [척도]이기를 중지하고 중지해야 한다.
>
> (중략) 자연은 기계, 기관차, 철도, 전보, 자동 방적기 등을 제작하지 않는다. 이들은 인간의 근면의 산물이다. 자연을 지배하는 인간 의지의

> 기관이거나 자연에서의 인간 의지의 활동 기관으로 전환된 자연적 재료이다. 그것들은 인간의 손으로 창출된 인간 두뇌의 기관들이다. 대상화된 지력이다. 고정자본의 발전은 일반적인 사회적 지식이 어느 정도까지 직접적인 생산력이 되었고, 따라서 사회적 생활 과정 자체의 조건들이 어느 정도까지 일반적 지성의 통제 아래 놓였으며, 이 지성에 따라 개조되는가를 가리킨다. 사회적 생산력이 지식의 형태로뿐만 아니라 사회적 실천의 기관들, 현실적 생활 과정의 직접적인 기관들로서 어느 정도까지 생산되었는가를 가리킨다(Marx, 1857/2007, 380~382쪽).

「단상」은 실로 급진적인 주장을 담고 있다. 인용문의 내용을 정리해 보면 대략 다음과 같다. 대공업의 발전에 따라 실제적 부의 창조는 이전처럼 직접적인 노동 및 노동시간에 의존하기보다는 과학과 기술의 진보 또는 그 응용에 좌우되기에 이른다. 그리고 그 결과 노동자는 생산 과정의 주요 행위자가 아니라 그 옆에 비켜서서 단지 그것을 관리할 뿐인 경비원 또는 조정자 정도로 축소되고 만다. 노동시간 또한 더 이상 가치를 측정하는 척도가 되지 못한다. 노동이 부의 원천이기를 중지함에 따라, 이제 그 자리는 "사회적 두뇌의 일반적인 생산력"(Marx, 1857/2007, 372쪽), 곧 인간 두뇌의 기관들이자 대상화된 지력이 차지하게 된다. 그럼으로써 고정자본/기계류의 발전은 일반적인 사회적 지식, 다시 말해 일반지성이 어느 정도까지 직접적인 생산력이 되는지, 또 이에 따라 어느 정도까지 사회적 생활 과정의 조건을 통제하게 되는지에 대한 지표가 된다. 고정자본 속에 구체화된 **일반지성**이 노동자의 노동을 대신하여 잉여가치를 창출하게 되고 또 그만큼 사회적 삶의 조건을 규정하게 되는 것이다.

그런데 이 같은 진술은 전혀 마르크스적이지 않을 뿐만 아니라 심지어 일반적인 마르크스 이해와 **반대**되어 보이기까지 한 게 사실이다(Virno, 2001/2005). 그리고 바로 그렇기 때문에 그만큼 급진적이고 또 논쟁적이다. 익히 알려진 바와 같이 『자본론』의 마르크스는 오직 인간의 노동만이 가치 창출의 근원이 된다고 보았으며, 고정자본, 즉 기계류나 자본재는 이로부터 최대한 많은 가치가 창출될 수 있도록 하는 (생산)수단에 불과하다고 보았다. 또한 상품의 가치는 사회적 필요 노동시간에 의해 결정되며 바로 이 노동시간에 대한 절대적 혹은 상대적 착취야말로 잉여가치의 원천이 된다고 보았다(Marx, 1867/2009; 1867/2010). 그런데 「단상」의 마르크스는 이러한 논의를 전혀 마르크스주의적이지 않은 형태로 반전시키고 있는 것이다(Marx, 1857/2007). 『자본론』의 마르크스가 노동자의 노동력과 노동시간 그리고 이에 대한 착취를 강조하고 있는 반면, 『정치경제학 비판 요강』의 마르크스는 이와 반대로 기계와 과학, 테크놀로지의 진보 그리고 이로써 구체화되는 일반지성을 보다 더 중요하게 다루고 있기 때문이다(Negri, 1992/2012). 「단상」에 대한 해석의 역사가 한편으로는 "위기의 역사"이고 다른 한편으로는 "새로운 시작들의 역사"인 이유가 바로 여기에 있다(Virno, 2001/2005, 208쪽).

물론 이 자리에서 『자본론』과 『정치경제학 비판 요강』을 둘러싼 해석과 논쟁의 양상을 일일이 다 짚어 볼 수는 없다(Musto, 2011). 그것은 이 책의 범위를 넘어서는 일이다. 다만 여기에서는 『정치경제학 비판 요강』의 한 장인 「기계에 대한 단상」을 중심으로, 거기서 말해지는 일반지성이 과연 어떤 함의를 갖고 있고 또 그것을 어떻게 읽어 낼 수 있을지에 대해 논의를 집중하기로 하자. 그러고 나서 이 논의를 우리의 논의와 연결해 보기로 하자. 일반지성에 대한 해석과 정신 관리에 대한 이 책의 논의 사이에서 가능한 접점을 찾기 위해서이다. 먼저 전자부터 살펴보자면, 영국의 사회학자 니콜라스 소번(Nicholas Thoburn)은 앞의 인용문 중 어디에 초점을 맞추느냐에 따라 「단상」에 대한 서로 다른 두 가지 해석이 가능하다고 말한다(Thoburn, 2003/2005).

우선 첫 번째는, 앞의 인용에서 부의 창조가 노동시간에 의존하기보다는 과학과 테크놀로지의 진보 및 응용에 의존하게 된다는 부분이다(Marx, 1857/2007, 382쪽). 앞서 언급했듯이, 가치가 노동자의 노동이 아니라 기계로 구체화된 일반지성에서 비롯된다면, 결국 잉여가치를 창출하는 데 필요한 사회적 필요 노동시간 또한 최소화될 수밖에 없다. 노동시간은 더 이상 가치 창출에 있어서 핵심적인 요소가 될 수 없기 때문이다. 그 결과 노동력의 수요가 감소하고, 노동자 또한 노동 과정으로부터 떨어져 나가게 된다. 그런데 역설적이게도 바로 이 때문에, 일반지성의 시대에 "자본은 생산을 지배하는 형태로서 자기 자신의 해체에 종사"(Marx, 1857/2007, 374쪽)할 수밖에 없게 된다. 자본주의가 그 자체의 **모순**에 의해 붕괴되고 만다는 것이다. "총자본에 비하여 가변자본이 점점 더 감소한다는 것은, 사회적 총자본의 평균적인 유기적 구성이 점점 더 고도화된다는 것과 동일하다. (중략) 따라서 일반적 이윤율의 점진적인 저하 경향은 노동의 사회적 생산성의 점진적인 발달의 표현—자본주의적 생산양식에 특유한 표현—에 불과하다"(Marx, 1894/2008, 254~255쪽)는 말의 의미가 바로 이와 같다. 기계를 도입하면 할수록 역설적이게도 이윤율이 줄어들고 마는 모순이 발생하는 것이다. 고정자본/기계류의 발전은 노동시간이 가졌던 가치 규정적 성격을 부차적인 계기로 만들지만, 자본주의는 여전히 (부차적인 것으로 밀려난) 노동과 노동시간에 기초해서 가치를 측정하기 때문에, 이러한 모순으로 인해 자본주의는 자체의 기반을 스스로 부정하는 식의 자기 해체에 봉착하게 된다. 자본주의는 마치 점진적으로 벌어지는 가윗날처럼 균열의 틈이 확장됨으로써 결국 자기 붕괴에 이르고 만다(Virno, 2001/2005).

논의는 여기서 끝나지 않는다. 이어서 마르크스는 부의 창조가 과학 및 기술의 진보에 의존하게 됨에 따라, 결국 노동 외의 시간인 "모두의 가처분 시간이 증가"(Marx, 1857/2007, 384쪽)하게 될 것이라는 진단을 내놓는다. 과학 기술의 발전으로 인한 "노동시간의 절약은 자유시간의 증대, 즉 개인의 완전한 발전을 위한 시간의 증대"(Marx, 1857/2007, 388쪽)를 야기하게 된다는 것이다. 그리고 이에 덧붙여 마르크스는 이 과정이 생산력의 비약적 발전과 결부됨에 따라, 결과적으로 "모든 개인들을 위해 자유롭게 된 시간과 창출된 수단에 의한 개인들의 예술적·과학적 교양 등이 조응"(Marx, 1857/2007, 381쪽)하게 될 것이라고 주장한다. 「단상」이 "새로운 시작들의 역사"를 위한 전거로 소환되는 이유가 이 때문이다. 후기 산업사회로의 전환과 함께 노동이 폐기되거나 종말에 이르게 된다는 전망이 바로 이로부터 이론적 자양분을 얻고 있음은 물론이다.[63] 요컨대 자본주의의 **해체**와 자유시간의 증대라는 **낙관적** 전망이 기술 발전의 필연성과 함께, 즉 일반지성의 코뮤니즘(communism)과 함께 「단상」의 마르크스로부터 길어 올려지고 있는 것이다.

그러나 자동화에서 정보화로, 그리고 다시 로봇화에서 인공지능화로 이어지는 일반지성의 현재적 흐름이 진정 자본주의를 넘어선 노동의 해방으로 이어질지 아니면 대량실업의 위기나 노동의 유연화로 이어질지에 대해서는, 이론적 정합성만큼이나 현실적 구체성에 비추어 논의될 필요가 있다(Dyer-Witheford et al., 2019). 두 번째 쟁점은 이것과 관련된다. 소번이 제시하는 두 번째 진술은, 이러한 변환의 과정 속에서 부의 지주로 나타나는 것은 노동이나 노동시간이 아니라, 노동자가 사회적 형체로서 현존함에 따라 이루어지는 일반적인 생산력의 전유, 자연에 대한 이해와 지배, 즉 사회적 개인의 발전이라고 적시된 부분이다(Marx, 1857/2007, 381쪽). 부의 창출이 (노동이 아니라) '과학 및 테크놀로지'에 의존한다는 첫 번째 진술은, 부의 창출이 (마찬가지로 노동이 아니라) 사회적 형체로 존재하는 '사회적 개인의 발전'에 의존한다는 두 번째 진술과 사뭇 다른 선분을 그리고 있다. 어떤 이유에서 그러한가.

우선 소번은 앞서 언급한 자본주의의 해체와 일반지성의 코뮤니즘이 기계화 및 정보화의 대규모 확장에도 불구하고 여전히 실현되지 않고 있음에 주목한다. 그러면서 첫 번째 진술에는 실질적 포섭(real subsumption)의 과정이 생략되어 있음을 지적한다. 고정자본/기계류의 발전이 일반지성의 생산력을 증대시킴으로써 노동자의 노동과 노동시간을 주변화하고 감소시킨다고 할 때, 여기에는 자본이 스스로의 운동 논리를 공장 작업장만이 아니라 일상 영역 전체로까지 확대하려는 경향성, 이른바 **실질적 포섭**의 과정이 필연적으로 개입될 수밖에 없다. 기술 발전에 따른 상대적 잉여가치의 증가와 이로 인한 실질적 포섭의 과정이 상호전제의 관계를 이루는 까닭이다. 실질적 포섭의 과정을 고려해서 두 번째 진술을 다시 읽어 보자. 앞서 인용했듯이 마르크스는 "생산과 부의 커다란 지주로 나타나는 것은 (중략) 한마디로 말해 사회적 개인의 발전"이라고 쓰고 있다. 그런데 이때의 "사회적 개인"이란, 한편으로는 (첫 번째 진술에서처럼) 과학 및 기술의 발전에 따른 일반지성의 증가와 맞물려서 등장한 것이지만, 다른 한편으로는 이 과정에 필연적으로 수반되는 실질적 포섭의 결과로서만 가능한 것이기도 하다. 첫 번째와 두 번째 진술이 갈라지는 지점이 바로 **이곳**이다. 부의 창출이 과학 및 기술의 발전에 의존한다는 첫 번째 진술은, 이 과정이 노동의 완전한 장악을 통해 이루어지는 실질적 포섭의 과정과 불가분하다는 사실로 인해, 두 번째 진술과 (결과적으로) **대립**하게 된다.

마르크스가 말하는 사회적 개인은 과학과 기술의 발전에 따라 마치 "그 자신의 일반적인 생산력의 점취, 그의 자연 이해, 사회적 형체로서의 그의 현존에 의한 자연 지배"를 추구하는/할 수 있는 존재로 보인다. 그러나 실질적 포섭의 명제대로라면, 이때의 사회적 개인은 특정한 생산관계 속에서만 출현할 수 있으며 항상-이미 체제 내적인 요인에 의해 조건 지어진 채로 나타날 수밖에 없다. 즉 사회적 개인은 자본의 논리에 실질적으로 **포섭된** 존재나 다름없다. 그렇다면 부의 창출이 사회적 개인의 발전에 의존한다는 말은, (사회적 개인이 실질적 포섭의 결과라는 점에서) 노동시간뿐만 아니라 노동 외 시간(삶의 전 시간) 또한 가치의 자원으로 흡수된다는 것을 뜻하며, 더 나아가 (사회적 개인이 일반지성과 맞물려 있다는 점에서) 노동 외부에 있는 사회적 활동과 집합적인 인간 두뇌마저도 잉여가치의 회로 속으로 편입된다는 것을 뜻한다. 이는 노동과 노동시간이 부차적인 것으로 밀려나면서 생긴 빈자리를 일반지성의 생산력이 채우게 됐다는 말이면서, 바꿔 말한다면 일반지성에 포함될 수 있는 모든 범위의 (사회적 개인들의) 능력과 활동이, (집합적인) 지식과 두뇌가 잉여가치의 토대로 재정립되었다는 말이기도 하다. 첫 번째 진술이 자본주의의 해체와 일반지성의 코뮤니즘으로 귀결되고 있는 반면, 두 번째 진술은 자본주의 지배의 안정과 일반지성에 대한 포섭 전략이라는 "현재의 위상학적 지도"(Virno, 2001/2005, 212쪽)를 그려 내고 있는 셈이다. '일반지성의 코뮤니즘에서 자본의 코뮤니즘으로'라는 대조와 전환의 표현은 이러한 상황을 압축해서 담아낸다. 자율주의 이론가 파올로 비르노(Paolo Virno)의 말을 들어보자.

> 정치적 에너지를 다시 활성화시키기 위해서, 「단상」에 대한 근본적 비판에 착수하는 것이 중요하다. 마르크스는 일반지성(혹은, 주요한 생산력으로서의 지식)을 고정자본과 완전히 동일시했고 이 때문에 동일한 일반지성이 반대로 산 노동으로 자신을 드러내는 심급을 무시했다. 이것은 정확히 오늘날의 결정적 측면이다(Virno, 2001/2005, 217쪽).

「단상」에 대한 이전의 논의들이 자동화로부터 비롯되는 노동의 해방이나 혹은 이와 반대되는 대량실업의 위기에 주목했다면, 비르노를 위시한 일군의 이론가들은 「단상」을 급진적으로 전유함으로써 오히려 이로부터 일반지성에 대한 포섭의 가능성과 자본주의의 현실성을 읽어 냈다(Hardt & Negri, 2000/2001; Haug, 2000/2006; Virno, 2001/2005). 비르노의 말처럼, 일반지성은 고정자본/기계류에 국한되지 않는다. 일반지성은 자동화 기계 및 정보통신 네트워크로 구체화되는 만큼이나 (또는 그보다 더) 첨단 기술과 용법을 내화한 일반 시민들의 "산 노동(Living Labour)" 속에, 신체 속에, 그들의 정신 속에 집약된다. 대표적인 사례가 바로 인터넷일 텐데, 당연하게도 '네트워크의 부'는 컴퓨터 단말기나 케이블, 라우터 등의 하드웨어(죽은 노동)에 있지 않다(Benkler, 2007/2015). 전 세계 수십억 인구가 매일같이 수행하는 다종다양한 정보 생산, 소통과 협력, 참여와 공유 등의 행위와 이 가운데 내재하는 사회적이고 집단적이며 '일반적인' 지식, 곧 일반지성이야말로 부의 원천임은 물론이다. 인터넷 시대에 일반지성은 **산 노동**으로 자신을 드러낼 뿐만 아니라 점점 더 정신노동의 형태를 띠게 되며, 이러한 경향은 정보통신혁명, 지식 경제, 웹 2.0, 빅데이터, 플랫폼 경제, 인공지능 등으로 이어지는 현대적 흐름 속에서 더욱더 급진적으로 전개되고 있다(Dhawan & Joni, 2015/2016).

그렇다면 앞서 논의한 웹 2.0은(그리고 그 연장선상에 있는 현재의 매개 환경은), 한편으로는 대중(사회적 개인)으로 하여금 "사회적 두뇌의 일반적인 생산력"을 창조적이고 생산적이며 협력적인 형태로 발현할 수 있게 해주는 **해방**의 기획이지만, 또 다른 한편으로는 이 같은 산 노동으로서의 일반지성을 직접적인 생산력으로 포획함으로써 자본주의의 가치화 회로를 더욱 정교하고 치밀하게 재구성해 나가는 **통치 전략**의 한 방식이라고 할 수 있다. 물론 후자야말로 "오늘날의 결정적인 측면"이라는 점을 덧붙일 수 있겠다. 웹 2.0 이후의 매개 환경이란 사용자들의 적극적인 참여를 이끌어 내면서도 그것이 마치 자신의 의지와 선택에 따른 것처럼 기꺼이 그러하게 만든다는 점에서, 자본의 리듬에 따라 노동과 삶을 재편한다는 의미에서의 실질적 포섭 과정과 크게 다르지 않기 때문이다. 결국 고정자본/기계류의 발전이 노동을 대체하면서 노동시간의 절약과 함께 일반지성의 코뮤니즘이 완성될 것이라던 예측은, 이와는 정반대의 현실 앞에서 결정적으로 논박되고 만다. 실질적 포섭의 과정은 노동 외부의 활동을 자본주의의 논리를 따르는 추상화된 노동으로 바꾸어 냈으며, 실제로 줄어든 노동시간마저도 그보다 더 많은 (인터넷 공간에서의) 자유/무료 노동시간으로 전치시켜 버렸다. "가장 발전된 기계류가 지금은 노동자로 하여금 야만인이 한 것이나 노동자 자신이 가장 단순하고 가장 조야한 공구들을 가지고 수행했던 것보다 더 오래 노동하도록 강요한다"(Marx, 1857/2007, 384쪽)는 말이 의미하는 바가 이에 가까울 것이다.

그렇다면 지금까지 논의한 일반지성은 인터넷과 정신관리권력 그리고 관리사회라는 이 책의 문제설정, 그중에서도 특히 정신적인 것에 대한 권력의 작용과 어떻게 연결되는가. 이 질문에 답하기 위해서는 일반지성과 신자유주의 가치화 메커니즘 사이의 관계를 먼저 규명해야 한다. 그런 후에야 정신의 관리가 뜻하는 바를 보다 분명히 확인할 수 있기 때문이다.

5. 인터넷과 정신관리권력 그리고 관리사회

자기 자신의 기업가

푸코는 1978~79년 강의인 『생명관리정치의 탄생』에서 신자유주의의 고유한 특징에 대해 다음과 같이 서술한다.

> 어떤 의미에서 신자유주의란 이런 조건 아래 이뤄진 호모 에코노미쿠스로의 회귀라고 말할 수 있을 것입니다. (중략) 고전적 개념에서 호모 에코노미쿠스, 즉 경제적 인간이란 무엇이었을까요? 그것은 교환하는 인간, 상대방, 교환절차 내에서의 쌍방 중 한 사람이었습니다. (중략) 확실히 신자유주의에서는 호모 에코노미쿠스 이론이 발견됩니다. 하지만 거기서 호모 에코노미쿠스는 교환의 상대방이 아닙니다. 호모 에코노미쿠스는 기업가, [그것도] 자기 자신의 기업가입니다. 그렇기 때문

에 여기서 교환 상대방으로서의 호모 에코노미쿠스를 매 순간 자기 자신의 기업가로서 대체하는 것이 사실상 신자유주의에 의해 행해진 분석에서 관건이 됩니다. 자기 자신에게는 자기 자신의 자본, 자기 자신을 위한 자기 자신의 생산자, 자기 자신을 위한 '자기' 소득의 원천으로서의 호모 에코노미쿠스가 그것입니다(Foucault, 2004b/2012, 319쪽).

이 가운데 무엇보다 "자기 자신의 기업가"라는 표현에 주목할 필요가 있다. 푸코에 따르면, 노동자가 스스로에게 기업가로 출현한다는 것은, "경제분석 내에서 최초로 노동자가 노동력이라는 형식 아래에서의 수요공급 대상이 아니라 능동적 경제 주체가 된다는 것"(Foucault, 2004b/2012, 316쪽)을 의미한다. 즉 신자유주의 하에서 노동자는 더 이상 자신의 노동력을 팔아 임금을 벌어야 하는 (노동력과 임금의) 교환 상대방이 아니게 된다. 반대로 그/그녀는 자신의 의지와 상관없이 항상-이미 자기 자신에 대한 기업가이자 경영자로서 스스로를 생산하고 경영하도록 요구받는 위치에 놓이게 된다. 그렇다면 그/그녀는 무엇 때문에 혹은 무엇을 위해 스스로를 경영의 대상으로 삼게 된 것일까. 물론 그것은 '임금'이다. 그러나 이 답변대로라면 노동자가 자신의 노동력을 팔아서 수요공급의 원리에 따라 임금을 받는다는 기존 논의와 다를 바가 없으며, 때문에 굳이 노동자 대신 기업가라는 표현을 쓸 이유가 없다. 하지만 푸코는 명백히 자기 자신의 '기업가'라는 표현에 방점을 찍고 있지 않은가. 당연하게도 이처럼 노동자를 기업가로 재자리매김하는 순간, 임금 또한 이 변화를 따라 자본의 결과물인 '이윤'으로 변환될 수밖에 없다. 신자유주의 하에서 노동자, 더 나아가 호모 에코노미쿠스

(homo economicus)라는 유적 존재는 매 순간 자기 자신에 대한 기업가로 존재할 것을 요구받고 또 스스로도 그렇게 자리매김하는 까닭에, 노동력의 대가인 임금이 아니라 투자의 산물로서의 이윤을 얻게 되는 것이다. 자기 자신이라는 자본을 소유한 기업가로서의 주체는, 어쩔 수 없이 노동력을 팔아야 하는 수동적인 대상이 아니라 스스로를 자기 소득의 원천으로 삼는 능동적인 경제 주체로 새롭게 재정위된다.

그런데 여기서 이윤을 낳는 자본이란 무엇을 뜻하는가? 즉 자기 자신에 대한 기업가가 이윤을 얻기 위해서라도 반드시 갖고 있어야만 하는 바로 그 자본이란 어떤 것인가? 푸코의 질문도 바로 이 지점을 향한다. 그는 "임금이 그 소득(이윤)이 되는 자본이란 무엇일까요?"라고 물으면서 이를 "어떤 사람이 일정 정도의 임금을 벌 수 있도록 해주는 신체적·정신적 요소들의 총체"라고 정의한다(Foucault, 2004b/2012, 317쪽). 기업가로서의 노동자가 갖고 있는 것은, 요컨대 신체적·정신적 요소들의 총체인 노동력인 것이다. 물론 이 정의는 마르크스로부터 가져온 게 분명하다. 마르크스 또한 노동력을 "인간의 신체 속에 존재하고 있는, 또 그가 어떤 종류의 사용가치를 생산할 때마다 운동시키는, 육체적·정신적 능력의 총체로"(Marx, 1867/2009, 219쪽) 정의하고 있기 때문이다. 일단 여기서는 마르크스와 푸코 모두 노동력을 **신체적·정신적** 요소들의 총체로 정의하고 있다는 사실을 확인해 두기로 하자.

다시 푸코로 돌아가면, 푸코는 자기 자본으로서의 노동력이, 임금을 받고 일정 시간 동안 시장에 판매되는 것이라는 이전의 정의와 달리 이제 "노동자 자신이 그 스스로 일종의 기업으로서 등장하는 능력 자본"(Foucault, 2004b/2012, 319쪽)으로 재설정되었다고 말한다. 신자유주의 시대의 노동자에게 노동력은 다른 무엇보다 "자본, 즉 능력, 경쟁력"(317쪽)이라는 말이다. 노동자는 자기 자신의 자본으로서의 노동력(이를 앞의 노동력과 구분하는 의미에서 인적자본이라 부를 수 있다)을 파는 것이며, 다시 말해 자기 자신의 생산자이자 자기 소득의 원천이 되어 그 대가로 임금이 아닌 이윤을 남기게 되는 것이다. 호모 에코노미쿠스로의 '회귀'라는 위의 말은 이처럼 '신'자유주의적인 변형을 내포하고 있다고 하겠다.

물론 자기 자신에 대한 기업가로의 이행은 "기업이라는 단위로 구성된 경제, 기업이라는 단위로 구성된 사회"(Foucault, 2004b/2012, 319쪽) 속에서 그것에 의해 추동된 결과로서만 가능하다. 노동자가 스스로를 기업가로 자리매김하는 것은 결코 노동자 개개인에 의한 개별적·자발적 선택의 문제가 아니다. 여기에는 그렇게 하지 않으면 안 되게끔 유도하고/강제하는 신자유주의적 재구조화의 계기가 자리 잡고 있으며, 때문에 이것은 호모 에코노미쿠스라는 유적 존재의 층위를 상정할 만큼이나 보편적인 문제라고밖에 할 수 없다. "사회체를 재검토해 그것이 개인의 단위가 아니라 기업 단위에 따라 분배·분산·파급될 수 있도록 만드는 것"(335쪽)이야말로 신자유주의의 일반적 형식이라는 말의 의미가 이로써 분명해진다. 신자유주의는 사회 전체를 **기업** 단위에 따라 분배하고 (그 원리를 사회 전체로) 분산하고 파급시키는 데 그 특징이 있으며, 그럼으로써 그 체제 안에 있는 노동자들에 대해서도 자신을 하나의 기업으로 경영하도록, 더 나아가 "자신의 사유재산, 가족, 부부생활, 보험, 퇴직 등과 관련해 개인의 삶 자체가 자신에게 일종의 항구적인 기업, 다수의 기업이" 되도록 이끌어 내는 데 그 목적이 있다. 결국 이는 "기업, 기업들, 가장 미세한 단위의 기업 모델에 따라 사회를 재형식화하는 것"(335쪽)이며, 또한 동시에 노동자의 신체와 정신 속에 기업이라는 관념을 기입하는 것이기도 하다(서동진, 2009b).

신자유주의는 신체적·정신적 요소들의 총체인 노동력을 자본으로 변환함으로써 개별 노동자들 스스로가 자신에 대한 기업이 되도록 이끌어 냈으며, 이러한 기업 단위 논리를 경제 및 사회 전반을 가로지르는 일반적 형식 속으로 무차별적으로 확대해 왔다. 당연히 신자유주의는 '노동력, 곧 자본'인 육체적·정신적 요소들을 극대화시키기 위해서라도 자기 계발과 같은 역량강화(empowerment)의 전략을 적극적으로 유도할 수밖에 없다(서동진, 2009b). 노동자들을 능동적 경제 주체, 자기 경영의 주체, 기업가적 주체로 끊임없이 재구성하는 것은 바로 이러한 맥락 하에서이다. 말하자면, 신자유주의는 개인이라는 기업이 더 많은 부를 생산하도록 생애주기 내내 권장하고 독려하고 때론 겁주면서, 끊임없이 자체의 역량을 강화해 나가도록 이끌어 내고 있는 것이다(Cruikshank, 1999/2014). 물론 그것이 '개인, 곧 기업'의 가치를 높이는 일이기 때문이다.

하지만 여기에는 어떤 구분선이 그어질 필요가 있다. 자기 계발이나 자기 경영을 통한 자기 자신의 기업화가 정신적 능력의 자본화를 가동시키는 전부는 아니기 때문이다. 이와는 전혀 **다른** 방식의 기업화가 존재하며, 오히려 이것이야말로 현재의 디지털 기술 환경에서는 보다 근본적인 요인일 수 있다. 일단은 논의를 더 진척시키면서 쟁점을 확인해 보기로 하자.

'아무나'의 정신적 능력

다시 한 번 눈여겨 볼 것은, 앞서 언급했듯이 '노동력, 곧 자본'은 육체적인 요소뿐만 아니라 **정신적인 요소**를 동시에 포함하고 있다는 사실이다. 신자유주의가 노동자의 노동력을 자본으로 전환한다고 할 때, 여기에는 노동자 개개인의 신체적 요소들에 더해 정신적 요소 일반이 함께 포함되어 있다. 마르크스와 푸코의 정의대로 노동력을 (임금을 벌 수 있게 해주는, 혹은 사용가치를 생산하는) 육체적·정신적 능력의 총체로 규정한다면, 특히 정신적 능력의 경우, 앞 장에서 정신적 요소로 규정한 일련의 특징들, 예컨대 생각하고 판단하고 기억하는 등의 '인지적인' 요소들에 더해 마음의 자세나 태도 등과 같은 '감정적인' 요소들과, 주체들 사이에서 이루어지는 '간주관적' 요소들, 그리고 의식의 바탕을 이루는 '무의식적인' 요소들까지도 포함하게 된다. 범위가 지나치게 넓은 듯 보이지만, 실제로 정신이 포괄하는 범위는 그만큼이나 넓고 각 요소들 간의 관계 또한 그만큼 복합적인 게 사실이다(김홍중, 2009; 조정환, 2011; 이토 마모루, 2013/2016; Freud, 1971/2004). 정신적인 능력과 활동의 종류가 다양한 만큼 이를 노동으로 전유하는 정신-노동의 형태 역시 다양하다. 인지적인 능력과 활동을 통해 전개되는 '인지노동(cognitive labor)', 정서와 감정의 투입을 요구하는 '감정노동(emotional labor)', 콘텐츠 생산과 소통, 협력 등의 창의적 요소들과 관련된 '창의노동(creative labor)', 인구의 집합적 무의식에 대한 전유를 통해 이루어지는 '자유/무료 노동' 등, 노동의 다양한 현대적 형태들은 정신적인 요소가 어떤 식으로 노동력, 곧 자본으로 변환되고 있는지를 현상적인 수준에서 예증한다(Hardt & Negri,

2000/2001; Hesmondhalgh & Baker, 2011/2016; Hochschild, 1979/2009; Lambert, 2015/1016; Schultz, 2006; Terranova, 2000). 즉 이러한 노동 형태들의 존재는 정신적인 요소 일반이 실제로 어떻게 노동력으로 재구성되고 또 자본으로 전환되고 있는지를 구체적으로 방증해 보여 주고 있는 셈이다.

이처럼 신자유주의가 정신적인 능력으로서의 노동력을 자본으로 재정립한다면, 이 가운데 노동력, 곧 자본을 수탈당하는 (혹은 기꺼이 제공하는) 대상이 과연 누군지에 대한 질문이 제기될 수밖에 없다. 만일 신체적인 능력이 자본화된다고 한다면 당연히 노동자 일반이 (블루칼라든 화이트칼라든 상관없이) 그 대상이 될 것이다(Braverman, 1987/1998). 시간과 동작의 철저한 규격화를 통해 기업의 이윤을 최대화하고자 했던 테일러리즘을 떠올려 볼 수 있다. 그러나 신체가 아니라 정신이 문제가 될 때, 사정은 이처럼 작업장 내에 한정된 노동자를 규율하는 것만으로는 충분치 않게 된다. 정신적 능력이 단지 노동자에게만 국한되는 것은 아니기 때문이다. (2장에서 논의했듯이) 당연히 규제양식 또한 이러한 대상 변화에 맞추어 규율에서 관리로 변모될 수밖에 없다. 베라르디의 말을 따라 이를 '규율-신체'에서 '통제(관리)-정신'으로의 전환이라 할 수 있겠다. 그는 통제(관리)사회에서 "행위의 코드가 인지 모델과 심리적 상호작용의 모델들을 통해 정신에 직접 각인되고 있다"고 말하면서, "규율은 더 이상 법률의 공식적 작동을 통해 신체에 부과되지 않는다. 규율은 인지적 변화를 야기하는 기술-언어적 인터페이스들(techno-linguistic interfaces)의 확산을 통해 집합적 두뇌에 기입된다."(Berardi, 1995/1996, 104쪽)고 덧붙인다. 여기서 기술-언어적 인터페이스라는 표현이 웹 2.0 이후의 현재적 매개 환경과 연결되고, 집합적 두뇌라는 표현이 앞서 논의한 사회적 두뇌로서의 일반지성과 연결되고 있음을 짐작하기란 어렵지 않다. 행위에 대한 코드(곧 권력)가 기술-언어적 모델을 통해, 노동자의 규율-신체에 국한되지 않는 사용자 인구의 관리-정신으로 널리 확산되고 또 그 안에 분리불가능하게 기입되고 있다는 것이다. 정신관리권력이란 이를 한 단어로 개념화한 것과 다름이 없다.

물론 노동자에 대한 자본주의 논리의 내면화를 통해 앞에서의 여러 정신적 능력이 자본화되는 과정을 설명할 수도 있다. 형식적 포섭에서 실질적 포섭으로 노동자에 대한 포섭의 정도가 심화되어 온 역사가 이를 방증한다. 하지만 이 또한 포섭의 대상을 노동자로 한정한다는 점에서 노동 외적인 요소들을 누락시키게 된다. 그렇다고 한다면, 결국 자기 자신에 대한 기업가로 존재하면서 정신적인 능력 일반을 끊임없이 자본화하도록, 즉 적극적으로 활용하고 소비하도록 내몰리는 사람들은 노동자뿐만이 아니라 그 바깥까지도 포함한 그야말로 거의 모든 사람들이라고 할 수 있지 않을까. 노동자와 비노동자 모두를 포함한다는 의미에서 이를테면 '아무나(anyone)'라고 할 수 있지 않을까.[64] 정신적인 능력을 갖고 있다는 점에서는 누구나 다 **평등**하기에(Ranciere, 1987/2008), 바꿔 말한다면 누구나 다 그러한 자본을 공통적으로 갖고 있기에, 자기 자신의 기업가가 되는 데에는 그/그녀가 노동자든 학생이든 심지어 실업자이든 아무런 문제가 되지 않는 것이다. 정신적 능력이 노동력이 되고 이것이 다시 자본이 되는 한, 굳이 그 대상이 노동자로 국한될 필요는 없기 때문이다. 생각하고 느끼고 소통하는 등의 정신적 능력, 이는 실로 인간이라는 존재의 종별적 특징을 이루고 있으며, 때문에 그 누구에게만 해당되는 것도, 특정한 분야에서만 발휘되는 것도, 심오하고 고차원적인 것들만 지칭하는 것도 아닌, 그야말로 아무나의 것이자 언제 어디서나 어떤 형태로든 발현될 수 있는 것이라 할 수 있다.

요컨대 신자유주의가 개개인을 자기 자신에 대한 기업가로 불러 세운다고 할 때, 이때 기업가가 될 수 있는/되어야 하는 사람은 실로 인구 대중으로서의 아무나나 다름이 없다. 정신적 능력으로서의 자본을 갖고 있다는 점에서는 누구나 평등하기 때문이다. 누구나 갖고 있다고 여겨지는 저 정신적 능력은 이제 자기 자신의 기업가가 된 수많은 아무나들의 "자기 자신을 위한 소득의 원천"으로 재정립되기에 이른다. '노동력', '이윤', '기업가', '정신적 능력', '아무나'의 계열이 꼬리에 꼬리를 물면서 하나의 문제설정으로 집약되는 지점이다.

그러나 '자기 자신의 기업가'라는 말은 그 작동 방식에 따라 두 가지 층위로 구분해서 이해할 필요가 있다. 하나가 자기 계발과 자기 경영을 이끌어 내는 식으로 작동하는 능동적인 형태의 기업화라면, 다른 하나는 자기 역량의 계발이나 확장 없이, 그저 누구나 갖고 있는 저 정신적인 능력을 자본화의 회로 속으로 자연스럽게 흡수하는 기반구조적 형태의 기업화이다. 전자와 달리 후자는 지금껏 제대로 주목받지 못했으며, 이것이 어떻게 신자유주의 가치화의 원리를 구현하는지에 대해서도 깊이 있게 분석되지 못했다. 그러나 후자는 아무나가 갖고 있는 저 정신적 능력에 대한 **차별 없는 수탈**(또는 전유)을 통해 작동한다는 점에서, 전자에 비해 그만큼 경제적이고 효율적이며 포괄적인 형태의 포섭 전략이라 할 수 있다. 시간적 소요, 한정된 주체, 내적 동일시, 주체에 대한 의존 등의 전제 없이, 말 그대로 아무나의 인지, 감정, 창의,

자유/무료 노동을 기계적이고도 자동적으로 자본화하기 때문이다. 특정 대상으로 한정되지 않는 아무나의 존재와 이들의 다종다양한 정신적 능력과 활동 그리고 이에 대한 자본화의 전략이, 자기 자신의 기업화라는 신자유주의의 작동 원리를 한층 더 밀어붙여 나가고 있는 것이다. 이 가운데 특히 관건이 되는 게 바로 아무나의 정신적 능력인데, 이는 신체적 능력과 달리 누구나 갖고 있을 뿐만 아니라 일상의 다양한 활동으로 표현되고 구체화된다는 점에서, 또 자체의 비물질성으로 인해 시공간 제약 및 물리적 한계로부터 자유롭다는 점에서, 그만큼 더 보편적이고 일상적이며 잠재적인 포섭의 토대가 되기 때문이다.[65]

이러한 지적은 푸코의 논의보다 한 발자국 더 나아간 것이지만, 그렇다고 해서 그것과 단절되지는 않는다. 주체의 능동적인 자기 계발/자기 경영/자기 통치를 통해 이루어지는 자기 자신의 기업화 전략이나, 주체를 둘러싼 기반구조적 조건에 개입함으로써 주체의 정신적 능력과 활동을 자동으로 수탈하는 기업화 전략이나, 보다 근본적으로는 정신적 능력으로서의 노동력을 자본으로 전환한다는 점에서 공통점을 갖기 때문이다. 더욱이 현재는 어느 한쪽이 다른 한쪽을 대체하거나 압도하기보다는, 정도와 층위를 달리하면서 중층적으로 작동하고 있는 상황이기도 하다. 이를 인정하면서도, 다만 여기에서는 지금까지 푸코의 통치성 개념과 관련해 지속적으로 논의되어 온 자기 계발로서의 기업화 외에도 **또 다른 방식**의 기업화가 가능하다는 사실과 이것이 특히 인터넷 이후의 매개적 환경 속에서 더욱 특화되어 나타난다는 사실에 주목하고자 했다. 예컨대 자기 스펙을 관리하고 계발하는 주체와 일상적으로 유튜브 콘텐츠를 소비하고 활용하는 주체는, 자본화 또는 기업화라는 결과적 친연성에도 불구하고 그 대상과 작용, 메커니즘 면에서 서로 구분되어야 한다. 앞서 구분선이 필요하다는 지적은 바로 이런 의미에서이다. 대상이 (자기 계발처럼) 특정 주체에게 한정 또는 집중되는지 아니면 그 바깥을 포함한 **아무나**에게 열려 있는지, 이에 대한 작용이 주체의 적극적이고 능동적인 참여와 동의에 따른 것인지(혹은 그렇게 안 하면 안 되게끔 만든 것인지) 아니면 주체의 의지나 동의와는 무관하게 그저 기계적이고 자동적인 **기술-언어적 인터페이스**에 따라 이루어지는 것인지, 더 나아가 후자의 등장과 확장이 권력의 작동 메커니즘과 관련해 어떤 변화와 상호조응하고 또 그것이 어떤 '장치'를 기반으로 가능해진 것인지 등, 둘 사이를 가르는 **분절선**을 예리하게 포착할 필요가 있는 것이다. 이 장에서 구글과 페이스북 및 그 바탕으로서의 웹 2.0의 특징을 자세히 서술했던 것은 정신의 관리를 둘러싼 이러한 변화의 흐름을 아무나의 정신적 능력으로서의 자본이라는 더욱 명확한 개념과 이론을 통해 파악하기 위해서였다.

그런데 문제는 바로 이 아무나의 정신적 능력이 어떻게 자본으로 전유되고 또 그 과정 속에 포섭되는지와 같은 현실적이고도 실제적인 물음이 아직 해명되지 않았다는 것이다. 쟁점을 정리하면서 이 물음에 대한 답을 궁리해 보자.

가치화 메커니즘과 포섭의 전략

우선 첫째, 지금까지 살펴봤듯이 신자유주의는 아무나의 정신적 능력으로서의 노동력을 기업가의 자본으로 전화한다. 그런데 이는 앞서

「단상」에 대한 독해에서 논의한 바, 사회적 두뇌로서의 일반지성에 대한 자본의 현실적인 전유 과정과 별반 다르지 않은 것처럼 보이는 게 사실이다. 아무나의 정신(또는 정신적인 것)이 말 그대로 인구 대중의 일반적인 인지적·감정적·간주관적·무의식적 능력과 그 활동을 의미한다고 할 때, 이는 결국 사회적 개인들 속에 체화된 "일반적인 사회적 지식"으로서의 일반지성을 풀어서 쓴 것이나 다름없기 때문이다. 더욱이 일반지성이 산 노동 및 정신노동으로 자신을 드러내고 있다는 위의 논의를 염두에 둔다면, 아무나의 정신적 능력으로서의 노동력과 사회적 개인(들)에게 체화된 일반지성 사이의 개념적 **친화성**은 그만큼 높아질 수밖에 없다. 사실상 이 둘은 강조하는 부분이 다를 뿐, 다른 게 아니라고도 할 수 있다. 그렇다면 일반지성이라는 개념이 있음에도 불구하고 굳이 정신적 능력으로서의 노동력이라는 논의를 끌고 들어온 이유는 무엇인가. 이는 앞 절의 말미에서 언급했듯이, 일반지성에 대한 자본의 전유 테제를 신자유주의라는 역사적인 조건 속에서 더욱 구체적으로 논하기 위함이었다. 단순히 일반지성이 자본의 코뮤니즘으로 전유될 가능성을 말하는 것만으로는 부족하다. 마르크스가 제기한 저 물음을 역사적 시공간에서 분리한 채 그대로 현재 속으로 밀어 넣을 수는 없기 때문이다. 그럴 경우 이론적이고 추상적인 비판 이상으로 나아갈 수 없다. 일반지성의 문제설정을 이어받으면서도 그것이 어떻게 신자유주의라는 특정한 **조건** 속에서, 구체적으로 인터넷이라는 **기계**를 통해, 특히 정신 관리라는 현재의 **권력** 체계를 지탱해 나가는지, 그 실제적인 동학을 분석할 필요가 있는 것이다. 아무나의 정신적 능력에 대한 자본화/기업화의 논의는, 바로 그러한 맥락화의 결과라 할 수 있다.

둘째, 그러나 이때 아무나의 정신적 능력이 신자유주의의 가치화 회로로 흡수되기 위해서는, 다시 말해 일반지성이 자본으로 전유되기 위해서는, 양자를 한 지점에서 매개하는 모종의 '장치'가 필수적으로 요구될 수밖에 없다. 즉 아무나의 정신적 능력이 기업가의 자본으로 재정립된다는 식의 원론적인 이해만으로는 부족하다. 여기에는 그것을 실제로 가능케 하는 구체적인 '장치'가 필요하다(Agamben, 2006/2010; Althusser, 1995/2007; Foucault, 1976/2017). 짐작할 수 있듯이 그 장치란 바로 인터넷이며, 보다 정확히는 웹 2.0 이후의 인터넷 장치(기계)라 할 수 있다. 물론 다른 장치들도 충분히 생각해 볼 수 있다. 위에서 논의한 자기 계발과 역량 강화의 장치들이 그것이다. 실로 우리는 태어나서 죽을 때까지 끊임없이 자기를 계발하고 역량을 입증하도록 요구받고 있으며 또 기꺼이 그 경주에 참여해 승자독식과 각자도생의 게임을 이어나가고 있다. 하지만 이 장치는 그보다 더 많은 탈락자와 외부자, 저항자를 양산한다는 점에서, 말 그대로의 '인구'라는 층위에까지 가닿지는 못하고 있는 상황이다. 사정이 이렇다면, 전 세계 사용자 인구 전체를(그들의 의지와 무관하게) 가치화의 대상으로 포섭하고 그들의 다양한 능력과 활동, 그 결과물을 기계적이고 자동적으로 전유할 수 있는 장치는 그야말로 인터넷이 유일하다고 할 수 있을 것이다. 인터넷 장치는 개방된 플랫폼을 구축함으로써 수많은 사용자들의 생산·참여·공유 활동을 (그 안에서만 이루어지도록) 이끌어 냈으며, 더 나아가 생산 과정 외부에 있는 다양한 일상적 활동까지도 가치화 메커니즘 안으로 흡수해 나갔다(Vercellone, 2007b). 앞서 논의한 생각의 인도, 집합적 무의식의 관리는 바로 이러한 맥락에서(즉 매개 안에 있음이라는 환경 관리의 맥락 속에서) 보다 정확히 이해할 수 있다. 단지 일상적이고 습관적인 인터넷 사용만으로도 아무나의 정신적 능력, 즉 지식·소통·창의·협력·열정·정서·표현·관계·상호작용·언어 등은 수탈 가능한 자원이자 이윤 창출이 가능한 자본으로, 더 나아가 효과적인 통치를 가능케 하는 데이터로 흡수·변형·가공되기에 이르렀다. 아무나의 정신적 능력과 신자유주의 가치화 회로 사이에 **인터넷**이라는 구체적인 매개 장치가 놓일 수밖에 없는 이유이다.

물론 여기에는 아무나로 하여금 기꺼이 자신의 정신적 능력과 활동 전반을 인터넷에 표현하게 만드는, 즉 스스럼없이 자신의 생각과 감정을 쏟아내게 하고 그러한 행위를 더없이 자연스럽게 여기게 만들 뿐만 아니라 수많은 사람들과 소통하고 교류하는 것에 더 큰 가치를 부여하게 하는, 정신적 인도의 작용이 추가될 필요가 있다. 그리하여 셋째, 이 모두로부터 아무나의 정신적 능력을 특정한 방향과 형태로 이끌어 내는 **정신관리권력**의 작용이 비로소 하나의 문제계로 도출된다. 앞 절에서 우리는 정신관리권력이라는 개념이 **신자유주의**와 **인터넷**을 동시에 담아내야 할 필요성으로부터 비롯된다고 주장한 바 있다(신자유주의라는 규정적 조건 위에서 인터넷이라는 '기계'와 환경/정신 관리'권력'의 관계맺음, 그리고 그 결과적 짜임으로서의 관리'사회'를 분석하는 게 이 책 전체의 목표였다). 반복하지만, 그것은 한편으로는 개인과 인구의 신체뿐만 아니라 정신까지도 가치화 회로 속으로 흡수해야만 했던 신자유주의적 재구조화의 상황을 반영하고 있으며, 다른 한편으로는 바로 인터넷을 통해 아무나의 정신적 능력 전반을 포섭하는 식으로 당시의 위기를 타개해 나갔던 (우연적이면서도 필연적인) 전략적 선택을 반영하고 있다. 각각 **가치화** 메커니즘과 **포섭**의 전략으로 일별해 볼 수 있겠다.

앞에서 이미 논의했듯이 1970~80년대의 위기 이후 자본주의는 정보통신기술의 혁명적 발전으로부터 신자유주의적 재구조화의 동력을 얻었지만, 이로부터 20여 년이 지난 후에는 다시 이것이 원인이 되어 닷컴 붕괴라는 위기의 순환을 겪게 된다(McNally, 2010/2011). 이때 위기에 대한 한 해법으로 지목된 웹 2.0은 사용자의 적극적인 참여와 공유를 전면에 내세우면서 이전과는 다른 잉여가치 전략을 선보였으며, 눈부신 성공과 함께 지금까지도 대부분의 웹사이트를 특징짓는 기본 요소로 자리 잡고 있다. 중요한 것은 이로써 가치화의 메커니즘과 포섭의 전략 또한 이전과는 뚜렷이 다른 분절선을 그려 나가게 되었다는 것이다. 절대적 잉여가치에서 상대적 잉여가치로의 이행이 형식적 포섭(formal subsumption)에서 실질적 포섭으로의 이행과 겹쳐져 있는 것과 마찬가지로(Marx, 1857/1988; 1867/2009), 웹 2.0과 함께 새롭게 등장한 네트워크 잉여가치(network surplus value) 또는 기계적 잉여가치(machinic surplus value)[66]는 이른바 잠재적 포섭(virtual subsumption)의 전략과 겹쳐져 있다고 할 수 있다(Deleuze & Guattari, 1972/2014; Pasquinelli, 2011/2012).[67]

각각을 살펴보면, 먼저 네트워크 잉여가치는 각종 플랫폼이나 소셜 미디어 등과 같은 사회적 관계로서의 네트워크로부터 창출되는 잉여가치를 뜻한다. 다시 웹 2.0을 예로 들면, 여기서 잉여가치는 절대적 노동시간의 확대나 기술의 발전에 따른 상대적 노동가치의 감소에서 비롯되는 게 아니라 네트워크를 통해 연결된 전 세계 수십억 사용자들의 다양한 생산·소통·협력·참여 등의 행위들 및 이 가운데 내재된 사회적 두뇌로서의 일반지성에서 비롯된다(Pasquinelli, 2011/2012). 당연히 노동자뿐만 아니라 인터넷 사용자 인구 전체가 가치화의 토대가 되며, 이와 나란하게 신체적 능력으로서의 노동력뿐만 아니라 정신적 능력 일반이 잉여가치의 자원이 된다. 공장에서 사회 전반으로 확대되어 온 가치 창출 영역은, 이제 네트워크로 연결된 거의 모든 시공간 속으로 무한히 확장되고 있다(Fuchs, 2014; Scholz, ed., 2012). 구글과 페이스북, 유튜브의 수익이 어디에서 비롯되는지를 생각해 보면, 이 말이 함의하는 바를 더욱 명확히 이해할 수 있다.

물론 이는 포섭의 전략과도 맞닿아 있다. 형식적 포섭이 공장에서의 노동시간에 집중되어 있었다면(그러나 여전히 노동자의 주도권과 자율성을 빼앗지 못했다면) 실질적 포섭은 노동 과정을 완전히 장악했을 뿐만 아니라 그 범위를 노동자의 일상 전반으로 확대했고(Marx, 1867/2010), 이어서 잠재적 포섭은 다시 이를 디지털 네트워크 시공간이라는 비가시적이고 비물질적인 층위로까지 확대 및 심화시켜 나가고 있다(Hardt & Negri, 2000/2001; Lazzarato & Negri, 2001/2005). 순서대로 각각 노동자의 노동시간과 (노동시간에 더한) 일상 시간이 포섭의 대상이었던 것에 비해, 잠재적 포섭은 그 대상과 범위를 인터넷에 연결된 아무나의 모든 시공간으로 확장하면서도(Vercellone, 2007a; Berardi, 2009/2012; 2009/2013), 이것이 현실화되기 이전 상태인 잠재적/가상적 층위로까지 밀어붙이고 있다. 예컨대 우리가 일상적으로 사용하는 대부분의 웹 서비스와 앱, SNS, 사물인터넷, 인공지능, 빅데이터, 플랫폼 서비스 등은 해당 서비스를 이용하기 이전 단계부터 개입하여 사용자의 데이터와 정보를 바탕으로 최적화·맞춤화된 결과값을 제시해 준다는 점에서, 사전적이고도 잠재적인 차원의 포섭 전략이라고 할 수 있다. 사용자는 인터넷을 하고 있지 않을 때조차도 항상-이미 인터넷에 연결되어 자신의 데이터를 자동으로 전송하고 또 그에 따른 각종 영향(생각의 인도, 집합적 무의식의 관리, 감정의 인도 등과 같은)을 받을 수밖에 없는 상황인 것이다(Biermann & Spitz, 2014/2015). 그만큼 포섭의 성격 또한 식별 불가능하고 거부 불가능한 형태로 변모되어 가고 있음을 더불어 지적할 수 있겠다.

지금까지 논의한 바와 같이, 정신관리권력은 기본적으로는 정신적인 능력과 활동에 대한 관리와 조절 작용으로 특징되지만 단순히 이러한 권력/힘/인도 작용만으로 압축될 수는 없다. 그런 것이라면 이미 스티븐 룩스(Steven Lukes)가 말한 3차원 권력, 즉 권력의 입장을 마치 피권력자 자신의 의지인 것처럼 인식하고 행하게 만드는 권력 양태와 크게 다르지 않기 때문이며(Lukes, 1974), 행위의 인도로 정의되는 통치성을 정신적인 영역으로 단순 확대한 것에 지나지 않기 때문이다. 그러나 정신관리권력이라는 개념은 정신적인 것이 정치적 전략의 한가운데에 등장하게 된 시대적 상황을 반영하면서도, 이것이 한편으로는 신자유주의 가치화 메커니즘과 긴밀히 연결될 수밖에 없는 지점을 자체에 포함하고 있으며, 다른 한편으로는 이를 위한 (정신에 대한) 포섭이 다름 무엇이 아닌 인터넷이라는 장치를 통해 개인과 인구의 측면에서 동시적으로 현실화되고 있음을 또한 분명히 제시하고 있다. 다시 말하자면, 정신관리권력은 그 안에 네트워크 잉여가치(또는 기계적 잉여가치)라는 가치화 메커니즘과 함께, 이를 이루기 위한 전략으로서의 잠재적 포섭, 그리고 그것을 가능케 하는 구체적인 매개로서의 인터넷 장치를 하나의 문제설정으로 담아내고 있는 것이다. 권력과 자본이 "서로 마주 서 있는 별개의 실체들이 아니라 역사 속에서 긴밀하게 뒤엉켜 상당 부분 서로 중첩"(Bichler & Nitzan, 2004/2004, 42쪽)되어 있다는 말과 "모든 권력은 (국가장치만이 아니라) 특정한 장치로 물질화되는 한에서만 존재할 수 있다"(Poulantzas, 1978/1994, 57쪽)는 말이, 이렇게 현실적인 맥락 속에서 서로에 대해 중층적으로 맞물린다. 정신관리권력은 **자본**과 **권력** 그리고 **장치**(기계)의 교차점이면서, 그것을 특히 정신의 관리라는 관점에서 포착한 것인 셈이다. 정신관리권력이 뜻하는 바가 이로써 분명해진다.

"지배는 관리로 변신한다."

인터넷과 관리권력 그리고 관리사회를 신자유주의라는 조건 속에서 파악하고자 했던 것이 이 책 본래의 목적이었음을 떠올려 본다면, 바로 이 지점에서 우리는 다시 한 번 기계와 권력 그리고 자본이 하나의 문제설정 속에 용해되어 있음을 발견하게 된다. 앞 절에서 웹 2.0을 가치화 메커니즘과 포섭의 전략이라는 측면에서 살펴본 것도, 그리고 이후 정신관리권력을 신자유주의라는 규정적 조건과 인터넷이라는 장치의 매개를 통해 살펴본 것도, 모두 기계와 권력, 자본의 복합적이면서도 중층적인 관계맺음을 드러내기 위해서였다. 물론 지금까지의 논의에는 인터넷과 정신관리권력 그리고 관리사회 중에서 특히 '사회'라는 항목이 빠져 있었던 게 사실이다. 그러나 사회란 그 자체로 독립된 항목이 아니라 여러 요소들의 복합적인 관계를 통해서만 특정한 형태로 현상될 수 있다는 점에서, 결국 이 모든 논의 속에는 관리사회의 쟁점이 불가피하게 기입되어 있는 것이나 마찬가지라고 할 수 있다. 관리사회라는 단어만 부재할 뿐, 사실상 이상의 논의가 향하고 있는 지점은 모두 관리사회라는 사회적 짜임과 그 형성 과정이었던 것이다. 하지만 그렇다고 하더라도 이 모든 요소들의 총합이자 사후적 명명으로서의 관리사회가 도대체 어떻게 작동하고 있으며 또 이제껏 논의한 내용과는 어떻게 연결되는지에 대해 간단하게나마 살펴볼 필요가 있다. 지금까지의 논의를 토대 삼아 현재적 버전의 "관리사회에 대하여" (Deleuze, 1990/1994)를 검토해 보기로 하자.

철학자 헤르베르트 마르쿠제(Herbert Marcuse)의 다음 주장은 관리사회란 무엇인가와 관련해 중요한 통찰을 제시한다. 다소 길기에 관련된 부분을 발췌해서 인용하기로 한다.

> 사회의 억압적 관리가 합리적·생산적·기술적 및 전체적으로 되면 그럴수록 관리되고 있는 개인들이 그 노예 상태를 타파하고 자기 해방을 달성하는 수단과 방법은 갈수록 상상하기 곤란한 것이 된다. (중략) 모든 해방은 노예 상태를 자각하는 데 기초하고 있고, 이 자각의 발생은 어느 경우에나 이미 그 대부분이 개인 자신의 것이 되고 있는 욕구와 만족이 우세하기 때문에 방해당한다(Marcuse, 1964/1993, 26쪽).

> 이렇게 되면 지배는—허울뿐인 풍요와 자유 속에서—개인적 생활과 공적 생활의 모든 영역으로 확산되고, 진지한 반대를 모조리 통합하고 모든 선택 가능성을 흡수한다. 기술적 합리성은 보다 좋은 지배의 거대한 매체가 되는 데 따라 그 정치적 성격을 드러내고, 진실로 전체주의적인 세계—사회와 자연, 정신과 육체가 이 세계의 방위를 위하여 영구히 동원되는 상태가 지속되는 세계—를 만들어 낸다(Marcuse,

1964/1993, 38쪽).

> 새로운 기술적 노동세계는 이리하여 노동자 계급의 부정적 위치의 약화를 부득이하게 만든다. 노동자 계급은 더 이상 기성사회에 대한 살아 있는 모순으로 나타나지 않는다. 이 경향은 생산의 기술적 조직화가 반대쪽, 즉 경영과 감독자 측에 주는 영향으로 강화된다. 지배는 관리로 변신한다. (중략) 개인 기업을 훨씬 초월하여 과학 실험실이나 조사연구소, 정부와 국가적 중대사까지 미치는 관리·운영 부분의 거대한 계층조직 내부에서는 착취의 진정한 원천이 객관적 합리성의 표면 배후로 모습을 감춘다. 증오와 욕구불만은 그 고유의 목표를 빼앗기고, 기술의 베일은 불평등과 노예화의 재생산을 은폐한다(Marcuse, 1964/1993, 52쪽).

마르쿠제의 주장에 따르면, 사회의 지배적 성격이 억압에서 자유로 바뀌어 감에 따라 체제 내의 개인들 또한 이에 맞물려 점차 자기 해방의 수단과 방법을 상상할 수 없게 된다. 해방이란 일종의 억압 상태가 전제된 다음에야 실현될 수 있기에, 이처럼 자유가 통치의 주요 원리로 자리 잡은 상황 속에서는, 그리고 개개인의 욕구와 만족이 어느 정도 실현되는 상황 속에서는, 오히려 해방의 요구와 필요가 방해받거나 대중의 동의를 얻지 못하게 된다. 이런 사회는 자유라는 이름의 지배를 사적인 영역과 공적인 영역 모두로 확산시키며, 더 나아가 이에 대한 반대와 저항을 불가능 또는 불필요하게 만들고 지금과는 다른 선택의 가능성마저도 약화시켜 버린다. 그 결과 저항 및 대안의 가능성이 사라지면서 이 자리는 점차 기술적 합리성에 따라 움직이는 자동화 메커니즘이 차지하게 된다. 소수의 전문가가 만들어 가는 기술 합리성의 세계가 대중의 정치(demos+cracy)를 테크놀로지 발전에 의해 자동으로 전개되는 **기술 정치**(techno+cracy)로 바꾸어 버리는 것이다. 그는 이로써 사회와 자연, 정신과 육체가 (기술 진보에) 영구히 동원되는 전체주의적 세계가 탄생하게 된다고 말한다. 이렇게 형성된 기술 합리성의 세계는 노동의 기계화와 기술의 자동화를 통해 노동자의 위치를 약화시키는 한편, 반대로 경영자 측의 영향력은 강화시켜 나간다. 그리하여 자연스레 "지배는 관리로 변신한다." 지배가 관리의 얼굴을 하고 있는 사회, 즉 관리사회에서 사회의 각 부분들은 다른 무엇보다 기술적 메커니즘이 표방하는 객관적 합리성을 따르게 되고, 바로 그만큼 계급적 착취 구조는 합리성의 배면으로 은폐되어 버리고 만다. 기술이라는 베일이 가리고 있는 것은, 따라서 불평등과 지배의 재생산이다.

마르쿠제의 주장은 저 책을 쓴 1960년대의 상황보다도 오히려 신자유주의와 인터넷이 통치라는 축을 중심으로 상호 긴밀하게 얽혀 있는 오늘날의 상황에 더 적합해 보인다. 그의 주장대로 지배는 점점 더 관리의 모습으로 나타나고 있을 뿐만 아니라 점점 더 계속해서 기술적 합리성의 체계를 따라가고 있다. 단연 그것이 더 효과적이고 효율적이며 경제적으로도 더 이익이 되기 때문이다. 억압과 규율, 강제 등을 통한 지배는 자체의 동력을 유지하고 그 효과를 재생산하기 위해서라도 갖가지 규범화 및 내재화 기제를 지속적으로 동원해야 하며, 그 결과 그에 대한 반대급부로서의 저항의 가능성을 수반할 수밖에 없다는 점에서 효과적인 통치라 할 수 없다. 그렇다면, 반대로 가장 효과적인 통치는 개개인으로 하여금 자신의 의지에 따라 자유롭게 생각하고 행동하도록 하면서도 그것이 전체 통치의 의지 및 방향과 결코 다르지 않게 만드는 것이라 할 수 있다. 다시 말해 개개인의 자유로운 자기 통치(governing the self)가 그 연장으로서의 인구의 통치(governing others)로 곧장 이어지게 만드는 것이다(Foucault, 2000b; Cruikshank, 1999/2014; Foucault, 2004a/2011). 본문에서 여러 차례 논의했듯이, 신자유주의 통치는 이와 같은 자유와 통치의 모순적 원리를 더없이 매끄럽게 이어 붙이는 한편, 특히 인터넷이라는 기술적 매개와의 상호조건적 관계를 통해 개별 주체와 전체 인구를 (그 수직적 간격에도 불구하고) 말 그대로 동시에, 그리고 전면적으로 포섭하는 데에도 성공했다. 자유와 통치의 변증법이란(또는 자유와 통치의 '이중구속'이란), 이처럼 개인의 자유를 극대화함으로써 (그것과 모순된다고 여겨지는) 전체 인구에 대한 통치의 효과를 더불어 달성한다는 데 그 고유하면서도 탁월한 특징이 있다고 하겠다(Bateson, 1970/2006).

요컨대 현재는 자유의 시장과 자유의 기술이 만들어 내는 상호강화로 인해 역사상 유례없이 자유가 확대되면서 지배와 통치의 양식 또한 바로 그 자유에 대한 관리로 더없이 급진적으로 전면화되고 있는 상황이다. 마르쿠제의 주장이 시간을 가로질러 현재화되는 지점이다. 당연하게도 통치가 자유를 자체의 원리로 삼는 한, 그 구체적인 전략과 기술 역시 자유에 대한 관리·통제·조절의 형태를 띨 수밖에 없다. 지배가 관리로 변신한다고 할 때, 여기에는 자유를 바탕으로 작동하는 권력 형태로의 변화가 전제되어 있으며, 따라서 관리는 언제나 **자유**라는 문제설정 속에서 읽혀져야 한다. 그렇다면 이 문제설정 속에서 통치 전략으로서의 관리는 과연 어떤 메커니즘과 프로세스에 따라 움직이는가. 물론 그것은 권력자의 의도나 계략 따위가 아니라, 목적을 이루기 위해 최적의 수단을 선택한다는 의미에서의 객관적 합리성, 더 엄밀하게는 **기술적 합리성**이라 할 수 있다. 단, 이때의 기술적 합리성은 (마르쿠제의 시대와는 달리) 신자유주의라는 조건 속에서 작동하는 것이니만큼, 근본적으로는 신자유주의적 합리성과 불가분하게 연결되어 있음을 덧붙여 지적할 수 있겠다. 마치 기계가 객관적인 논리 회로를 따라 설계되고 수단-목적의 최적화된 경로에 따라 작동하며 또 그와 함께 투입-산출의 최대화를 목적하듯이, 사회에 대한 관리와 조절 또한 이 같은 기술 합리성을 따라 다른 무엇보다 객관적이고 효율적이며 비용-편익을 높이는 방식으로 이루어져야만 한다. 즉 관리는 자유를 저해하지 않으면서 동시에 과도한 통치를 제한하는 식으로 수행되어야 하기에, 그 최적의 지점은 기술적 합리성에서 찾아질 수밖에 없다.

그러나 마르쿠제의 주장대로라면, 문제는 기술적 합리성이 그 베일 속에 불평등과 지배의 재생산을 감추고 있다는 것이다. 더없이 합리적이고 효율적으로 작동하는 기술의 표피 아래에는 그것을 지탱하는 가치화 메커니즘과 착취 및 포섭의 전략이 숨겨져 있다는 주장이다. 물론 마르쿠제의 이 주장은 이론적 정합성에 맞게, 그리고 이 책의 문제제기에 따라 보다 정확하고 올바른 형태로 **수정**될 필요가 있다. 합리성은 무엇인가를 감추는 식으로 작동하지 않기 때문이다. 베일 속에 무엇인가가 감추어져 있다고 주장하는 것은 결국 억압-해방, 거짓-진리의 오래된 도식을 반복하는 것에 지나지 않는다. 오히려 문제의 핵심은 기술적 합리성이 그 무엇도 **숨기고 있지 않다**는 데 있다. 철학자 슬라보예 지젝(Slavoj Žižek)이 상품 형식과 꿈 형식의 상동성을 논하면서 했던 말처럼, "분석을 통해 밝혀져야 하는 '비밀'은 형식이 숨기고 있는 내용이 아니라 형식 자체의 '비밀'이다"(Zizek, 1989/2002, 33쪽). 꿈의 비밀이 압축과 전치라는 꿈의 형식에 있듯이, 상품의 비밀 또한 사용가치가 아닌 교환가치, 즉 내용이 아닌 형식에 있다는 것이다. 그렇다고 한다면 기술적 합리성의 비밀 또한 그 내용이 아닌 형식적 요소에 있다고 할 수 있지 않을까. 요컨대 기술적 합리성이 권력의 작용이라 할 수 있는 이유는 그것이 그 배면에 불평등과 지배를 숨기고 있기 때문이 아니라, 반대로 기술 자체의 합리적 형식을 통해 착취(또는 수탈과 전유)[68]와 테크놀로지를 분리 불가능하게 만들기 때문이다. 그러므로 "착취의 진정한 원천이 객관적 합리성의 표면 배후로 모습을 감춘다"는 마르쿠제의 말은 객관적·기술적 합리성 그 자체가 수행하는 착취의 합리화 테제로 변경되어야 한다. 착취(수탈과 전유)는 **합리성의 형식 그 자체**에 있다.

지배에서 관리로의 변신은 단연 이러한 변화를 함축하고 있다. 관리(사회)는 더 이상 지배가 동원해 오던 갖가지 강제 전략에 의존하지 않는다. 그 대신 호모 에코노미쿠스라면 응당 선택할 수밖에 없는 합리적 옵션을 제시할 뿐이다. 예컨대 앞서 논의했듯이, 구글, 페이스북, 아마존, 유튜브 등의 웹서비스는 사용자의 검색 히스토리와 쿠키 데이터를 바탕으로 개별화된 결과를 제공하는데, 이는 물론 이러한 방식이 사용자에게 편리하고 효율적일 뿐만 아니라 기업에게도 효과적이고 경제적이기 때문이다. 즉 모두에게 합리적인 방식이기 때문이다. 현재 각광받고 있는 스마트 페이(smart pay) 시스템, 타겟 디지털 광고, 인공지능 음성인식 서비스, 안면인식 알고리즘, 생체인식(biometrics) 기술, 웨어러블 디바이스와 셀프 트래킹(self-tracking) 기술, 사물 인터넷 기술 등도 마찬가지이다. 이 모든 일상 장치로부터 산출되는 엄청난 양의 소비 패턴 정보, 관심/주의력 정보, 음소와 억양 등의 자연어 데이터, 지문과 얼굴을 비롯한 각종 생체 데이터, 개인의 건강 및 활동 데이터, 사물 데이터 및 생활 정보 등은 각 단계별로 분석·처리·가공되어 (종국적으로는) 수많은 기업들의 이윤 회로 속으로 흘러 들어간다. 사용자는 그만큼 편리하고 안전하게 다양한 기술 서비스를 이용할 수 있다는 점에서 만족스럽고, 기업은 이렇게 수집된 온갖 종류의 사용자 데이터를 가치화함으로써 수익을 올릴 수 있다는 점에서 또한 만족스럽다. 기술적 합리성이란 이를테면 이런 것인 셈이다. 자유로운 인터넷 사용과 이에 대한 적절한 관리는, 기술적 합리성이라는 절묘한 지점에서 서로 교차된다. 바꿔 말하면, 현재의 인터넷 환경은 사용자의 자유와 이에 대한 기업의 관리가 인터넷의 기술적 구조를 중심으로 정확히 맞물려 있는 모양새라 할 수 있다.

이 가운데 인터넷 장치에 대한 관리는, 한편으로는 제도와 법률이 아닌 인터넷 자체의 알고리즘을 통해 더없이 기계적·자동적·효율적으로 이루어진다는 점에서 기술적 합리성을 따르고 있으며, 이와 동시에 다른 한편으로는 사용자의 자유를 극대화하면서도 관리의 목적 또한 효과적으로 달성한다는 점에서 비용-편익의 최대화라는 신자유주의적 합리성을 따르고 있다. 물론 사용자들은 기술의 발전과 이에 따른 편의의 향상이 결코 순수하지만은 않다는 사실을 더없이 **잘 알고** 있다. 잘 알고 있지만, 그럼에도 불구하고, 그것이 더 합리적이고 더 효율적이고 더 편리하기 때문에 그렇게 하기로 **자유롭게** 선택하는 것이다. 실로 수탈(전유)과 포섭의 전략이 기술적 합리성의 형식 그 자체를 통해 구현되고 있는 상황이다. 이처럼 개개인의 합리적인 선택과 결정이 자본주의의 가치화 회로를 구동하는 동력이 될 뿐만 아니라 관리사회의 통치 메커니즘을 강화하는 계기가 되고 있다면, 그래서 이 자유에 대한 적절한 관리야말로 신자유주의 관리사회를 이루는 주된 전략과 기술이 되고 있다면, 결국 다시 한 번 전자와 후자(합리적인 선택과 가치화 회로, 자유에 대한 관리와 관리사회)를 매개하는 **장치**(또는 기계)의 작용이 강조될 수밖에 없다. 그런데 누차 강조했듯이, 개인과 인구 및 자유와 통치라는 서로 다른 두 층위를 동시적이고 효과적으로 포섭할 수 있는 장치는, 즉 개인의 자유를 인구의 통치(또는 관리)로 곧장 연결시킬 수 있는 장치는, 현재로서는 인터넷이 가장 대표적이고 또 가장 보편적·일상적이라고 할 수 있다. 바로 그렇기 때문에 관리의 화살이 향하게 되는 곳(기술적 합리성이 최대화되는 곳)은 다른 무엇보다도 인터넷이라는 범주에 속하는 일련의 기술들과 서비스들일 수밖에 없다.

그렇다면 관리사회에서 인터넷에 대한 통치(또는 관리)가 목적하는 것은 과연 무엇인가. 물론 그것은 인터넷 시대의 일반지성이며, 아무나의 정신적 능력이다. 즉 **정신의 관리**가 그 목적이다.[69] 바로 그렇기 때문에 이 장에서는 앞서 그 예시로 개별화된 검색 알고리즘에 의한 생각의 인도, 데이터의 집적을 통해 가능케 된 집합적 무의식의 관리, 사용자들의 소통·참여·공유 등을 이끌어 내기 위한 태도와 감정의 유도를 정신의 관리라는 측면에서 차례대로 살펴보았던 것이며, 이를 포괄하는 개념적 틀로 "사회적 두뇌의 일반적인 생산력", 곧 이 모두로서의 일반지성을 다루었던 것이다. 그리고 이를 신자유주의라는 역사적 조건 속에 위치시킴으로써 인터넷이라는 장치를 통해 아무나의 정신적 능력을 자본화하는 권력의 구체적인 기술과 전략을 파악하고자 했던 것이다.

이러한 정리를 통해, 앞서 논의했던 내용들이 하나의 문제설정 안으로 모아지는 것을 다시금 확인할 수 있다. 인터넷 시대 이후의 일반지성이란 결국 디지털화되고 네트워크화된 아무나의 정신적 능력과 활동으로 구체화되어 나타난다는 점에서, 그리고 신자유주의는 바로 이 정신적인 능력을 자기 자신에 대한 기업가의 자본으로 재정립한다는 점에서, 결과적으로 지금까지 논의한 생각의 인도, 무의식의 관리, 태도와 감정의 유도 등과 같은 정신의 관리 작용은 이러한 메커니즘을 효과적으로 구동시키기 위한 구체적인 전략과 기술, 테크닉에 다름 아니게 된다. 바꿔 말해서, (인터넷이라는 기술적 합리성이) 개개인의 생각을 인도하고 집합적 무의식을 관리하며 사용자의 태도와 감정 등을 이끌어내는 것은, 이 같은 정신의 관리가 신자유주의의 가치화 메커니즘과 포섭의 전략을 가동시키는 주요한 동력이 될 뿐만 아니라 관리사회라는 사회적 짜임을 유지 및 지탱하는 데 필요한 최적의 통치 전략이자 기술이 되기 때문이다. **관리사회**는 이 모든 구조연관적인 실천들이 교차하는 **사회적 장**을 일컫는 이름에 다름 아닌 셈이다. 이 책이 인터넷과 정신관리권력 그리고 관리사회를 상호 연결된 하나의 문제설정 속에서 현재적으로 읽어 내고자 했던 이유가 바로 여기에 있다.

5장

우리는 이중 관리사회에 살고 있다

1. 이중 관리권력이란 무엇인가

환경과 정신의 이중나선

환경관리권력과 정신관리권력, 이 이중의 관리권력은 그 원리와 메커니즘 면에서는 서로 구분되지만 전체적으로는 하나의 사회적 짜임을 이루는 이중의 계기로 결합되며, 따라서 별개의 단절적인 작용으로 분리될 수 없다. **이중나선**이라는 은유를 빌려온 게 이 때문인데, 마치 2개의 DNA 사슬이 염기쌍의 수소결합을 통해 나선 형태로 결합되듯이, 환경관리권력과 정신관리권력 또한 상보적인 결합을 통해 관리사회라는 독특한 사회적 짜임을 이루기 때문이다. 그 한편에 우리의 일상 환경을 인터넷의 상시적이고 잠재적인 매개 안에 있도록 구성하고 관리하는 환경화·최적화·자동화의 벡터가 있다면, 다른 한편에는 아무나의 정신에 대해 작용하면서 그 정신을 특정한 방향과 형태로 이끌어 내는 정신적 관리와 인도의 벡터가 있다. 그 결합으로서의 관리사회는, 요컨대 이 두 벡터가 한데 얽히면서 만들어 내는 결과이면서, 또한 동시에 그것을 재귀적으로 강화시켜 나가는 원인이기도 하다.

지금까지의 논의를 통해 이 책은 신자유주의와 정보통신기술의 긴밀한 관계맺음을 규명하고, 그러한 관계맺음이 자체의 논리에 따라 현실 속에서 구체화되는 양상을 권력의 작동 메커니즘과 연결시켜 살펴보았다. 환경관리권력과 정신관리권력이 바로 그것인데, 이들 각각에 대해서는 이미 3장과 4장에서 자세히 논한 바 있다. 그러나 환경관리권력과 정신관리권력이 어떻게 이중의 나선으로 결합되면서 관리사회라는 짜임을 구성하는지, 즉 서로 다른 이 두 권력이 어떤 식으로 상호 연결되고 또 조응하는지에 대해서는 아직 별다른 논의를 진행하지 않았다. 특히 환경 관리가 주체를 둘러싼 물리적인 환경 요소에 집중하는 데 반해, 정신 관리는 생각과 무의식, 태도, 감정 등의 정신적 요소에 초점을 맞추는 까닭에, 이 두 작용이 단순히 관리권력의 두 축이라고 말하는 것만으로는 설명이 충분치 않다고 할 수 있다. 환경과 정신이 강조하는 바와 작용하는 지점이 각기 다르기 때문이다.

그렇다면 이 둘은 어떻게 서로에 대해 차별적이면서도 동시에 보완적인 관계를 이루고 있는 것일까. 이와 관련해서는 철학자 모리오카 마사히로(森岡正博)의 논의가 중요한 참고가 된다. 우선 그의 말을 들어보자.

> 이러한 장치야말로 이중 관리구조다. 유사 사바나에 있는 동물들은 인간의 관리를 떠나 자유롭게 행동하고 있는 것처럼 보인다. 실제로 상

당한 행동의 자유가 주어져 있다. 우리 안과는 비교할 수 없을 정도로 자유롭다. 그러나 그 행동의 자유는 동물원이라는 큰 구조를 파괴하지 않는 한에서의 자유다. 다른 동물을 잡아먹지 않는다든가, 인간을 습격하지 않는다는 큰 틀 안에서만 동물의 자유는 보장된다. 인간이 설정한 큰 틀 속에 놓여 있을 때에 한에서, 인간의 예상을 벗어날 수 있는 자유가 주어진다는 이중 관리구조가 여기에 있다. 그리고 바이오토프(biotope, 서식지)와 마찬가지로 전체가 인간에 의해 통제된다는 사실이 관객의 눈에는 보이지 않도록 감추어져 있다. 마치 전체가 자연인 것 같이 꾸며 놓은 것이다(모리오카 마사히로, 2003/2005, 237쪽).

우선 그가 드는 예부터 살펴보자. 과거의 동물원이 울타리 안에 동물을 가두어 놓고 사육하면서 그 모습을 사람들이 관찰하게 하는 식으로 운영되었다면, 최근에는 이런 방식이 갖는 여러 문제점들, 가령 열악한 주거 환경, 스트레스로 인한 각종 질병 발생, 동물들의 적응 불가, 동물들의 권리 침해 등에 대한 인식 변화로 인해 점차 그 인공성을 낮추고 자연성을 높이는 방향으로 바뀌어 가고 있다. 동물들이 살던 실제 공간과 유사한 자연 환경을 동물원 우리 안에 구축하고, 그들을 구경하는 사람들의 시선도 간접적인 형태로 최소화하는 식의 환경 구성이 이에 해당된다. 내부 시설물들도 콘크리트와 플라스틱 대신 실제 자연 재료들을 이용해서 꾸미고, 나아가 울타리마저도 철제 구조물 대신 동물들이 건널 수 없는 도랑의 형태로 바꾸고 있다. 자연성을 높이기 위한 방법이다. 동물들의 생활 반경을 고려해 가능한 한 넓은 지역을 동물주거구역/보호구역으로 설정하고, 동물들에게 최대한 방해가 되지 않도록 제한된 도로와 특수 차량을 통해서만 관광을 허가하는 식의 사파리 투어 또한 이러한 변화의 연장선상에 있다. 울타리에 가두어 놓기만 했던 과거에 비해, 이제는 동물들이 자신의 자연성을 따르면서 자유롭게 생활할 수 있도록 환경 전체를 유사자연적인 상태로 재구성해 나가고 있는 상황이다. 아마도 그 최대치는 동물들이 자신을 둘러싼 환경의 인공성을 느낄 수 없을 정도로 자연성을 높인 상태일 것이다.[70] 야생동물보호구역처럼 일정한 구역 전체를 야생동물 서식지로 선정하고 보호하는 방식을 떠올려 볼 수도 있겠다.

그러나 아무리 자연성의 정도를 높인다고 해도, 여기에는 그것을 (자연스러운 모습으로) 가능하게 만드는 인간의 철저한 개입과 관리, 곧 인위성이 근본적인 바탕으로 전제될 수밖에 없다. 역설적이게도 환경의 **자연성**은 인간의 인위적인 **개입**을 통해서만 달성될 수 있는 것이다. 온도와 습도는 물론이고 빛, 소음, 주변 경관, 자연지물 등 어느 것 하나 인간의 설계와 개입, 수정 없이 이루어질 수 있는 게 없다. 자연스럽게 하고자 하면 할수록 그것을 가능케 하는 더 철저한 계획과 관리가 필수적으로 요구될 수밖에 없다. 게다가 이러한 상황은 동물원의 범위를 넘어 실로 우리가 사는 일상 환경 곳곳으로까지 확대 적용되고 있기도 하다. 예컨대 북한산과 한강은 자연적인 모습 그대로 존재하는 것처럼 보이지만, 사실상 산의 나무부터 강의 어종까지 우리 눈에 보이는 거의 모든 자연 환경이 인간의 개입과 관리를 통해 관리 및 유지되고 있다고 해도 과언이 아니다. 단적으로 말해서, 자연은 인위를 전제한다.

모리오카는 이러한 구조를 '이중 관리구조'라고 명명하면서 이를 "모든 것을 예측 가능한 큰 틀 안에 담아 놓듯이 제어한 다음에, 그 안에 많은 해프닝을 준비하는 관리방식"(모리오카 마사히로, 2003/2005, 231쪽)이라고 정의한다. 다시 말해, 이중 관리구조란 큰 틀에서는 통제의 원리를 따르도록 하지만 역설적으로 그 내부에서는 자유의 원리가 구현되도록 만든, 말 그대로의 **이중적인** 관리구조를 뜻한다. 앞서 언급했듯이, 현대 동물원의 경우 전체적으로는 인간의 철저한 개입과 관리를 통해 운영되지만 그 내부적으로는 동물들의 자유와 주변 환경의 자연성을 확대·보장해 나가는 식으로 운영되는데, 여기서 확인할 수 있는 것이 바로 **인위**와 **자연**으로 이루어진 이중 관리구조이다. 물론 이때 중요한 것은 어떤 것이 인위이고 어떤 것이 자연인지를 정확히 구분하는 것이 아니다. 사실상 인위와 자연은 이중의 관리구조를 이루면서도 점차 불분명하게 섞이는 방향으로 옮겨 가고 있기 때문이다. 인위가 점점 더 자연의 형식을 빌려서 나타나고 있다고도 할 수 있다.

모리오카는 인위와 자연의 관계맺음을 크게 세 가지 단계로 구분한다. 그 첫째는 기술이 자연 상태에 인위적으로 개입하는 단계이다. 자연성을 유지하기 위해 수로를 정비하고 산림을 관리하는 식의 적극적인 조치들이 이에 해당된다. 두 번째는 이렇게 자연에 가해지던 인위적 작용들이 점차 자연적인 것들 뒤로 감추어지는 배경화의 단계이다. 다시 동물원의 예를 들자면, 관광객의 눈에는 동물들 및 동물원 환경에 가해지는 수많은 인위적 개입의 작용들이 보이지 않게 된다. 인위적인 것이 자연 뒤로 숨겨지거나 묻히면서 반대로 자연성이 그만큼 두드러지게 강조되는 식이다. "마치 전체가 자연인 것 같이 꾸며"지는 모양새다. 마지막으로 세 번째는 그 최대치로서의 자연화 단계이다. 이제 기술은 자연과 분리 불가능한 일부가 된다. 인공 강우처럼 인위적으로 자연 현상을 불러일으키는 경우, 실제 비를 맞는 사람들은 이것이 자연 강우인지 인공 강우인지 구별할 방법이 없다. 생명공학의 눈부신 발전은 이미 자연과 복제의 구분을 뛰어넘었으며 알파고(AlphaGo)에서 볼 수 있듯이 인공지능은 자연지능을 따라잡아 버렸다. 인위는 자연 속에 침투되고 섞이다가 이제는 마치 자연 그 자체인 것처럼 자연화되고 있다. 철저한 인위성이 역설적이게도 자연성과 맞닿게 되는, 혹은 그 자체가 자연성의 얼굴을 하게 되는 지점이다.

당연하게도 모리오카가 제시한 이중 관리구조는 단지 동물원을 분석하기 위해 고안된 틀이 아니다. 모리오카는 동물원을 예로 들었지만 이는 분명 현대 사회 전체를 겨냥한 것이기 때문이다. 사실상 동물원은 이중 관리라는 현재의 통치 구조를 하나의 단적인 모형으로 압축해서 보여 주기 위한 건축학적 **은유**에 가깝다. 파놉티콘을 규율사회/권력의 건축학적 은유로 보았던 푸코처럼 모리오카 또한 동물원을 현대 사회의 은유로 보고 있는 것이며, 더 나아가 이를 토대로 현대 사회를 통제와 자유의 이중성이라는 보다 입체적인 틀을 통해 바라보고자 한 것이다. 비록 동물원의 형식적 구조와 원리가 어떻게 현대 사회로 곧장 연결되는지에 대한 정밀한 분석으로 나아가지는 않았지만, 그 아이디어만큼은 현재의 사회적 짜임을 보다 입체적으로 파악하는 데 도움을 주는 게 사실이다.

모리오카의 주장은 이 책의 논의와 관련해 중요한 시사점을 제공해준다. 크게 두 가지 측면에서 그러한데, 우선 첫째, 그가 말하는 이중 관리구조는 통제와 자유 혹은 인위와 자연이 그 비동시적인 모순에도 불구하고 어떻게 **한 지점**에서 충돌 없이 만날 수 있는가에 대한 구체적인 모형을 제시해 준다. 짐작할 수 있겠지만 이 책에서 제안한 이중 관리권력이라는 개념은 바로 이 이중 관리구조로부터 모티브를 얻은 것이다. 어떤 점에서 그러한가. 다시 동물원의 예를 들자면, 먼저 (3장에서 논의한) 환경관리권력은 동물원의 물리적 환경을 이루는 조건과 요소에 개입해서 이들 전반을 동물의 생태에 맞게 그리고 가능한 한 자연적인 상태에 가깝게 관리·통제·제어해 나가는 과정과 겹쳐져 있는 것처럼 보인다. 푸코가 제시한 바 "환경적 유형의 개입이 행해지는 사회의 이미지, 관념, 주제-프로그램"(Foucault, 2004b/2012, 364~365쪽)이라는 신자유주의 통치권력의 특징은 여기서도 발견되는데, 그것이 이중 관리구조의 한 축인 "모든 것을 예측 가능한 큰 틀 안에 담아 놓듯이 제어"(모리오카 마사히로, 2003/2005, 237쪽)하는 과정과 결과적으로 같은 지점을 향하고 있기 때문이다. 환경적 유형의 개입을 중심으로 환경관리권력과 이중 관리구조의 한편이 서로 맞닿아 있는 셈이다. 이 둘 모두 개인들을 둘러싼 환경에 개입해 그 환경의 규칙과 질서를 설계하고 이를 통해 그 환경을 통제와 예측이 가능한 공간으로 재구조화해 나간다는 점에서 공통적이다. 또한 이를 통해 다시 그 개인들의 사고와 행동을 특정한 방향으로 이끌어 내고자 한다는 점에서도 공통적이다.

그런가 하면, 이러한 환경 구성은 결국 그 내부의 자연성을 높이는 방향으로 전개된다는 점에서, 정신관리권력과 이중 관리구조의 나머지 한편 사이의 연관성도 짐작해 볼 수 있다. 앞서 논의했듯이 현대의 동물원은 환경적 요소에 대한 세밀한 관리와 통제를 강조하면서도 반대로 그 내부에 대해서는 자연성을 최대한 높여 나가는 방향으로 바뀌어 가고 있다. "인간이 설정한 큰 틀 속에 놓여 있을 때에 한에서, 인간의 예상을 벗어날 수 있는 자유가 주어"(모리오카 마사히로, 2003/2005, 237쪽)지는, 말 그대로 **통제**와 **자유**의 이중 관리구조인 것이다. 동물원 전체로는 세세한 부분에까지 통제와 개입이 이루어지지만 정작 그 내부는 더없이 자유롭고 자연적인 상태가 유지되며, 그리하여 통제와 자유, 인위와 자연, 외부와 내부라는 이중적 관리구조가 모순적이면서도 상보적인 형태로 서로를 견인해 나가고 있다. 물론 이때의 동물원이란 현대사회에 대한 은유라는 것을 다시 한 번 덧붙일 필요가 있겠다.

우리는 이미 4장에서 정신관리권력을 "자신의 의지에 따라 자유롭게 생각하고 행동하게 하면서도 그것이 전체 통치의 의지 및 방향과 결코 다르지 않게 만드는 것"이라고 정의한 바 있다. 이 말대로라면 앞서 논의한 이중 관리구조의 다른 한 축, 곧 "마치 전체가 자연인 것"처럼 만드는 세계의 자유로움이란, 결국 그 원리상 정신관리권력과 크게 다르지 않은 것처럼 보인다. 둘 다 자유와 통치의 변증법적 나선을 따라 한편으로는 자유의 정도를 높여 나가고, 다른 한편으로는 통치의 효율 또한 높여 나가고 있기 때문이다. 특히 정신관리권력이 아무나의 정신적 능력을 최대한 활성화시키면서 자유로운 활동 그 자체를 통치의 동력으로 전환하는(이끌어 내는) 과정과 관련되어 있음을 염두에 둔다면, 자유를 중심으로 교차되는 개념적 친화성은 더욱더 분명해진다.

두 번째 시사점은, 인위적인 환경 개입에서 배경화로 그리고 다시 자연화로 진행되는 중첩적이면서도 단계적인 변화가 동물원의 이중 관리구조뿐만 아니라 이중 관리권력에도 마찬가지로 적용될 수 있다는 것이다. 앞서 살펴봤듯이, 환경에 대한 개입은 처음에는 인위적인 성격을 그대로 노출하지만 점차 자연의 배경 뒤로 물러나다가 결국 자연 자체와 분리 불가능한 형태로 뒤섞이게 된다. 그 결과 자연은 이제 자연 그대로인 것처럼 보일 때조차도 철저히 관리되고 통제된 결과로서만 그렇게 존재할 수 있다. 산과 강이 그렇고 일상의 숲과 개울이 그렇다. 적어도 현대의 문명사회에서 자연은 통제라는 바탕 위에서만 자연 그대로 존재할 수 있는 것처럼 보이는 게 사실이다. 그렇다면 환경관리와 정신관리라는 권력의 이중나선이 드러나는 양상은 어떨까. 그 구조가 동물원의 이중 관리구조와 동형적이라면, 그래서 통제와 자유의 동시적 겹침이 동일하게 반복된다면, 그것이 현실 속에서 구체적으로 드러나는 양상 또한 위의 세 단계의 변화 과정과 어느 정도 유사성을 띤다고 할 수 있지 않을까.

3장에서 논의했듯이, 컴퓨터에서 와이파이와 스마트폰을 거쳐 빅데이터와 사물인터넷에 이르기까지, 1980년대부터 시작된 매개적 환경 구성은 현대에 이르러 점차 그 존재를 의식할 수 없을 만큼 일상적이고 자연스러운 배경의 형태로 바뀌어 가고 있다. 정보화 기술 또한 처음에는 인위적인 형태로 등장했지만 점차 일상 속에 자연스럽게 녹아들어가다가 이제는 눈앞에서 사라져 가고 있다. 이로써 남게 된 것은 너무나도 자유로운 인터넷 세계이며, 마치 자연과도 같이 일상화된 매개적 환경 구성이다. 우리는 실로 매개 '안에' 있으며, 오직 그 안에서만 살며 일하고 소통할 수밖에 없다. 특히 매개적 환경 구성이 일정한 궤도에 오르게 된 2000년대 이후(웹 2.0 이후)로 이러한 경향성이 더욱더 두드러지게 나타나고 있는 상황이다. 통제와 개입의 실천들과 기술들이 배경 속으로 물러나고(또는 바탕이 되고) 그 자리를 더없이 자유로운 인터넷상의 활동과 기술이 전면적으로 채워 나가는 양상이다. 당연히 이를 인도하고 촉발하는 권력의 전개 양상 또한 이에 따라 각각 **배경화**되고 또 **전면화**되고 있다. 환경관리권력과 정신관리권력의 이중 구조에서 환경 관리의 요소가 배경화 또는 일상화됨에 따라 이를 바탕으로 점차 정신 관리의 벡터들이 자연화·전면화되고 있다고 이해해도 무방하다. 덧붙일 것은 배경화가 권력의 약화나 소멸을 뜻하지는 않는다는 것이다. 정신관리권력이 점차 전면화되고 있다고 하더라도 이는 그것을 가능케 하는 매개 환경에 대한 통치가 그만큼 그 바탕을 이루고 있기 때문이며, 바꿔 말한다면 매개 환경이라는 일상적 배경이야말로 권력의 자연화에 대한 가능성의 조건으로서 더욱 견고하게 자리 잡아 나가고 있기 때문이다. 배경화와 자연화는 서로에 대한 상호적인 조건이라 할 수 있다.

과거와 현재와 미래의 '다시'

이상의 논의를 통해 우리는 환경관리권력과 정신관리권력을 이중 관리권력이라는 보다 큰 차원에서 종합적으로 이해할 수 있었으며, 더 나아가 이를 관리사회라는 사회적 짜임의 주요 특징으로 자리매김할 수 있었다. 마치 동물원이 이중 관리구조 안에 놓여 있듯이, 현재의 매개 환경 또한 이중 관리권력이라는 특유의 통치 구조 안에 놓여 있다. 큰 틀에서는 환경적 유형의 개입을 통해 작동하지만, 즉 정보 환경을 이루는 요소들에 대한 관리와 통제를 통해 인터넷 사용 인구의 사고와 행동을 제어하고 인도하지만, 동시에 그 내부에서는 사용자의 자유를 극대화함으로써 이들의 자발적인 참여와 적극적인 생산을 이끌어 내고, 그럼으로써 스스로 통치의 회로를 가동시켜 나가게 하는 식이다. 환경의 관리와 정신의 관리는 이처럼 이중의 구조를 이루면서 관리사회라는 짜임을 구성하는 **이중의 계기**로 통합되어 들어간다. 이로써 보다 효율적이고 효과적인 통치 시스템이 구축될 수 있었음은 물론이다. 뿐만 아니라 우리는 이 가운데 배경화와 자연화의 단계를 구분함으로써 이 두 권력 작용 사이의 관계를 보다 역동적으로 파악하는 단초를 마련할 수 있었다. 단순히 환경 관리와 정신 관리라는 두 권력이 관리사회를 구성해 나간다고 말할 게 아니라, 이 두 작용이 어떻게 조합을 달리하면서 현실화되는지 그 구체적인 전개 양상을 면밀히 검토할 필요가 있다. 여러 제약상 이에 대한 정밀한 분석으로까지 나아가지는 못했지만, 일단 여기서는 두 개의 서로 다른 권력 작용이 어떻게 한 지점에서 만날 수 있는지를 확인하고 그 가능한 모형을 제시했다는 정도로 만족하고자 한다. 이후에라도 보다 경험적인 연구가 이어달리기의 형태로 뒷받침될 필요가 있다.

다만 한 번 더 강조할 것은 이러한 이중의 권력 작용으로 인해 물리적인 환경의 관리 프로세스는 더욱 촘촘해지고 배경화·일상화·자동화되고 있는 반면, 역설적으로 그 내부 구성원의 정신은 어느 때보다 더 자유로운 모습으로 자연화·전면화·활성화되고 있다는 것이다. 자유와 통치의 변증법이란, 그러니까 관리사회라는 사회적 짜임이란 바로 이러한 이중나선의 결합 구조가 기술적 합리성의 모습으로 (지배적으로) 통용되는 사회를 일컫는 이름이고 말이다. 인터넷 장치를 통한 환경관리권력과 정신관리권력의 이중 작용, 그리고 그 종합이자 효과로서의 관리사회라는 문제설정이 길고 긴 논의 끝에서야 이렇게 '다시'

확인된다.

물론 이 '다시'라는 표현의 따옴표는 의도된 것인데, 이 책은 이미 2장 서론의 말미에서 '다시'라는 말의 의미와 목적을, 그 안에 야심찬 기획을 담아, 마치 앞으로 펼쳐 나갈 여행의 청사진을 그리듯 제시한 바가 있기 때문이다. 해당 구절을 반추하듯 살펴보자.

> 이런 관점에서 보면, 파놉티콘(이 또한 기계이자 장치이다)을 규율사회의 건축학적 은유이자 그 가운데서 작동하는 권력 메커니즘의 전형으로 파악했던 푸코의 논의를, 인터넷과 관리권력 그리고 관리사회의 계열체로 바꾸어 내어 신자유주의라는 맥락 속에서 '다시' 읽어 내는 것에 이 책의 일차적인 목표가 있다고도 할 수 있다. 하지만 이 '다시'라는 표현은 결코 반복을 뜻하지 않는데, 푸코의 작업을 단지 소재를 달리하여 적용해 보는 게 이 책의 목표는 아니기 때문이다. 오히려 1984년 푸코의 죽음 이후에야 조금씩 그 모습을 드러내기 시작한 인터넷과 관리사회의 전망들을, 한편으로는 푸코의 생각을 좇아가면서 읽어 나가고 다른 한편으로는 그의 공백 지점을 새로운 논의를 통해 채워 나감으로써, 마침내 현재적 맥락에서 '다시' 쓰는 것이야말로 이 책의 목표라 할 것이다.

이 책은 출발점에서 제시한 저 '다시'의 목적을 이루기 위해 이렇게나 먼 길을 돌아왔다. 그러나 이 우회야말로 필연코 논증의 과정 그 자체일 것이다. 출발점에서 목표로 제시한 저 '다시'의 의미를, 도착지점에 이르는 긴 우회의 과정을 통해서야 비로소(그리고 마침내) 파악할 수 있게 되었기 때문이다. 마침표의 지점에서 출발점에서의 목표를 (재)확인하는 것은, 또는 출발점에서부터 계속해서 마침표를 염두에 두고 앞으로 나아가는 것은, 그 사이에서 발생하는 숱한 동요와 시행착오, 실로(失路)에도 불구하고 일단은 논의의 과정을 완결된 것으로 만든다는 점에서 유의미하다. 미궁을 빠져나오기 위해 놓아둔 아리아드네의 실이었던 셈이다. 물론 이때의 다시는 단순한 반복의 의미가 아니다. "현재적 맥락에서 '다시' 쓰는 것", 이 '다시'는 푸코를 문헌학적으로 고증하기보다는 도구상자로 이용한다는 의미에서의 '다시'이고, 그가 했던 작업을 지금-여기의 맥락 속에서 차이와 함께 반복한다는 의미에서의 '다시'이며, 더 나아가 이후의 또 다른 작업을 요청하고 불러일으킨다는 의미에서의 '다시'이다. 곧 과거와 현재와 미래의 '다시'이다. 그리고 이러한 '다시'는 다른 무엇보다도 권력의 오래된 문제설정을 인터넷 이후라는 현재적인 맥락 속에서 새롭게 쟁점화하는 것이자, 그 권력이 행사되는 구체적이고 특수한 테크닉, 메커니즘, 프로세스 등을 다시금 정교하게 분석하는 것으로서의 '다시'이다. 즉 이 책에서는 '다시'라는 실을 따라가면서, 지금-여기의 상황에서 왜 다시 권력을 말해야 하는지, 그리고 그때의 권력이란 도대체 어떻게 작동하는지를 스스로 이해하고 또 이해시켜 보고자 했다.

"사유에 주어진 임무가 있다고 할 수 있다면, 사상가의 임무는 가슴에 희망을 불어넣는 것이 아니라 현실을 이해하도록 돕는 것이다. 오직 이해만이 새로운 가능성을 불러낼 수 있"다(Berardi, 2011/2013, 190쪽). 이 책이 기여하는 바가 있다면 그것은 이 책이 우리가 직면한 현실, 곧 환경관리와 정신관리라는 이중의 권력을 통해 작동하는 관리사회의 통치 상황을 조금이라도 이해하게 해주는 데 있을 것이다. 앞서 논한 바와 같이, 이 책에서는 인터넷 이후의 통치 권력이 한편으로는 우리를 둘러싼 매개 환경을 최적화함으로써 사용자들의 사고와 행동을 특정한 형태로 관리·통제·제어하고, 다른 한편으로는 그 내부 사용자들의 자유를 극대화함으로써 이들 아무나의 정신적 능력을 전유해 나가는, 이른바 환경관리와 정신관리라는 이중의 관리를 통해 가장 효율적이고 효과적인 통치 시스템을 구축해 왔음을 밝혀 보이고자 했다. 단순히 빅데이터, 플랫폼, 알고리즘, 사물인터넷 등의 첨단 기술이 사회의 모습을 어떻게 바꾸어 나가는지를 현상적인 수준에서 설명하고 이를 초연결사회니 4차 산업혁명이니 하는 말로 성마르게 선언하는 것만으로는 부족하다. 그리고 그에 대해 낙관적 또는 비관적 전망을 내놓는 것만으로도 부족하다. 오히려 그러한 변화를 근본적으로 지탱하고 있는 원리와 운동을 분석하고 이해할 필요가 있다.

물론 이러한 이해는, 단지 인식론적 이해에만 그치지는 않는다. 현재의 통치 권력이 어떤 원리와 전략, 절차, 실천 등을 통해 구체화되고 있는지 이해하는 것은, 곧 "어떻게 하면 이런 식으로, 이들에 의해서, 이런 원칙들의 이름으로, 이런 목표들을 위해, 이런 절차를 통해, 그런 식으로, 그것을 위해, 그들에 의해 통치당하지 않을 것인가?"(Foucault, 2015/2016, 44쪽)라는 다음 단계의 문제제기로 한 걸음 더 내딛기 위한 출발점이 될 수 있기 때문이다. 즉 지금과 같은 방식으로 통치당하지 않기 위해서라도 무엇보다 먼저 현재의 우리가 어떤 합리성의 원칙으로, 어떤 메커니즘과 프로세스를 통해, 어떻게 통치되고 있는지를 정확히 알 필요가 있다. 그리고 그런 다음에야, 이를 바탕으로 "통치 기술을 불신하고 거부하고 제한하며, 그것의 정당한 한도를 모색하고 그것을 변형시키며, 그것으로부터 벗어나고자 하는"(Foucault, 2015/2016, 44쪽) 저항의 언어와 몸짓을 시도해 나갈 필요가 있다. 결코 그 역은 아니다. 푸코가 (칸트를 이어받으면서) 말했듯이 "감히 알고자" 하는 것은 "자발적 불복종"과 "숙고된 불순종"(Foucault, 2015/2016, 47쪽)으로 나아가기 위한 필수불가결한 단계라 할 수 있다. **계몽**과 **비판**은 **저항**의 문제설정과 서로 맞닿아 있는 것이다. 그런즉, 이 책의 임무는 지금의 현실을 묘사하는 것도, 그 현실을 긍정하거나 부정하기 위한 것도 아니다. 실효적인 대안을 제시하거나 당장 무엇을 하자고 제안하기 위한 것도 아니다. 우리가 어떻게 통치되고 있는지 "감히 알고자" 하는 것, 그럼으로써 지금의 현실을 이해하고 그 원리를 파악하도록 돕는 것, 그리고 그러한 이해를 바탕으로 그 너머의 "새로운 가능성"을 묻고 따지고 또 요청하게 만드는 것, 이 책의 작지만 분명한 쓰임은 바로 거기에 있다.[71]

| 주 |

1 여기서 '시차적'이라는 표현은 시간(時間) 차이와 시각(視角) 차이라는 의미를 동시에 담고 있다. 이후로 구분이 필요할 때에는 시간을 강조하거나 시각을 강조하는 식으로 의미를 한정했으나, 기본적으로는 중의적인 의미로 사용하고자 했다.

2 이는 한편에 억압을 위치시키고 반대편에 해방을 위치시킨다는 점에서 (둘 사이의 갈등과 투쟁을 강조할 수는 있어도) 결국 억압과 해방의 도식을 어떤 식으로든 계속해서 반복하게 만든다. 억압된 사회를 인터넷으로 해방시키고, 그 인터넷이 문제가 되면 다시 이를 해방시켜야 한다는 식의 논리이다. 이럴 경우 해방의 뒤에는 언제나 그보다 더 강력하고 '진정한' 해방이 요구될 수밖에 없다.

3 인터넷(Internet)과 월드와이드웹(World Wide Web, WWW)은 별다른 구분 없이 사용되고 있지만, 이 둘이 꼭 같은 것은 아니다. 인터넷이 컴퓨터들을 서로 연결해 정보를 주고받을 수 있게 만든 컴퓨터 네트워크를 뜻하는 반면, 웹은 하이퍼텍스트 기능을 통해 인터넷상의 정보를 편리하게 이용할 수 있게 만든 정보 시스템을 뜻한다. 물론 웹이 인터넷을 더 이용하기 쉽고 편리하게 만든 것은 사실이지만, 보다 정확히 말하자면 웹과 인터넷은 그 성격 자체가 근본적으로 다르다. 분산 처리 방식이라는 자체의 구조에서 드러나듯, 인터넷은 공급자와 사용자를 연결해 주는 중앙의 호스트 컴퓨터가 따로 존재하지 않는다. TCP/IP 프로토콜을 따르기만 하면, 세계의 모든 컴퓨터는 그야말로 모두에게 열려 있고 누구에게나 평등한 수평적 네트워크에 자유롭게 연결될 수 있다. 여기서 공급자와 사용자는 사실상 분리 불가능하다. 그러나 웹은 클라이언트와 서버를 연결해 주는 분명한 매개자를 전제하며, 많은 경우 대기업이 제공하는 인터넷 브라우저 등의 플랫폼이 이 역할을 담당한다. 익스플로러나 크롬과 같은 브라우저가 없으면 인터넷 세계에 들어갈 수도 없는 현재의 상황을 떠올려 볼 수 있겠다. "웹사이트 운영자는 사용자들이 이용할 수 있는 콘텐츠와 선택사양을 완전히 통제한다."(Kleiner, 2010/2014, 51쪽). 이 책은 인터넷과 웹의 차이를 인정하면서도 표현에 있어서는 엄밀한 구분을 두지 않았다. 우리가 알고 있는 초기의 인터넷은 이미 클라이언트-서버 구조의 웹으로 변모된 지 오래이며, 그 결과 현재는 인터넷과 월드와이드웹이 크게 구분되지 않고 쓰이기 때문이다. 이제 인터넷은 웹의 다른 이름이기도 하다. 인터넷이라는 이름만 남고 사실상 그 형식은 웹에 의해 점령된 상황이다. 계속해서 논의하겠지만, 이 책의 문제의식은 초기의 바로 그 인터넷이 아니라 웹 2.0 이후의 변화, 곧 인터넷이 웹으로 수렴된 이후의 상황을 겨냥하고 있다. 때문에 독자들은 인터넷이라는 표현이 초기의 인터넷을 지칭하는 게 아니라 웹 2.0부터 현재로 이어지는 웹 환경 전체를 통칭한 것임을 염두에 둘 필요가 있다.

4 configuration은 배치나 배열, 구성 등으로 번역되곤 한다. 그러나 여기서는 여러 요소의

동적이면서도 입체적인 상호 관계를 강조하기 위해, 그리고 그것이 완성된 형태가 아니라 지속적으로 형성 중인 과정임을 강조하기 위해 '짜임'이라는 번역어를 선택했다. 씨실과 날실로 직조되는 옷감의 '짜임'을 떠올려 볼 수 있겠다. 장태순은 바디우의 『비미학』을 번역하면서 짜임이라는 번역어를 사용한 바 있다(Badiou, 1998/2010).

5 인공지능은 발전 속도도 빠르고 활용 가능성도 대단히 크지만, 현재의 일상 속에서 관련 기술을 직접 체감하기에는 아직 그 변화가 전면적이지도 내재적이지도 않다. 최근 상용화되고 있는 인공지능 전자기기들도 아직은 그 수준이 매우 낮은 정도에 머물러 있는 게 사실이다. 다른 인터넷 장치들이 일상 속에 깊게 뿌리내리고 있는 것과는 차이가 있다고 하겠다. 근미래에는 인공지능이 우리의 일상을 근본에서부터 바꾸어 나갈 것이라고 예측해 볼 수 있겠지만, 현재의 상황을 분석하고 비판하는 이 자리에서 인공지능을 본격적으로 논의하기에는 아직 추상적이고 모호한 측면이 많은 게 사실이다. 이 책에서는 현재의 상황에 주목하기 위해 인공지능 관련 논의를 다루지 않았으나, 이는 그것이 중요하지 않아서가 아니라 반대로 보다 긴 호흡을 갖고 지켜봐야 하는 분야이기 때문이었다.

6 '인터넷'이라는 명명이 현재의 첨단 기술들을 포괄하기에는 다소 낡고 협소하다는 비판이 가능하다. 인터넷 이후의 현대적 기술 환경을 반영해서 이를 '포스트 인터넷(post internet)' 정도로 수정할 수도 있겠으나, 이는 시대적 구분을 강조한다는 점에서 오히려 인터넷이라는 근본적이고 기반구조적이며 연속적인 기술 그 자체에 대한 문제제기를 흐리게 만든다는 한계가 있다. 인터넷 권력이 비단 포스트 인터넷 시대에만 한정되는 것은 아니기 때문이다. 이 책에서는 포스트 인터넷 시대를 인터넷이라는 기술적 조건의 연장선상에서 이해하고자 했으며(즉 인터넷과 포스트 인터넷 사이에 본질적인 변화가 없다고 보았으며), 때문에 이 모두를 포괄할 수 있는 용어로 인터넷을 선택했다. 이는 4장에서 논의할 웹 2.0과 웹 3.0에 대해서도 동일하게 적용된다. 웹 2.0의 흐름이 현재의 근본을 이룬다고 보기 때문이다.

7 역자인 심세광은 『안전, 영토, 인구』의 옮긴이 해제에서 생(명)과 삶이라는 표현과 관련해 다음과 같이 말한다. "먼저 '생권력', '생명권력', '삶권력'은 푸코가 설정한 생(명)과 정치의 관계가 수동적 대상화의 관계인지 능동적 주체화의 관계인지를 명확히 구별해 드러내 줄 수 없다고 생각된다. 게다가 '삶권력'의 경우에는 '삶'이라는 어휘가 장-폴 사르트르 식의 실존철학에서 말하는 '주체-실존'과 혼동될 수 있는 여지가 다분하다. 그런가 하면 '생체통제권력'의 경우에는 '생체'라는 단어가 생(명)을 좁은 의미의 생명과학(의학, 생물학)이 지시하는 대상, 즉 개인의 신체나 생명존재 개체가 지닌 신체적 영역의 특수한 메커니즘으로 축소하는 듯한 인상을 준다."(Foucault, 2004a/2011, 535쪽)

8 정신관리권력의 영문 표기인 psycho power는 통념상 오해를 낳기 쉽다. 정신병자를 주인공으로 한 영화 〈사이코〉나 반사회성 인격 장애인 사이코패스(psychopath)를 떠올리게 하기 때문이다. 미치광이 악당이 소유한 초능력 힘으로 오해될 소지도 있다. 물론 이 책에서 제안하는 psycho power는 그런 것과는 무관하다. 이후로 논의하겠지만 이때의

psycho는 의식, 감정, 무의식 등 정신적인 것 일반을 통칭하기 위해 선택한 용어이다. 실제로 psycho는 고대 그리스어인 psykhe에서 연원한 것으로 마음, 영혼, 정신이라는 뜻을 갖고 있기도 하다. mental, mind, spirit도 유사한 의미를 갖고 있으나 각각 심리와 마음, 영혼에 특화된 의미를 갖고 있다는 점에서, 그리고 무엇보다 무의식의 영역을 담아내기에는 부족하다는 점에서 최종적으로 psycho라는 용어를 선택했다. mental power, mind power, spirit power로 표기했어도 마찬가지로 여러 오해를 불러일으킬 수밖에 없다는 점에서, 어느 한 용어로의 정착은 (그것이 전적으로 만족스럽지는 않더라도) 불가피한 게 사실이다. 이 책에서는 의식과 함께 무의식의 영역까지 아우르기 위해, 정신분석학('psycho'analysis)에서 사용한 psycho라는 용어를 선택했는데, 독자는 이것이 앞서 예로 든 부정적인 것과는 전혀 상관이 없으며 순전히 정신적인 것 일반을 지칭하기 위해 조어한 용어임을 염두에 둘 필요가 있다.

9 이어서 심세광은 통제와 관리라는 표현에 대해 이렇게 말한다. "'통제'라는 단어는 '주권권력'이나 '규율권력'이 지닌 부정적·폐쇄적 뉘앙스를 준다고 판단된다. (중략) 그래서 문자 그대로 번역한다면 '생(명)권력'이겠지만, 한편으로는 생명이 대상화와 예속화의 표적이 된다는 것을 명백히 하고, 다른 한편으로는 통제와 조절의 의미를 모두 포괄하면서도 '통제'라는 단어의 다소 부정적인 뉘앙스를 배제한 채 푸코가 규정한 권력의 실제 작동메커니즘을 있는 그대로 반영할 수 있다고 생각되는 '관리'라는 단어를 삽입해 '생명관리권력'과 '생명관리정치'로 옮겼다."(Foucault, 2004a/2011, 535쪽)

10 관리권력과 관리사회에서 '관리'의 영어 표기는 control보다 manage, management가 의미상 더 적합한 게 사실이다. 그러나 이 책은 푸코와 들뢰즈의 문제설정을 이어받으면서도 이를 현재적 상황에 맞게 갱신하는 데 초점을 맞추고 있는 만큼, 그들이 사용한 control이라는 표현을 그대로 사용하되 다만 여기에 새로운 의미를 부여하고자 했다. 본문에서 '관리'로 표기한 부분에는 지배나 통제, 제어의 의미보다는 management의 의미가 더 강하게 내포되어 있음을 염두에 둘 필요가 있다.

11 데이비드 하비(David Harvey)는 신자유주의를 "사적 소유권, 자유 시장, 자유무역의 특징을 갖는 제도적 틀 내에서 개인의 열정적 자유 및 기능을 해방시킴으로써 인간 복지가 가장 잘 개선될 수 있다는 점을 제안하는 정치적·경제적 실행에 관한 이론"(Harvey, 2005/2007, 15쪽)이라고 정의하면서, 이에 덧붙여 그러한 신자유주의 역사를 "국제적 자본주의의 재조직화를 위한 이론적 설계를 실현시키려는 유토피아적 프로젝트, 또는 자본축적의 조건들을 재건하고 경제 엘리트의 권력을 회복하기 위한 정치적 프로젝트"(Harvey, 2005/2007, 36쪽)로 정의한다. 알프레두 사드-필류(Alfredo Saad-Filho)와 데버러 존스턴(Deborah Johnston) 또한 신자유주의를 "전 세계 엘리트 집단에게 부와 권력을 집중시키려는, 특히 각국의 금융적 이해관계에 이익이 되며 국제적으로는 미국 자본에 이익이 되는 헤게모니 프로젝트의 일부"(Saad-Filho & Johnston, ed., 2005/2009, 10쪽)로 정의한 바 있다.

12 렘케는 푸코가 "자유주의를 경제 이론이나 정치 이데올로기가 아니라 인간을 통치하는 특수한 기술로 이해한다"(Lemke, 2007/2015, 81쪽)고 말하는데, 이때의 자유주의는 사실상 신자유주의로 읽혀져도 무방하다.

13 특정 기술을 변화 및 발전시키는 외적 요인으로서의 자본주의가 따로 존재하는 게 아니라, 기술 그 자체의 변용을 통해 자본주의가 특유의 형상을 구축하면서 작동하는 것이라면, 예컨대 방직기 자체에 초기 자본주의의 형성과 전략이 내재되어 있는 것이라면, 우리는 기술의 변용 과정을 추적함으로써 (역으로) 그 안에 착근되어 있는 자본주의의 변화 양상을 짐작할 수 있게 된다(요시미 순야, 1995/2005). 이는 인터넷의 경우도 마찬가지일 텐데, 군사용 목적으로 개발된 초기 형태부터 TCP/IP라는 개방형 표준 언어의 채택, 그리고 세계를 아우르는 월드와이드웹의 등장까지, 인터넷의 구조적 변용 안에는 이미 전 세계적 네트워크로서의 자본주의가 함께 자리 잡고 있기 때문이다. 실로 인터넷은 그 자체가 자본주의 전개 과정의 한 계기라고 할 수 있다. 기술적 변용으로부터 자본주의 또는 신자유주의의 작동 방식을 읽어 낸다는 본문의 말은 바로 이런 의미를 담고 있다.

14 '기계'라는 개념은 『안티 오이디푸스』에서 본격적으로 논의되는데, 그 제목에서 알 수 있듯이 정신분석학, 특히 자크 라캉(Jacques Lacan)의 '구조' 개념을 비판하기 위한 목적으로 사용된다. 구조와 결여, 억압 등으로 이어지는 정신분석학적 논의 계열을 기계, 욕망, 생성 등의 계열을 통해 비판 및 대체하면서, 들뢰즈와 가타리 자신의 고유한 철학을 정립해 나가기 위한 개념적 시도라 할 수 있다. '욕망 기계'(또는 '욕망하는 기계')라는 표현이 보여 주듯, 기계 개념은 일반적인 구조(즉 구조주의)로 환원될 수 없는 개체적인 특이성과 그 생성을 담아내기 위한 것이며, 더 나아가 그런 기계의 연결 접속을 통해 비로소 '하고자 함'으로서의 욕망이 (흐름을 절단하거나 생산하는 방식으로) 작동하게 됨을 드러내기 위한 것이다. 보다 자세한 내용은 들뢰즈와 가타리(Deleuze & Guattari, 1972/2014)를 참고할 것.

15 조르조 아감벤(Giorgio Agamben)은 장치에 대해 다음과 같이 말한다. "푸코가 말하는 장치는 이미 아주 넓은 부류인데 이것을 더 일반화해 나는 생명체들의 몸짓, 행동, 의견, 담론을 포획, 지도, 규정, 차단, 주조, 제어, 보장하는 능력을 지닌 모든 것을 문자 그대로 장치라고 부를 것이다. 따라서 감옥, 정신병원, 판옵티콘, 학교, 고해, 공장, 규율, 법적 조치 등과 같이 권력과 명백히 접속되어 있는 것들뿐만 아니라 펜, 글쓰기, 문학, 철학, 농업, 담배, 항해[인터넷 서핑], 컴퓨터, 휴대전화 등도, 그리고 언어 자체도 권력과 접속되어 있다."(Agamben, 2006/2010, 33쪽)

16 규정(regulation)은 결정(determination)과는 다르다. 규정성은 특정 조건이 어떤 사회적 상태와 내용을 구조적·인과적·자동적으로 결정하기보다는 단지 어떤 상황이 발생할 수 있는 전반적인 환경을 큰 틀에서 (여러 요소들과의 관계 속에서 복합적으로) 규정하고 거기에 방향성을 부여한다는 것을 의미한다. 신자유주의가 규정적 조건 또는 조건으로서의 규정성이라는 본문의 말은 바로 이러한 의미를 담고 있다. 바꿔 말한다면, 신자유

주의라는 규정적 조건에 대한 고려 없이 기계와 권력, 사회의 복잡한 관계맺음과 그 현 상태를 적절하게 설명할 수는 없다. 덧붙여서, 이때의 규정성은 직접적인 인과성이 아니라 그럴 가능성이 크다는 의미의 우연적 개연성을 뜻한다는 점에서 베버가 말한 선택적 친화성 개념과 맞닿아 있다. 또한 이 규정성은 일방적인 결정의 방식이 아니라 다른 요소들과의 상호 관계를 통해 중층적으로 작동한다는 점에서 알튀세르가 말한 중층결정(over-determination)의 의미와도 맞닿아 있다. 이후로도 규정적 조건으로서의 신자유주의라는 말에는 이와 같은 의미가 내포되어 있음을 기억할 필요가 있다.

17 1989년은 베를린 장벽이 붕괴된 해이다.

18 자본의 유기적 구성이란 불변자본(C)과 가변자본(V)의 비율 C/V를 뜻한다. 가변자본(임금)에 비해 불변자본(기계와 원료)의 비율이 증가하게 되면 이윤율 S/(C+V)은 전체적으로 감소하게 된다(Marx, 1894/2008). 자본주의 체제는, 한편으로는 기계 자동화를 통해 생산성을 늘리기 위해, 다른 한편으로는 계급투쟁의 위협을 통제하기 위해, 가변자본보다 불변자본을 확대해 나가는 경향이 있다. 그런데 이렇게 자본의 유기적 구성(C/V)을 높이다 보면 역설적이게도 이윤율이 줄어드는 결과가 나타나게 된다.

19 프레이저는 명확히 밝히고 있지 않지만, 이러한 이해는 생산양식의 변화와 권력 체제의 변화를 상호 연결된 것으로 읽어 낸다는 점에서 마르크스와 푸코에 대한 교차점이 될 수 있다. 마르크스가 생산양식의 변화와 정확히 겹쳐져 있는 권력 구조의 변화를 간과했다고 한다면, 푸코는 그 반대의 경우라 할 수 있을 것이다. 그런데 프레이저는 포드주의에서 포스트포드주의로의 이행을(물론 이는 마르크스주의에 대한 조절학파의 비판적 독해의 결과이다) 규율권력에서 유연화된 권력으로의 이행과 겹쳐서 읽음으로써 결과적으로 마르크스와 푸코에 대한 동시적이고도 상보적인 독해의 단초를 제시했다고 평가할 수 있다. 이 책 또한 이러한 이해에 기반을 두고 논의를 전개하고 있음을 밝혀 둔다.

20 사토 요시유키는 이런 의미에서 극적인 변화의 기점을 1970년대로까지 앞당겨서 제시한다(사토 요시유키, 2009/2014). 반면 하비는 1979년의 볼커 충격(Volker shock)을 그 시점으로 제시한다는 점에서 각각 프레이저의 의견과 차이가 있다(Harvey, 2005/2008).

21 마르크스는 『자본론』 제3권 제3편에서 이윤율 저하 경향의 법칙에 대해 다음과 같이 말한다. "자본주의적 생산양식의 발달과 더불어 불변자본에 비하여, 따라서 또 운동되는 총자본에 비하여 가변자본이 상대적으로 감소한다는 것은 이미 본 바와 같이 자본주의적 생산양식의 하나의 법칙이다. (중략) 이처럼 불변자본에 비하여 따라서 또 총자본에 비하여 가변자본이 점점 더 감소한다는 것은, 사회적 총자본의 평균적인 유기적 구성이 점점 더 고도화된다는 것과 동일하다. (중략) 따라서 일반적 이윤율의 점진적인 저하 경향은 노동의 사회적 생산성의 점진적인 발달의 표현—자본주의적 생산양식에 특유한 표현—에 불과하다"(Marx, 1894/2008, 254~255쪽). 즉 이윤을 증가시키기 위해 자본주의는 자동화·기계화와 같은 불변자본의 도입은 확대하는 반면, 이를 운용 및 처리하는 노동자들(가변자본)의 수는 점점 더 축소시키는 경향이 있다. 그런데 가치의 원천

이란 결국 노동일 수밖에 없다는 점에서, 이 과정에는 기업이 경쟁력을 높이기 위해 기계를 도입하면 할수록 역설적이게도 이윤율이 줄어들고 마는 모순이 발생하게 된다. 개별 자본가의 합리적 선택이 오히려 자본주의 전체의 측면에서는 이윤율을 하락시키는 결과를 낳게 되는 것이다. 물론 이것은 일정한 경향성일 뿐 불변의 법칙은 아니며, 이를 상쇄시키는 다양한 반작용 또한 존재하는 게 사실이다. 보다 자세한 내용은 마르크스(1894/2008)를 참고할 것.

22 물론 이러한 서술은 논의의 전개를 위한 편의적 구분일 뿐이다. 이 세 항의 결합은 상호중첩적이면서도 동시적인 양상을 띠기 때문에 이처럼 두 항 사이의 분리된 결합은 실제로는 나타나지 않는다.

23 정보(information)와 데이터(data)는 자주 혼동되는 개념이다. '정보'는 '데이터'와 '의미'의 합으로 정의되는데(Devlin, 1999), 이에 따르면 어떠한 사실을 담은 수치나 값인 데이터에 구체적인 의미를 부여할 때 비로소 정보가 된다. 가령 신문에 실린 증권 시세표는 단지 데이터의 나열일 뿐이지만 이로부터 회사의 여러 재무 지표들을 읽어 냄으로써 회사에 대한 구체적인 정보를 얻게 되는 식이다. 이 책에서는 정보와 데이터를 가능한 한 각각의 의미에 맞게 구분해서 사용하고자 했으나 데이터와 정보의 구분이 크게 필요하지 않는 경우에는 혼용하기도 했다.

24 정보통신기술(Information and Communication Technology, ICT)은 정보기술과 통신기술의 합성어로, 이미 그 안에 정보의 가공 및 변환이라는 디지털화의 과정(정보기술)과 정보의 전달 및 소통이라는 네트워크화의 과정(통신기술)을 동시적 결합의 형태로 포함하고 있다.

25 착취(exploitation)와 수탈(expropriation), 그리고 전유(appropriation)는 구분될 필요가 있다. 착취가 직접적인 생산과정 안에서 이루어지는 잉여가치의 취득 행위라면, 수탈은 직접적인 생산과정 바깥에서 이루어지는 잉여가치의 취득 행위라 할 수 있다. 즉 노동자를 직접 고용해서 잉여가치를 가로채는 행위가 착취이고, 지대나 이자 등을 통해 다른 이의 소득을 가로채는 행위가 수탈이다(Marx, 1867/2010; Vercellone, 2007b). 이렇게 본다면, 인터넷 이용자들이 생산한 콘텐츠로부터 잉여가치를 취득하는 행위는 착취보다는 수탈로 정의할 수 있을 것이다(강남훈, 2008; 곽노완, 2010). 이들은 고용된 것도 아니고 노동을 하는 것도 아니기 때문이다. 이들은 생산과정 바깥에 있다. 그런데 기업은 이용자들이 생산한 콘텐츠 및 정형·비정형 데이터들을 있는 그대로 수탈하는 게 아니라 이를 다시 쓰임과 목적에 맞게 분리·분석·재결합하여 가치를 최대화하고자 한다는 점에서 이 과정에는 일종의 전유 단계가 수반될 수밖에 없다(백욱인, 2013). 이 책에서는 이러한 구분을 염두에 두면서도 수탈과 전유를 엄밀히 구분해서 사용하지는 않았다. 이 두 과정은 사실상 분리 불가능한 형태로 겹쳐져 있기 때문이다. 다만 이 책은 환경의 관리와 정신의 관리를 통해 이루어지는 통치의 메커니즘과 프로세스를 밝히고자 하는 만큼, 수탈보다는 그와 같은 전유의 과정에 좀 더 강한 의미를 부여하고 있음을 밝혀 두는

바이다.

26 정신의 기계화와 노동의 사회화가 각각 현재의 인지 자본주의(Cognitive Capitalism) 및 플랫폼 자본주의(Platform Capitalism) 논의와 일정한 관련성을 갖고 있음을 짐작하기란 그리 어렵지 않다. 전자와 후자가 각각 정신의 관리와 환경의 관리라는 기본적인 특징을 공유하고 있기 때문이다. 여기서 인지 자본주의와 플랫폼 자본주의로까지 논의를 확장하지는 않지만, 이 책의 문제의식을 밀고 나갈 경우 정신관리권력과 환경관리권력으로 (즉 권력의 차원에서) 인지 자본주의와 플랫폼 자본주의라는 현재적 쟁점을 다시 읽어 낼 수도 있다.

27 이는 막스 베버(Max Weber)가 사용한 개념으로, 그는 『프로테스탄트 윤리와 자본주의 정신』에서 프로테스탄티즘과 자본주의 사이에 이른바 '선택적 친화성'이 있다고 주장한다. 프로테스탄티즘이라는 종교적인 요소와 자본주의라는 경제적인 요소 사이에는 원인과 결과로 특정할 수 없는, 하지만 원리적으로는 동형적인 친화성이 있다는 것이다. 즉 이 개념은 두 항 사이의 우연적인 관련성을 뜻할 뿐, 원인-결과의 직접적인 인과성을 뜻하지는 않는다. 베버는 이를 바탕으로 프로테스탄티즘이 자본주의의 발전을 의도한 게 아니라 오히려 둘 사이에 존재하는 친화성이 서로의 발전에 영향을 미쳤다고 말한다. 그렇다고 한다면, 베버의 주장을 따라 인터넷 장치와 통치 권력 사이에서 일종의 선택적 친화성을 읽어 내는 게 무리만은 아닐 것이다. 물론 이때의 친화성이란 앞에서와 마찬가지로 두 요소 사이의 인과성이 아니라 원리적인 동형성을 의미하는 것이고 말이다.

28 심숀 비클러(Shimshon Bichler)와 조나단 닛잔(Jonathan Nitzan) 역시 자본을 "사회적 관계를 재구조화하는 권력"으로 정의하고 있다. 이들에 따르면 정치적인 것과 경제적인 것, 즉 권력과 자본은 "서로 마주 서 있는 별개의 실체들이 아니라 역사 속에서 긴밀하게 뒤엉켜 상당 부분 서로 중첩"(Bichler & Nitzan, 2004/2004, 42쪽)된 관계를 이루어 왔다. 권력과 자본을 통합적으로 이해해야 한다는 주장이며, 더 깊게는 자본 그 자체에 권력 개념을 통합시켜야 한다는 주장이다. 자세한 내용은 비클러와 닛잔(Bichler & Nitzan, 2004/2004)을 참고할 것.

29 '포섭'은 노동이 자본의 가치화 과정에 흡수되는 정도를 나타내는 말이다. 마르크스는 『자본론』 제1권의 제6장에 실릴 예정이었던(그러나 실리지 않았다) '직접적 생산과정의 제 결과'라는 글에서 형식적 포섭과 실질적 포섭을 나누어 제시한다. 형식적 포섭은 "과거의 다양한 생산과정과 다른 생산제 조건에 기초해서 형성되었던 기존의 노동과정"(Marx, 1857/1988, 89쪽), 즉 자본의 외부에 있던 노동이 자본주의적 생산관계 속으로 흡수되는 과정을 뜻한다. 형식적이라는 말대로, 이 과정은 과거의 생산양식과 단절하지 못한 채 단지 형식적으로만 구분되어 나타났을 뿐이다. 기존의 장인적 생산양식에 단순히 임금노동만 더해지는 식이었기에, 적어도 일하는 과정에서만큼은 노동자가 주도권을 갖고 있었다. 반면, 실질적 포섭은 "노동의 사회적 생산력이 발전되고, 대규모 노동과 더불어 과학 및 기계류의 직접적 생산에의 응용이 확대"(Marx, 1857/1988, 103쪽)되

는 변화로 인해 노동의 전 과정이 전면적으로 재조직되는 과정을 뜻한다. 기계가 노동자의 지식과 경험을 대체하게 되면서 노동과정 전체가 철저히 자본주의의 리듬에 맞게 재편되기에 이르렀으며(구상과 실행의 분리), 노동자에 대한 통제도 그만큼 강화되어 갔다. 자본이 노동에 대해 전적인 주도권을 잡게 되었음은 물론이다. 이와 함께 착취의 방법 또한 노동시간의 절대적 확장에서 생산성에 대한 상대적 강화로 바뀌어 갔다(Marx, 1857/1988; 1867/2009; 1867/2010).

30 클로드 레비스트로스(Claude Lévi-Strauss)는 서구의 기준에서 봤을 때 비논리적이고 비합리적인 것(미개하고 야만적인 것)으로 여겨졌던 원주민의 문화가 사실은 서구와는 전혀 다른 체계로서의 사고와 논리, 곧 자신만의 고유한 '야생의 사고'를 가지고 있음을 밝혀낸 바 있다. 원주민의 문화는 비이성적인 것이 아니라 단지 서구와는 다른 방식과 형태의 내적 논리구조를 갖고 있다는 것이다. 이 또한 원리적 준거로서의 합리성의 차이라는 관점에서 이해할 수 있다.

31 푸코 강의록의 편집자인 미셸 세넬라르(Michel Senellart)는 통치성(governmentality)이 government와 mentality가 합쳐진 게 아니라, 통치의 형용사인 govenmental에서 파생된 명사(-lity)라고 말한다. 물론 이와 관련해 학계의 통일된 입장이 있는 것은 아니다. 다만 통치와 사고방식의 결합으로 읽어 내는 논의들 또한 나름의 설득력을 갖고 있다는 점에서 이러한 이해와 해석이 전적으로 잘못된 것이라고 판단할 수만은 없어 보인다. 자세한 내용은『안전, 영토, 인구』뒤편에 수록된 세넬라르의 강의정황을 참고할 것.

32 이 책은 관리권력으로의 경향적 이행에 초점을 맞추고 있는 까닭에, 그러한 변화에도 불구하고 여전히 잔존해 있는, 그러면서 때로는 회귀하기도 하고 역전하기도 하는 나머지 다른 형태의 권력 관계에 대해 논의를 소홀히 했다는 한계가 있다. 권력 관계란 전적인 대체가 아니라 복합적이고 동시적인 겹침을 이루기 때문에, 관리권력으로의 경향적 이행에도 불구하고 이전까지의 권력 양식들이 일거에 사라지는 것은 결코 아니다. 인터넷상에서 여전히 계속되는 검열, 감시, 억압, 추방, 망명, 불평등, 착취 등은 이러한 중첩의 양상들을 더없이 잘 보여 준다고 하겠다. 특히 몇몇 국가나 특정 지역의 경우 이 책에서 논의한 것과는 정반대의 상황이 지금도 계속되고 있다는 점에서, 그리고 선진 자본주의 국가들에서조차 공공연한 인터넷 감시와 사찰이 진행되고 있다는 점에서, 이와 같은 현실적 반례들은 이 책의 주장과 '함께' 설명될 필요가 있다. 지정학적 특수성이 충분히 고려되지 않았다는 비판이 제기될 수밖에 없는 이유이기도 하다. 다만 반복했듯이 이 책에서는 관리권력이 "다른 권력 유형보다 우위로 유도해간 경향, 힘의 선"(Foucault, 2004a/2011, 163쪽)을 보고자 했을 뿐 이러한 경향이 유일하다고 주장하는 것은 아니며, 적어도 신자유주의라는 규정적 조건 위에서는 그 고유의 정치적·경제적 합리성을 따라 인터넷과 권력의 관계 또한 자유와 통치의 변증법을 그려 나가게 된다고 주장하는 것임을 다시 한 번 강조해 두기로 하자.

33 통치성과 통치는 혼동되는 경우가 많으나 푸코는 이 두 개념을 구분하고자 했다. 통치성

이 권력 관계를 분석하기 위한 분석의 격자라면, 이로부터 확정되는 것이 권력의 구체적인 행사 방식, 즉 행위의 인도(conduct of conduct)라는 통치 메커니즘이다(Gordon, 1991; Foucault, 2004a/2011). 세넬라르 또한 강의정황에서 이 점을 지적한다(Foucault, 2004a/2011, 528쪽).

34 통치성 개념을 인터넷, 디지털, 알고리즘, 소셜 미디어 등에 확대 적용하는 식의 논의는 꾸준히 제출되고 있다. 디지털 통치성(Digital Governmentality), 전자 통치성(Electronic Governmentality), 알고리즘 통치성(Algorithmic Governmentality)의 경우가 대표적인데(Badouard et al., 2016; Metha et al., 1998; Rouvroy et al., 2016), 이러한 연구들은 통치성의 적용 범위를 넓혀 나간다는 점에서는 고무적이지만, 통치성이라는 문제설정 자체를 현대의 기술적 상황에 맞게 새롭게 변용 및 전유하는 데까지 나아가지는 못했다는 점에서 한계가 있다. 통치성이 생명권력의 이론적 지평을 확장한 것이라면(Foucault, 1976/2017; 2004b/2012), 마찬가지로 생명에서 정신과 환경으로 통치의 범위와 성격이 극대화·급진화되어 가고 있는 현재적 맥락을 고려해서 통치성의 문제설정 또한 새롭게 재구성할 필요가 있다.

35 그물망이라는 표현은 결코 사소하지 않은데, 들뢰즈가 이미 관리사회를 "순간순간 스스로 변하는 주형, 혹은 이리저리 변형될 수 있는 그물"(Deleuze, 1990/1993, 200쪽)로 묘사하면서 관리사회와 그물망 사이의 유비를 제시한 바 있기 때문이다. 인터넷과 관리사회라는 두 항이 우연찮게도 '그물'이라는 은유를 통해 표현되고 있는 것이며, 바꿔 말하면 그물이라는 은유를 중심으로 인터넷과 관리사회가 서로에 대해 교차 지점을 형성하고 있는 것이다. 그물이 갖고 있는 (어느 정도의) 자유와 (약한 것 같지만 결코 약하지 않은) 통제, 그리고 유연성과 연결성, 포괄성 등을 감안한다면 그것이 인터넷과 관리사회 모두에 대한 은유로 사용되고 있는 상황을 쉽게 이해할 수 있다.

36 바로 앞의 인용에서도 볼 수 있듯이, 이와 관련해서는 '미디어화(mediatization)'라는 개념을 떠올려 볼 수 있다. 이 개념은 미디어 논리(media logic)에 의해 재구성되는 사회적·정치적·문화적 행위와 그 결과에 초점을 맞춘다는 점에서, 즉 미디어의 영향력이 단순한 매개 작용에 그치지 않고 오히려 그 매개의 항들을 자체의 논리에 맞게 재구성하는 데까지 이르고 있음을 강조한다는 점에서, 이 책의 논점과 그리 멀지 않은 게 사실이다(Couldry, 2009; Hepp, 2008). 이 책에서는 미디어화라는 개념의 문제의식을 염두에 두면서도 여기에 덧붙여 자본주의의 가치화 메커니즘과 통치 권력의 포섭 전략, 사회적 짜임의 형성 등과 같은 보다 복합적인 쟁점을 하나의 문제설정 속에서 보고자 했다. 같으면서도 다른 지점이다.

37 앤드루 핀버그(Andrew Feenberg)는 기술을 일종의 환경으로 바라본다. 그는 기술이 점점 더 우리의 일상 환경 속에 분리 불가능하게 착종되어 가고 있음을 지적하면서, 미래에는 이러한 기술과 환경의 일원화가 기술 발전과 함께 더욱더 강화될 것으로 진단한다(Feenberg, 1991). 더 나아가 존 더럼 피터스(John Durham Peters)는 미디어를 단순히

메시지를 전달하는 수단에 국한하지 않고 인간의 삶을 가능케 하는 자연과 문화의 모든 요소들로까지 확장해 나간다(Peters, 2015/2018). 그는 심지어 바다와 불, 하늘까지도 미디어라고 말하는데, 이러한 환경 요소가 인간의 삶을 현재와 같은 모습으로 이루어지게 만들었다고 보기 때문이다. 즉 그는 우리의 일상/자연 환경 그 자체가 미디어라고 말한다. 미디어 생태학(Media Ecology) 또한 커뮤니케이션 미디어를 생태적 환경의 시각에서 바라본다는 점에서 비슷한 문제의식을 공유한다(Lum, 2006). 다만 이러한 입장들 모두 기술 혹은 미디어와 환경적 요소 간의 유기적이고 생태적인 관계를 강조하는 반면, 바로 그 관계가 어떻게 동시에 착취와 수탈, 통제와 같은 권력의 기제로 작동할 수 있는지에 대해서는 논의를 집중하지 않는다는 점에서, 이 책의 문제의식과 근본적인 차이를 갖는다.

38 짐작할 수 있듯이, '매개 안에 있음'이라는 개념은 마르틴 하이데거(Martin Heidegger)의 '세계 내 존재(In-der-Welt-sein)'/'세계 안에 있음(Being-in-the-World)'이라는 개념을 이 책의 논지에 맞게 전유해서 표현한 것이다. 하이데거는 세계 없는 주체란 존재할 수 없으며 오직 세계(Welt) 안에서만 주체가 형성될 수 있다고 말한다. 여기서 '세계'는 존재의 경험을 가능케 하는 구체적인 시공간이자 의미와 해석이 공유되는 공동체적 세계를 의미한다. 그렇기에 '안에 있음'은 이러한 시공간 세계 안에 단순히 물리적으로 포함되어 있는 상태를 뜻하지는 않는다. 오히려 안에 있다는 것은 하이데거의 말대로 존재를 둘러싼 세계에 대해 "관여하다, 제작하다, 경작하고 가꾸다, 사용하다"(Heidegger, 1927/1998, 85쪽) 등과 같은 실존적인 삶의 양식을 갖게 됨을 뜻한다. 즉 세계와의(그리고 사물들과의) 밀접한 의미 연관 속에 놓이게 됨을 뜻한다. 현존재는 말 그대로 그러한 세계 안에 속해 있는 존재인 것이다. 주객 이원론을 바탕으로 세계를 철저히 인식의 대상으로 대상화한 데카르트에 대한 비판을 읽을 수 있는 지점이다. 이 책에서는 이러한 '안에 있음'의 모티프를 매개 안에 있음이라는 개념으로 전유해 보고자 했다. 다만 하이데거의 저 개념이 향하고 있는 공동체, 고향, 대지 등과 같은 형이상학적인 요소들은 받아들이지 않았다.

39 매개 안에 있음은 데리다의 '에크리튀르(écriture)' 개념과도 일정 부분 겹쳐진다고 할 수 있다(Derrida, 1967/2010). 기원이 먼저 있고 그것이 에크리튀르(글쓰기 또는 기록)에 의해 전승되는 것이 아니라 반대로 에크리튀르에 의한 반복을 통해서야 비로소 기원이 기원으로서의 위치를 갖게 되는 것처럼, 특정한 매개 환경이 먼저 있고 그다음에 그것에 의해 특화된 주체들(또는 주체성)이 만들어지기 때문이다. 예컨대 신문 등을 통해 열려진 근대적인 에크리튀르 안에서 비로소 상상적으로 공동체화된 국민이 존재(혹은 탄생)할 수 있게 된 것과 같은 맥락이다(Anderson, 1991/2006). 다만 에크리튀르가 기록(또는 글쓰기)에 주목하고 있는 반면(그래서 그만큼 근본적이고 대체 불가능하다면), 매개 안에 있음은 현실적 매개 장치들이 열어 놓은 실제적이고도 일상적인 환경에 주목한다는 점에서 구분된다고 할 수 있다. 지하철만 타도 바로 와이파이에 연결되는 현대의 도시 공간을 떠올려 볼 수 있겠다. 즉 이 책에서 제안한 매개 안에 있음은 하이데거의 개념

에서 형이상학적인 색깔을 뺀 것이면서, 동시에 (이를 비판적으로 계승한) 데리다의 에크리튀르 개념을 보다 일상적인 수준으로 확장한 것으로 이해할 수 있다. 물론 여기에 매개적 환경을 통해 이루어지는 특정한 형태의 권력 작용을 추가한 것 또한 이 개념의 특징이라 할 수 있다.

40 2011년에 방송된 KT 광고의 메인 카피이다.

41 이 말은 단순한 수사가 아니다. 구글은 인공위성을 이용해 인터넷의 접속 범위를 바다와 사막, 정글, 극지방 등으로 확대하는 프로젝트를 진행하고 있다. 전기차 회사인 테슬라 또한 지구 저궤도에 인공위성 약 1만 2,000여 개를 쏘아 올리는 프로젝트를 현재 진행 중이다. 아마존도 프로젝트 카이퍼라는 이름의 인공위성 인터넷 사업을 계획 및 진행 중에 있다. 이런 사업이 상용화될 경우 지금까지 통신망 접속이 어려웠던 극지와 오지에서도 초고속 인터넷 서비스를 이용할 수 있게 된다. 지구 전체가 인터넷의 연결 범위 안에 놓이면서 말 그대로 매개의 바깥이란 존재하지 않게 되는 것이다.

42 물론 전자 미디어가 이제껏 물리적 장소에 귀속되어 있던 사용자들을 자유롭게 만든 것 또한 사실이다. 인터넷에 연결된 사용자는 신체적으로는 특정 장소에 머물러 있지만 의식적으로는 세계 어디든지 자유롭게 옮겨 다닐 수 있기 때문이다. 탈장소성과 횡단성, 이동성의 사사화(mobile privatization)는 실로 인터넷 공간을 특징짓는 주요 요소라 할 수 있다. 그러나 이 경우에도 사용자 주체의 신체가 물리적으로 사라지는 것은 아니다. 본문에서 주목한 것은, 이처럼 사용자의 자유가 극대화된 미디어 환경 속에서도 여전히 그 중심에는 그것을 사용하는 주체가 놓여 있을 수밖에 없는 어떤 불가피함이다. 그렇다면 탈장소성과 횡단성의 미디어 환경 속에서도 여전했던 그 주체가(그 신체가) 점차 사라져 가게 된다면 이를 어떻게 이해할 수 있을까. 질문은 바로 이 지점을 향한다.

43 푸코는 'assujetissement(예속화)'와 'subjectivation(주체화)'을 구분한다(Foucault, 1984a/2004; 1984b/2004). 전자가 권력 관계의 부름에 응답하여 자기 자신을 그에 맞추어 가는 예속적 주체의 형성을 의미한다면, 후자는 외부의 권력 관계에 대해 비판적인 자세를 취하면서 스스로를 구성해 나가는, 자기에 대한 자기의 관계 수립 과정을 의미한다(Foucault, 2016/2017). 이 책에서는 전자를 주체화=예속화로, 후자를 주체화≠예속화로 각각 대응시켜 표기했다.

44 푸코는 '권력'과 '지배'를 구분하면서 다음과 같이 말한다. "내가 보기에는 자유인들의 전략적 놀이로서의 권력 관계와 우리가 일상적으로 권력이라 부르는 지배의 상태를 구분해야 합니다. 그리고 이 둘 사이에서, 즉 권력 놀이들과 지배 상황 사이에서 당신은 통치의 테크놀로지(governmental technologies)를 갖게 됩니다. 이러한 테크닉들에 대한 분석이 필수적입니다. 왜냐하면 바로 이러한 종류의 테크닉을 통해서 지배의 상태가 성립되고 유지되기 때문입니다. 나의 권력 분석에는 전략적 관계, 통치 테크닉, 지배의 수준이라는 세 가지 수준이 있습니다"(Foucault et al, 1995, 124쪽). 즉 저항의 가능성을 기준으로 (관계로서의) 권력과 (그것이 고착화된) 지배는 구분된다.

45 푸코는 '인구'와 '인민'을 구분하면서 "인구의 수준에서 봤을 때 자신이 집단적 대상-주체로서의 인구에 속하지 않는 것처럼 행동하는 사람들, 자신이 그 외부에 있는 것처럼 행동하는 사람들이 인민이다. 그러므로 인민이란 스스로 인구이기를 거부한 채 이 체계를 마비시키는 사람들"이라고 정의한다(Foucault, 2004a/2011, 80쪽). 인구가 관리의 대상으로 존재하는 사람들이라면, 인민은 이를 거부하면서 그 바깥으로 나와 행동하는 사람들이다. 푸코는 인구와 인민을 개념적으로 구분함으로써 권력에 대한 저항의 가능성을 찾아내고자 했다.

46 여기서 투명성은 객체의 속성을 숨김으로써 사용자가 그 작동과 존재 여부를 인식하지 못하게 만드는 것을 의미하지, 모든 것이 투명하게 공개된다는 것을 뜻하지 않는다. 데이터가 곳곳에 분산되어 처리되더라도 사용자 입장에서는 마치 1대의 컴퓨터를 사용하는 것처럼 작동하기 때문에, 사용자는 정보의 접근, 이주, 복제, 병행, 규모, 성능, 고장에 대해 큰 영향을 받지 않는다. 즉 투명성은 사용자 모르게 또는 사용자에게 영향을 미치지 않고 각각의 서비스를 제공할 수 있음을 뜻한다.

47 빅데이터 분석 기반의 선거 전략이 합법적인 영역에서만 활용되었던 것은 아니다. 영국의 빅데이터 기업인 케임브리지 애널리티카(Cambridge Anaylitica)는 페이스북 사용자 5,000만 명의 개인 데이터를 동의 없이 수집하고 이를 미국 대선에 활용해 큰 문제를 일으킨 바 있다(Kaiser, 2019). 사용자 데이터를 기반으로 한 빅데이터 분석이 여론의 향방에 영향을 미치는 것은 물론이고 민주주의에도 큰 위해를 가할 수 있음이 드러난 사건이다.

48 황새의 수가 늘어날수록 출생률이 늘어나는 현상이나 아이스크림 판매량이 증가할수록 익사자의 수가 증가하는 현상처럼, 둘 사이에 유사한 패턴을 찾을 수는 있지만 사실상 어떠한 인과성도 없는 관계를 일컬어 허위 상관관계(spurious correlation)라 한다(Vigen, 2015). 인과관계에서는 원인을 제거하면 결과가 사라지지만 상관관계, 특히 허위 상관관계에서는 원인을 제거해도 결과에는 아무런 변화가 나타나지 않는다. 문제는 인과관계와 상관관계를 명확하게 구별하는 것이 쉽지 않다는 것이다. 데이터의 양이 많아진다고 해서 곧바로 인과관계를 규명할 수 있는 것도 아니다. 게다가 자연과학이 아닌 사회과학 영역에서는 해당 사안에 영향을 미치는 변수도 많고 복잡성도 높기 때문에 인과관계를 파악하는 것이 더더욱 어려워진다. 과연 충분한 양의 데이터가 모이면 사회라는 영역에 대해서도 인과성을 추출할 수 있을까. 혹은 상관성 정도는 파악할 수 있다고 하더라도 이 상관성이 사회에 대해 얼마나 유의미한 설명력을 제공해 줄 수 있을까. 논쟁이 되는 지점이다.

49 노예의 노동을 바탕으로 자유를 누려 왔던 주인은 사물에 대한 지배력을 획득해 나가는 노예와 달리 점점 더 의존적으로 되어 가고 무능력해져 가며, 종국적으로는 주인으로서의 위치마저도 잃게/역전당하게 된다(Hegel, 1807/2005). 주인은 노예의 도움과 인정을 통해서만 주인의 위치에 설 수 있다는 점에서, 역설적으로 주인이 될수록 더욱 노예에

종속되고 마는(노예의 노예) 상황에 처하게 된다. 디스토피아적 미래를 다루는 영화들이, 인간이 기술 발전에만 의존하다가 도리어 기술에 지배당하게 되는 세계상을 주된 배경으로 삼는 것 또한 이와 무관하지 않다. 주인과 노예의 관계가 '변증법'으로 읽힐 수밖에 없는 이유이다.

50 사물인터넷(Internet of Things), 클라우드 컴퓨팅(Cloud), 빅데이터(Big Data), 모바일(Mobile)의 머리글자를 뜻한다.

51 푸코의 알튀세르에 대한 비판적 시각을 읽을 수 있는 부분이다(Foucault, 1997/1998). 푸코는 결국 이데올로기적 주체화(=예속화) 대신 환경의 최적화를 신자유주의 통치의 핵심으로 지목하고 있는 것이며, 이것이 더 효과적일 뿐만 아니라 더 경제적인 권력의 행사 방식이라고 인정하고 있는 것이다.

52 다층 구조의 뉴럴 네트워크(neural network)를 통해 방대한 양의 데이터를 스스로 학습하고 판단하면서 최적의 해법을 찾아 나가는 딥러닝(deep learning) 알고리즘의 경우, 심지어 전문 프로그래머조차 그 알고리즘 내부를 정확히 이해할 수는 없다는 점에서 이와 같은 문제를 더욱더 심화시키고 있다. 인공지능 알고리즘이 더 이상 인간의 입력과 제어를 필요로 하지 않을 때, 더 나아가 그 알고리즘을 통해 자동화된 세계가 만들어질 때, 인간은 그 세계에 어떻게 개입하고 관여하며 세계 구성에 참여할 수 있을까. 실로 중요한 질문이라 할 수 있다.

53 이에 대해서는 이용자들의 미디어 소비/이용 행위가 그 자체로 가치를 생산하는 것은 아니라는 비판이 가능하다. 이용자들의 미디어 소비/이용 행위는 잉여가치 창출을 위한 원자재(raw material)에 불과하기에, 이것이 실제 가치 창출로 이어지기 위해서는 데이터 분석 알고리즘에 의한 상품화의 과정 또는 전유의 단계가 불가피하다는 것이며, 결국 가치 생산은 이러한 기계적 메커니즘(알고리즘)에 의해 이루어진다는 것이다. 이렇게 보면 이용자들의 미디어 이용 행위는 그 자체로는 노동이라고 할 수 없게 된다. (노동가치론이 아닌) 기계적 잉여가치를 말할 수 있게 되는 지점이다. 그러나 다른 한편으로, 알고리즘에 의해 수탈 및 전유되는 잉여가치란 본질적으로는 수많은 미디어 이용자들로부터 비롯될 수밖에 없다는 점에서, 이러한 현상을 곧장 노동가치론의 폐기로 해석할 수만도 없다. 알고리즘에 의한 수탈과 전유가 가능하기 위해서라도 착취당할 원자재로서의 노동, 곧 이용자들의 다양한 웹 활동이 먼저 존재해야만 하기 때문이다. 이용자 데이터를 불변자본으로 볼지, 아니면 가변자본으로 볼지(즉 원자재로 볼지 노동으로 볼지), 더 나아가 기계적 잉여가치의 관점에서 볼지, 노동가치의 관점에서 볼지에 대해서는 논자에 따라 다양한 해석이 제출된 바 있다(강남훈, 2004; 강성윤, 2010; 김창근, 2008; Deleuze & Guattari, 1972/2014; Negri, 1992/2012; Pasquinelli, 2011). 이 책은 가치화를 둘러싼 논쟁과 그 타당성에 초점을 맞추기보다는, 이윤이 지대화되는 경향과 통치가 환경화되는 경향 사이에 일종의 공통분모로서의 '환경'이 위치해 있음(또는 그러한 경향성이 지배적으로 되고 있음)을 지적하는 데 논의의 초점을 맞추고자 했다.

54 예속이라는 표현은 지나치게 부정적이고 억압적인 뉘앙스를 띠고 있다. 라자라토의 문제제기에는 동의하면서도 기계적 통치가 과연 예속의 형태로만 작동하는지에 대해서는 의문을 갖게 되는 지점이다. 기계적 예속이란 결국 자유와 통치의 변증법을 핵심으로 삼을 때에만 효과적으로 작동할 수 있다는 점에서(그렇지 않다면 그것은 또 다른 억압에 불과할 뿐이기에), 예속보다는 자유의 뉘앙스가 좀 더 강조될 필요가 있다. '관리'라는 표현은 자신에 의한 자율적 관리와 외부에 의한 타율적 관리, 곧 자유와 통치의 이중성을 모두 담아낼 수 있다는 점에서, 예속이라는 표현보다는 현재의 통치 상황을 담아내기에 더 적절해 보인다.

55 이 외에도 구글은 사용자가 지메일을 통해 주고 받은 이메일은 물론이고, 사용자가 업로드한 사진과 동영상, 드라이브의 문서와 스프레드시트, 프레젠테이션 등의 사용자 제작 콘텐츠 등도 구글의 데이터 서버에 저장하고 있음을 밝히고 있다.

56 페이스북은 2013년 8월 이후로 에지랭크라는 용어를 더 이상 사용하지 않고 있다. 페이스북은 머신 러닝(machine learning) 기술을 확대하겠다고 밝히면서, 에지랭크의 기준인 친밀도, 가중치, 시의성에 대해서도 이를 다양한 요소들과 복합적으로 결합하겠다는 의사를 밝힌 바 있다. 하지만 페이스북은 새로운 알고리즘의 이름과 정체를 명확히 밝히는 대신, 업데이트가 있을 때마다 그 변화의 내용을 간단히 소개하는 정도에 그치고 있으며, 때문에 페이스북의 알고리즘은 여전히 블랙박스로 남아 있다(Beck, 2015a; 2015b).

57 프랑스어로 일반의지는 volonté générale로 표기되는데, 여기서 volonté는 '의지'라는 뜻보다 훨씬 더 폭넓은 외연을 갖는다. 아즈마는 이를 어떤 것을 '원하다'의 의미를 지닌 '욕구'나 '희망'으로 옮겨도 무방하다고 말한다. 이 논의대로라면, 구글이 수집하는 사용자의 개인 정보에는 각종 구글 서비스에 바라는 개개인의 '욕구'와 '희망'이 새겨져 있다고 할 수 있다.

58 포털에 의한 검색어 조작 등의 변수는 이 책에서 다루지 않았다. 그것은 집합적인 무의식의 경향을 보여 주는 게 아니라 철저히 의식적인(정치적인) 개입의 흔적을 보여 주는 것이기 때문이다.

59 아즈마는 이렇게도 말한다. "'감시국가화'나 '신자유주의화'라는 비난은 너무 일면적인데다 정곡을 빗나간 이야기이다. 모든 생활의 정보화, 이 책의 용어를 사용하면 '총기록사회'는 분명 기업에 의한 소비자 관리를 강화하는 측면이 있지만, 반대로 지금까지 존재하지 않았던 세심한 복지 또한 가능케 한다. 총기록사회의 탄생은 시장 원리주의와 연계될 수도 있지만 사회민주주의와도 연계될 수 있는, 이데올로기적으로 중립적인 변화이다."(아즈마 히로키, 2011/2012, 139쪽) 이러한 주장은 이 책의 논지와는 정반대되는 주장이라 할 수 있다.

60 이를 의식한 듯 아즈마는 이후의 저작에서 '약한 연결' 이론을 제시하면서 저항의 가능성을 타진한다(아즈마 히로키, 2014/2016). 우리가 원하는 것을 정확히 예측해서 보여 주는 이 인터넷 세계 속에서, 그는 구글이 예측할 수 없는 검색어와 우연적인 만남의 가

능성을 찾아 나서라고 조언한다. 강한 연결로 이루어진 세계 속에 우연성과 예측 불가능성을 도입하라는 말이다. 그가 '외국어 검색'과 '여행(관광)'을 가능한 대안으로 제시하는 것은 바로 이런 이유에서이다. 그러나 여전히 질문은 남는다. 권력은 거대한 데이터베이스를 통해 이토록 치밀하고 광범위하게 작동하는데, 대안은 왜 또 이토록 소박하고 개인적일 수밖에 없을까. 또한 권력은 점차 주체에 대한 의존마저도 줄여 나가고 있는데, 여전히 저항은 주체 중심적인 틀 안에서 논의될 수밖에 없을까. 권력에 대한 정교한 분석이 필요한 만큼, 그 권력과 맞물려 있는 저항의 가능성과 현실성에 대해서도 더 깊은 사유가 필요해 보인다.

61 데이터베이스에 대한 정부의 접근은 그것이 아무리 공익을 위한 것이라고 하더라도 결국 기업들의 협조 없이는 불가능하다. 구글, 페이스북, 아마존, 애플, 유튜브 등이, 혹은 한국의 네이버와 다음 등이 정부의 더 나은 통치를 위해 자신들의 데이터베이스를 오픈하거나 혹은 오픈하도록 만든다는 게 과연 현실적인 옵션이 될 수 있을까. 국가안보와 프라이버시라는 쟁점을 중심으로 반복되고 있는 FBI와 애플의 싸움은 이를 보여 주는 단적인 예라고 할 수 있다. 아즈마가 다른 무엇보다 트위터에 기대를 걸고 있는 것은 이런 점에서 볼 때 어느 정도는 불가피해 보이기까지 한다. 트위터는 정보에 대한 접근과 공적 사용이 그나마 자유롭게 이루어질 수 있기 때문이다.

62 푸코의 논의는 보통 지식의 고고학에서 권력의 계보학으로 (그리고 말년에는 윤리의 계보학으로) 옮겨 갔다고 평가된다(고쿠분 고이치로, 2015; 다케다 히로나리, 2018; Davidson, 2005; Dreyfus & Rabinow, 1984/1989). 다소 거칠게 말해, 고고학적 방법론에 기반을 둔 저작에서 보이는 담론 우위성과 표상 중심의 분석은 『감시와 처벌』을 기점으로 점차 담론과 (비담론적) 실천을 동시에 담아내기 위한 계보학적 관점에 자리를 내어 주게 된다. 담론적 규정성에 편향되어 있던 기존의 에피스테메(episteme) 개념이 담론적 실천과 비담론적 실천을 아우르는 '장치' 개념으로 전환된 것 또한 이러한 변화와 궤를 같이한다. 푸코는 에피스테메 및 장치와 관련해 다음과 같이 적고 있다. "지금 강조하고 싶은 것은 내가 장치라고 불렀던 것이 에피스테메보다 훨씬 광범위한 개념이라는 사실입니다. 말하자면 에피스테메가 담론적인 성격의 장치만을 의미한다면 장치라는 것은 담론적인 것뿐만 아니라 비담론적인 것까지도 포함하는 것으로, 이질적인 요소의 결합된 형태라고 할 수 있겠습니다."(Gordon, ed., 1980/1995, 238쪽) 1장에서 언급했듯이, 이 책 또한 인터넷을 담론과 실천이 결합된 '장치'로 이해하면서 논의를 전개해 나가고자 했다.

63 앙드레 고르(André Gorz)는 『프롤레타리아여 안녕』에서 "정보혁명의 영향 아래서는 사회적 생산자들이 사라지고 사회적으로 필요한 노동이 주변화"(Gorz, 1980/2011, 115쪽) 된다고 적고 있으며, 제러미 리프킨(Jeremy Rifkin)은 이러한 생각을 '노동의 종말' 테제로 확장시키면서 미래 노동의 새로운 양상을 예측하는 데까지 나아가고 있다(Rifkin, 1996/2005). 심지어 이러한 진단은 1980~90년대의 후기 산업사회를 지나 다가오는 제4차 산업혁명의 시간 속에서도 여전히 계속해서 반복되고 있는 중이다.

64 '아무나'라는 표현은 랑시에르(Rancière, 1998/2008)에게서 가져왔다. 그는 "프롤레타리아는 아무나의 이름, 내쫓긴 자들의 이름으로서, 노동자들에게 어울리는 고유한 이름이었다"고 말한 바 있다(Rancière, 1998/2008, 140쪽). 다만 이 장에서 사용한 '아무나'는 랑시에르의 저 의미(프롤레타리아의 이름)보다는 일반적인 의미에서의 보통사람 전체를 가리키는 표현임을 밝혀 둔다.

65 이는 모든 인간의 지적 평등을 이론적 전제로 삼고 있는 랑시에르에 대해 근본적인 비판이 제기되는 지점이기도 하다. 아무나의 정신적 능력을 전유하는 신자유주의의 가치화 전략은 역설적이게도 모든 인간이 지적으로 평등할 때에야 비로소 최대치를 얻을 수 있기 때문이다. 즉 모두의 지적 능력이 평등하기 때문에(Ranciere, 1987/2008) 그 모두에 대한 차별 없는 수탈과 전유가 가능해진다. 랑시에르의 주장이 의도치 않게도 신자유주의를 지탱하는 논거가 될 수도 있는 것이다.

66 들뢰즈와 가타리는 『안티 오이디푸스』에서 '기계적 잉여가치'에 대해 다음과 같이 말한다. "기계들도 〈노동〉하거나 가치를 생산하며, 언제나 노동했고, 인간에 비하면 점점 더 많이 노동하고 있으니, 인간은 생산의 경과 곁에 있기 위해 이 경과의 구성 부분이기를 그친다는 점을 전적으로 인정하면서도, 어떻게 인간적 잉여가치를 자본주의 생산의 기반이라고 주장할 수 있을까? 따라서 불변자본에 의해 생산된 기계적 잉여가치가 있다. 이 잉여가치는 자동화 및 생산성과 더불어 발전하며, 경향적 저하에 대립하는 요인들(인간 노동 착취 강도의 증대, 불변자본 요소들의 가격 저하 등)에 의해서는 설명할 수 없다. 왜냐하면 이 요인들이 도리어 자동화 및 생산성에 의존하기 때문이다."(Deleuze & Guattari, 1972/2014, 395쪽) 네트워크 잉여가치는 기계적 잉여가치의 문제설정을 이어받으면서도 그 대상과 범위를 현재의 인터넷 네트워크 환경에 맞게 수정 및 확대한 것으로 이해할 수 있다.

67 정보통신혁명 이후에도 노동가치론이 여전히 그 설명력을 유지할 수 있을까? 급변하는 시대와 상황에 맞게 다른 형태의 가치론이 필요하게 된 것은 아닐까? 이런 질문을 둘러싸고 마르크스주의 경제학을 중심으로 '정보재 가치 논쟁'이라는 첨예한 논쟁이 전개된 바 있다(강남훈, 2004; 강성윤, 2010; 김창근, 2008; 류동민, 2005). 정보재는 과연 가치를 갖고 있을까? 가치가 있다고 한다면 그 가치의 실체를 노동이라고 할 수 있을까? 만약 노동이 아니라면 이제는 지식과 정보가 가치의 실체라고 할 수 있는 것인가? 쉽게 답할 수 없는 질문들이다. 이 책에서는 논의의 목적상 노동가치론과 기계가치론 사이의 논쟁과 각각의 주장을 직접 다루지는 않았다. 다만 인터넷 이후의 가치 생산과 통치 방식의 변화를 다루는 이 책의 논점과 관련해서는, 노동에 의한 가치생산뿐만 아니라 기계와 기술에 의한 가치생산도 모두 인정하는 기계가치론의 입장이 더 잘 부합한다는 정도만 밝혀 두고자 한다. 보다 자세한 내용은 주 53를 참고할 것.

68 여기에서는 마르쿠제의 표현을 따라 착취라는 개념을 그대로 사용했지만, 그 옆에 수탈과 전유라는 표현을 병기함으로써 이때의 착취가 사실상 수탈과 전유의 의미에 더 가깝

다는 것을 드러내고자 했다. 착취와 수탈, 전유의 차이에 대해서는 주 25를 참고할 것.

69 이때의 '목적'을 음모론적으로 해석해서는 안 된다. 여기에 이 모두를 계획하고 총괄하는 최종 명령자나 설계자 따위는 없다. 예컨대 감옥과 학교 등의 (규율)장치들이 자체의 기능에 충실할 때 그 우연적이고도 중첩적인 효과로서 규율사회가 구축되어 가는 것이지, 이미 완성된 규율사회가 어떤 음모를 갖고 사회의 각 부분들을 그런 방향으로 몰고 가는 게 아닌 것과 같은 이치이다. 마찬가지로 구글과 네이버 등의 기업들 또한 개별적인 수준에서는 단지 비용-편익의 원리에 따라(이것이 개별 기업들의 목적이다) 가장 합리적이고도 효율적인 운영 전략을 선택할 뿐이지만, (결과적으로) 이들 장치들을 가로지르면서 작동하는 합리성의 체계는 그 전체적인 효과로서 정신의 관리라는 독특한 권력 작용을, 더 나아가 (그것이 지배적인) 관리사회라는 사회적 관계의 짜임을 이루어 간다고 할 수 있다. "정신의 관리가 그 목적"이라는 본문의 표현은 그것(정신적인 능력/활동의 관리)이 개별 장치들의 차원에서는 가장 합리적인 운용 전략이 될 수 있음을 나타내는 것일 뿐, 이러한 운동 속에 사회 전체를 관리사회로 이끌어 가고자 하는 숨은 의도와 목적이 존재함을 뜻하지는 않는다.

70 물론 모든 동물원이 이러한 형태로 바뀌어 가고 있는 것은 아니다. 감옥에 가까운 형태로 동물들을 감금하고 전시하는 동물원은 지금도 여전히 존재한다. 그러나 여기서 문제 삼는 것은 변화의 방향과 그 경향성이다. 동물들의 권리와 자유에 대한 문제의식이 커져 감에 따라, 동물원의 형태 또한 점점 더 그러한 가치를 보장하는 식으로 바뀌어 가고 있기 때문이다.

71 고백하자면 이 책은 관리권력과 관리사회로의 이행 중에도 여전히 존재하는 저항과 자유의 잠재성과 현재성을 다루지 않았다는 한계가 있다. 이는 근본적인 지점을 건드리는데, 인터넷 권력이 환경의 관리와 정신의 관리라는 이중의 작용을 통해 그만큼 촘촘하고 정교한 권력의 자장을 만들어 낸다면, 과연 이러한 상황을 주체들은 그대로 받아들일 수밖에 없는지, 그럼에도 불구하고 세계 곳곳에서 지금도 계속 출현 중인 저항의 움직임들은 어떻게 설명할 수 있는지 등의 문제가 제기될 수밖에 없기 때문이다. 전자가 주체의 역량을 논의하지 않은 데서 비롯된 문제라면, 후자는 우발성의 계기들을 고려하지 않은 데서 비롯된 문제라 할 수 있다. 인터넷을 신자유주의적 관리권력의 문제설정 안에서 읽어 내고자 한 나머지 그러한 결속을 초과하고 파열시키는 주체의 역량과 사건의 출현, 그리고 인터넷의 저항적 변용에 대해서는 별다른 논의를 전개하지 못한 것이다. 실제로 인터넷의 역사를 보면 매 국면마다 다양한 주체들이 국가와 자본의 권력에 대항하기 위해 인터넷을 자발적·창의적·협력적·공유적 네트워크로 사용해 온 사례들을 숱하게 찾아볼 수 있다(Castells, 2012; Mackinnon, 2013; Tozzi, 2017). 인터넷은 통치의 잠재성만큼이나 통치되지 않음의 잠재성 또한 동시에 갖고 있는 셈이다. 그렇다면 이 책은 주체의 저항과 자유의 계기들을 부정하는 것인가. 물론 그렇지는 않다. 이는 그 자체로도 충분히 중요한 주제이며 계속해서 대결해야 할 주제임이 분명하다. 단지 논의의 목적을 구분하자면, 이 책은 인터넷 권력의 내적 논리를 밝히는 게 우선되어야 한다고 보았으며,

일단 그것을 규명한 다음에야 보다 정확한 저항의 지점들을 제안하는 게 가능하다고 보았을 뿐이다. 새로운 권력에 대한 새로운 저항의 가능성과 그 방법에 대해서는 다음 기회를 기약하기로 하자. 또는 다른 연구자의 이어달리기를 기대해 본다.

| 참고문헌 |

이 책의 주요 토대가 된 저자의 문헌은 다음과 같다.

박승일 (2017). 『인터넷과 이중 관리권력 그리고 관리사회』. 서강대 박사학위 논문.
박승일 (2018). 「인터넷과 관리권력 그리고 관리사회」. 『언론과 사회』, 제26권 2호, 5-76.
박승일 (2018). 「인터넷과 환경관리권력」. 『커뮤니케이션 이론』, 제14권 3호, 199-280.
박승일 (2018). 「인터넷과 정신관리권력」. 『한국언론정보학보』, 87호, 77-134.

다음 문헌들을 직간접적으로 참고했다.

강남훈 (2004). 「정보상품의 가치와 잉여가치」. 『진보평론』, 21, 239-248.
강남훈 (2008). 「착취와 수탈」. 『마르크스주의 연구』, 5권 4호, 234-249.
강남훈 (2010). 「정보혁명과 자본주의」. 『마르크스주의 연구』, 7권 2호, 34-66.
강내희 (2014). 『신자유주의 금융화와 문화정치경제』. 서울: 문화과학사.
강성윤 (2010). 「정보재 가치논쟁」. 『마르크스주의 연구』, 7권 1호, 137-173.
강원택 외 2006. 『정보화와 국가 전략: 아시아와 서구의 비교 연구』. 서울: 푸른길.
강원택 (2008). 『한국정치 웹 2.0에 접속하다』. 서울: 책세상.
강정수 외 (2013). 『빅데이터와 위험 정보사회』. 서울: 커뮤니케이션북스.
강준만 (2013). 「신神의 마음과 같은 검색엔진: 래리 페이지와 세르게이 브린의 '구글 제국'」. 『인물과 사상』, 178호, 33-57.
곽노완 (2010). 「착취 및 수탈의 시공간과 기본소득: 맑스의 착취 및 수탈 개념의 재구성」. 『시대와 철학』, 제21권 3호, 149-179.
권김현영·박은하·손희정·이민경 (2017). 『대한민국 넷페미史』. 서울: 나무연필.
권오상 (2013). 『파생금융 사용설명서』. 서울: 부키.
김동원 (2015). 「이용자를 통한 미디어 자본의 가치 창출」. 『한국언론정보학보』, 70호, 165-188.
김동원 (2016). 「플랫폼 담론과 플랫폼 자본: 삶정치 노동의 확장」. 『문화과학』, 87호, 75-97.
김동환·하원규·최남희 (2002). 『유비쿼터스 IT혁명과 제3공간』. 서울: 전자신문사.
김상배 (2010). 『정보혁명과 권력변환: 네트워크 정치학의 시각』. 서울: 한울.
김상민 (2016). 「나 자신의 데이터가 되다: 디지털 자기-기록 활동과 데이터 주체」. 『문화과학』, 87호, 57-74.
김상민 (2017). 「데이터-주체의 디지털 파생상품으로서의 삶」. 『한국언론학회 2017 가을철 정기학술대회 발표문』.
김성구 (편역) (2011). 『현대자본주의와 장기불황』. 서울: 그린비.
김수행 (2011). 『세계대공황』. 파주: 돌베개.
김예란 (2013). 「빅데이터의 문화론적 비판: 미셸 푸코의 생정치 개념을 중심으로」. 『커뮤니케이션 이론』, 9권 3호, 166-204.

김은주 (2018). 「스피노자 신체론의 현대적 전개: 체화된 마음과 개체화 이론」. 『개념과 소통』, 21호, 217-249.
김지연 (2015). 「빅데이터의 주체: 디지털 시민의 구성」. 『경제와 사회』, 105호, 94-126.
김주환 (2017). 『포획된 저항: 신자유주의와 통치성, 헤게모니 그리고 사회적 기업의 정치학』. 서울: 이매진.
김창근 (2008). 「정보재 가치 논쟁에 대한 비판적 평가」. 『마르크스주의 연구』, 5권 1호, 253-299.
김항 (2009). 『말하는 입과 먹는 입』. 서울: 새물결.
김홍중 (2009). 『마음의 사회학』. 파주: 문학동네.
류동민 (2005). 「정보상품의 가치와 지대」. 『진보평론』, 26, 257-265.
민주언론시민운동연합 (2017). 『민주언론, 새로운 도전』. 서울: 검둥소.
박성우 (2016). 「기술적 대상과 디지털 밀리유의 정치경제학: 질베르 시몽동과 기술문화연구의 접합」. 『문화와 정치』, 3권 2호, 155-173.
박승일·원용진 (2015). 「신자유주의 통치성(governmentality)과 금융화(financializaion) 그리고 금융-장치(finance-dispositif): 푸코의 '장치(dispositif)' 개념을 중심으로」. 『사회과학연구』, 23집 1호, 172-216.
박승일 (2015). 「신자유주의 통치성과 '환경설계를 통한 범죄 예방(CPTED)'」. 『경제와 사회』, 107호, 352-394.
박승일 (2016). 「사이버 망명, 저항 또는 이데올로기」. 『문화과학』, 87호, 165-184.
백욱인 (2011). 「인터넷의 변화와 비트 전유에 관한 연구」. 『동향과 전망』, 81호, 342-368.
백욱인 (2013). 「빅데이터의 형성과 전유체제 비판」. 『동향과 전망』, 87호, 304-331.
서동진 (2009a). 「신자유주의 분석가로서의 푸코: 미셸 푸코의 통치성과 반정치적 정치의 회로」. 『문화과학』, 57호, 315-335.
서동진 (2009b). 『자유의 의지 자기계발의 의지: 신자유주의 한국사회에서 자기계발하는 주체의 탄생』. 파주: 돌베개.
서동진 (2011). 「혁신, 자율, 민주화… 그리고 경영」. 『경제와사회』, 89호, 71-104.
서동진 (2013). 「내재적 유물론자 푸코의 난관」. 『실천문학』, 110호, 21-34.
선우종성 외 (1998). 「2000년 문제 해결을 위한 종합지원보고서」. 한국전산원.
심세광 (2011). 「옮긴이 해제」. 오트르망 역 (2011). 『안전, 영토, 인구』 (534-565쪽). 서울: 난장.
심세광 (2012). 「옮긴이 해제」. 오트르망 역 (2012). 『생명관리정치의 탄생』 (451-470쪽). 서울: 난장
안천 (2013). 「익명성의 구조 전환: 붕괴하는 '사회의 전체상'과 데이터베이스」. 『오늘의 문예비평』, 88호, 26-47.
오세욱·이재현 (2013). 「소프트웨어 '페이스북'의 알고리즘 분석: 행위자 네트워크 관점」. 『언론과 사회』, 21권 1호, 136-183.
원용진·박서연 (2021). 『네이버 정치경제학: 포털에서 메가플랫폼까지』. 서울: 컬처룩 (근간).
윤상오 (2013). 「빅데이터의 두 얼굴: 기대와 위험」. 강정수 외, 『빅데이터와 위험정보사회』. (59-92쪽). 서울: 커뮤니케이션북스.

이광석 (2013). 「빅데이터 위험 정보사회의 '정보재난'의 문제점」. 강정수 외, 『빅데이터와 위험정보사회』 (33-56쪽). 서울: 커뮤니케이션북스.
이광석 (2016). 「데이터사회의 형성과 대항장치의 기획」. 『문화과학』, 87호, 26-56.
이광석 (2017). 『데이터 사회 비판』. 서울: 책읽는수요일
이상길 (2019). 「이중적 커뮤니케이션 형식으로서의 고백: 미셸 푸코의 논의를 중심으로」. 『언론과 사회』, 27권 3호, 61-104.
이진경 (2006). 『미-래의 맑스주의』. 서울: 그린비.
이항우 (2014a). 「구글의 정동 경제: 사용자 정동 노동의 동원과 전용」. 『경제와 사회』, 102호, 208-236.
이항우 (2014b). 「정동 경제의 가치 논리와 빅데이터 폴리네이션」. 『경제와 사회』, 104호, 142-173.
이항우 (2015). 「자유/무료 노동의 화폐적 보상: 소액 결제 혹은 보편적 기본 소득」. 『경제와 사회』, 107호, 323-351.
장석준 (2011). 『신자유주의의 탄생』. 서울: 책세상.
전병근 (2016, 2, 11). 「"인터넷만 있으면 된다고 했다, 내가 틀렸다"」 [전자자료]. 북클럽 오리진. http://1boon.kakao.com/bookclub/WaelGhonimTed
정명기 (편역) (1992). 『위기와 조절』. 파주: 창작과비평사.
정지훈 (2010). 『거의 모든 IT의 역사』. 서울: 메디치미디어.
정지훈 (2014). 『거의 모든 인터넷의 역사』. 서울: 메디치미디어.
정보통신부 (2000). 『국가 Y2K 백서』. 정보통신부.
조동원 (2010). 「인지자본주의에서 가치화와 착취의 문제: 자율주의의 관점」. 『문화과학』, 64호, 19-48.
조동원 (2013). 「정보자본주의에서 이용자주체의 포섭」. 『문화과학』, 75호, 45-72.
조정환 (2011). 『인지자본주의-현대 세계의 거대한 전환과 사회적 삶의 재구성』. 서울: 갈무리.
조희정·강원택·이헌아 (2016). 『공동체의 오늘, 온라인 커뮤니티』. 미래인
진태원 (2006). 「생명정치의 탄생: 미셸 푸코와 생명권력의 문제」. 『문학과 사회』, 19권 3호, 216-237.
최재경 (2016). 「빅데이터 분석의 국내외 활용 현황과 시사점」. 『KISTEP lnl』, 14호. https://www.kistep.re.kr/c3/sub6.jsp?brdType=R&bbIdx=10339
최진탁 (1999). 「Y2K에 대한 대응책, 그 해결방법은 무엇인가」. 『황해문화』, 23호, 323-333.
커넥팅랩 (2014). 『클라우드와 빅데이터를 뛰어넘는 거대한 연결 사물인터넷』. 서울: 미래의창.
한국인터넷진흥원 (2017). 「2016년 인터넷이용실태조사 최종보고서」. URL: http://isis.kisa.or.kr/board/?pageId = 060100&bbsId = 7&itemId = 817&searchKey = &searchTxt = &pageIndex = 1
한병철 (2014). *Psychopolitik*. 김태환 (역) (2015). 『심리정치』. 서울: 문학과지성사.

Rousseau, J. J. (1979). 『ルソー全集』 (5巻) (佐々木康之 et al., Trans). 白水社.

國分功一郎(고쿠분 고이치로) (2013).『ドゥルーズの哲学原理』. 박철은 (역) (2015).『고쿠분 고이치로의 들뢰즈 제대로 읽기』. 서울: 동아시아.
森岡正博(모리오카 마사히로). (2003).『無痛文明論』. 조성윤·이창익 (역) (2005).『무통문명』. 서울: 모멘토.
齋藤純一(사이토 준이치) (2005).『自由』. 이혜진 외 (역) (2011).『자유란 무엇인가: 벌린, 아렌트, 푸코의 자유 개념을 넘어』. 서울: 한울.
佐々木中(사사키 아타루) (2008).『夜戰と永遠 フーコー・ラカン・ルジャンドル』. 안천 (역) (2015).『야전과 영원』. 서울: 자음과모음.
酒井隆史(사카이 다카시) (2001).『自由論: 現在性の系譜學』. 오하나 (역) (2011).『통치성과 '자유': 신자유주의 권력의 계보학』. 서울: 그린비.
佐藤嘉幸(사토 요시유키) (2008).『権力と抵抗 — フーコー・ドゥルーズ・デリダ・アルチュセール』. 김상운 (역) (2012).『권력과 저항: 푸코, 들뢰즈, 데리다, 알튀세르』. 서울: 난장.
佐藤嘉幸(사토 요시유키) (2009).『新自由主義と権力 — フーコーから現在性の哲学へ』. 김상운 (역) (2014).『신자유주의와 권력: 자기-경영적 주체의 탄생과 소수자-되기』. 서울: 후마니타스.
東浩紀(아즈마 히로키). (2011).『一般意志 2.0 ルソー, フロイト, グーグル』. 안천 (역) (2012).『일반의지 2.0: 루소, 프로이트, 구글』. 서울: 현실문화.
東浩紀(아즈마 히로키). (2014).『弱いつながり』. 안천 (역) (2016).『약한 연결: 검색어를 찾는 여행』. 서울: 북노마드.
東浩紀(아즈마 히로키). (2020).『철학의 태도』. 안천 (역). 서울: 북노마드.
重田園江(오모다 소노에), et al. (2007).『フーコーの後で: 統治性, セキュリティ, 闘爭』. 김상운 (역) (2015).『푸코 이후: 통치성, 안전, 투쟁』. 서울: 난장.
吉見俊哉(요시미 순야). (1995).『「声」の資本主義: 電話・ラジオ・蓄音機の社会史』. 송태욱 (역) (2005).『소리의 자본주의』. 서울: 이매진.
梅田望夫(우메다 모치오). (2006).『ウェブ進化論 本當の大變化はこれから始まる』. 이우광 (역) (2006).『웹 진화론: 세상을 바꿀 엄청난 변화가 시작됐다』. 서울: 재인.
伊藤 守(이토 마모루). (2013).『情動の權力: メディアと共振する身體』. 김미정 (역) (2016).『정동의 힘: 미디어와 공진(共振)하는 신체』. 서울: 갈무리.
大澤眞幸(오사와 마사치). (1995).『電子メディア論 — 身體のメディア的變容』. 오석철·이재민 (역) (2013).『전자 미디어, 신체 타자 권력』. 서울: 커뮤니케이션북스.
岡嶋裕史(오카지마 유시). (2010).『アップル, グーグル, マイクロソフト～クラウド, 携帯端末戦争のゆくえ』. 김정환 (역) (2011).『클라우드 혁명과 애플 구글 마이크로소프트』. 서울: 예인.

Agamben, G. (1995). *Homo Sacer: Il potere sovrano e la nuda vita*. 박진우 (역) (2008).『호모 사케르』. 서울: 새물결.
Agamben, G. (2006). *Che cos'è un dispositivo?*. 양창렬 (역) (2010).『장치란 무엇인가? 장치학을 위한 서론』. 서울: 난장.
Aglietta, M. (1979). *A Theory of Capitalist Regulation: The US Experience*. (D. Fernbach,

Trans.). (2001). New York, NY: Verso New Edition.
Aiden, E., & Michel, J. B. (2014). *Uncharted: Big Data as a Lens on Human Culture*. 김재중 (역) (2015). 『빅데이터 인문학: 진격의 서막』. 파주: 사계절.
Akers, R. L., & Sellers, C. S. (2012). *Criminological theories: Introduction, evaluation, and application*. Oxford University Press; 6 edition.
Althusser, L., & Balibar, E. (1965). *Lire Le Capital*. 김진엽 (역) (1991). 『자본론을 읽는다』. 서울: 두레
Althusser, L. (1975). *Tesis de Amiens*. 김동수 역 (1991). 『아미앵에서의 주장』. 서울: 솔
Althusser, L. (1994). *Filosofia y Marxismo*. 서관모·백승욱 (역) (2012). 『철학적 맑스주의: 우발성의 유물론을 위하여』. 서울: 새길아카데미.
Althusser, L. (1995). *Sur la reproduction*. 김웅권 (역) (2007). 『재생산에 대하여』. 서울: 동문선.
Amin, A. (Ed.) (1995). *Post-Fordism: A reader*. Oxford: Blackwell.
Anderson, B. (1991). *Imagined Communities: Reflections on the Origin and Spread of Nationalism*. 윤형숙 (역) (2006). 『상상의 공동체: 민족주의의 기원과 전파에 대한 성찰』. 서울: 나남.
Anderson, C. (2008). *The Long Tail: Why the Future of Business is Selling Less of More*. Hachette Books.
Andrejevic, M. (2002). The Work of Being Watched: Interactive Media and the Exploitation of Self-Disclosure. *Critical Studies in Media Communication*. 19(2), 230-248.
Andrejevic, M. (2009). Exploiting YouTube: Contradiction of user-generated labor. In P. Snikars & P. Vonderau (Ed.), *The YouTube reader* (pp. 406-423). Lithuania: Logotipas.
Andrejevic, M. (2011). Social Network Exploitation. *A Networked Self: Identity, Community and Culture on Social Network Site*. Routledge. 82-101.
Andrejevic, M. (2012). Estranged free labor. In T. Scholz (Ed.), *Digital labor: The internet as playground and factory* (pp. 149-164). New York, NY: Routledge.
Armstrong, P., Glyn, A., & Harrison, J. (1991). *Capitalism Since 1945*. Oxford, UK: Basil Blackwell.
Barbrook, R., & Cameron, A. (1995). *The Californian Ideology*. 홍성태 외 (역). (1996). 캘리포니아 이데올로기. 『사이버 공간, 사이버 문화』 (pp. 74-101). 서울: 문화과학사.
Badiou, A. (1989). *Manifeste pour la philosophie*. 서용순 (역) (2010). 『철학을 위한 선언』. 서울: 길.
Badiou, A. (1998). *Petit Manuel d'inesthetique*. 장태순 (역) (2010). 『비미학』. 서울: 이학사.
Badouard, R., Mabi, C., & Sire, G. (2016). Beyond "Points of Control": logics of digital governmentality. *Internet Policy Review*, 5(3). Retrieved from https://policyreview.info/articles/analysis/beyond-points-control-logics-digital-governmentality
Balibar, E. (1997). *La crainte des masses: Politique et philosohie avant et apre's Marx*. 서관

모·최원 (역) (2007). 『대중들의 공포』. 서울: 비.
Barry, A., Osborne, T., & Rose, N. (Ed.) (1996). *Foucault and political reason: Liberalism, Neo-Liberalism, and Rationalities of Government*. Chicago, IL: The University of Chicago Press.
Bateson, G. (1970). *Steps to an Ecology of Mind*. 박대식 (역) (2006). 『마음의 생태학』. 서울: 책세상.
Bauman, Z. (1988). *Freedom*. 문성원 (역) (2002). 『자유』. 서울: 이후.
Bauman, Z. (2010). *44 Letters from the Liquid Modern World*. 조은평·강지은 (역) (2013). 『고독을 잃어버린 시간』. 파주: 동녘.
Bauwens, M., & Kostakis, V. (2014). *Network Society and Future Scenarios for a Collaborative Economy*. 윤자형 · 황규환 (역) (2018). 『네트워크 사회와 협력 경제를 위한 미래 시나리오』
Bauwens, M., & Kostakis, V. (2019). *Peer to Peer: The Commons Manifesto*. University of Westminster Press
Beck, M. (2015a). Facebook Tweaks News Feed To Account For Time Spent On Stories [On-Line]. *Marketing Land*. URL: http://marketingland.com/facebook-tweaks-news-feed-toaccount-for-time-spent-on-stories-132114
Beck, M. (2015b). Facebook's News Feed Algorithm: A Guide To Recent Changes [On-Line]. *Marketing Land*. URL: http://marketingland.com/21-news-feed-updates-that-have-changed-how-pages-use-facebook-126066
Beck, U. (1986). *Risikogesellschaft*. 홍성태 (역) (2006). 『위험사회』. 서울: 새물결.
Bell, D. (1973). *The Coming of Post-Industrial Society*. 박형신·김원동 (역) (2006). 『탈산업사회의 도래』. 서울: 아카넷.
Beniger, J. (1989). *The control revolution: Technological and economic origins of the information society*. 윤원화 (역) (2009). 『컨트롤 레벌루션: 현대 자본주의의 또 다른 기원』. 서울: 현실문화.
Benjamin, R. (2019). *Race after technology: Abolitionist tools for the new Jim code*. Medford, MA: Polity Press.
Benjamin. W. (1936). *Das Kunstwerk im Zeitalter seiner technischen Reproduziebarkeit*. 최성만 (역) (2007). 『기술복제시대의 예술작품』. 서울: 길.
Benkler, Y. (2007). *The Wealth of Networks: How Social Production Transforms Markets and Freedom*. 최은창 (역) (2015). 『네트워크의 부: 사회적 생산은 시장과 자유를 어떻게 바꾸는가』. 서울: 커뮤니케이션 북스.
Bensaid, D. (2001). *Résistances: Essai de taupologie générale*. 김은주 (역) (2003). 『저항: 일반 두더지학에 대한 서론』. 서울: 이후.
Berardi, F. (1995). *Responses to the Californian Ideology*. 홍성태 외 (역). (1996). 캘리포니아 이데올로기에 대한 답변. 『사이버 공간, 사이버 문화』 (pp. 102-106). 서울: 문화과학사.
Berardi, F. (2009). *The soul at work*. 서창현 (역) (2012). 『노동하는 영혼: 소외에서 자율로』. 서울: 갈무리.
Berardi, F. (2009). *Precarious rhapsody: semiocapitalism and the pathologies of the post-*

alpha generation. 정유리 (역) (2013). 『프레카리아트를 위한 랩소디: 기호자본주의의 불안정성과 정보노동의 정신병리』. 서울: 난장.
Berardi, F. (2011). *After the Future*. 강서진 역 (2013). 『미래 이후』. 서울: 난장.
Bernays, E. (1928). *Propaganda*. 강미경 역 (2009). 『프로파간다』. 서울: 공존.
Bichler, S., & Nitzan, J. (2004). *Capital as power: A study of order and creorder*. 홍기빈 (역) (2004). 『권력 자본론』. 서울: 삼인.
Biermann, B., & Spitz, M. (2014). *Was macht ihr mit meinen Daten?* 김현정 (역) (2015). 『내 데이터를 가져다 뭐하게』. 서울: 책세상.
Bijker, W., Hughes, T., & Pinch, T. (2012). *The Social Construction of Technological Systems: New Directions in the Sociology and History of Technology*. Cambridge, MA: The MIT Press
Bollier, D. (2014). *Think Like a Commoner*. 배수현 (역) (2015). 『공유인으로 사고하라』. 서울: 갈무리.
Bolter, J. D. (1984). *Turing's Man: Western Culture in the Computer Age*. 김상우 (역) (2017). 『튜링스 맨: 컴퓨터 시대의 문화 논리』. 서울: 커뮤니케이션북스.
Bolz, N. (1994). *Das kontrollierte Chaos*. 윤종석 (역) (2000). 『컨트롤된 카오스』. 서울: 문예출판사.
Boyer, R. (2004). *Théorie de la régulation: 1. Les Fondamentaux*. 김태황 외 (역) (2013). 『조절이론 1. 기초』. 서울: 뿌리와이파리
Braverman, H. (1987). *Labor and Monopoly Capital: The Degradation of Work in the Twentieth Century*. 이한주 · 강남훈 (역) (1998). 『노동과 독점자본: 20세기에서의 노동의 쇠퇴』. 서울: 까치.
Brenner, R. (2002). *The Boom and the Bubble*. 전성진 (역) (2002). 『붐 앤 버블: 호황 그 이후, 세계 경제의 그 그늘과 미래』. 서울: 아침이슬.
Brin, S. & Page, L. (1998). The anatomy of a large-scale hypertextual Web search engine. *Computer Networks and Isdn Systems*. 30(1-7), 107-117.
Burchell, G., Gordon, C., & Miller, P. (Ed.) (1991). *The Foucault Effect: Studies in Governmentality*. 심성보 외 (역) (2014). 『푸코 효과: 통치성에 관한 연구』. 서울: 난장
Cairncross, F. (1997). *The death of distance: How the Communications Revolution Will Change Our Lives*. Harvard Business Review Press.
Carr, N. (2010). *The Shallows*. 최지향 (역) (2011). 『생각하지 않는 사람들』. 서울: 청림출판.
Carr, N. (2014). *The Glass Cage*. 이진원 (역) (2014). 『유리감옥』. 서울: 한국경제신문.
Castells, M. (1996). *The rise of the network society*. 김묵한 · 박행웅 · 오은주 (역) (2003). 『네트워크사회의 도래』. 서울: 한울
Castells, M. (1997). *The Power of Identity*. 정병순 (역) (2008). 『정체성 권력』. 서울: 한울.
Castells, M. (1998). *End of Millennium*. 이종삼 · 박행웅 (역) (2003). 『밀레니엄의 종언』. 서울: 한울.
Castells, M. (2003). *The Internet Galaxy: Reflections on the Internet, Business, and Society*. 박행웅 (역) (2004). 『인터넷 갤럭시』. 서울: 한울아카데미.

Castells, M. (2011). *Communication Power*. 박행웅 (역) (2014). 『커뮤니케이션 권력』. 서울: 한울.

Castells, M. (2012). *Networks of Outrage and Hope: Social Movements in the Internet Age*. 김양욱 (역) (2015). 『분노와 희망의 네트워크』. 서울: 한울.

Cheney-Lippold, J. (2019). *We are data: Algorithms and the making of our digital selves*. New York: New York University Press.

Cleland, S., & Brodsky, I. (2011). *Search & Destroy: Why You Can't Trust Google Inc*. 박기성 (역) (2012). 『두 얼굴의 구글: 구글 스토리에 숨겨진 또 다른 이면』. 서울: 에이콘.

Conrad, P. (2007). *The medicalization of society*. Baltimore: Johns Hopkins University Press.

Couldry, N. (2009). Mediatization or mediation? Alternative understandings of the emergent space of digital storytelling. *New media & society*, 10 (3), pp. 373-391.

Cruikshank, B. (1999). *The will to empower: Democratic citizens and other subjects*. 심성보 (역) (2014). 『시민을 발명해야 한다: 민주주의와 통치성』. 서울: 갈무리.

Damasio, A. (2003). *Looking For Spinoza: Joy, Sorrow And The Felling Brain*. 임지원 (역) (2007). 『스피노자의 뇌: 기쁨, 슬픔, 느낌의 뇌과학』. 서울: 사이언스북스.

Davidow, W. H. (2011). *Overconnected*. 김동규 (역) (2011년). 『과잉연결시대』. 서울: 수이북스.

Davidson, A. I. (2005). Ethics as Ascetics: Foucault, the History of Ethics, and Ancient Thought. in *The Cambridge Companion to Foucault*, edited by G. Gutting. Cambridge University Press.

Davidson, A. I. (2011). In Praise of Counter-Conduct. *History of the Human Sciences*, Vol. 24, No. 4, pp. 25-41.

Dean, M. (2009). *Governmentality: Power and Rule in Modern Society*. London: SAGE Publications Ltd; 2 edition.

Death, C. (2010). Counter-Conducts: A Foucauldian Analytics of Protest. *Social Movement Studies*, Vol. 9, Issue 3, pp. 235-251.

Deleuze, G. (1964). *Proust et les signes*. 서동욱 · 이충민 (역) (1997). 『프루스트와 기호들』. 서울: 민음사.

Deleuze, G. (1986). *Foucault*. 권영숙 · 조형근 (역) (1996). 『들뢰즈의 푸코』. 서울: 새길.

Deleuze, G. (1990). *Pourparlers 1972-1990*. 김종호 (역) (1993). 『대담 1972~1990』. 서울: 솔.

Deleuze, G., & Guattari, F. (1972). *L'Anti-Oedipe: Capitalisme et Schizophrenie*. 김재인 (역) (2014). 『안티 오이디푸스』. 서울: 민음사.

Deleuze, G., & Guattari, F. (1975). *Kafka: Pour une littérature mineure*. 이진경 (역) (2004). 『카프카: 소수적인 문학을 위하여』. 서울: 동문선.

Deleuze, G., & Guattari, F. (1991). *Qu'est-ce que la philosophie?* 이정임 · 윤정임 (역) (1999). 『철학이란 무엇인가』. 서울: 현대미학사.

Deleuze, G. (2002). *Qu'est-ce qu'en dispositif?* 박정태 (역) (2007). 장치란 무엇인가? 『들뢰즈가 만든 철학사』. (pp. 470-485). 서울: 이학사

Derrida, J. (1967). *De la grammatologie*. 김성도 (역) (2010). 『그라마톨로지』. 서울: 민음사.

Devlin, K, J. (1999). *Infosense: Turning Information into Knowledge*. W H Freeman & Co.

Dhawan, E., & Joni, S. (2015). *Get Big Things Done: The Power of Connectional Intelligence*. 최지원 (역) (2016). 『연결지능: 당신의 미래를 결정하는 단순하고 강력한 힘』. 서울: 위너스북.

DiBona, C., & Ockman, S. (2008). *Open Sources: Voices from the Open Source Revolution*. Sebastopol: O'Reilly Media, Inc.

Donzelot, J. (1994). *L'Invention du social: Essai sur le déclin des passions politiques*. 주형일 (역) (2005). 『사회보장의 발명』. 서울: 동문선.

Dreyfus, H. L., Rabinow, P., & Foucault, M. (1984). *Michel Foucault, beyond structuralism and hermeneutics*. 서우석 (역) (1989). 『미셸 푸코: 구조주의와 해석학을 넘어서』. 서울: 나남.

Duménil, G., & Lévy, D. (2000). *Crise et sortie de crise: Ordre et desordres neoliberaux*. 이강국·장시복 (역) (2006). 『자본의 반격: 신자유주의 혁명의 기원』. 서울: 필맥.

Dyer-Witheford, N. (1999). *Cyber-Marx: Cycles and circuits of struggle in high-technology capitalism*. 신승철·류현 (역) (2003). 『사이버-맑스: 첨단기술 자본주의에서의 투쟁주기와 투쟁순환』. 서울: 이후.

Dyer-Witheford, N. (2005). Cyber-Negri: General intellect and immaterial labor. In Timothy S. Murphy & Abdul-Karim Mustapha (Ed.), *The Philosophy of Antonio Negri* (pp. 136-162). London: Pluto Press.

Dyer-Witheford, N., Kjøsen, A., & Steinhoff, J. (2019). *Inhuman Power: Artificial Intelligence and the Future of Capitalism*. London: Pluto Press.

Ende, M. (1992). *Das Gefangnis der Freiheit*. 이병서 (역) (2016). 『자유의 감옥』. 서울: f(에프).

Erez, A., & Michel, J. (2014). *Uncharted: Big Data as a Lens on Human Culture*. 김재중 (역) (2015). 『빅데이터 인문학. 진격의 서막』. 서울: 사계절.

Eubanks, V. (2018). *Automating inequality: How high-tech tools profile, police, and punish the poor*. New York: St. Martin's Press

Faubion, J. (Ed.) (2014). *Foucault Now: Current Perspective in Foucault Studies*. Cambridge: Polity.

Federici, S. (2012). *Revolution at Point Zero: Housework, Reproduction, and Feminist Struggle*. 황성원 (역) (2013). 『혁명의 영점: 가사노동, 재생산, 여성주의 투쟁』. 서울: 갈무리.

Feenberg, A. (1991). *Critical theory of technology*. New York: Oxford University Press.

Flores, S, E. (2014). *Facehooked: How Facebook Affects Our Emotions, Relationships, and Lives*. CA: Reputation Books.

Foer, F. (2018). *World Without Mind: The Existential Threat of Big Tech*. New York: Penguin Books.

Foucault, M. (1975). *Surveiller et punir*. 오생근 (역) (2003). 『감시와 처벌』. 서울: 나남.

Foucault, M. (1976). *Histoire de la sexualité 1: La volonté de savoir*. 이규현 (역) (2017). 『성의 역사 1: 지식의 의지』. 파주: 나남.
Foucault, M. (1980). *Power/Knowledge: Selected interview and other writings, 1972-1977*. C. Gordon (Ed.). New York: Pantheon Books.
Foucault, M. (1982). The Subject and Power. *Critical Inquiry* 8, no. 4. pp. 777-795. URL: http://www2.kobe-u.ac.jp/~alexroni/IPD2018%20readings/IPD1%20 2018%20No.8/Foucault%20Subject%20and%20Power.pdf
Foucault, M. (1984a). *Histoire de la sexualité 2: L'usage des plaisirs*. 문경자 · 신은영 (역) (2004). 『성의 역사 2: 쾌락의 활용』. 서울: 나남.
Foucault, M. (1984b). *Histoire de la sexualité 3: Le souci de soi*. 이혜숙 · 이영목 (역) (2004). 『성의 역사 3: 자기 배려』. 서울: 나남.
Foucault, M. (1997). *Il Faut Defendre La Societe*. 박정자 (역) (1998). 『"사회를 보호해야 한다"』. 서울: 동문선.
Foucault, M. (2000a). "Is It Useless to revolt?", *Essential works of Foucault 1954-1984, volume.3: Power*. James D. Faubion(ed). The New Press. pp. 449-453.
Foucault, M. (2000b). "Omnes et Singulatim: Toward a Critique of Political Reason." *Essential works of Foucault 1954-1984, volume.3: Power*. James D. Faubion(ed). The New Press. pp. 298-325.
Foucault, M. (2004a) *Securite, territoire, population*. 오트르망 (역) (2011). 『안전, 영토, 인구』. 서울: 난장.
Foucault, M. (2004b). *Naissance de la biopolitique*. 오트르망 (역) (2012). 『생명관리정치의 탄생』. 서울: 난장.
Foucault, M. (2009). *Le corps utopique*. 이상길 (역) (2014). 『헤테로토피아』. 서울: 문학과지성사.
Foucault, M. (2015). *Qu'est-ce que la critique? La culture de soi*. 오트르망 (역) (2016). 『비판이란 무엇인가』. 파주: 동녘.
Foucault, M,, et al. (1995). 『미셸 푸코의 권력이론』. 정일준 (편역). 서울: 새물결.
Foucault, M,, et al. (1999). 『자유를 향한 참을 수 없는 열망』. 정일준 (편역). 서울: 새물결.
Foucault, M., & Trombadori, D. (1999). *Remarks on Marx: Conversations with Duccio Trombardori*. 이승철 (역) (2010). 『푸코의 맑스: 미셸 푸코, 둣치오 뜨롬바도리와의 대담』. 서울: 난장.
Fraser, N. (2009). *Scales of Justice: Reimagining Political Space in a Globalizing World*. 김원식 (역) (2010). 『지구화 시대의 정의: 정치적 공간에 대한 새로운 상상』. 서울: 그린비.
Freud, S. (1917). *Vorlesungen zur Einfuhrung in die Psychoanalyse*. 홍혜경 · 임홍빈 (역) (2004). 『정신분석 강의』. 파주: 열린책들.
Friedman, T. L. (2005). *The World Is Flat: A Brief History of the Twenty-First Century*. 김상철 · 이윤섭 · 최정임 (역) (2006). 『세계는 평평하다: 21세기 세계 흐름에 대한 통찰』. 서울: 창해.
Fry, H. (2018). *Hello World : How to be Human in the Age of the Machine*. Transworld

Publishers Ltd.
Fuchs, C. (2010). Labor in Informational Capitalism and on the Internet. *The Information Society: An International Journal*. 26(3), 179-196.
Fuchs, C. (2012). Class and Exploitation on the Internet. In T. Scholz(Ed.), *Digital Labor: The Internet as Playground and Factory* (pp. 211-224). Routledge.
Fuchs, C. (2014). *Digital Labour and Karl Marx*. Routledge.
Fukuyama, F. (1989). *The End of History and the Last Man*. 이상훈 (역) (1997). 『역사의 종말』. 이상훈 역. 서울: 한마음사.
Galloway, A. R. (2004). *Protocol: how control exists after decentralization*. Massachusetts Institute of Technology.
Galloway, A. R. (2012). *The Interface Effect*. Polity Press.
Garland, D. (2001). *The Culture of Control: Crime and Social Order in Contemporary Society*. The University of Chicago Press.
Gartner. (2011, 6, 27). Gartner Says Solving 'Big Data' Challenge Involves More Than Just Managing Volumes of Data. Gartner Newsroom. URL: https://web.archive.org/web/20110710043533/http://www.gartner.com/it/page.jsp?id=1731916 (2017년 2월 20일)
Gere, C. (2009). *Digital Culture* (2nd ed.). Reaktion Books
Ghonim, W. (2015). Let's design social media that drives real change. TED. URL: https://www.ted.com/talks/wael_ghonim_let_s_design_social_media_that_drives_real_change#t-13042
Ginsberg, J., Mohebbi, M. H., & Patel, R. S., et al. (2009). Detecting influenza epidemics using search engine query data. *Nature*, 457, 1012-1014.
Goldsmith, J., & Wu, T. (2006). *Who controls the internet?* 송연석 (역) (2006). 『인터넷 권력 전쟁』. 서울: 뉴런.
Goodman, A., & Goodman, D. (2008). *Standing up to the madness*. 노시내 (역) (2011). 『미친 세상에 저항하기: 민주주의를 실천하는 8가지 행동』. 서울: 마티.
Gordon, C. (1991). Governmentality rationality: An introduction. In G. Burchell, C. Gordon, & P. Miller (Ed.), *The Foucault effect: Studies in governmentality* (pp. 1-51). Chicago, IL: Chicago University Press.
Gordon, C. (Ed.) (1980). *Power/Knowledge: Selected Interviews and Other Writings, 1972-1977*. 홍성민 (역) (1995). 『권력과 지식: 미셸 푸코와의 대담』. 서울: 나남.
Gorz, A. (1980). *Adieux au prolétariat: Au-delà du socialisme*. 이현웅 (역) (2011). 『프롤레타리아여 안녕: 사회주의를 넘어』. 서울: 생각의 나무.
Giddens, A. (1999). *Runaway world: How globalisation is reshaping our lives*. 박찬욱 (역) (2000). 『질주하는 세계』. 서울: 생각의 나무.
Gross, D. (2007). *Pop!: Why Bubbles Are Great for the Economy*. HarperCollins Publishers.
Hafner, K., & Lyon, M. (2006). *Where wizards stay up late: The origins of the Internet*. New York : Simon & Schuster.
Hardt, M., & Negri, A. (2000). *Empire*. 윤수종 (역) (2001). 『제국』. 고양: 이학사.

Hardt, M., & Negri, A. (2012). *Declaration*. 조정환 외 (역) (2012). 『선언』. 서울: 갈무리.
Harman, C. (2008). *Theorising Neoliberalism*. 전성진 외 (편역) (2009). 「신자유주의의 진정한 성격」. 『21세기 대공황과 마르크스주의』 (87-128쪽). 서울: 책갈피.
Harman, C. (2009). *Zombie Capitalism: Global Crisis and the Relevance of Marx*. 이정구·최용찬 (역) (2012). 『좀비자본주의: 세계경제 위기와 마르크스주의』. 서울: 책갈피.
Harvey, D. (1991). *The Condition of Postmodernity: An Enquiry into the Origins of Cultural Change*. 구동회·박영민 (역) (2009). 『포스트모더니티의 조건』. 서울: 한울.
Harvey, D. (2005). *A Brief History of Neoliberalism*. 최병두 (역) (2007). 『신자유주의: 간략한 역사』. 서울: 한울.
Harvey, D. (2005). *Spaces of Neoliberalization: Towards a Theory of Uneven Geographical Development*. 임동근·박훈태·박준 (역) (2008). 『신자유주의 세계화의 공간들: 지리적 불균등발전론』. 서울: 문화과학사.
Haug, W. F. (2000). *General intellect' und Massenintellektualität*. 곽노완 (역) (2006). 「'일반지성'과 대중의 지성」. 『진보평론』. 28, 45-59.
Hegel, G. (1807). *Phänomenologie des Geistes*. 임석진 (역). (2005). 『정신현상학』. 파주: 한길사.
Heidegger, M. (1927). *Sein und Zeit*. 이기상 (역) (1998). 『존재와 시간』. 서울: 까치
Held, D., McGrew, A., Goldblatt, D., & Perraton, J. (1999). *Global Transformations: Politics, Economics and Culture*. 조효제 (역) (2002). 『전지구적 변환』. 서울: 창작과비평사.
Henwood, D. (2001). The "New Economy" and the Speculative Bubble: An Interview with Doug Henwood. *Monthly Review*, 52, P.72.
Henwood, D. (2003). *After The New Economy*. 이강국 (역) (2004). 『신경제 이후』. 서울: 필맥.
Hepp. A. (2012). *Cultures of Mediatization*. Cambridge, UK: Polity Press.
Hesmondhalgh, D., & Baker, S. (2011). *Creative Labour: Media Work in Three Cultural Industries*. 안채린 (역) (2016). 『창의 노동과 미디어 산업: 미디어 노동 연구의 이론과 실제』. 서울: 커뮤니케이션북스.
Hirsch, J. (1983). *Fordist Security State and New Social Movements*. 김호기 외 (편역) (1995). 포드주의 안전국가와 신사회 운동. 『포스트 포드주의와 신보수주의의 미래』 (245-261쪽). 서울: 한울아카데미.
Hirsch, J. (1985). *Fordismus und Postfordismus: die gegenwärtige gesellschaftliche Krise und ihre Folgen*. 김호기 외 (편역) (1995). 「포드주의와 포스트포드주의: 현재의 사회 위기와 그 결과」. 『포스트포드주의와 신보수주의의 미래』 (44-74쪽). 서울: 한울아카데미.
Hochschild, A. R. (1979). *The Managed Heart: Commercialization of Human Feeling*. 이가람 (역) (2009). 『감정노동: 노동은 우리의 감정을 어떻게 상품으로 만드는가』. 서울: 이매진.
Horkheimer, M., & Adorno, T. W. (1948). *Dialektik der Aufklärung: Philosophische Fragmente*. 김유동 (역) (2001). 『계몽의 변증법』. 서울: 문학과지성사.

Ingham, G. (2004). *The Nature of Money*. 홍기빈 (역) (2011). 『돈의 본성』. 서울: 삼천리.
Introna, L. D., & Nissenbaum, H. (2000). Shaping the Web: Why the Politics of Search Engines Matters. *The Information Society*. 16, pp.169 – 185.
Jameson, F. (1992). *Postmodernism, or, the Cultural Logic of Late Capitalism*. Durham: Duke University Press.
Jameson, F. (2007). *Late Marxism: Adorno, Or, the Persistence of the Dialectic*. London: Verso Books.
Kaiser, B. (2019). *Targeted: My Inside Story of Cambridge Analytica and How Trump, Brexit and Facebook Broke Democracy*. HarperCollins Publishers.
Kittler, F. (1999). *Gramophone, Film, Typewriter*. (G, Winthrop-Young., & M, Wutz, Trans.). Stanford University Press. (Original work published 1986).
Kleiner, D. (2010). *The Telekommunist Manifesto*. 권범철 (역) (2014). 『텔레코뮤니스트 선언』. 서울: 갈무리.
Kleiner, D., & Wyrick, B. (2007). InfoEnclosure 2.0. [On-Line] *Mute*. 2(4). http://www.metamute.org/editorial/articles/infoenclosure-2.0
Kramera, A. D. I., Guilloryb, J. E., & Hancock, J. T. (2014). Experimental evidence of massive-scale emotional contagion through social networks. *PNAS*, 111(24), 8788-8790.
Lacan, J. (1994). 『욕망 이론』. 권택영 · 이미선 · 민승기 (역). 서울: 문예출판사.
Lambert, C. (2015). *Shadow Work: The Unpaid, Unseen Jobs That Fill Your Day*. 이현주 (역) (2016). 『그림자 노동의 역습』. 서울: 민음사.
Larrain, J. (1993). *Marxism and Ideology*. 신희영 (역) (1998). 『맑스주의와 이데올로기』. 서울: 백의.
Lazer, David, et al. (2014). The Parable of Google Flu: Traps in Big Data Analysis. *Science*, 343, 1203-1205.
Lazzarato, M. (2004). *From capital-labour to capital-life in ephemera* (V. Fournier, A. Virtanen, & J. Vahamaki, Trans.). 서창현 (역) (2005). 자본-노동에서 자본-삶으로. 『비물질노동과 다중』 (239-285쪽). 서울: 갈무리.
Lazzarato, M. (2014). *Signes, Machines, Subjectivite*. 신병현 · 심성보 (약) (2017). 『기호와 기계』. 서울: 갈무리.
Lazzarato, M., & Negri, A. (2001). *Trabalho imaterial e subjetividade*. 김상운 (역) (2005). 비물질노동과 주체성. 『비물질노동과 다중』 (287-307쪽). 서울: 갈무리.
Lemke, T. (2002). Foucault, Governmentality, and Critique. *Rethinking Marxism*, 14(3), 49-64.
Lemke, T. (2007). *Biopolitik zur Einfuhrung*. 심성보 (역) (2015). 『생명정치란 무엇인가』. 서울: 그린비.
Lessig, L. (2006). *Code: And Other Laws of Cyberspace, Version 2.0*. 김정오 (역) (2007). 『코드 2.0』. 파주: 나남.
Levene, M. (2010). *An Introduction to Search Engines and Web Navigation*. NJ: Wiley.
Lévi-Strauss, C. (1962). *La Pensee Sauvage*. 안정남 (역) (1996). 『야생의 사고』. 서울: 한길사.

Levy, P. (1999). *Collective Intelligence: Mankind's Emerging World in Cyberspace*. Cambridge, Mass: Perseus Books.
Levy, P. (2000). *World philosophie*. 김동윤 외 (역) (2003). 『누스페어』. 서울: 생각의나무.
Lipietz, A. (1985). *The Enchanted World: Inflation, Credit and the World Crisis*. 김균 (역) (1993). 『조절이론과 마르크스 경제학의 재해석: 인플레이션, 신용 및 위기분석』. 고양: 인간사랑.
Lipietz, A. (1987). *Mirages and Miracles: Crisis in Global Fordism*. London: Verso.
Lippmann, W. (1922). *Public Opinion*. 이동근 (역) (2013). 『여론』. 서울: 아카넷.
Lorenzini, D. (2016). From Counter-Conduct to Critical Attitude: Michel Foucault and the Art of Not Being Governed Quite So Much. *Foucault Studies*, No. 21, pp. 7-21.
Lum, C. M. K. (Ed.). (2005). *Perspectives on Culture, Technology And Communication: The Media Ecology*. N. J.: Hampton Pr.
Luke, T. (1998). *Ineluctable Nodalities: On The Borromean Knot*. 문심정연 (역) (2013). 불가해한 마디성: 보로메오 매듭에 관하여. 『라캉 정신분석의 핵심 개념들』 (171-201쪽). 서울: 문학과지성사.
Lukes, S. (1974). *Power: A Radical View*. New York: Palgrave Macmillan.
Lyon, D. (1994). *The Electronic Eye: The Rise of Surveillance Society - Computers and Social Control in Context*. Minneapolis: University of Minnesota Press.
Lyon, D. (2001). *Surveillance Society: Monitoring Everyday Life*. 이광조 (역) (2014). 『감시사회로의 유혹』. 서울: 후마니타스.
MacKenzie, D. (1984). Marx and the Machine. *Technology and Culture Journal*, 25(3), 473-502.
Mackinnon, R. (2013). *Consent of the Networked: The Worldwide Struggle For Internet Freedom*. Basic Books.
Mandel, E. (1972). *Late Capitalism*. 이범구 (역) (1985). 『후기 자본주의』. 서울: 한마당.
Mandel, M. J. (2000). *The Coming Internet Depression*. New York: Basic Books.
Manovich, L. (2013). *Software Takes Command*. 이재현 (역) (2014). 『소프트웨어가 명령한다』. 서울: 커뮤니케이션북스.
Marazzi, C. (2008). *Capital and Language*. 서창현 (역) (2013). 『자본과 언어』. 서울: 갈무리.
Marazzi, C. (2010). *The violence of financial capitalism*. 심성보 (역) (2013). 『금융자본주의의 폭력: 부채위기를 넘어 공통으로』. 서울: 갈무리.
Marcuse, H. (1964). *One-Dimensional Man: Studies in the Ideology of Advanced Industrial Society*. 박병진 (역) (1993). 『일차원적 인간』. 서울: 한마음사.
Martin, R. (2002). *Financialization of daily life*. Temple University Press.
Marx, K. (1857) *Results of the immediate process of production*. 김호윤 (역) (1988). 「직접적 생산과정의 제결과」. 『경제학 노트』 (45-194쪽). 서울: 이론과 실천.
Marx, K. (1857). *Grundrisse der Kritik der Politischen Ökonomie*. 김호균 (역) (2007). 『정치경제학 비판 요강 2』. 서울: 그린비.

Marx, K. (1867). *Das Kapital: Kritik der politischen Öconomie*. 김수행 (역) (2009). 『자본론 I - 상』. 서울: 비봉출판사.
Marx, K. (1867). *Das Kapital: Kritik der politischen Öconomie*. 김수행 (역) (2010). 『자본론 I - 하』. 서울: 비봉출판사.
Marx, K. (1894). *Das Kapital: Kritik der politischen Öconomie*. 김수행 (역) (2008). 『자본론 Ⅲ - 상』. 서울: 비봉출판사.
Mason, P. (2015). *Postcapitalism: A Guide to Our Future*. 안진이 (역) (2017). 『포스트자본주의 새로운 시작』. 서울: 더퀘스트.
Maturana, H., & Varela, F. (1987). *Der Baum der Erkenntnis*. 최호영 (역) (2007). 『앎의 나무』. 서울: 갈무리.
Mayer-Schonberger, V., & Cukier, K. (2013). *Big Data: A Revolution That Will Transform How We Live, Work, and Think*. 이지연 역. (2013). 『빅 데이터가 만드는 세상』. 서울: 21세기북스.
Mcintyre, L. (2018). *Post-Truth*. 김재경 (역) (2019). 『포스트 트루스』. 서울: 두리반.
Mele, N. (2013). *The End of Big: How the Internet Makes David the New Goliath*. 이은경 외 역 (2013). 『거대 권력의 종말』. 서울: 알에이치코리아.
Metha, M., & Darier, E. (1998). Virtual Control and Disciplining on the Internet: Electronic Governmentality in the New Wired World. *The Information Society*, 14(2). Retrieved from https://www.researchgate.net/publication/263262117_Virtual_Control_and_Disciplining_on_the_Internet_Electronic_Governmentality_in_the_New_Wired_World
McChesney, R. (2013). *Digital Disconnect: How Capitalism Is Turning the Internet Against Democracy*. 전규찬 (역) (2014). 『디지털 디스커넥트: 자본주의는 어떻게 인터넷을 민주주의의 적으로 만들고 있는가』. 서울: 삼천리.
McDonnell, P. (2020). Why conversion modeling will be crucial in a world without cookies. Retrieved from https://www.thinkwithgoogle.com/marketing-strategies/data-and-measurement/conversion-measurement-in-a-cookieless-world/
McLellan, D. (1995). *Ideology*. 구승회 (역) (2002). 『이데올로기』. 고양: 이후.
McNally, D. (2010). *Global slump: The economics and politics of crisis and resistance*. 강수돌·김낙중 (역) (2011). 『글로벌 슬럼프』. 서울: 그린비.
Miller, M. (2015). *The Internet of Things*. 정보람 (역) (2016). 『생활을 변화시키는 사물인터넷: IoT』. 서울: 영진닷컴.
Moores, S. (2000). *Media and Everyday Life in Modern Society*. 임종수 · 김영한 (역) (2008). 『미디어와 일상』. 서울: 커뮤니케이션북스.
Mosco, V. (2014). *To the Cloud: Big Data in a Turbulent World*. 백영민 (역) (2015). 『클라우드와 빅데이터의 정치경제학』. 서울: 커뮤니케이션북스.
Moulier-Boutang, Y. (2012). *Cognitive Capitalism*. Cambridge: Polity Press.
Munck, R. (2005). Neoliberalism and Politics, and the Politics of Neoliberalism. A. Sssa-Filho and D. Johnston, (Ed.). *Neoliberalism: A Critical Reader*. (pp. 60-69). London: Pluto Press.
Musto, M. (2011). 「『그룬트리세』의 비판적 해석: 1857년 '서설'에서 역사, 생산, 방법」.

『마르크스주의 연구』, 8권 3호, 100-142.
Negri, A. (1992). *Marx Beyond Marx: Lessons on the Grundrisse*. 윤수종 (역) (2012). 『맑스를 넘어선 맑스』. 서울: 중원문화.
Negri, A. (2005). *The politics of subversion*. 최창석·김낙근 (역) (2012). 『전복의 정치학: 21세기를 위한 선언』. 고양: 인간사랑.
Negri, A. (2008). *Reflections on Empire*. 정남영·박서현 (역) (2011). 『다중과 제국』. 서울: 갈무리.
Negrophonte, N. (1996). *Being Digital*. 백욱인 (역) (1999년). 『디지털이다』. 서울: 커뮤니케이션북스.
Norris, C. (1988). *Derrida*. 이종인 (역) (1999). 『데리다』. 서울: 시공사.
Odysseos, L., Death, C., & Malmvig, H. (2016). Interrogating Michel Foucault's Counter-Conduct: Theorising the Subjects and Practices of Resistance in Global Politics. *Global Society*, 30 (2), pp. 151-156.
O'Malley, P. (1992). Risk, power and crime prevention. *Economy and Society*, 21(3), 252-275.
O'Malley, P. (1999). Governmentality and the risk society. *Economy and Society*, 28, 138-148.
O'Neil, C. (2016). *Weapons of Math Destruction*. 김정혜 (역) (2017). 『대량살상수학무기』. 서울: 흐름출판.
O'Reilly, T., Oram, A. (Ed.). (2001). *Peer-to-Peer: Harnessing the Power of Disruptive Technologies*. 김필우 외 (역). 『차세대 인터넷 P2P』. 서울: 한빛미디어
O'Reilly, T. (2005). What Is Web 2.0 [On-Line]. http://www.oreilly.com/pub/a//web2/archive/what-is-web-20.html
Pariser, E. (2011). *The Filter Bubble: How the New Personalized Web Is Changing What We Read and How We Think*. 이현숙·이정태 (역) (2011). 『생각 조종자들』. 서울: 알키.
Pasquino, P. (1991). *Criminology: The Birth of a Special Knowledge*. 심성보 외 (역) (2014). 「범죄학: 특수학 지식의 탄생」. 『푸코 효과』 (pp. 343-366). 서울: 난장.
Pasquinelli, M. (2008). *Animal Spirits: A Bestiary Of The Commons*. 서창현 (역) (2013). 『동물혼』. 서울: 갈무리.
Pasquinelli, M. (2009). Google's PageRank Algorithm: A Diagram of the Cognitive Capitalism and the Rentier of the Common Intellect. In K. Becker & F. Stalder (Ed.), *Deep Search: The Politics of Search Beyond Google*. Studien Verlag.
Pasquinelli, M. (2011). *Machinic capitalism and network surplus value: Notes on the political economy of the turing machine*. 연구공간 L (편역) (2012). 「기계적 자본주의와 네트워크 잉여가치: 튜링기계의 정치경제학」. 『자본의 코뮤니즘, 우리의 코뮤니즘』 (159-190쪽). 서울: 난장.
Pennenberg, A. (2009). *Viral Loop: From Facebook to Twitter, How Today's Smartest Businesses Grow Themselves*. 손유진 (역) (2010). 『바이럴루프』. 서울: 틔움.
Peters, J. D. (2016). *The Marvelous Clouds: Toward a philosophy of elemental media*. 이희은 (역) (2018). 『자연과 미디어: 고래에서 클라우드까지, 원소 미디어의 철학을 향해』. 서울: 컬처룩

Poulantzas, N. (1978). *State, Power, Socialism*. 박병영 (역) (1994). 『국가, 권력, 사회주의』. 서울: 백의

Rancière, J. (1987). *Le Maitre Ignorant*. 양창렬 (역) (2008). 『무지한 스승』. 파주: 궁리.

Rancière, J. (1998). *Aux bords du politique*. 양창렬 (역) (2008). 『정치적인 것의 가장자리에서』. 서울: 길.

Rheingold, H. (2002). *Smart Mobs: The Next Social Revolution*. 이운경 (역) (2003). 『참여 군중』. 서울: 황금가지.

Rifkin, J. (1996). *The End of Work: The Decline of the Global Labor Force and the Dawn of the Post-Market Era*. 이영호 (역) (2005). 『노동의 종말』. 서울: 민음사.

Roberts, A. (2000). *Fredric Jameson*. 곽상순 (역) (2007). 『트랜스 비평가 프레드릭 제임슨』. 서울: 앨피.

Rose, N. (1990). *Governing the Soul: The Shaping of the Private Self*. London: Free Association Books.

Rose, N., & Miller, P. (1992). Political power beyond the State: problematics of government. *The British Journal of Sociology*, 43(2), 173-205.

Rose, N. (1996). Governing "advances" liberal democracies. In A. Barry and T. Osborne and N. Rose (Ed.), *Foucault and political reason: Liberalism, Neo-Liberalism, and Rationalities of Government* (pp. 37-64). Chicago, IL: The University of Chicago Press.

Rose, N. (1999). *Powers of freedom: Reframing political thought*. Cambridge: Cambridge University Press.

Röttgers, J. (2004). P2P: Power to People. Sarai Reader 04: Crisis/Media. Retrieved from http://archive.sarai.net/files/original/30d6abc2c2f1b8f436e8d23ade0debc1.pdf

Rousseau, J. J. (1762). *Du contrat social*. 최석기 (역) (2007). 『사회계약론』. 서울: 동서문화사.

Rouvroy, A., & Stiegler, B. (2016). The Digital Regime of Truth: From the Algorithmic Governmentality to a New Rule of Law. *La Deleuziana*, (3), 6-29. Retrieved from http://www.ladeleuziana.org/wp-content/uploads/2016/12/Rouvroy-Stiegler_eng.pdf

Rumsey, A. S. (2016). *When We Are No More: How Digital Memory Is Shaping Our Future*. 곽성혜 (역) (2016). 『기억이 사라지는 시대: 디지털 기억은 인간의 운명을 어떻게 바꾸는가』. 서울: 유노북스.

Saad-Filho, A., & Johnston, D. (Ed.). (2005). *Neoliberalism: A Critical Reader*. 김덕민 (역) (2009). 『네오리버럴리즘: 신자유주의는 어떻게 세계를 지배하게 되었는가?』. 서울: 그린비.

Schiller, D. (1999). *Digital Capitalism: Networking the Global Market System*. 추광영 (역) (2001). 『미국의 새로운 세계지배 전략 디지털 자본주의』. 서울: 나무와 숲.

Schiller, H. (1986). *Information and the crisis economy*. 강현두 (역) (1992). 『현대자본주의와 정보지배논리』. 파주: 나남출판.

Scholz, T. (Ed.). (2012). *Digital Labor: The Internet as Playground and Factory*. Rout-

ledge.
Schultz, S. (2006). Dissolved Boundaries and "Affective Labor": On the Disappearance of Reproductive Labor and Feminist Critique in Empire. (Peter, F. Trans.) *Capitalism Nature Socialism*, 17(1), 77-82.
Schumpeter, J. (1942). *Capitalism, Socialism, and Democracy*. 변상진 (역) (2011). 『자본주의·사회주의·민주주의』. 파주: 한길사.
Shirky, C. (2008). *Here Comes Everybody*. 송연석 (역) (2008). 『끌리고 쏠리고 들끓다』. 서울: 갤리온.
Smythe, D. W. (1977). Communications: Blindspot of Western Marxism. *Canadian Journal of Political and Society Theory*, 1(3), 1-28.
Sohn-Rethel, A. (1978). *Intellectual and Manual Labour: Critique of Epistemology*. London: Macmillan.
Spinoza, V. (1677). *Ethica in Ordine Geometrico Demonstrata*. 황태연 (역). (2014). 『에티카』. 서울: 비홍.
Srnicek, N. (2017). *Platform Capitalism*. Cambridge: Polity Press.
Stephens-Davidowitz, S. (2017). *Everybody lies: Big data, new data, and what the Internet can tell us about who we really are*. 이영래 (역) (2018). 『모두 거짓말을 한다』. 서울: 더퀘스트.
Stiegler, B. (2011). Pharmacology of Desire: Drive-based Capitalism and Libidinal Dis-economy. *New Formations*. 72, 150-161.
Tabb, W. K. (2001). *The Amoral Elephant*. 이강국 (역) (2001). 『반세계화의 논리』. 서울: 월간말.
Tarde, G. (1901). *L'opinion et la foule*. 이상률 (역) (2015). 『여론과 군중』. 서울: 이책.
Taylor, C. (2003). *Modern Social Imaginaries*. 이상길 (역) (2010). 『근대의 사회적 상상』. 서울: 이음.
Terranova, T. (2000). Free labor: Producing culture for the digital economy. *Social Text*, 63(18), 33-58.
Terranova, T. (2004). *Network Culture: Politics for the Information Age*. Pluto Press.
Thoburn, N. (2003). *Deleuze, Marx and Politics*. 조정환 (역) (2005). 『들뢰즈 맑스주의』. 서울: 갈무리.
Toffler, A. (1980). *The Third Wave*. 이규행 (역) (1989). 『제3물결』. 서울: 한국경제신문사.
Torvalds, L., Castells, M., & Himanen, P. (2001). *The Hacker Ethic: the Spirit of the Information Age*. 신현승 (역) (2002). 『해커, 디지털 시대의 장인들』. 서울: 세종서적.
Tozzi, C. (2017). *For Fun and Profit: A History of the Free and Open Source Software Revolution*. MIT Press Ltd.
Tronti, M. (1966). *Workers and Capital*. (D. Broder, Trans.). (2019). London: Verso.
Vaidhyanathan, S. (2012). *The Googlization of Everything: And Why We Should Worry*. 황희창 (역) (2012). 『당신이 꼭 알아둬야 할 구글의 배신』. 황희창 역. 서울: 브레인스토어.
Van Couvering, E. J. (2009). Bias in Internet Search Engines. [On-Line]. *Search engine*

bias: the structuration of traffic on the World-Wide Web. (pp. 9-28).
Varela, F., Thompson, T. E., & Rosch, E. (1992). *The Embodied Mind: Cognitive Science and Human Experience*. The MIT Press.
Varela, F. J. (1999). *Ethical Know-How: Action, Wisdom, and Cognition*. 유권종 · 박충식 (역) (2009). 『윤리적 노하우』. 서울: 갈무리.
Vercellone, C. (2005). The Hypothesis of Cognitive Capitalism. [On-Line]. *Historical Materialism Annual Conference*. Retrieved from https://www.researchgate.net/publication/23530759
Vercellone, C. (2007a). From formal subsumption to general intellect: Elements for a Marxist reading of the thesis of cognitive capitalism. *Historical Materialism*, 15, 13-36.
Vercellone, C. (2007b). *The new articulation of wages, rent and profit in cognitive capitalism* ("The Art of Rent" Seminar Series). Paper presented at the Queen Mary University School of Business and Management, London. Retrieved from http://halshs.archives-ouvertes.fr/halshs-00265584/
Vigen, T. (2015). *Spurious correlations*. New York: Hachette Books.
Virno, P. (2001). *General intellect in lessico postfordista* (A. Bove, Trans.). 조정환 (역) (2005). 「"일반지성"에 관하여」. 『비물질노동과 다중』 (207-220쪽). 서울: 갈무리.
Wark, M. (2017). *General Intellects: Twenty-Five Thinkers for the Twenty-First Century*. London: Verso.
Weber, M. (1905). *Die protestantische Ethik und der 'Geist' des Kapitalismus*. 김덕영 (역) (2010). 『프로테스탄티즘의 윤리와 자본주의 정신』. 서울: 길.
Weber, M. (1919). *Politik als Beruf*. 전성우 (역) (2007). 『직업으로서의 정치』. 파주: 나남.
Webster, A. (1992). *Science, Technology, and Society: New Directions*. New Brunswick (N.J.): Rutgers University Press.
Webster, J. (2014). *The Marketplace Of Attention: How Audiences Take Shape in a Digital Age*. 백영민 (역) (2016). 『관심의 시장』. 서울: 커뮤니케이션북스.
Webster, F. (2006). *Theories of the Information Society*. 조동기 (역) (2011). 『정보사회이론』. 파주: 나남.
Williams, R. (1961). *The Long Revolution*. 성은애 (역) (2007). 『기나긴 혁명』. 파주: 문학동네.
Wittgenstein, L. (1953). *Philosophische Untersuchungen*. 이영철 (역) (2006). 『철학적 탐구』. 서울: 책세상.
Wu, T. (2011). *The Master Switch: The Rise and Fall of Information Empires*. New york: Vintage Books.
Zizek, S. (1989). *The Sublime Object of Ideology*. 이수련 (역) (2002). 『이데올로기라는 숭고한 대상』. 고양: 인간사랑.
Zwick, D., Bonsu, S., & Darmody, A. (2008). Putting consumers to work: 'Co-creation' and new marketing govern-mentality. *Journal of Consumer Culture*, 8(2), 163-196.

과학동아 (2015. 6).「지진과 빅데이터-빅데이터로 경보하고 대피한다」.『과학동아』(6월).
경향신문 (1999. 3. 4).「'현실'로 다가오는 Y2K 악몽」.
동아일보 (1999. 1, 4).「'시한폭탄 Y2K' 제조업은 아직도 무방비」
동아일보 (1999. 1. 11).「Y2K 통신-금융체계 마비 '국가 재난' 우려」
동아일보 (1999. 12. 27).「혹시 Y2K…」
동아일보 (1999. 12. 29).「지구촌 'Y2K 비상대기'」
머니투데이 (2014. 7. 1).「2014. 월드컵8강 獨 전차군단 비밀병기는 '빅데이터'」
매일경제 (1999. 4. 29).「Y2K 한반도전쟁 부를 수도」.
매일경제 (1999. 9. 23).「세계는 지금 Y2K 전쟁」
시사저널 (1999. 1. 28).「꾀부리다 재앙 부른 '2000년 쇼크'」
시사저널 (2005. 8. 12).「디지털에 영혼도 맡길 것인가」
전자신문 (2012. 9. 17).「Y2K 공포, 찻잔 속 태풍으로 끝나」〈2000년 1월〉
전자신문 (2014. 11. 25).「전세계 인터넷 인구 '30억명 넘었다'」
정보통신신문 (2014. 4. 11).「2020년 디지털 데이터 44조GB 육박」
조선비즈 (2019. 2. 6).「한국 스마트폰 보유율 '95%'... 세계 1위」
주간경향 (2011. 2. 22).「이집트 항쟁 일등공신은 '페이스북'」.『주간경향』913호.
주간경향 (2014. 7. 22).「페이스북 10년 '위험한 실험' 이번뿐일까」.『주간경향』, 1085호.
중앙일보 (2016. 2. 2).「구글, 애플 제치고 시가 총액 세계 1위 기업으로 우뚝」
중앙일보 (2002. 2. 25).「미국 Y2K 과잉대응--과다비용 논란」
한겨레 (2017. 4. 29).「2008년 오바마 당선에 '빅데이터' 큰몫」
한겨레 (2017. 11. 30).「4차 산업혁명 '큰그림 1.0'…지능화기술 R&D 2조2천억 투자」
한겨레 (2019. 5. 15).「중국의 '빅브라더', 위키피디아까지 전면 차단」
파이낸셜뉴스 (2015. 4. 3)「다시 실리콘밸리다」
파이낸셜뉴스 (2016. 12. 7).「IoT 서비스 서버 한계 '클라우드'로 푼다」
IT 조선 (2020. 2. 4).「구글이 유튜브·클라우드 사업매출 첫 공개한 이유」
KBS (2020. 6. 14).「구글은 당신의 ○○○를 알고 있다」

개인정보 보호 (n.d.). URL: https://privacy.google.com/your-data.html
개인정보처리방침 (n.d.). URL: https://www.google.co.kr/intl/ko/policies/privacy
구글 고객센터 (n.d.). URL: https://support.google.com/?hl=ko
빅데이터 (n.d.). URL: https://ko.wikipedia.org/wiki/빅데이터
쿠키 및 유사한 기술 (n.d.). URL: https://www.google.co.kr/intl/ko/policies/privacy/key-terms/#toc-terms-cookie
크롤링 및 색인 생성 (n.d.). URL: https://www.google.com/intl/ko/insidesearch/howsearchworks/crawling-indexing.html
클라우드 컴퓨팅 (n.d.). URL: http://terms.naver.com/entry.nhn?docId=1350825&cid=40942&categoryId=32828#__datalab
투명성 (n.d.) URL: http://100.daum.net/encyclopedia/view/55XXXXXXX994
Big data (n.d.). URL: https://en.wikipedia.org/wiki/Big_data

Edge rank (n.d.). URL: http://edgerank.net
Facebook (n.d.). URL: https://en.wikipedia.org/wiki/Facebook
Google 검색의 원리 (n.d.). URL: https://about.google/intl/ALL_kr/
Google 스토리 (n.d.). URL: https://www.google.co.kr/about/our-story
Google 애드워즈의 장점 (n.d.). URL: https://www.google.co.kr/intl/ko/adwords/?channel=ha

| 찾아보기 |

용어

3차원 권력 366
4차 산업혁명 25, 200, 246, 267, 392, 409
TCP/IP 228-230, 235, 395, 398
Y2K 149-160, 180, 253, 255

가변자본 122, 332, 343, 399, 407
가상화 191, 192
가족 유사성 58, 59
가치 생산의 외부화 258, 283, 327, 339
감시사회 25, 40, 76
개별화된 검색 15, 22, 70, 202, 232, 278-281, 375
개인(=인구), 개인과 인구 13, 20, 210, 211, 237, 244, 264, 316-318, 324, 363, 366, 375
고정자본 341, 342, 345, 347, 348
공장의 사회화 123, 257
과잉 축적, 과잉 투자 97-99, 107, 328
관리권력 51, 57, 59, 60, 62, 67, 69, 70, 79, 86, 95, 103, 112, 114, 128-133, 137-145, 233, 239, 240, 244, 246, 250, 283, 379, 380, 385, 386, 388, 390, 397, 402, 411
관리사회 31, 51, 53, 57, 59, 61, 62, 69, 70, 73, 79-86, 94-96, 100-105, 111-114, 125-132, 134, 141, 144, 145, 209, 211, 240, 244, 249, 250, 252, 253, 262, 283, 349, 350, 367, 368, 370, 375-380, 388-391, 397, 403, 411
구글 70, 165, 193-196, 202, 205, 206, 232, 259, 271-285, 290-293, 297, 298, 300, 301, 303-305, 309, 310, 317, 319, 326, 333, 339, 360, 365, 373, 405, 408, 409, 411
구성/헌정 38, 39, 42
구성된 주체, 구성하는 주체 182-184, 186, 215,
권력의 배경화 254, 255
규범화 85, 91, 102, 103, 129, 133, 239, 315, 370
규율권력 21, 55, 59, 86, 90-92, 95, 102, 129, 131, 133, 135-137, 187, 233, 239, 240, 244, 246, 247, 249, 257, 311, 397, 399
규정성, 규정적 조건 69, 78, 79, 96, 104, 112-114, 142, 178, 246, 307, 363, 367, 398, 399, 402, 409
규제양식 63, 68, 84, 88, 90, 92, 94, 95, 104, 134, 140, 207, 250, 356
기계적 예측 263-267, 408
기계적 잉여가치 364, 366, 407, 410
기반구조적 13, 15, 49, 57, 159, 160, 291, 358, 359, 396
기본값, 디폴트 17, 227, 233, 234, 252, 287
기술적 문맹 256, 291
기술적 합리성 20, 55, 226, 251, 254, 265, 368, 370, 372-376, 389

내적인 환경, 내부 환경 159, 220, 222, 223, 233, 236, 237, 252
네트워크 사회 52, 175
네트워크 잉여가치 364, 366, 410
네트워크 효과 110
네트워크화 13, 52, 111, 115, 116, 120, 126,

127, 156, 157, 168, 175, 261, 376, 400
노동력 315, 316, 342, 343, 351-361, 365
노동의 사회화 122-128, 131, 132, 144, 256-259, 332, 401
뉴스피드 70, 283, 285-289, 291

닷컴 버블 327, 329
데이터 마이닝 198, 236
데이터 자본주의 57
데이터베이스 272, 297-299, 301-310, 318, 409
데이터화 13, 198, 203, 209, 211
도구상자 30, 142, 144, 250, 391
동물원 381-388, 411
디지털 본 세대 176, 177
디지털 실증주의 197, 198
디지털 의존증 220
디지털화 14, 115-117, 120, 126, 127, 156-158, 164, 165, 168, 261, 376, 400

롱테일 법칙 338

마주침 214-218, 220, 281
매개 바깥의 없음 253
매개 안에 있음 171, 177-182, 188-190, 195, 206, 237, 253, 262, 264, 362, 404
매개(적) 환경 11-16, 20, 23, 49, 50, 69, 156-160, 163, 169-172, 175, 178, 179, 182, 184, 188, 200, 206, 208, 213, 220, 222, 235, 238, 250, 253, 255-257, 261, 263-267, 277, 339, 348, 356, 359, 387, 388, 392, 404, 405
무선인터넷 14, 22, 158, 170-175, 177-179, 182, 184, 185, 188-190, 220, 253, 263
무의식 20, 70, 76, 143, 190, 283, 284, 293, 297-310, 319, 324, 326, 338, 355, 361, 362, 366, 375, 376, 380, 397, 408

배경화 251, 254-256, 265, 383, 386, 388, 389
범죄학 141, 203, 241, 242, 244, 246
변증법, 변증법적 나선 50, 130, 143, 144, 184, 186, 199, 219, 337, 371, 386, 389, 402, 407, 408
보로메오의 고리 114
봉기 38-44, 50, 184
부불노동 122, 332
분산 처리 43, 192, 195, 228, 328, 395
불변자본 122, 266, 399, 407, 410
비물질 노동 121
비물질적, 비물질화 56, 117, 118, 121, 254, 255, 324, 332, 365
비용-편익 102, 134, 231, 235, 262, 372, 374, 411
비즈니스 프로세스 167-169, 328
빅데이터 14, 22, 57, 58, 69, 120, 158, 170, 172, 189, 190, 194, 195, 197, 200-214, 220, 250, 253, 254, 256, 259, 261, 263, 264, 267, 300, 304, 310, 348, 365, 387, 392, 406, 407

사물인터넷 14, 22, 57, 68, 69, 120, 145, 158, 170, 172, 189, 190, 200, 211-214, 217, 219, 220, 245, 250, 253, 254, 256, 259, 263, 267, 365, 387, 392, 407
사사화, 사영화 100, 102, 405
사이버 공간 137, 168, 223, 225-227, 233
사이버 독립 선언 47
사이버네틱스 73, 85, 105, 119
사회구성체 86, 89, 99, 113
사회적 노동자 123
사회적 두뇌 341, 348, 357, 361, 364, 375

사회적 복종 263, 265-267
사회적 상상 155, 160
사회적 조건 155, 157
산 노동 347, 348, 361
산업혁명 108, 117, 119
삼중 융합 166, 168, 169, 171
상관관계 197, 198, 201, 204-206, 406
상대적 잉여가치 89, 106, 131, 257, 345, 364
생각의 인도 284, 319, 326, 338, 362, 366, 375, 376
생명권력, 생명관리권력, 생명관리정치 21, 23, 59, 60, 91, 136, 139, 309-318, 321-324, 326, 350, 396, 397, 403
생사여탈권 22, 312
생산양식 78, 100, 105, 107, 121, 343, 399, 401
선택적 친화성 126, 236, 399, 401
세계는 평평하다 115, 163
소프트웨어 47, 164, 166, 191, 196, 222, 223, 231, 254, 255, 271, 329
수량화된 자아 210
수용자 상품론 258
수탈 119, 120, 128, 334, 356, 358, 359, 363, 373, 374, 400, 404, 407, 410, 411
스마트폰 14, 22, 57, 69, 77, 120, 145, 158, 170-180, 182, 184, 185, 188-191, 193, 201, 203, 211, 212, 214, 220, 234, 245, 254, 258, 261, 263, 387
시장화 100-102, 109, 139
시차 39, 40, 42, 44, 46, 48, 145, 395
신경제 168, 179, 330, 332
신자유주의 57, 60-63, 66, 69, 70, 78, 79, 88, 93-97, 100-102, 104, 108-114, 122, 125, 127-145, 157, 169, 186, 187, 190, 226, 230, 235, 236, 239-243, 246, 247, 249-252, 254, 257, 262, 264, 283, 306-308, 316, 318-327, 349-376, 380, 385, 390, 397-399, 402, 407, 408, 410, 411
실질적 포섭 131, 257, 345, 346, 348, 357, 364, 365, 401

아무나 50, 70, 283, 339, 355-363, 365, 375, 376, 379, 386, 392, 410
알고리즘 15, 17, 18, 20, 23, 47, 49, 57, 70, 152, 156, 159, 160, 190, 197, 207, 208, 212, 214, 217, 221-223, 226, 230, 231, 235, 236, 237, 245, 248, 252, 254-256, 264, 271-273, 279-292, 304, 310, 373-375, 392, 403, 407, 408
애드워즈 273
에지랭크 286, 408
오픈 소스 운동 47
와이파이 57, 58, 69, 120, 173, 179, 180, 182, 245, 261, 265, 387, 404
외부 효과 110
우연성 215, 216, 218, 248, 253, 254, 409
월드와이드웹 164, 227, 395, 398
웹 2.0 57, 70, 250, 259, 297, 319, 326-339, 348, 356, 360, 362, 364, 367, 387, 395, 396
유비쿼터스 172, 179
유연화 86, 88, 92-96, 102, 109, 123, 345, 399
유튜브 20, 124, 194, 231, 234, 235, 259, 260, 277, 282-284, 290, 291, 332, 333, 337, 339, 359, 365, 373, 409
이데올로기 82, 89, 101, 129, 225, 227, 245, 250, 251, 306, 310, 317, 322, 398, 407, 408
이윤율 하락 97, 107, 328
이윤의 지대되기 256, 257, 261, 283, 332

이중 관리권력 60, 69, 143-145, 379, 385, 386, 388
이중나선 7, 132, 249, 379, 387, 389
이중의 자유 219
인공지능 14, 29, 119, 120, 189, 190, 214, 231, 245, 253, 254, 256, 276, 292, 344, 348, 365, 373, 384, 396, 407
인지적 117, 120, 121, 124, 219, 319, 324, 355, 356, 361
인클로저, 정보종획 331
인터페이스, UI 231, 245, 356, 360
일반의지 293-306, 408
일반지성 121, 339-349, 357, 361, 362, 364, 375, 376
일상의 데이터화 211
잉여가치 89, 98, 106, 118-124, 128, 131, 169, 210, 257-263, 333, 336, 341-343, 345-347, 364-366, 400, 407, 410
잉여가치 메커니즘 121, 169, 257, 262, 333

자기 계발, 자기 경영 94, 354, 358-360, 362
자기 자신의 기업가 350, 351, 357, 358
자동화 13, 14, 22, 61, 106, 116, 153, 188, 197, 209, 215, 218-220, 246, 251, 252, 254, 255, 261, 264, 266, 344, 347, 370, 379, 389, 399, 407, 410
자본의 유기적 구성 89, 399
자본주의 재구조화 105, 109
자연화 383, 384, 386, 388, 389
자유 소프트웨어 운동 47
자유/무료 노동 124, 283, 329, 332, 335, 349, 355, 359
자유로운 시장 110, 130
자유와 통치의 변증법 50, 143, 144, 337, 371, 386, 389, 402, 408
자유의 기술 110, 130, 218, 224, 225, 371
자유주의적 개입주의 233-235
자율화 103
잠재적 포섭 364-366
절대적 잉여가치 364
정보통신기술혁명 51, 57, 105, 108, 116, 127, 317
정보화 사회 76, 108, 117-119, 122, 126, 141, 157, 168, 185, 246, 261
정부 2.0 302
정신관리권력 15, 31, 50, 52, 60, 67, 68, 70, 128, 132, 141, 144, 236, 283, 284, 303, 309, 311, 312, 314, 317-319, 321, 323-326, 338, 349, 350, 357, 363, 366, 367, 376, 379, 380, 385, 386, 388, 389, 396, 401
정신의 관리 50, 60, 130, 131, 140, 143, 144, 310, 318, 339, 349, 360, 367, 375, 376, 389, 400, 401, 411
정신의 기계화 119-128, 131, 132, 144, 401
정신의 인도 320, 321
정신적 능력 70, 283, 324, 339, 352, 354-363, 365, 375, 376, 386, 392, 410
정치적 합리성 62, 79, 134
정형/비정형 데이터 200, 201, 210, 297, 400
주권권력 21, 59, 91, 135, 137, 311, 312, 397
주체의 최소화 195, 206, 208, 209, 214, 254
주체화/예속화 56, 69, 158, 169
주체화=예속화 183, 188, 405
주체화≠예속화 183, 220, 405
집단지성 186, 296, 302, 303, 329, 338, 339
집합적 무의식 20, 283, 293, 300-309, 319, 326, 338, 355, 362, 366, 375, 376
징후적 독해 78
짜임, 사회적 짜임 42-45, 51-53, 55, 67, 69, 70, 86, 117, 127, 132, 136, 143, 159, 170, 200, 206, 237, 253, 254, 262, 283, 363,

368, 376, 379, 380, 384, 388, 389, 396, 403, 411

착취 38, 77, 121, 224, 342, 369, 370, 372, 373, 400, 402, 404, 407, 410, 411
체화된 마음 320
최적화, 환경의 최적화 13, 14, 102, 138, 139, 182, 188, 193, 197, 202, 213, 215, 239, 240, 244, 246, 247, 249, 252, 254, 264, 289, 318, 365, 372, 379, 392, 407
축적체제 62, 63, 68, 78, 87-89, 95, 97, 109, 169, 239, 257, 307, 318
친화성 126, 140, 186, 236, 257, 266, 361, 386, 399, 401

캘리포니아 이데올로기 225
컴퓨터 59, 69, 73, 76, 77, 79, 85, 105, 107, 108, 110, 115-117, 120, 121, 126, 145, 151-154, 158, 159, 163-166, 175, 180, 191-193, 196, 203, 211, 223, 224, 226-229, 256, 271-275, 281, 348, 387, 395, 398, 406
케인스주의 89, 93, 97-99, 112, 122, 132, 242, 243
코드 74, 159, 160, 206, 214, 220-223, 226, 227, 230-236, 248, 254, 255, 356, 357ㄴ
코드 권력 232, 233, 236
코뮤니즘 340, 344, 345, 347, 348, 361
클라우드 14, 22, 57, 69, 120, 158, 170, 171, 189-197, 199-202, 205, 206, 209, 213, 214, 220, 253, 259, 261, 263, 267, 302, 407

탈산업사회 92, 108
탈주체화/탈예속화 182
태도와 감정의 인도 338
테일러주의 89, 97
통제사회 30, 60-62, 70, 82, 209
통치성 21, 24, 30, 62, 67, 70, 91, 94, 133-142, 144, 238, 239, 247-250, 312, 314, 318, 321-326, 359, 366, 402, 403
투명성 192, 193, 195, 208, 253, 406
특별잉여가치 98, 106

파국 149-151, 154, 155, 158, 253
파놉티콘 11, 25, 55, 75, 79, 86, 384, 390
파생상품 209-211
패킷 스위칭 228, 229, 328
페이스북 16, 20, 37, 38, 49, 50, 57, 70, 124, 183, 185, 194, 202, 234, 235, 259, 282-292, 303, 304, 310, 317, 319, 326, 333, 336, 339, 360, 365, 373, 406, 408, 409
평평화 162, 163, 166-168, 170, 172, 178, 261
포드주의 68, 86-97, 99-102, 105, 121, 122, 129, 131, 134, 136, 137, 169, 239, 247, 257, 261, 307, 399
포섭의 전략 70, 118, 131, 144, 257, 336, 338, 339, 360, 364, 365, 367, 372, 374, 376
포스트모더니즘 78
포스트포드주의 68, 86, 88, 91-96, 99, 100, 102, 109, 399
프로슈머 123, 124
프로토콜 159, 164, 166, 222, 223, 226, 228-231, 248, 254, 275, 395
플랫폼 9, 14, 23, 29, 47, 116, 166-169, 193, 196, 202, 234, 245, 259, 260, 277, 286, 330, 332, 334, 336, 348, 362, 364, 365, 392, 395, 401

합리성의 체계 55, 68, 69, 79, 87, 90, 95,

127, 133, 134, 139, 198, 199, 233, 237, 238, 252, 280, 282, 370, 411
행위 유도적 15
행위의 인도 284, 320, 321, 366, 403
헤게모니 20, 24, 40, 44, 52, 99, 101, 136, 145, 240, 397
형식적 포섭 357, 364, 365, 401
호명 188, 245, 251
호모 에코노미쿠스 350, 351, 353, 373
확증 편향 289, 290
환경관리권력 15, 31, 50, 52, 60, 67, 69, 70, 128, 132, 141, 144, 237, 239, 244, 249-252, 256, 257, 266, 267, 379, 380, 385, 388, 389, 401
환경의 관리, 환경의 통치 50, 60, 130, 131, 143, 144, 158, 169, 171, 190, 208, 246, 253, 266, 389, 400, 401, 411
후기 산업사회 157, 344, 409

인명

고님, 와엘 37-39, 41, 42, 45, 48, 50
고르, 앙드레 409

나이스비트, 존 107
네그리, 안토니오 52, 82, 83, 175
닛잔, 조나단 401

다마지오, 안토니오 320
데리다, 자크 310, 404, 405
데카르트, 르네 216, 299, 320, 404
들뢰즈, 질 27, 28, 30, 60, 61, 63-65, 70, 81-94, 93, 95, 103-105, 144, 145, 209, 211, 215-218, 244, 281, 397, 398, 403, 410

라자라토, 마우리치오 265, 267, 408
라캉, 자크 398
랑시에르, 자크 265, 266, 410
레비스트로스, 클로드 402
레식, 로런스 223, 226, 227, 230, 232
렘케, 토마스 322, 398
루소, 장-자크 293-295, 301
룩스, 스티븐 366
리프킨, 제러미 409

마라치, 크리스티안 332
마르쿠제, 헤르베르트 368-373, 410
마르크스, 카를 78, 97, 98, 121, 219, 266, 339, 340, 342, 344-347, 352, 355, 361, 399-401, 410
마투라나, 움베르토 320
매킨타이어, 리 290
모리오카 마사히로 380-386
모스코, 빈센트 196, 197, 199, 204, 205, 297

바디우, 알랭 266, 396
바렐라, 프란시스코 320
바브룩, 리처드 224
바우만, 지그문트 337
발로, 존 페리 224
베니거, 제임스 61
베라르디, 프랑코 143, 175, 356
베버, 막스 399, 401
베커, 게리 240
비르노, 파올로 347
비클러, 심숀 401
비트겐슈타인, 루트비히 58

사드-필류, 알프레두 397
사카이 다카시 112
사토 요시유키 246-249, 399
세넬라르, 미셸 402, 403
소번, 니콜라스 343, 345
스티글러, 베르나르 310, 311, 318
스티글러, 조지 240
스피노자, 바뤼흐 28, 320, 321
실러, 허버트 107
심세광 59, 396, 397

아감벤, 조르조 398
아즈마 히로키 30, 244, 246, 248, 249, 293-309, 319, 326, 408, 409
알튀세르, 루이 78, 399, 407
엔데, 미하엘 47
오라일리, 팀 327, 329
오카지마 유시 191

저커버그, 마크 289

제임슨, 프레드릭 78, 338
존스턴, 데버러 397
지젝, 슬라보예 266, 372

카, 니콜라스 218
카메론, 앤디 224
카스텔, 마누엘 52, 105, 109, 117
클라이너, 드미트리 330

토플러, 앨빈 107

파리저, 엘리 278
파스퀴넬리, 마테오 260
포드, 헨리 88
푸코, 미셸 11, 21, 26-28, 30, 54, 55, 59, 60, 62, 63, 65, 67, 70, 79, 80, 82, 84, 86-88, 90-92, 95, 104, 134-144, 184, 185, 235, 238, 240, 242, 246, 247, 248, 250, 251, 310-315, 318, 321-323, 350-352, 355, 359, 384, 385, 390, 391, 393, 396-399, 402, 405-407, 409
프레이저, 낸시 88-90, 92-95, 102-104, 136, 399
프리드먼, 토머스 163, 165, 166, 169, 170
피터스, 존 더럼 403
핀버그, 앤드루 403

하비, 데이비드 397, 399
하이데거, 마르틴 404
하트, 마이클 175
헤겔, 게오르크 81
홉스, 토머스 294
후쿠야마, 프랜시스 81-84, 93